鸟瞰古文明

重游古埃及

[法]奥德·格罗斯·德贝勒（Aude Gros de Beler）著
[法]让-克劳德·戈尔万（Jean-Claude Golvin）绘
杨通 译

VOYAGE EN ÉGYPTE ANCIENNE

图书在版编目（CIP）数据

鸟瞰古文明：重游古埃及 /（法）奥德·格罗斯·德贝勒著；（法）让-克劳德·戈尔万绘；杨通译. -- 北京：光明日报出版社，2024.5（2024.10重印）
ISBN 978-7-5194-7875-9

Ⅰ. ①鸟… Ⅱ. ①奥… ②让… ③杨… Ⅲ. ①埃及—古代史 Ⅳ. ① K411.2

中国国家版本馆 CIP 数据核字 (2024) 第 064369 号

Voyage en Égypte Ancienne by Jean-Claude Golvin & Aude Gros de Beler
@Actes Sud -Errance, France 1999
Current Chinese translation rights arranged through Divas International, Paris 巴黎迪法国际(www.divas-books.com).

版权登记号：01-2023-4183

鸟瞰古文明：重游古埃及
NIAOKAN GUWENMING：CHONGYOU GU'AIJI

著　　者：[法] 奥德·格罗斯·德贝勒	绘　　者：[法] 让-克劳德·戈尔万
译　　者：杨通	
责任编辑：许黛如　周桐	策　　划：郝明慧
封面设计：张萌	责任校对：舒心
责任印制：曹净	

出版发行：光明日报出版社
地　　址：北京市西城区永安路106号，100050
电　　话：010-63169890（咨询），010-63131930（邮购）
传　　真：010-63131930
网　　址：http://book.gmw.cn
E-mail：gmrbcbs@gmw.cn
法律顾问：北京市兰台律师事务所龚柳方律师

印　　刷：天津裕同印刷有限公司
装　　订：天津裕同印刷有限公司
本书如有破损、缺页、装订错误，请与本社联系调换，电话：010-63131930

开　　本：190mm×260mm	
字　　数：312千字	印　　张：15
版　　次：2024年5月第1版	印　　次：2024年10月第2次印刷
书　　号：ISBN 978-7-5194-7875-9	

定　　价：135.00元

版权所有　翻印必究

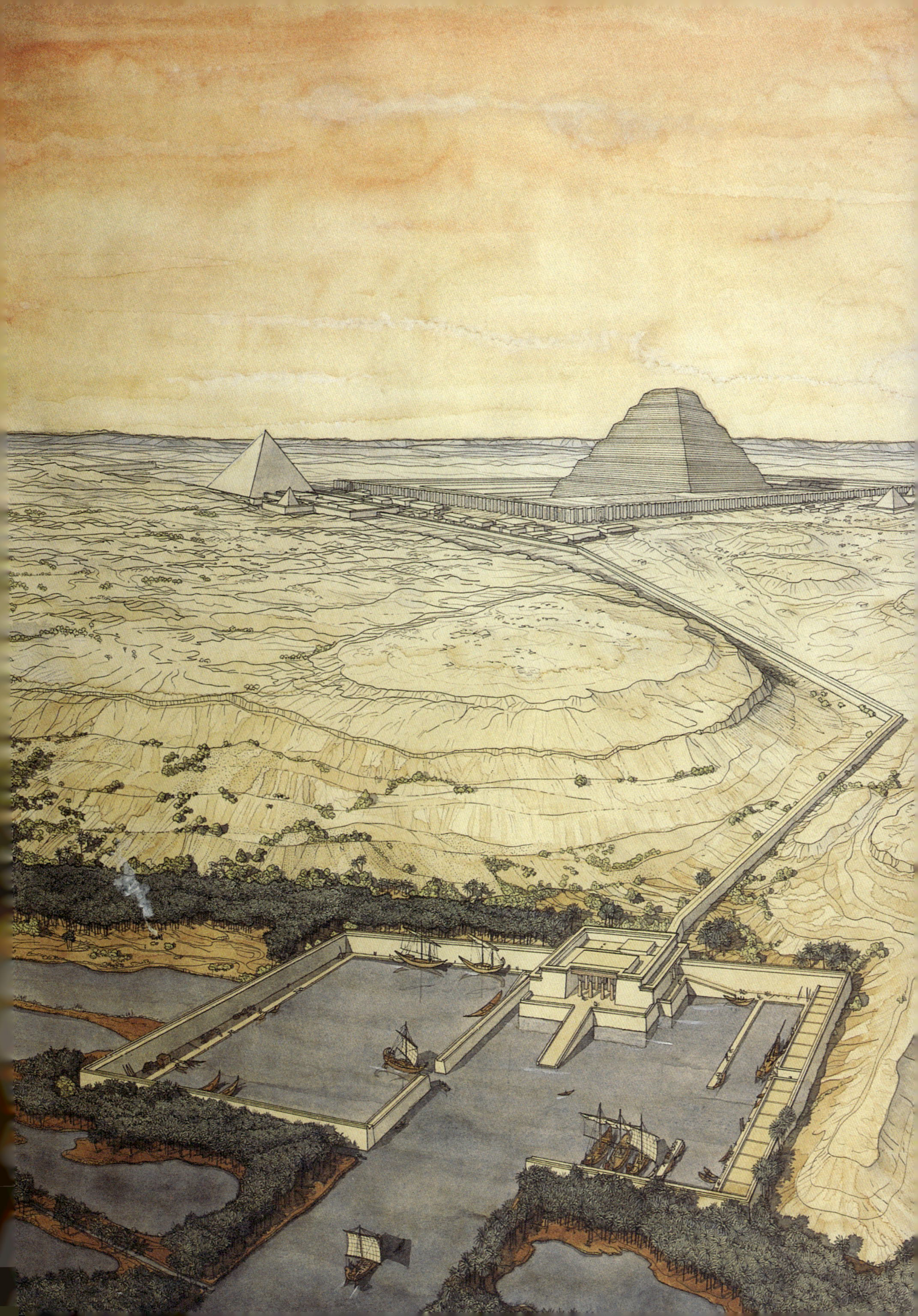

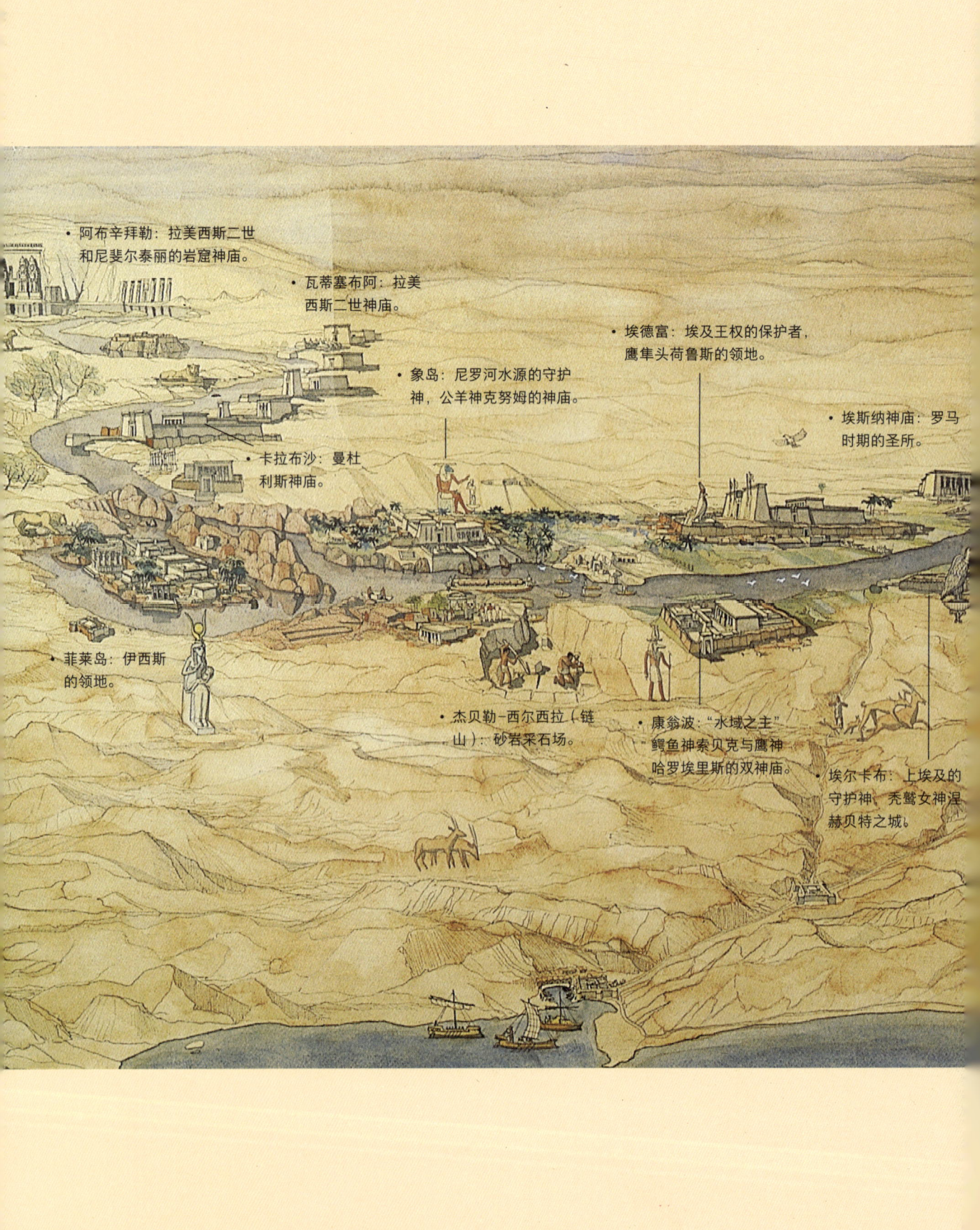

- 阿布辛拜勒：拉美西斯二世和尼斐尔泰丽的岩窟神庙。
- 瓦蒂塞布阿：拉美西斯二世神庙。
- 象岛：尼罗河水源的守护神，公羊神克努姆的神庙。
- 埃德富：埃及王权的保护者，鹰隼头荷鲁斯的领地。
- 埃斯纳神庙：罗马时期的圣所。
- 卡拉布沙：曼杜利斯神庙。
- 菲莱岛：伊西斯的领地。
- 杰贝勒-西尔西拉（链山）：砂岩采石场。
- 康翁波："水域之主"鳄鱼神索贝克与鹰神哈罗埃里斯的双神庙。
- 埃尔卡布：上埃及的守护神、秃鹫女神涅赫贝特之城。

- 杜什（哈尔加绿洲）：罗马驻军点。

- 西底比斯：亡人的领地、大墓地（帝王谷、王后谷、平民墓地）、祭葬神庙群（德尔巴哈里遗址、美迪奈特哈布、阿蒙诺菲乌姆）。

- 希比斯（哈尔加绿洲）：哈尔加绿洲的首府。

- 丹达腊：女神哈托尔的领地。

- 阿拜多斯：地下王国的主人奥西里斯的圣城。

- 东底比斯：新王国时期的首都，卡纳克神庙和卢克索神庙供奉着底比斯三柱神：埃及帝国的伟大神灵阿蒙、其妻子穆特（头戴作为王冠的秃鹫尸体）、阿蒙与穆特之子孔苏（头戴月盘）。

- 美达姆得：埃及帝国战神蒙图的圣所，以公牛为象征。

- 哈马马特干谷：金矿和铜矿。

- 克劳迪亚努斯山：花岗岩采石场。

- 斑岩山：斑岩的开采地。

目 录

前　言 II

努比亚的中心：阿布辛拜勒 2
　　从水中被部分救出的努比亚 2
　　什么地方可以看到从努比亚迁出的神庙？ 4

拉美西斯二世时期的阿布辛拜勒神庙 4
　　1820 年，让-弗朗索瓦·商博良看到的阿布辛拜勒神庙 4
　　埃及历史上最著名的战役之一：卡叠什 5
　　拉-哈拉胡提，宇宙之主宰 5
　　拉美西斯大帝传奇 6
　　照亮至圣所 7

瓦蒂塞布阿的拉美西斯二世神庙 7
　　努比亚：从被埃及人占领到那帕达和麦罗埃王国 7
　　拉美西斯二世（前 1279—前 1212 年在位）神庙 10

卡拉布沙的曼杜利斯神庙 11
　　卡拉布沙神庙，一座按最纯正的希腊传统修建的罗马神庙 11
　　西尔科铭文：史诗文学中的杰作 11
　　曼杜利斯也是一位太阳神吗？ 12

菲莱岛：伊西斯女神的领地 12
　　菲莱岛上的神庙 12
　　拯救菲莱岛上的神庙 13
　　罗马埃及时期的伊西斯领地 13
　　拉的秘名：伊西斯迫切想解开的谜 16
　　宇宙女神伊西斯 17

象岛、康翁波和杰贝勒-西尔西拉 20
　　公元 2 世纪的象岛 20
　　公元 3 世纪的康翁波神庙 20
　　尼罗河的洪水 20
　　哈罗埃里斯："诸神中最伟大的神" 21
　　三柱神 22
　　康翁波神庙 22
　　杰贝勒-西尔西拉 22

埃德富：荷鲁斯的王国 23
　　托勒密时期神庙的典范 23
　　玛米西 23
　　公元前 1 世纪的埃德富神庙 26
　　荷鲁斯的出生和童年 26
　　多面神荷鲁斯 27

埃尔卡布遗址和美达姆得遗址 30
　　上埃及守护神涅赫贝特之城埃尔卡布 30
　　涅赫贝特和瓦吉特 30
　　蒙图的圣所 31

埃斯纳：克努姆和奈特的造物之地 31
　　《埃及描述》（*Description Del' Égypte*）：波拿巴远征的宏伟回顾 31
　　罗马皇帝统治时期的埃斯纳神庙（1—3 世纪） 32

罗马人统治时期的底比斯 33
  拉美西斯时代的东底比斯 33
  东底比斯、西底比斯 36
  公元 19 世纪的旅行家：底比斯的幻象 36
  公元 2 世纪的东底比斯 36
  公元 2 世纪的西底比斯 37

拉美西斯大帝时期的东底比斯 40
  母亲：治愈女神 40
  阿蒙：埃及帝国的伟大神灵 40
  拉美西斯二世（前 1279—前 1212 年在位）时期的东底比斯 41
  阿蒙之子孔苏 42
  震撼人心的卡纳克塔门 42

希腊埃及、罗马埃及时期的卡纳克 43
  东底比斯的建造者 43
  托勒密王朝和罗马皇帝统治时期的卡纳克 43
  阿蒙领地内的建筑 46
  阿蒙领地外的建筑 47

卡纳克的阿蒙领地 50
  人和动物是一样的吗？ 50
  罗马埃及时期的阿蒙神庙（公元 2 世纪） 50
  阿蒙神庙 50
  从公元 19 世纪的旅行家到当代游客眼中的卡纳克 52

卢克索的阿蒙奥佩特神庙 53
  卢克索神庙 53
  美丽的奥佩特节 56
  协和广场上的方尖碑 57
  公元 3 世纪的罗马兵营 57

德尔巴哈里的哈特谢普苏特陵庙 60
  森穆特的杰作：哈特谢普苏特的"数百万年的宫殿" 60
  出访庞特的商贸考察之旅 60
  陵庙 61
  埃及女法老哈特谢普苏特（前 1498—前 1485 年在位） 62

拉美西斯三世统治时期的美迪奈特哈布 63
  拉美西斯三世的"数百万年的宫殿"及其附属建筑 63
  一种独特的建筑："米格道尔" 66
  那些关于美迪奈特哈布的数字 66
  "沙漠中的尼罗河谷美丽节" 66
  "后宫阴谋" 67

底比斯西岸 70
  门农：从特洛伊战争的英雄到阿蒙霍特普 70
  阿蒙霍特普三世（前 1386—前 1349 年在位）的陵庙 70
  位于马勒卡塔的阿蒙霍特普三世王宫前的哈布湖 71
  塞提一世和拉美西斯二世的"数百万年的宫殿" 71
  远走英国的门农巨像 71
  拉美西斯二世（前 1279—前 1212 年在位）的陵庙 72
  塞提一世（前 1291—前 1278 年在位）的陵庙 72

拉美西斯时期的戴尔麦地那村 73
 陵墓机构，一个独特的行政组织 73
 陵墓机构的档案中记载了什么 76
 工匠的墓地 76
 第十九王朝（前1293—前1185年）的戴尔麦地那村 77

西底比斯：亡人的领地 80
 陵庙和墓地 80
 冥界的生活和祭葬崇拜 80
 祭葬信仰和仪式 81
 皮涅杰姆时期，王室木乃伊被藏到德尔巴哈里 82

王陵——从凿墓到盗墓 83
 凿建拉美西斯三世（葬于前1151年）的陵墓 83
 装饰尼斐尔泰丽（葬于约前1255年）的陵墓 83
 盗窃塞提一世（葬于前1278年）的陵墓 86
 图坦卡蒙（葬于前1325年）陵墓中的物品 86
 图坦卡蒙的陵墓是否应被视为典范 87
 进入深渊 87

克劳迪亚努斯山的花岗岩采石场 90
 罗马占领埃及时期 90
 东部沙漠中士兵的艰苦生活 91
 克劳迪亚努斯山的花岗岩采石场 91
 按规交费 92

从斑岩山到哈马马特干谷 93
 斑岩山：斑岩的开采地 93
 哈马马特干谷附近的扎尔卡城堆 93
 在阿拉伯沙漠的矿场中开采金矿 96
 都灵埃及博物馆中珍藏的金矿莎草纸卷：从地形图到实地 96
 东部沙漠中的财物和道路 97

丹达腊：女神哈托尔的领地 100
 哈托尔神庙的有趣之处 100
 安敦宁·毕尤（135—161年在位）统治时期的丹达腊 100
 哈托尔，一位广受欢迎的天界女神 101
 丹达腊的哈托尔与埃德富的荷鲁斯相聚之时 102

阿拜多斯：奥西里斯的圣城 103
 阿拜多斯的圣所 103
 阿拜多斯对矮人贝斯的特殊崇拜 106
 死而复生之神奥西里斯的秘密祭礼 106
 奥西里斯：地下王国的主人 107

阿玛纳城堆：古代的埃赫塔吞 110
 "日盘的地平线"：埃赫那吞的首都 110
 阿吞——日盘 111
 阿玛纳城堆（前1350—前1334年） 112

安提诺波利斯、哈科尔和赫尔摩坡里斯 113
 安提诺波利斯，为纪念哈德良的至爱而修建的城市 113
 哈科尔的尼禄神庙 116

  岩窟神庙和半岩窟神庙 116
  赫尔摩坡里斯：从八神团到对托特的崇拜 116
  第三十王朝时期（前380—前343年）的赫尔摩坡里斯 116
  托特：科学之神 117

哈尔加绿洲中的希比斯和杜什 120
  希比斯：哈尔加绿洲的首府 120
  西部沙漠里的绿洲 120
  杜什：哈尔加绿洲南边的重要罗马驻军点 121
  为众神服务的神庙、国王和祭司 121

锡瓦：利比亚沙漠中的绿洲 123
  位于埃及和昔兰尼加交界处的锡瓦 123
  阿蒙人的绿洲 123
  亚历山大出访锡瓦 126
  咨询神谕的两大理由 126
  神谕神庙 126
  多多纳神谕（德尔斐神谕）和锡瓦神谕的起源 127
  阿古尔米卫城 127
  神谕神庙是怎样运行的 127

尼罗河和沙漠之间的法尤姆洼地 130
  萨加堡 130
  卡伦堡 130
  位于法尤姆西南部的美迪奈特·马地（希腊人口中的纳姆迪斯） 131
  紧挨尼罗河谷的绿洲 131
  鳄鱼神索贝克 132

梅杜姆、拉宏和利希特的墓地 133
  中王国时期（前2040—前1780年）的金字塔 133
  金字塔城 133
  利希特的塞索斯特里斯一世（前1971—前1926年在位）金字塔建筑群 133
  拉宏的塞索斯特里斯二世丧葬建筑群（前1897—前1878年） 136
  梅杜姆：第四王朝初期（约前2613年）的墓地 136
  一个激动人心的发现：梅杜姆的拉霍特普和诺芙蕾特的雕塑 137
  一个至今仍备受喜爱的传奇故事：埃及人西努赫的史诗 137

从第四王朝到第十二王朝的达赫舒尔 140
  从阶梯金字塔到真正的金字塔：对完美的追求 140
  达赫舒尔的中王国时期的金字塔 141
  古王国时期被法老统治的埃及的运行方式 141
  金字塔的建造，一个未解之谜 141
  第十二王朝末期的达赫舒尔（前1800年） 142

古王国时期的萨卡拉 143
  萨卡拉的左赛尔丧葬建筑群 143
  法老的陵墓：从马斯塔巴到金字塔 146
  金字塔文 146
  第六王朝末期（约前2180年）的萨卡拉 147

南萨卡拉的墓群 150
  珀辟一世的王后们至今谜团重重 150
  南萨卡拉的北墓群 150

| 珀辟二世，一位个性强势的少年 | 150 |
| 南萨卡拉的南墓群 | 151 |

新王国时期的萨卡拉ㅤ151

| 萨卡拉：从发现霍伦海布的陵墓到发现阿普尔-埃尔的陵墓 | 151 |
| 霍伦海布的两座墓地：在萨卡拉的平民坟墓与在底比斯的王室陵墓 | 152 |

古埃及晚期的萨卡拉ㅤ153

"圣兽"崇拜	153
奥古斯特·马里埃特征服埃及的沙漠	153
塞拉匹姆：阿派斯公牛的墓地	156
"圣兽"和神灵	157
第三十王朝时期（前380—前343年）的萨卡拉	157

孟菲斯，绵延三千载ㅤ160

孟菲斯，一座大型历史名城	160
曾经辉煌的孟菲斯还剩下什么？	161
典型的创世神话	161
孟菲斯的创世神话	161
赫里奥波里斯的创世神话	162

第五王朝时期的阿布西尔和阿布古罗布ㅤ163

阿布西尔的金字塔和庙宇	163
阿布西尔档案	163
阿布古罗布的太阳神庙	163
王衔	163
第五王朝的国王神圣临世	166
第五王朝时期（前2498—前2345年）的阿布西尔和阿布古罗布	167

吉萨的胡夫金字塔、哈夫拉金字塔和孟考拉金字塔ㅤ170

吉萨高地	170
胡夫（前2589—前2566年在位）的丧葬建筑群	170
第四王朝时期（前2613—前2498年）的吉萨高地	171
公元前5世纪的希腊旅行家眼中的吉萨国王们	171
哈夫拉（前2558—前2532年在位）和孟考拉（前2532—前2504年在位）	172

吉萨的狮身人面像、马斯塔巴和附属神庙ㅤ172

吉萨的胡夫（前2589—前2566年在位）高台神庙	172
一个堪称典范的丧葬建筑群	173
古代作家笔下金字塔的建造方式	173
穿越历史长河的吉萨狮身人面像	176
平民坟墓：马斯塔巴	176
第四王朝时期（前2613—前2498年）的一座马斯塔巴的剖面图	177

西奈半岛中心的塞拉毕特·卡迪姆ㅤ177

"绿松石矿场"：女神哈托尔的领地	177
组织勘探队去西奈半岛	180
哈托尔的神庙	180

西奈半岛西部和尼罗河三角洲的遗址ㅤ184

法拉玛城堆：古代的贝鲁西亚	184
培-拉美西斯："伟大胜利者拉美西斯之家"	184
寻找舍易斯	185

拜赫贝特埃尔-哈格的伊西姆 186

塔尼斯：北方的底比斯 187
　　　阿蒙的大神庙：使用了千年，建造了千年 187
　　　终结塔尼斯的拉美西斯谜团 190
　　　一座神庙的发现：这是"塔尼斯的卢克索神庙"吗？........................ 190

位于埃及边陲的亚历山大 191
　　　游亚历山大（前59年）.. 191
　　　寻找亚历山大 194
　　　塞拉比斯：希腊王权的守护神 195
　　　建立亚历山大的传说 198

亚历山大大帝建立的港城亚历山大 198
　　　克诺珀斯大道 198
　　　亚历山大大帝征服埃及后的希腊埃及 198
　　　游亚历山大灯塔（前25年）... 199
　　　世界第七大奇迹 200
　　　从灯塔到要塞，跨越17个世纪 200

附　录 202
遗址名录（该名录中的遗址介于仅仅知晓和保存完好之间）................. 202
专业词汇表 210
年表 217
参考文献 220

出版后记 224

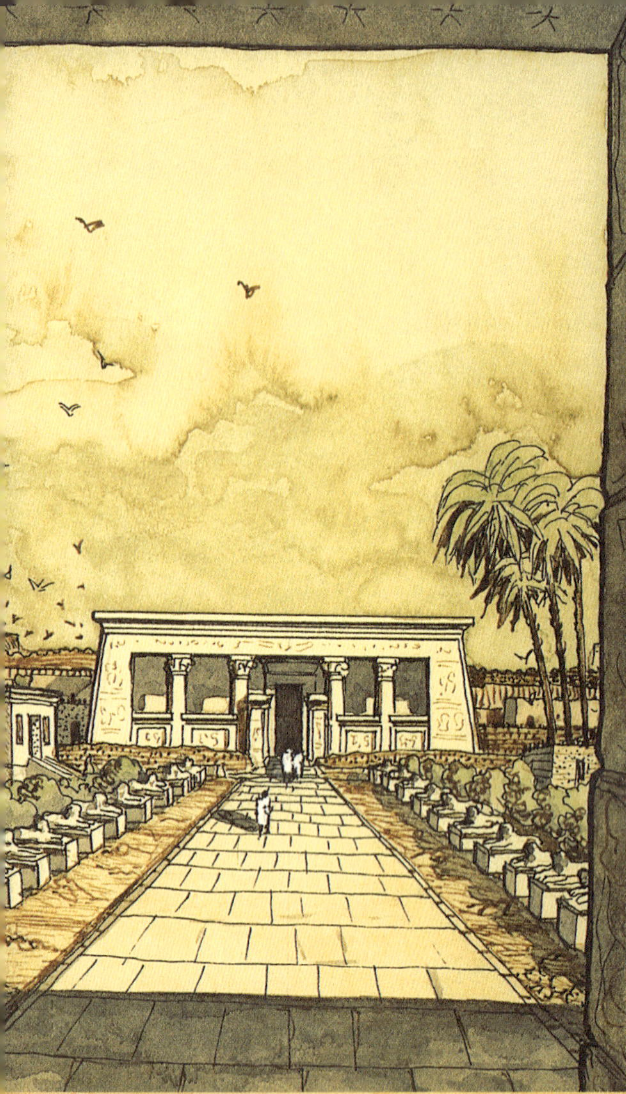
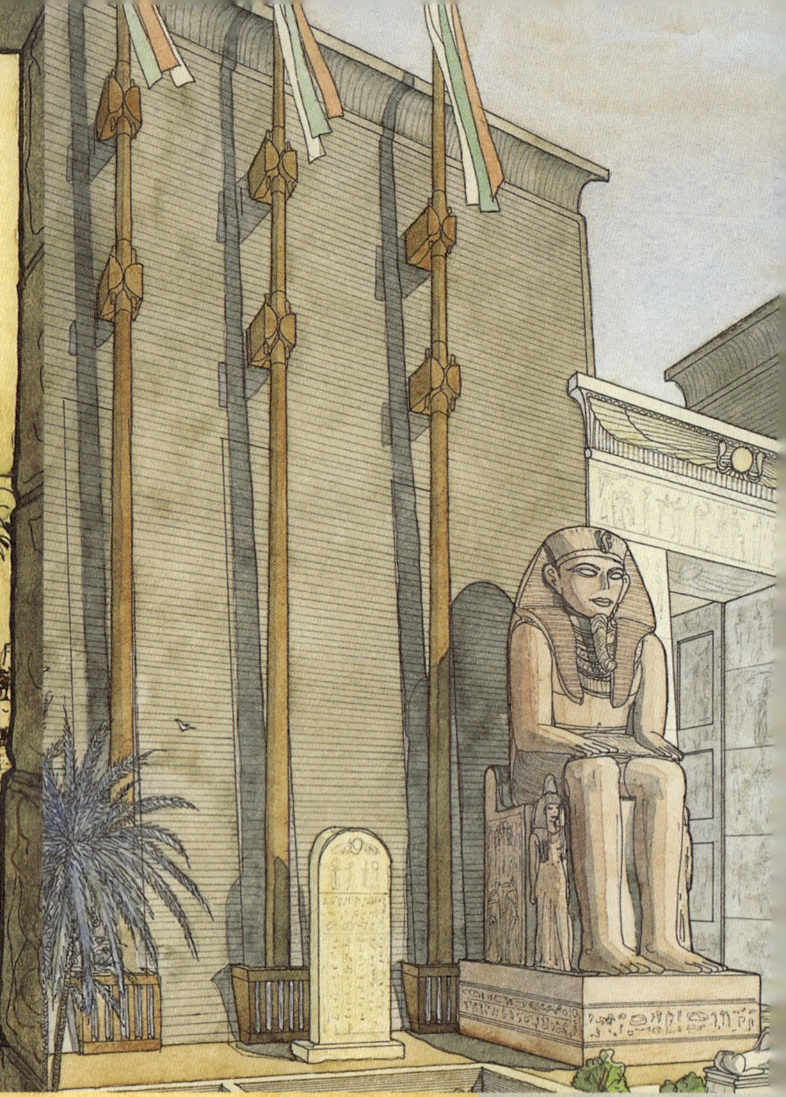
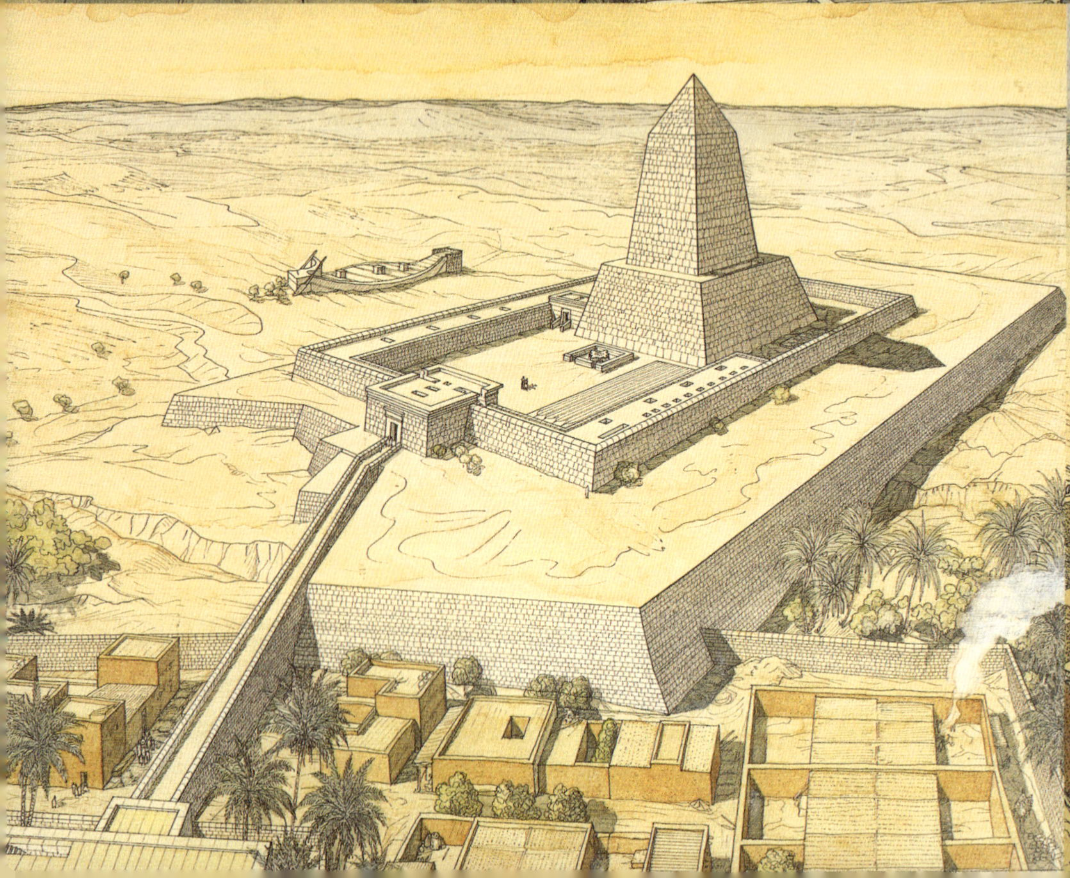
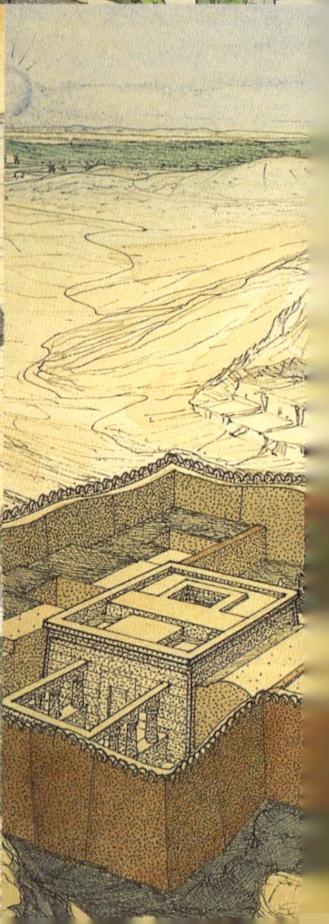

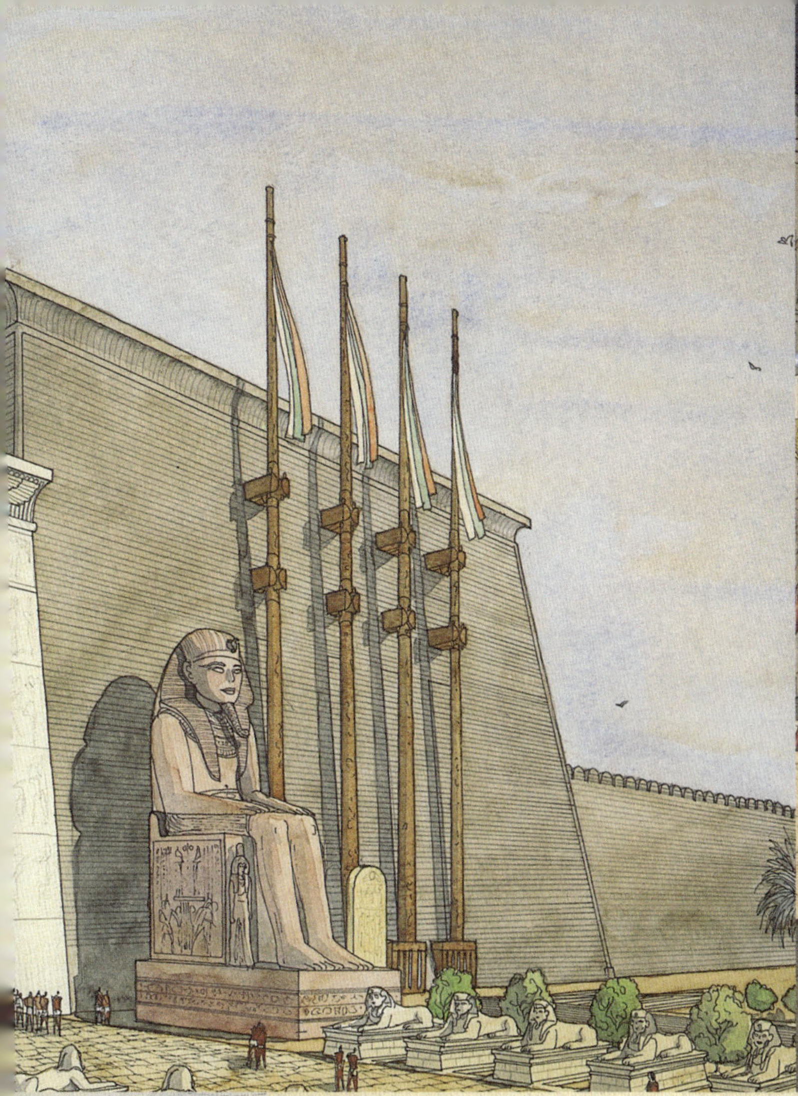
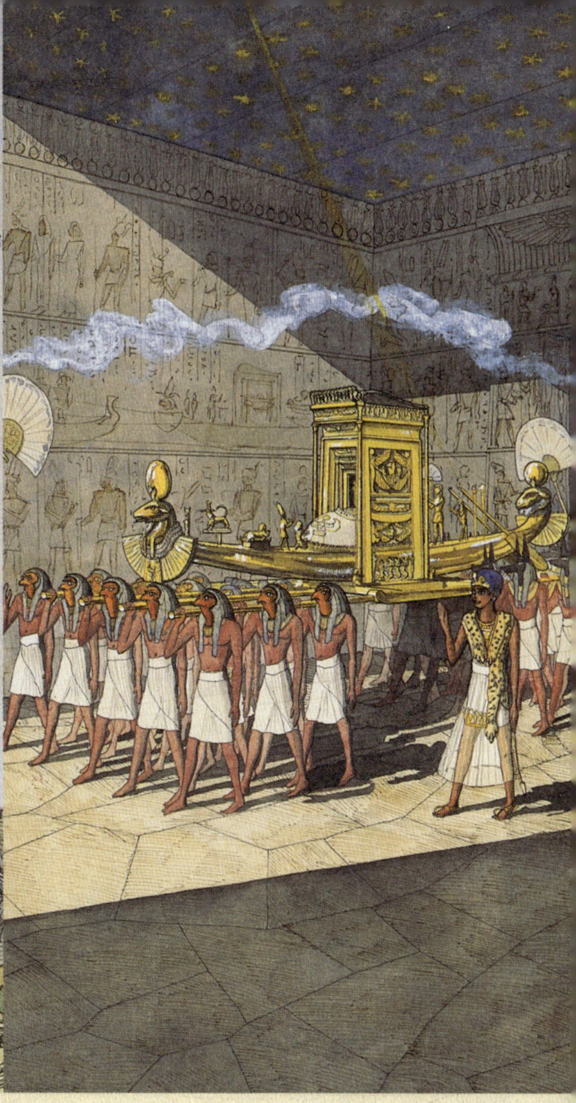
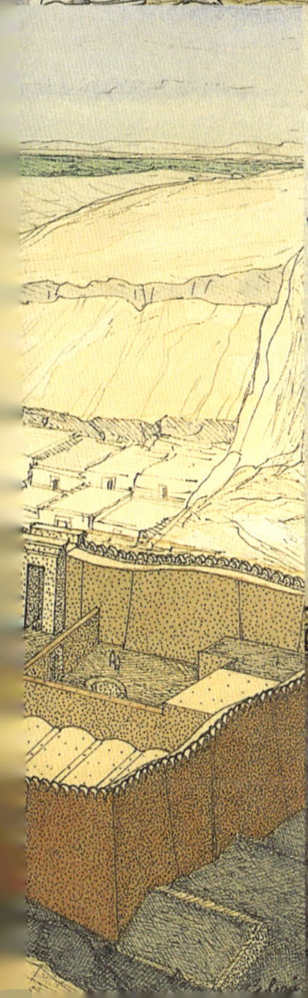
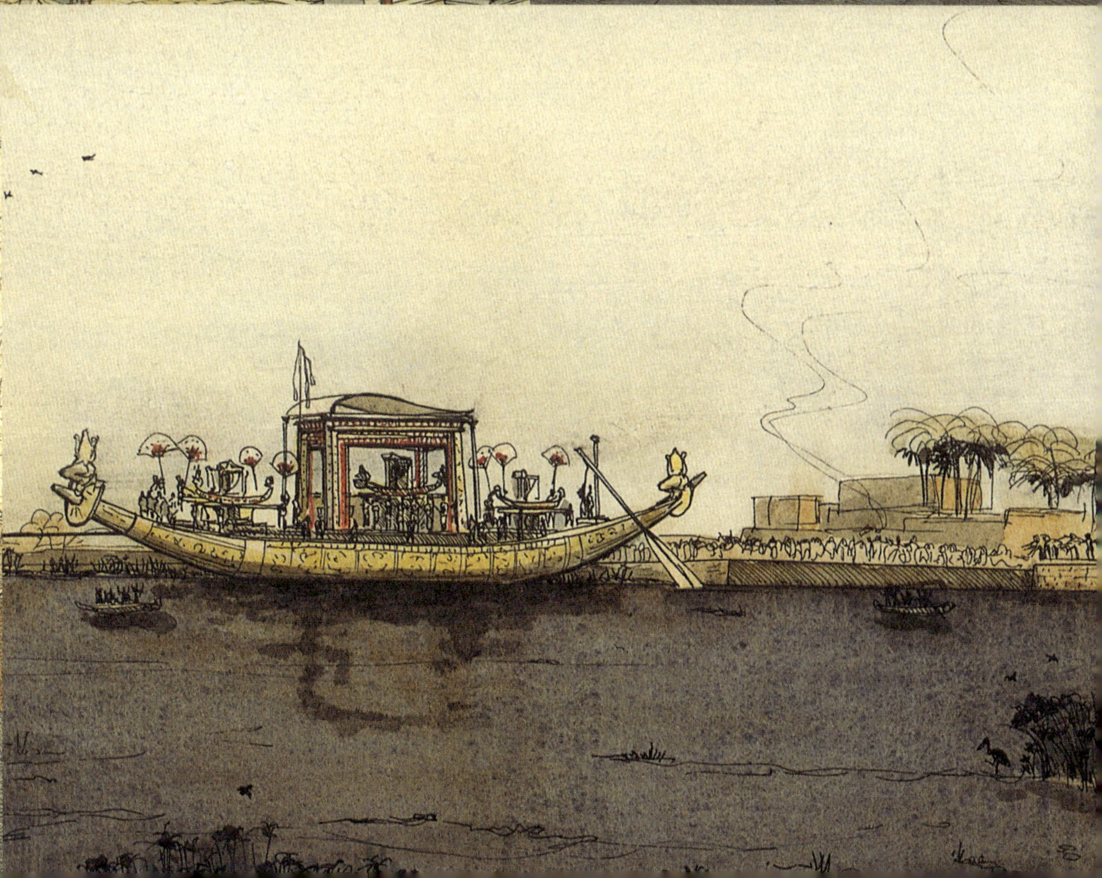

前　言

复原或回溯

　　复原是考古学的成果之一。所有考古工作者都想看到古迹的原貌，但通常却只能发掘它们的遗迹。复原除其本身的价值外，也为人们回溯历史留出了空间。历史不再意味着冗长的文字和描述，复原使人们看到的遗址所提供的信息比任何导游都多。本书将邀读者游历埃及，时间上从法老时代初期游历至罗马帝国末期，空间上顺尼罗河而下，从阿布辛拜勒一路向北行至亚历山大。

　　为完成复原工作，人们进行了很多尝试，包括绘图、做模型、按实物大小重建，近年来还开始利用信息技术展开工作。让-克劳德·戈尔万作为一名建筑师、古建筑局前成员、法国·埃及·卡纳克神庙研究中心前主任，曾多次参与考古发掘工作。他采用的复原方法，是基于研读的古文献、与考古学家的交流、深厚的建筑学知识及他个人在绘图与色彩运用上的天赋。听考古学家发表见解时，他会一边记草稿一边简单画几笔，笔记常常乱成一片。他认为，复原首要解决的问题是找到让观众欣赏古迹的角度。于是，他在天空下来回踱步。他这么做是想隐去那些尚待考证的部分，凸显被文献充分记载的地方。完成交流后，他独自开展工作。他先在脑中勾勒图像，随后再拿一大张绘图纸作画。正如没有谁用角尺、圆规和直尺建起宏伟建筑，戈尔万画复原图时也不用它们。戈尔万了解他所画的大部分埃及遗址，但仍这样说：

　　"我试图以绘图的方式翻译考古学家无误的发现，但不可避免地将他们的发现和理论'强化'了。事实上，我将他们的想法推向了极致。我笔下的古迹在某种程度上是'完整的'，甚至让人感到压抑。我没有给不确定、假设和幻想留一丝空间。没有废墟带来的浪漫主义色彩！我翻译的是当下理智的构想。未来或许会评判我翻译得准确与否。说到底，事物不存在稳定状态，开罗、卢克索每天都在变，只有不停地作画记录，才能理解它们不停变化的状态，而这或许并无意义。因此，所有复原工作和所有考古计划一样，根本上都是不切实际的。我们对于萨卡拉、底比斯和其他遗址的认知基于分散各地且不一致的数据。但我有这些数据，又与考古学家一起得出了某种构想，为什么不把它表达出来呢？我很清楚那不是事实，我们也永远找不到事实。但是，用图来传达不是更好吗？我讨厌模糊不清的文字信息。人都会出错，也不知道会错到什么程度，何不选择冒险呢？至少冒险能让人理解我们的理论成果。"

弗雷德里克·朗崇

顺着书页，沿着尼罗河漫游

　　介绍古埃及并不是一件容易的事情，因为从北到南，尼罗河谷汇集了众多神庙、城市、墓地以及军事设施，它们向人们展示了这个古国辉煌的过去。当人们到访一处未知的遗址时，无论这个地方是墓地、都城、军营还是宗教中心等，肯定都会对它的规划、信仰、行政组织、土地管理、宗教及民用设施、国家运行方式及考古发现等方面提出很多问题。为了回答这些疑问，《重游古埃及》提出了一种新颖的方式：用希罗多德当年的方式漫游埃及。这种方式依托书中的彩图实现，它们复

上两页页面上方的水彩图从左到右分别为：
- 陶德神庙（底比斯地区），献给埃及王国战神蒙图。(此神庙始建于第十一王朝，于希腊罗马时期改建。)
- 阿蒙诺菲乌姆的雄伟入口，这是阿蒙霍特普三世（第十八王朝）的葬祭神庙，位于西底比斯，它包括多洛摩斯、两尊王室巨像（以"门农巨像"这个称呼闻名于世）和一座塔门。
- 阿蒙之船正从东底比斯的卡纳克神庙被抬出，船上的圣所中放着神像。

上两页页面下方的水彩图从左到右分别为：
- 纽塞拉的太阳神庙（第五王朝），位于阿布古罗布（孟菲斯地区）。
- 托勒密时期的哈托尔神庙，位于戴尔麦地那（西底比斯），新王国时期修建帝王谷和王后谷陵墓的工人住在此地村落中。
- 乌塞尔哈特之船，又名阿蒙之船，图为奥佩特节时船从卡纳克的阿蒙领地驶出前往卢克索神庙。

原了众多遗址在古埃及时代可能拥有的模样。书中同时选取了一些主题，让读者从不同角度理解法老时代的文明。

本书的结构简单易懂，"重游埃及"按一般在埃及旅行的方式展开：从阿布辛拜勒开始，顺尼罗河而下，最终抵达亚历山大。选择这种方式"旅行"是因为埃及的历史复杂，按时间顺序来"游历"埃及不切实际。事实上，法老时代的文明（大约3000年）极其漫长，存在多次迁都和宗教中心众多的情况。因此按时间顺序"旅行"会不停折返于上埃及和尼罗河三角洲之间。另外，如果按时间顺序来"行至"某处时，只能了解它在某个特定时期的样子。因此读者需要在不同历史时期多次"返回"同一个地方。例如，按这样的方式"游历"萨卡拉，最少需要返回该地5次，分别在早王朝时期、古王国时期、新王国时期、后埃及时期和托勒密时期。所以，按时间顺序"游历"埃及不可取。另一种方法就是按地理顺序来"旅行"，这也是《重游古埃及》所选择的方法。这种方法会让读者在不同王朝和王国之间穿梭，为解决这一难题，每个章节的页边都配有简化的古埃及王朝年表（从第一王朝到科普特埃及时期），年表中标出了读者所在的历史时期。文字介绍配有地图，标明该地在尼罗河谷中所处的位置。

这次"旅行"伴有50多幅彩图，以下是选取标准：经典的、每个人到埃及都会去的遗址（阿布辛拜勒、菲莱岛、底比斯、吉萨等）；因到访困难或保存状态不佳而不太出名的遗址（瓦蒂塞布阿、美达姆得、阿玛纳城堆、塔尼斯等）；不在尼罗河谷，位于西奈半岛、利比亚和阿拉伯沙漠区域的遗址（克劳迪亚努斯山、哈马马特干谷、希比斯、赛拉毕特·卡迪姆等）。另外，图的选择还需体现历史性，不遗漏任何一个埃及的历史时期（从早王朝时期到希腊罗马时期的所有重要时期），同时也需体现主题性，以便能介绍法老时代文明的各个方面（神庙、墓地、城市、采石场、堡垒等）。最后还有一个至关重要的方面，即遗址的保存状态，目的是展现复原图的不同类型：有的能让那些现在只剩一堆残垣断壁或已被夷为平地的遗址（安提诺波利斯、孟菲斯、舍易斯、培-拉美西斯等）重新复活；有的能让读者更好地了解某个遗址（卡纳克、拉美西姆、希比斯、阿布西尔等）的总体布局，这类遗址十分宏伟，也因此让人很难第一时间想象出原本的空间安排；有的因为遗址保存十分完好（阿布辛拜勒、菲莱岛、埃德富等），所以就按如今的样子原封不动地展示出来。

围绕选取展示的遗址，本书采用了简明统一的结构。每一个遗址或遗址群都用两个双页来介绍：第一个双页专门用来展示遗址的复原水彩图，第二个双页印有缩小版的复原水彩图并配有介绍。对每个遗址的介绍会涉及与其直接相关的不同主题，这既是为了回溯法老时代文明的重要方面，也是为了让古老的遗迹显得有血有肉。在同一页纸上，会写有不同类型的文字介绍，它们之间没有必然的逻辑关系，却可以让读者通过与历史、建筑或人类文明相关的说明、神话故事、古代文本的翻译资料（包括战役和远征的记录、信件、传记、官方或非官方的著作等），通过古代作家（希罗多德、西西里的狄奥多罗斯、斯特拉波等）著作的节选，通过19世纪、20世纪旅行家（安德烈·谢弗里永、皮埃尔·洛蒂、居斯塔夫·福楼拜等）的记录或埃及学家（让-弗朗索瓦·商博良、詹巴蒂斯塔·贝尔佐尼等）的研究成果更好地了解这些遗址。书中的某些文字介绍只局限于某个地点，这类介绍主要描述了遗址本身以及它在历史长河中的演变；另一些文字介绍则更具有普遍性，适用于全书内容，比如神庙的运转方式、宗教或者丧礼信仰、宗教仪式的过程等。在查阅这些内容前，读者可以参看本书的目录，目录里标明了书中所有主题的题目。另外，书中的备注框内有两类文字介绍，一类是介绍埃及万神殿众神的文字，了解这些内容对理解法老时代的文明和思想来说不可或缺；另一类则是清单，列出了遗址上不同的古建筑。

在书的最后，附录对书中相应的介绍做了补充说明，包括遗址名录、参考文献、专业词汇表以及年表。另外，书的最后还为读者汇总了埃及最有趣的遗址，所选遗址无论从历史、经济或宗教角度看都在埃及法老时代具有不容置疑的重要性。

同时，此书并不意在穷尽所有相关内容，正如任何旅行都存在选择一样。书中所含图画和所写文字都是为了将古埃及以全面、生动、整体的形象展现在各位"游客"的面前。

奥德·格罗斯·德贝勒

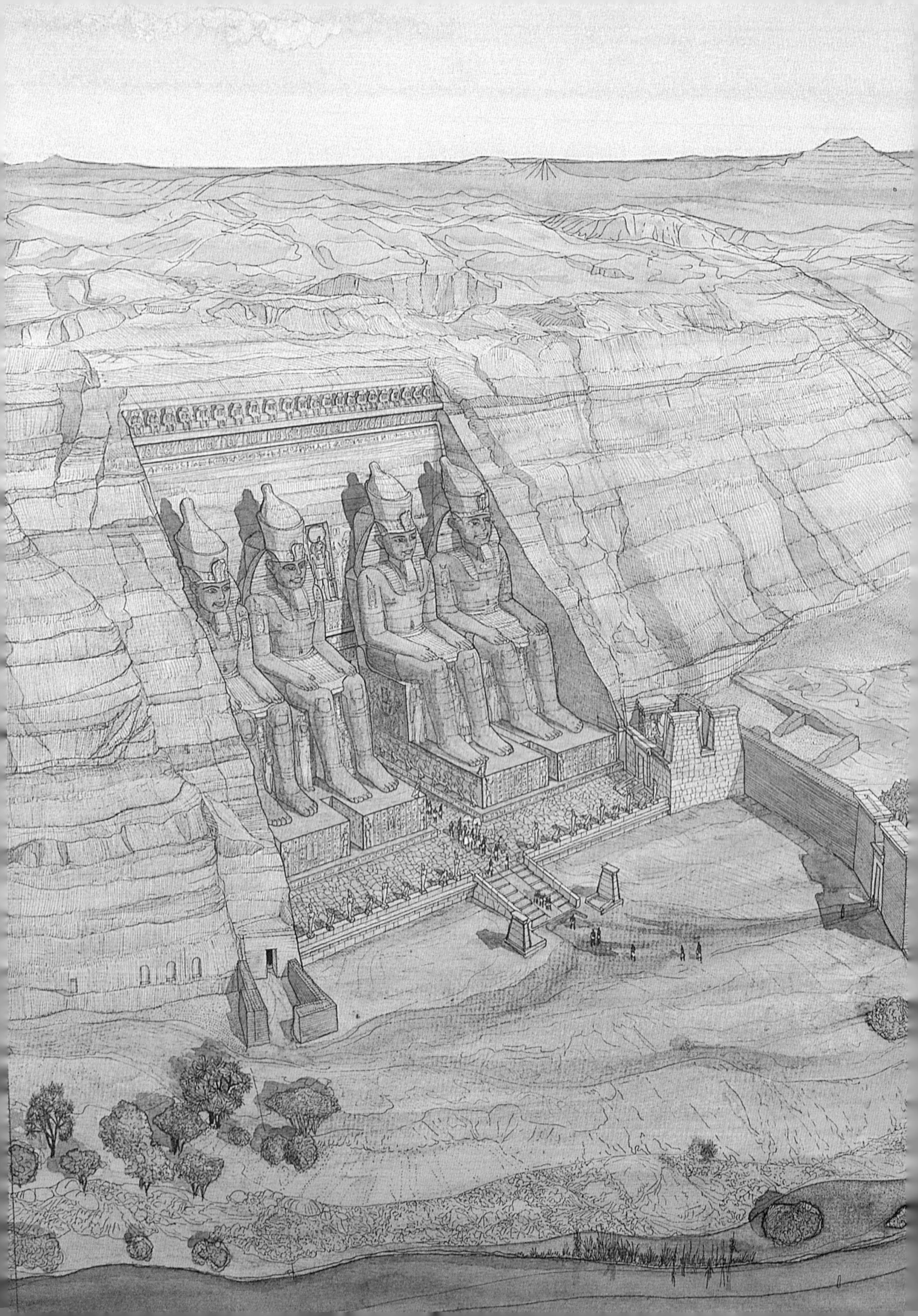

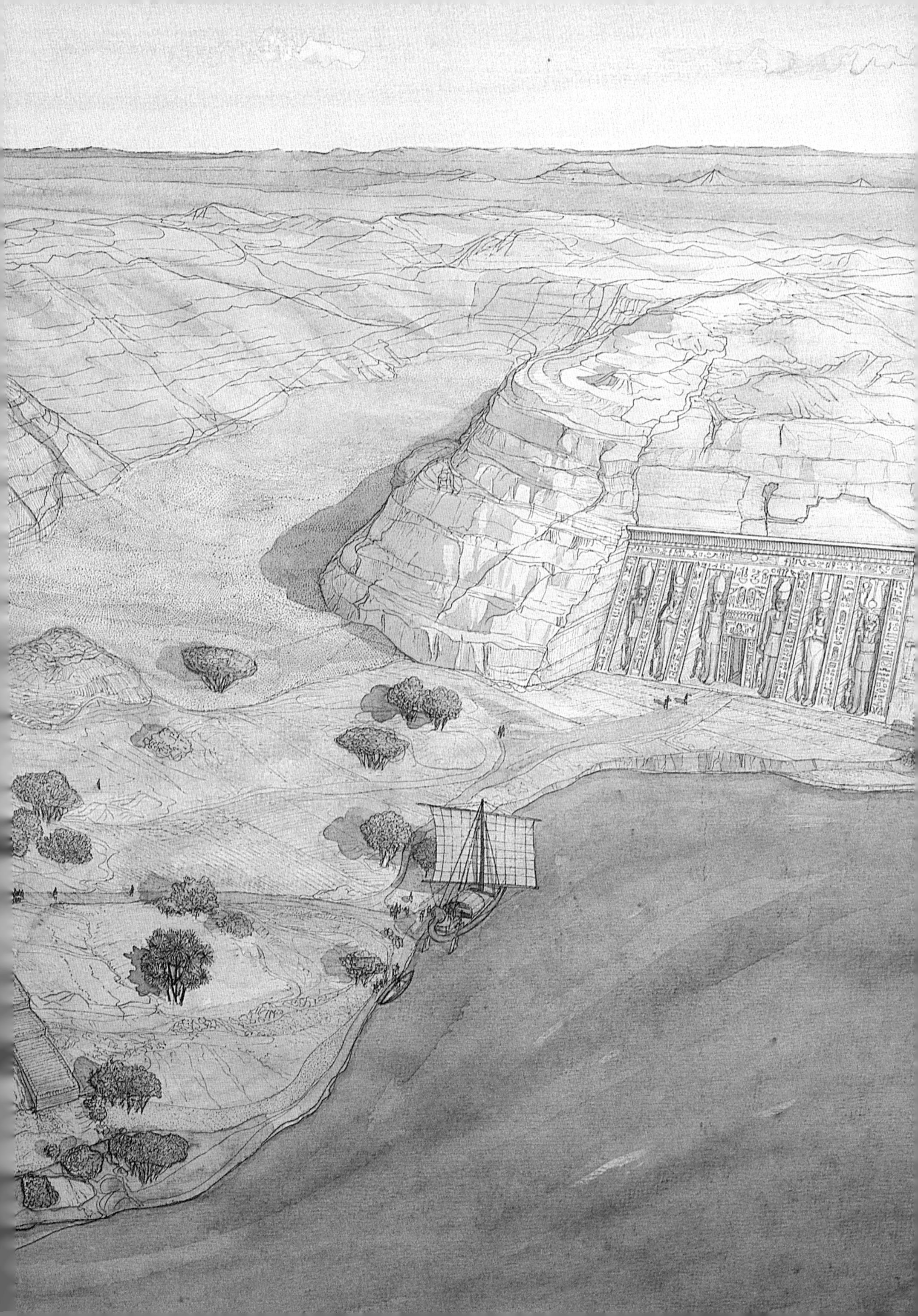

努比亚的中心：阿布辛拜勒

第一王朝	前3050	
第二王朝		早王朝时期
	前2685	
第三王朝		
第四王朝		古王国时期
第五王朝		
第六王朝		
	前2180	
第七王朝— 第十一王朝		第一中间期
	前2040	
第十一王朝末 第十二王朝		中王国时期
	前1780	
第十三王朝— 第十七王朝		第二中间期
	前1570	
第十八王朝 第十九王朝 第二十王朝		新王国时期
	前1070	
第二十一王朝 第二十二王朝 第二十三王朝 第二十四王朝 第二十五王朝 第二十六王朝		第三中间期
	前525	
第二十七— 第三十王朝		后埃及时期
	前332	
	前305	希腊埃及
托勒密时期	前30	
罗马帝国时期		罗马埃及
	395	
罗马帝国时期		科普特埃及
	632	

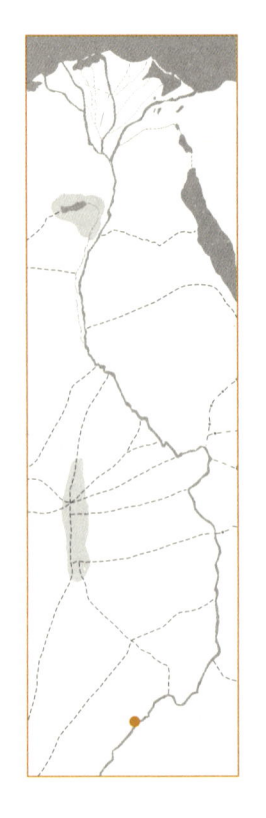

从水中被部分救出的努比亚

尼罗河上游地区的阿斯旺大坝竣工后，下努比亚（埃及阿斯旺到苏丹阿卡沙之间的地区）已完全消失。纳赛尔湖的水涌入并吞噬了下努比亚。纳赛尔湖是一片长500千米、宽10—30千米的巨大水域，当地居民和古迹都因它被迫迁移。人们很少提起努比亚人的迁出，却对挽救当地古迹的故事津津乐道。

1960年3月8日，联合国教科文组织发起了保护努比亚遗址和古迹的活动，并于当天呼吁全世界团结起来拯救努比亚的古迹。活动目标主要包括两个方面：在确定要消失的土地上加大考古勘探和发掘的力度；将主要的古迹拆移至水无法淹没的地方。联合国教科文组织的号召收到了积极响应，全世界各领域的科学家组成救援队伍，参与并成功完成了这些大规模工程。这些工程展现了科学家们极高的独创性、勇气和才能。

然而不幸的是，只有一部分（共17座）古建筑被迁移了出来。其中的一部分被一起迁至纳赛尔湖西岸的四个地区（阿布辛拜勒、阿马达、瓦蒂塞布阿和卡拉布沙），其他的古建筑被慷慨地捐赠到了国外，以答谢他国为这次救援活动付出的努力。迁至国外的古建筑可以在以下几个地方看到：都灵埃及博物馆（埃莱西亚神庙）、纽约大都会艺术博物馆（丹铎神庙）、莱顿博物馆（塔法神庙）、柏林博物馆（卡拉布沙神庙石门）以及马德里王宫附近的一座花园里（德波神庙）。剩下的古建筑都被湖水淹没了（在大坝修建时期，喀土穆文物服务处主任吉恩·韦库特估计被淹没的古建筑数量接近300座）。

在离埃及同苏丹边境不远的地方坐落着阿布辛拜勒神庙，其迁移工程被视为这次救援活动的代表。遗址包括两个在岩壁上凿建的神庙，我们通常把这类神庙称为岩窟神庙。其中一座是献给拉–哈拉胡提、阿蒙和拉美西斯二世的，另一座是献给哈托尔和尼斐尔泰丽王后的。

为了在保持两座神庙的原貌的同时将神庙相对原本的位置抬高64米，约900名来自50多个国家的工作人员在5年时间里付出了不懈努力。

工程开始于1963年，当时阿斯旺大坝的建设已经开始，有人甚至说上涨的河水已经在给拉美西斯二世的双脚挠痒痒了。当务之急是先建造一座围堰挡住尼罗河的河水，然后再将神庙从悬崖上拆离出来，这一拆拆出了重30000多吨的石块。接着，这对"双子"神庙被切割成1000多块，因为砂岩很脆，所以切割是一项非常精细的工作，乱切一通可能会使遗迹在重新搭建起来后失去美感。每个被切出的石块都在现场编号，再小心地包好、运走，最后存放到事先安排好的地方。

安放遗迹的新地点上建起了一座巨大的水泥山，专门用来支撑整个古迹。在完成重新搭建遗迹的准备工作后，切割出的石块被一个接一个地放回它们在神庙中原本的位置。最后剩下的工作就是重建周围的景观：工人们先筑起一个巨大的混凝土拱顶，然后再在上面做岩石贴面，这样一来，新址周围的景观在体积和外观上都还原了两座神庙周围原本的景观。就这样，1968年9月22日，埃及政府在几百名来自世界各地的记者面前揭幕了迁至新址的阿布辛拜勒神庙。至此，一切都已按拉美西斯二世的精工巧匠们的设计构想复原完毕。

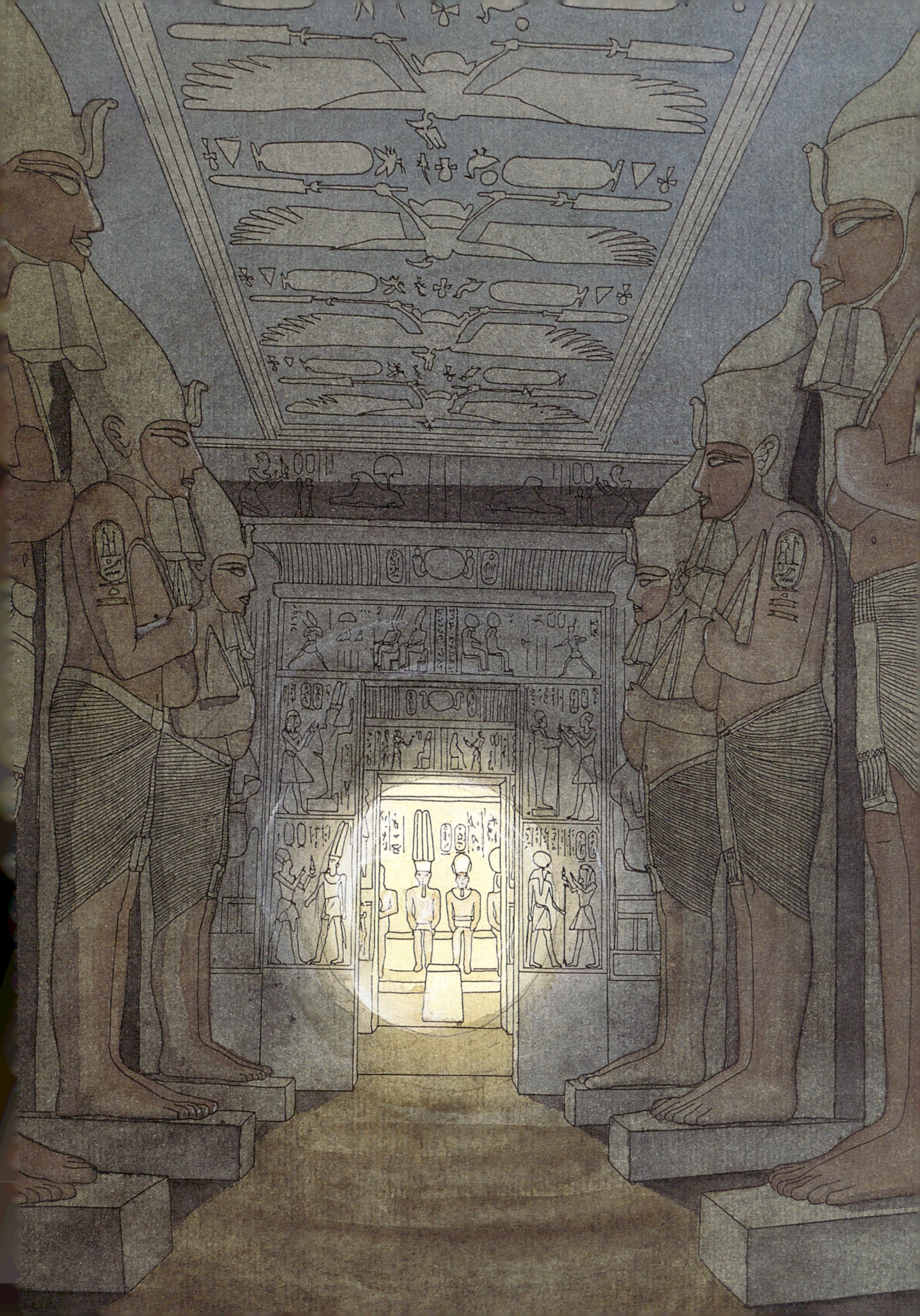

什么地方可以看到从努比亚迁出的神庙？

- 阿布辛拜勒神庙（修建于前1279—前1212年）：由拉美西斯二世的岩窟神庙和尼斐尔泰丽的岩窟神庙构成，已迁至阿布辛拜勒新遗址地。
- 阿尼巴遗址（修建于前1151—前1145年）：约于公元前1140年下葬的彭努特（拉美西斯四世时期下努比亚的总督）的陵墓，已迁至阿马达新遗址地。
- 埃莱西亚神庙（修建于前1504—前1450年）：图特摩斯三世时期修建的一座小岩窟神庙，已捐赠给意大利的都灵埃及博物馆。
- 德尔神庙：拉美西斯二世的岩窟神庙（其类型与阿布辛拜勒神庙相同），已迁至阿马达新遗址地。
- 阿马达神庙（修建于前1504—前1419年）：图特摩斯三世和阿蒙霍特普二世时期修建的献给拉-哈拉胡提和阿蒙-拉的神庙，已迁至阿马达新遗址地。
- 瓦蒂塞布阿神庙：拉美西斯二世时期修建的献给拉-哈马克希斯和阿蒙-拉的神庙，已迁至瓦蒂塞布阿新遗址地。
- 马哈拉卡神庙（修建于前30—395年）：罗马时期修建，献给塞拉比斯和伊西斯的神庙，此神庙未建成，现只剩一个多柱厅，已迁至瓦蒂塞布阿新遗址地。
- 达卡神庙（始建于公元前3世纪初）：希腊埃及时期修建，献给普努布斯之神托特的神庙，已迁至瓦蒂塞布阿新遗址地。
- 盖尔夫·侯赛因神庙：拉美西斯二世时期修建，献给普塔、普塔-塔特嫩和哈托尔的神庙，已部分遗失。
- 丹铎神庙（前664—前525年）：罗马埃及时期修建，献给皮德斯和皮奥两位圣人（在第二十六王朝时期神化）的神庙，已捐赠给位于美国纽约的大都会艺术博物馆。
- 卡拉布沙神庙（修建于前27—14年）：奥古斯都时期修建，献给曼杜利斯的神庙，已迁至卡拉布沙新遗址地。
- 贝特瓦利神庙：拉美西斯二世时期修建，献给阿蒙-拉的岩窟神庙，已迁至卡拉布沙新遗址地。
- 塔法神庙：罗马埃及时期修建的神庙，已捐赠给荷兰的莱顿博物馆。
- 克塔西神庙：一座不完整的亭庙，可能修建于罗马时期，已迁至卡拉布沙新遗址地。
- 德波神庙（约修建于公元前3世纪）：由努比亚国王阿迪哈拉马尼始建于麦罗埃王朝并献给阿蒙的神庙，已捐赠给西班牙（位于西班牙皇宫广场）。

拉美西斯二世时期的阿布辛拜勒神庙

1820年，让-弗朗索瓦·商博良看到的阿布辛拜勒神庙

"终于……我在伊布桑布尔（阿布辛拜勒）下了船。在那里，我能欣赏努比亚最美的古建筑，这并非易事。这个地方的岩壁上凿建了两座神庙，神庙的外立面上有摩崖雕塑。在发掘出的两座神庙中，较小的一座是献给拉美西斯大帝（拉美西斯二世）的王后纳芙雷亚里（尼斐尔泰丽）的哈托尔神庙。从外面看，6座凿于岩石之中、高约10.7米的巨像矗立在这座神庙的正面，它们代表法老拉美西斯二世和他的王后。在他们的膝下分别建有其儿（靠法老拉美西斯一边）、女（靠王后一边）们的雕像，雕像上有他们各自的姓名和头衔。这些巨像展示了精湛的雕刻技艺，看看高（Gau）发表的伊布桑布尔小神庙的画作，这些在现实中身形苗条、轮廓优雅的雕塑被他画得五大三粗、丑陋不堪，这让我对高非常不满。

"伊布桑布尔的大神庙堪称建筑奇观，就算放在底比斯，它也是一座极其美丽的建筑。单是为了领略它的风采，人们也该到努比亚走一走。当年，发掘这座神庙所付出的努力超乎想象。它的正面有4座端坐着的巨像，每座巨像的高度都不低于18.6米。这4座巨像雕刻的都是拉美西斯大帝，其展现的技艺巧夺天工。它们的面容栩栩如生，并且和在孟菲斯、底比斯和其他地方看到

的拉美西斯雕像并无二致。这绝对是一件值得人仰慕的杰作。

"以上所介绍的都在建筑物的入口处，建筑的内部也同样值得称赞……第一间大厅由8根立柱撑起，每一根立柱都背靠一尊约9米高的拉美西斯大帝的巨像。在这间宽阔的大厅里，一列大型历史浮雕在墙壁上排开，浮雕展示了拉美西斯二世在非洲征战创下的功绩……在其他一共16间大厅里，也有大量美丽的宗教浅浮雕，非常奇特。

"神庙的最里面是一座圣所，圣所的最深处端坐着4座美丽的雕像，雕刻工艺精湛绝伦，雕像看上去异常雄伟。4座雕像分别是阿蒙-拉、弗雷、普塔以及端坐在他们中间的拉美西斯大帝。目前还没有人能在画上复原4座雕像的样貌，高的画和真实雕像比起来简直可笑。"

诚然，作为一名建筑师，高的画少了几分雅致，但最让人惊讶的是：在这些绘于1818—1830年间的画作上，阿布辛拜勒神庙看起来保存得相当完好，特别是那些浅浮雕上的画作。相反，虽然商博良、高、罗斯里尼的画当年都以逼真的技法和鲜艳的用色（赭石色、棕色、红色、黄色和蓝色等）著称，但如今这些画上的颜色几乎完全消失了。

埃及历史上最著名的战役之一：卡叠什

多亏有《公告》和《潘道尔之歌》这两份文献，人们得以了解这次战役的经过。前者是较为简洁的军事记录，按时间顺序介绍事件经过。它以浅浮雕的形式回溯了这次战

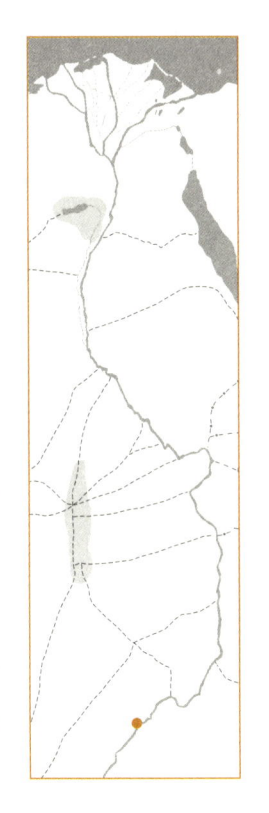

拉-哈拉胡提，宇宙之主宰

拉-哈拉胡提，意为"来自地平线的荷鲁斯"，是赫里奥波里斯（古王国地名，意为"太阳城"）的太阳神在白天的化身之一。要了解他的本质，我们首先得知道埃及的神灵都具有"科培鲁（Khépérou）"。这是一个无法直译的词，可以理解为一位神灵身上一些短暂又互补的性格特点的集合。这些性格特点都只是神的某一面，神只会短暂地显示出一种性格特点。比如，太阳运行的不同时段就可视为太阳的"科培鲁"。根据太阳在天空中的变化，它共有3个不同称谓：上午被称为凯布利，代表日出时的太阳，以圣甲虫的形象出现；正午是拉-哈拉胡提，外形是一只鹰隼，它是太阳神拉和地平线上的猛禽哈拉胡提的结合；傍晚是阿图姆，代表日落时的太阳，外形是一位老人。哈拉胡提代表太阳一天中最光芒万丈的时段，他的光芒照亮了整个有序的世界，"他是超越了时空的统治者"。

通常，文献会用拉-哈拉胡提、哈拉胡提和拉3个不同的名字来称呼这位至高无上的大神。而在很多神话中，他的头衔通常是"宇宙之主宰"。拉的肖像是男身隼头，或是一只头顶日盘的鹰隼。这展现了他的两个主要特点：鹰隼象征着他的天界属性，而日盘则代表了他的太阳属性。

在拉美西斯时期（前1293—前1070年），拉-哈拉胡提成了埃及万神殿的主神，其他主神还有阿蒙（底比斯之神）及普塔（孟菲斯之神）。在埃及，特别是在努比亚的圣所里，王权的太阳属性都被人以文字和图像的方式强调了：拉美西斯二世就是"拉-哈拉胡提伟大的'卡'"，这让他与太阳神和造物神拉"合二为一"。从此以后，法老拉美西斯二世得以与众神"平起平坐"。因此，在阿布辛拜勒的至圣所（naos）中可以看到拉-哈拉胡提、神化的拉美西斯二世、阿蒙-拉和普塔被并排供奉着。

同样的情况也可以在以下3座神庙中看到，它们分别是位于德尔的"拉领地上受阿蒙宠爱的拉美西斯神庙"（已迁至阿马达新遗址地）、位于瓦蒂塞布阿的"阿蒙领地上受阿蒙宠爱的拉美西斯神庙"（已迁至瓦蒂塞布阿新遗址地）以及位于盖尔夫·侯赛因的"普塔领地上受阿蒙宠爱的拉美西斯神庙"（已遗失）。

役的重要阶段。《公告》可以在位于阿布辛拜勒、德尔、卢克索和阿拜多斯的大型拉美西斯二世的圣所以及拉美西姆看到。

《潘道尔之歌》的文学性更强，其采用的是史诗般的叙事方式，言辞高昂且富有诗意，内容细腻翔实。这份文献可能是拉美西斯二世于在位第九年（前1271年）命令一位叫潘道尔的司书编写的，它被分别保存在3份莎草纸卷上：《萨利艾第三莎草纸卷》《拉伊菲莎草纸卷》和《切斯特·比蒂第三莎草纸卷》。在神庙中，《潘道尔之歌》的节选有时会伴随《公告》出现。人们将这些文献汇集起来，精确地还原了这段记录埃及战胜外敌的史诗。在这次战役中，拉美西斯二世率领军队与赫梯国王穆瓦塔里和他国（包括叙利亚和一些亚洲国家）组成的联军进行了正面交战。

"终于，国王陛下将打仗时俘获的步兵、战车和夏尔丹人投入到了作战准备中。在军队收到作战装备和军令后，国王陛下带上了他的步兵和战车，准备挥师北上。军队于国王陛下在位第五年夏天的第二个月的第九天顺利出发，随后，国王陛下通过了希莱堡垒，他如蒙图一般势不可当地挺进。所到之国，无人不心惊胆战。首领们纷纷向他敬献贡品，反抗者都在国王陛下的威力下俯首称臣。"

埃及人最终来到了奥伦特河畔的卡叠什附近，这是两军的交战之地。

"然而，在与海岸线前的所有国家结为联盟后，邪恶的赫梯军来到了此地。他们出动了全部兵力，并且还有……（数不清的国家）。联军密密麻麻地占领了山头和山谷，人多得像数不清的蝗虫。赫梯国王出征时带走了国家的所有钱财，将其分给联盟国，让它们和他并肩作战。"

赫梯军队就埋伏在卡叠什后，他们先让第一批埃及军通过了卡叠什，这支被命名为"阿蒙"的分队由拉美西斯二世亲自率领。趁拉美西斯二世的普塔分队和赛特分队还在后方很远的地方时，赫梯军朝阿蒙分队发起了猛攻。拉美西斯二世与后方部队的联系就这样被切断了，他被赫梯军包围了。

"当国王陛下收到军情后，他如被父亲蒙图附身，一跃而起。他拿起了武器，披上了锁子甲，像巴力一样开始战斗！国王陛下的坐骑'底比斯的胜利'来自奥希尔玛特拉马场，它是拉甄选出来的，是阿蒙的爱驹。陛下骑着马飞快地冲向邪恶的赫梯军！他孤军奋战，勇往直前。然而，当他环顾四周时，发现自己已被2500辆战车和联军中（包括邪恶的赫梯国和其他多国）所有的弓箭兵包围了。战车正一点点向他逼近。"

孤身奋战之际，国王开始呼唤阿蒙。奇迹出现了，他收到了阿蒙的回应。在神的鼓舞下，国王一人歼灭了敌军。第二天，穆瓦塔里发出了停战请求，他这样说道："您卑微的仆人郑重向您宣誓，您是拉之子，是他的骨肉，他把所有国家都统一交给了您。所有埃及人和赫梯人都是您的仆人，都臣服在您的膝下，他们是您神圣的父亲拉赐予您的。求您不要朝我们'大发神威'！赫梯国已经深刻地领教了您的威力，您一定要将您的仆人赶尽杀绝，对我们恶脸相向，而不发发慈悲心吗？瞧瞧，您昨天已经歼灭了十万大军。而今天，您又再次回来，准备把我们杀光。您不能得寸进尺啊，胜利之王！与战争相比，和平终归是好的，求您放我们一条生路吧！"

拉美西斯大帝传奇

没有比拉美西斯二世更出名的法老了。任何人在阅读关于埃及的著作或到尼罗河谷游览时都无法忽略这一大人物，因为他无处不在。在埃及，有的地方有他的名字，有的地方有他的雕像，还有的地方有他的圣所……简而言之，他在埃及的景观里是具有统治性和垄断性的存在。

我们通常会觉得，他所享有的声望是当代社会造成的一种现象，因为必须得承认，是大量关于他的展览、文章和著作让他声名大噪的。但是，如果查一查关于埃及的史料，我们就会发现他的名声古已有之，最远可以追溯到埃及第二十王朝初期（约前1185年）拉美西斯三世统治时期，拉美西斯三世将先人拉美西斯二世树为楷模。

拉美西斯二世在战争中无所畏惧，其下令修建的建筑更是堪称典范，在众人眼中，他就是神的现世化身。同时，他的事迹也因成功的宣传而被人熟知，在随后继任的法老身上都可以看到他的影子,他们都想复制这位伟大君主的生平。此外,不难发现,一位君主在历史中留下痕迹的数量通常与他们的寿命成正比。因此,一位君主在位的时间越长,在国家里留下纪念自己的建筑、宣传自己事迹的时间就越多。因此,统治时间长达67年的拉美西斯二世很难是一位默默无闻的君主。

照亮至圣所

阿布辛拜勒神庙的至圣所有一个有趣的现象,如果我们想去亲眼看看,需要在一年中的两个特定时间前往。这座岩窟神庙由一排大厅构成,最后一间最为神圣。在这间大厅里,从右到左并排供奉着拉-哈拉胡提、神化的拉美西斯二世、阿蒙-拉和普塔的神像。这座神庙的最深处一年只能被照亮两次,这是特意设计出来的。这一设计基于天文学上的发现:在一年里快接近夏至、冬至时,太阳每天升起的位置会一点点北移(夏至),或一点点南移(冬至)。因此,每年2月20日,太阳的第一道光会先照在阿蒙-拉的神像上,然后照在拉美西斯的神像上;而在10月20日那天,太阳会先照亮拉-哈拉胡提的神像,然后是拉美西斯的神像。通过这样的设计,埃及万神殿中这两位带有太阳属性的主神相继授予了这位君主力量,确认了他的神性,而作为黑暗守护者的普塔则一直处于阴影之中。

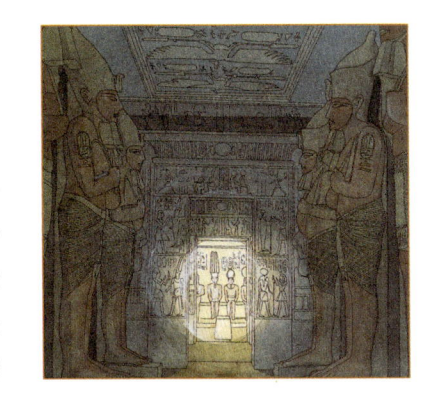

瓦蒂塞布阿的拉美西斯二世神庙

第一王朝	前 3050	
第二王朝		早王朝时期
	前 2685	
第三王朝		
第四王朝		古王国时期
第五王朝		
第六王朝		
	前 2180	
第七王朝— 第十一王朝		第一中间期
	前 2040	
第十一王朝末 第十二王朝		中王国时期
	前 1780	
第十三王朝— 第十七王朝		第二中间期
	前 1570	
第十八王朝 第十九王朝 第二十王朝		新王国时期
	前 1070	
第二十一王朝 第二十二王朝 第二十三王朝 第二十四王朝 第二十五王朝 第二十六王朝		第三中间期
	前 525	
第二十七— 第三十一王朝		后埃及时期
	前 332	
托勒密时期	前 305	希腊埃及
	前 30	
罗马帝国时期		罗马埃及
	395	
罗马帝国时期		科普特埃及
	632	

努比亚:从被埃及人占领到那帕达和麦罗埃王国

"努比亚"这个名字来自古埃及象形文字"努布"(意为"黄金")。努比亚南起苏丹喀土穆,一直向北绵延至埃及的阿斯旺地区。蜿蜒的尼罗河为努比亚地区沿河城市之间的交通提供了一条长近2000千米的环状水路。这条水路上有6座"瀑布"。虽然叫作"瀑布",但其实是一些类似险滩的水域。这些"瀑布"有时跨越数十千米,其中还常可看到露出水面的大小不一的岛屿和巨大的礁石。

这片广阔的土地分为两部分:上努比亚,古埃及人称之为"库什国",它囊括了从喀土穆到瓦迪哈勒法(邻近埃及和苏丹边境的城市)的土地;下努比亚,又名瓦瓦特国,它囊括了从瓦迪哈勒法到阿斯旺的土地。从法老时代开始,古埃及就试图将这片原材料丰富的沃土占为己有。

在早王朝时期(约前3150年),埃及将领土扩至第一"瀑布"区域。在第一王朝(前3050—前2890年)第二位法老哲尔统治时期,埃及又将领土扩大至第二"瀑布"区域。在中王国时期(前2040—前1780年),塞索斯特里斯三世将对努比亚的占领范围扩大至位于第二"瀑布"上游地区的塞姆纳。同时,他还通过用来管制努比亚的人口流动及水上交通的要塞体系封锁了边界。

新王国时期(前1570—前1070年),努比亚地区建立了真正的政治组织。当时,法老对努比亚的控制延伸到了第四"瀑布"区域,他将此区域的管理工作交给了底比斯的一

7

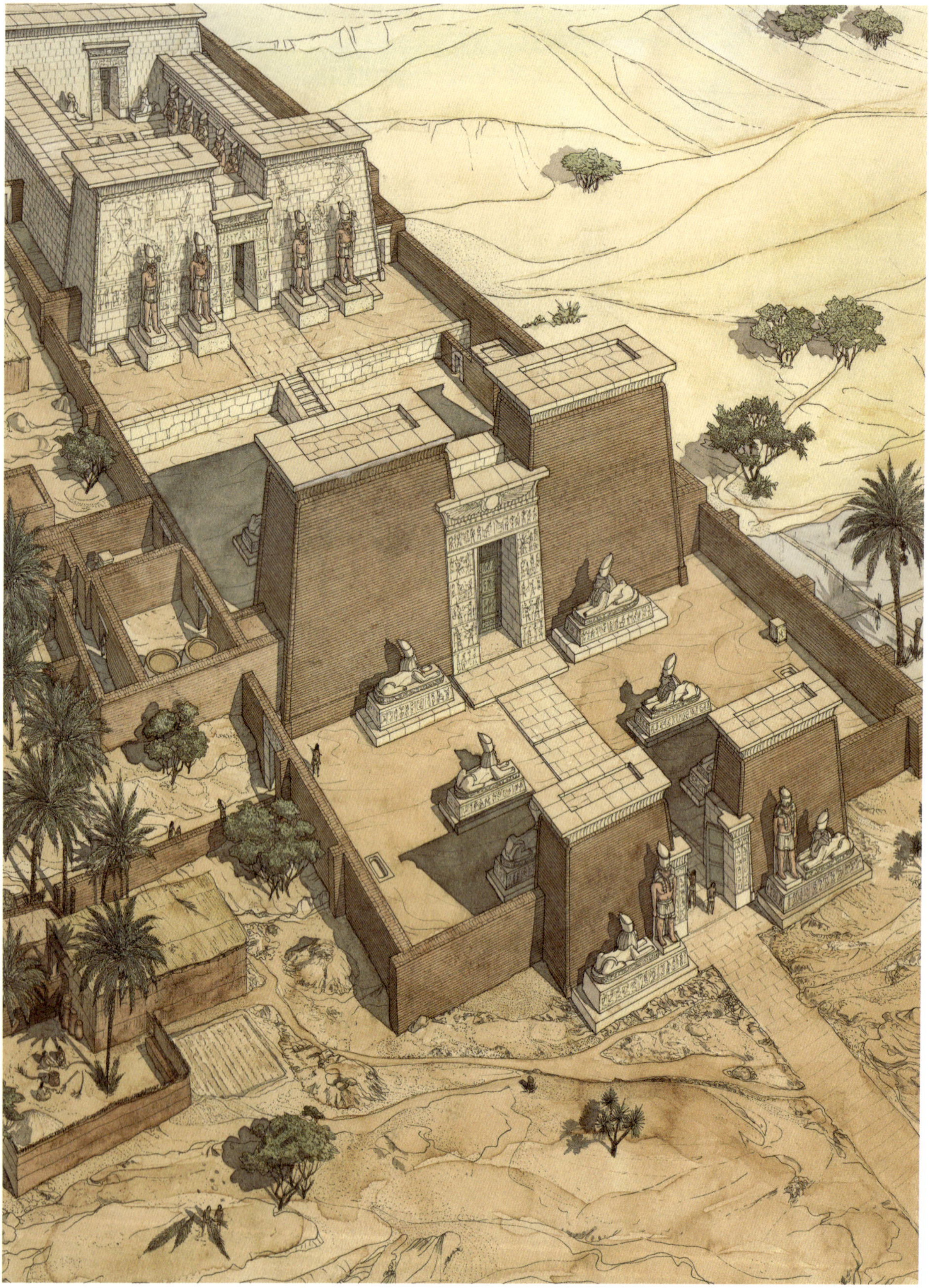

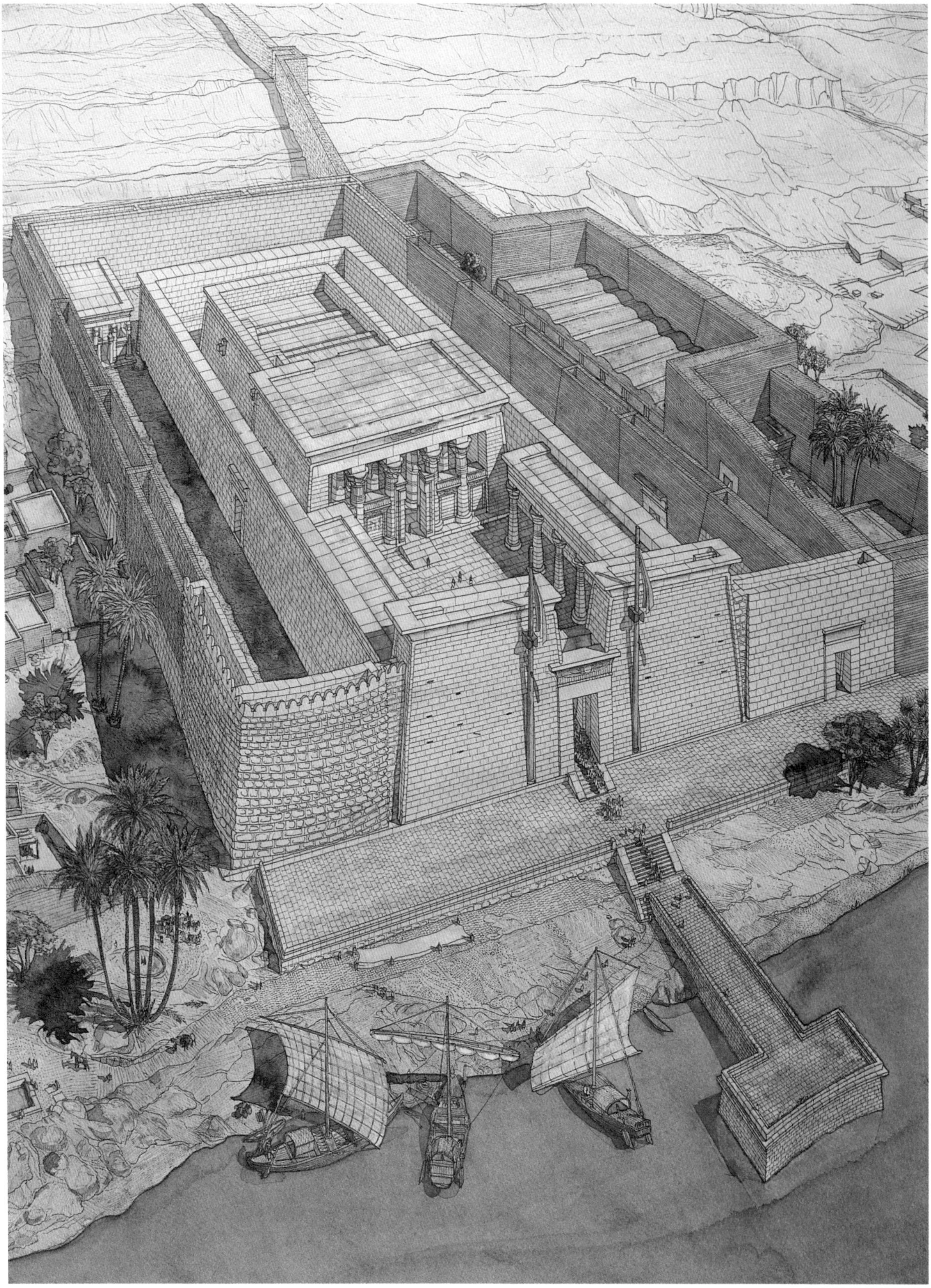

位高官,他被称为"库什国王子",法老还安排了两位副官辅佐他。埃及从努比亚直接运走士兵、奴隶、劳工、金子、象牙和牲畜。同时,努比亚也从非洲很远的地方进口各式各样的物品,包括香水、稀有香料、刺绣纺织品、宝石、珍贵木材,甚至还有野生动物等。

埃及对努比亚的管控让努比亚人完全失去了自由,他们开始使用埃及象形文字并推行法老统治下的宗教习俗和传统。这片土地上还建起了献给埃及帝国各位大神(阿蒙-拉、拉-哈拉胡提和普塔)的圣所,而其中最有趣的圣所是在上埃及修建阿斯旺大坝时建造的。但是,在拉美西斯时期即将结束时(约前1070年),努比亚人趁着第三中间期(前1070—前525年)出现的政治和社会动乱,一点点重拾了他们失去的自由。他们在第四"瀑布"下游区域的那帕达建立了一个独立的王国,然后在努比亚王国的领袖皮安希的指挥下出征埃及。很快,皮安希便率军打到了底比斯,攻占了下埃及地区并开始掌权。皮安希创建了第二十五王朝(前747—前656年),即"埃塞俄比亚"或"库什"王朝。在60多年的时间里,有5位法老相继登上了第二十五王朝的王座。最后一位法老塔努塔蒙在公元前664年被亚述人赶下了王座,他随即迅速离开尼罗河谷,逃到了那帕达。

公元前4世纪,迫于政治和经济战略上出现的新需求,努比亚的国王们都离开了那帕达,向南迁移。他们在新的王国找到了一片更加肥沃的土地,并将其定为新的首都,这个地方就在第六"瀑布"的北边,叫麦罗埃。就这样,埃塞俄比亚第二王国诞生了,它直接脱胎于那帕达王国。这个新的文明强大且富于创新,它吸纳了多种非洲文化和希腊传统中的元素。底比斯三柱神(阿蒙、穆特和孔苏)以及冥界的守护神(伊西斯、奥西里斯、奈芙蒂斯和阿努比斯)从尼罗河河谷传到了这里。同样,当地的灵神,特别是狮首人身的阿佩德马克也在麦罗埃的万神殿中占有重要地位。这里新建的圣所上刻着奇特的浮雕,浮雕上的场景和人物带有不同地域的特点:其形态展现了埃及法老时代的特色;羊首阿蒙和双蛇形标来自那帕达的埃塞俄比亚第一王朝;庞大性感的身躯和沉重复杂的首饰则源自当地传统。在建都7个世纪后,努比亚的首都开始消亡,虽然进程缓慢,但已是覆水难收。慢慢地,人们都弃城而去。最终,这座城市在4世纪初完全消失了。

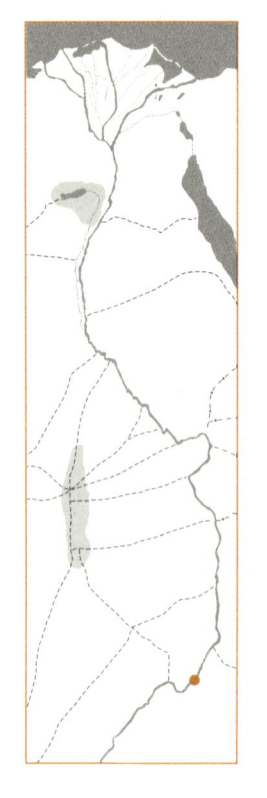

拉美西斯二世(前1279—前1212年在位)神庙

如今,人们更喜欢把"阿蒙领地上受阿蒙宠爱的拉美西斯神庙"叫作瓦蒂塞布阿神庙,或"狮谷"神庙,因为这座圣所前的那条通往入口的多洛摩斯两侧建有狮身人面像。拉美西斯二世为致敬拉-哈马克希斯和阿蒙-拉,在其统治的第35年到第50年(前1245—前1230年)下令修建了这座神庙。神庙现在已迁至距离原址西北方4000米远的地方,此圣所有半岩窟神庙的特点,由两部分组成。露天部分包括:第一塔门和门后带有多洛摩斯的庭院;第二塔门和门后带有多洛摩斯的庭院(沿着多洛摩斯一直向前走,在经过一道宽阔的斜坡后就可到达神庙的主入口);第三塔门和塔门前的王室成员巨像;一个边上建有柱廊的庭院。凿建于山中的部分包括:一个多柱式前厅;一座由几个附属礼拜堂和一个供奉着拉美西斯二世、阿蒙和拉-哈拉胡提的壁龛构成的圣所。

卡拉布沙的曼杜利斯神庙

卡拉布沙神庙，一座按最纯正的希腊传统修建的罗马神庙

这是努比亚的一座大型神庙，它的原址在一个被希腊人称为"塔尔米斯"的古城里，距离当前遗址约 40 千米。这座神庙的动迁工作是由德国团队完成的，在将它从原址拆离时，他们惊喜地发现，这座建筑里有 100 多块被二次使用的石头，它们来自公元前 1 世纪托勒密时期修建的一座刻满祭祀场景的石门。如今，此石门已被珍藏在柏林博物馆的某个陈列廊中。

这座留存至今的神庙是奥古斯都（前 27—14 年在位）时期修建完成的，但神庙始建于更久远的时期，很可能是阿蒙霍特普二世（前 1453—前 1419 年在位）时期，因为在这座神庙多柱大厅里的一座浮雕上，阿蒙霍特普二世就站在塔尔米斯众神前。

这片区域的主人叫曼杜利斯，他是努比亚的地方神，被称为"塔尔米斯之主"。神庙包括一个崇拜仪式礼台（1），它连着一个长 30 米、宽 8 米的码头（2），码头将尼罗河（此段尼罗河如今已成纳赛尔湖）与圣所雄伟的塔门（3）入口隔开。塔门后就是铺着石板的庭院（4），庭院的一部分被柱廊环绕。再往里走就是多柱大厅（5），多柱大厅的后面是圣域（6），它由三间装饰精美的内厅组成，前两间内厅南面墙壁上的楼梯可直达天台。这座神庙有两圈围墙，第一圈围墙（7）由石头修建，墙面离构成圣域的建筑很近。围墙和由多柱大厅及圣域构成的建筑群之间只有一条很窄的通道。在通道朝南的一段，有一个尼罗河水位仪和一口井（8）。第二圈围墙（9）似乎也是用石头修建的，整个宗教区域都在这圈围墙内，西南角的玛米西（10）和东北角的托勒密时期的礼拜堂（11）也在其内部。

玛米西是一种用来庆祝众神诞生的建筑物，一般由围廊和围廊后开凿于岩石中的内厅组成。托勒密时期的礼拜堂如今已破败不堪，这是希腊埃及时期（前 305—前 30 年）留存的唯一遗迹。圣所北面有一堵隔墙，它将圣域与仓库区（12）分隔开来。

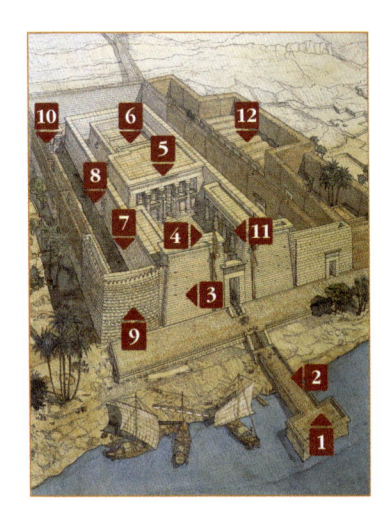

西尔科铭文：史诗文学中的杰作

在卡拉布沙神庙多柱大厅的墙壁上，有一段用蹩脚的希腊语刻的文字，这段文字因作者所使用的非凡的口吻而闻名于世。

"我，西尔科，诺巴迪亚和所有埃塞俄比亚人的国王，来到塔尔米斯和塔菲斯。我和布勒米人两度交战，神灵们赐予我胜利。后来，我再度战胜他们，接着便占领了他们的城池，然后和我的部落一起在那里定居。

"第一次，我打败了布勒米人，他们向我求饶，我就此和他们修好。他们在其神灵前向我发誓，我相信了他们的誓言，因为这是一群正人君子。

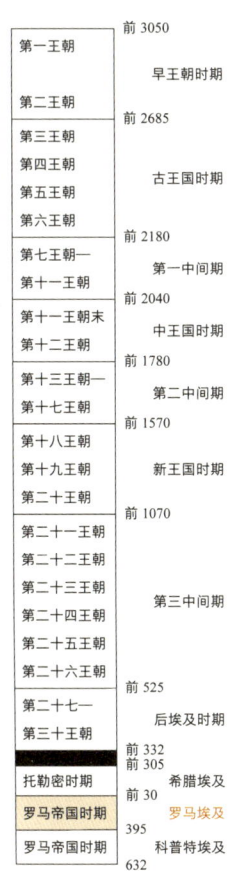

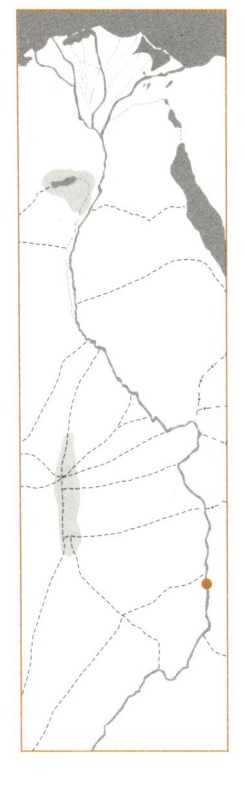

"随后，我返回了上埃及。我成为国王之后，并没有效法其他国王，因为我超越了他们。对那些想和我交战的人，我不会让他们活着回到他们的国家，除非他们重新选择屈从于我，因为我是下埃及的雄狮、上埃及的熊。

"后来，我在普里米斯与塔尔米斯的布勒米人交战。同时，我与南部地区的其他诺巴迪亚人交战。我把他们的家园变成废墟，是他们自己来找我的麻烦的。如果还有其他国家的君王胆敢和我交战，我会让他们不得安生，除非他们向我求饶。所有和我交战的人一定都坐立难安，在家连酒都喝不下，因为我掳走了他们的妻儿。"

曼杜利斯也是一位太阳神吗？

在用古埃及象形文字记载的神话中，我首先注意到的是一位叫作曼的男性神灵，他似乎是古埃及万神殿里一位举足轻重的神灵。此神的名字也可以加上元音后缀，连起来读就是曼杜……这些名字的各个组成部分的语音已经得到了确认，这让人们可以清楚地知道如何读出这些名字。基于此，我认为古埃及象形文字中叫作曼或曼杜的神灵也是塔尔米斯神庙中用希腊语刻写的主神曼杜利。此外，在埃及语不同方言的特殊发音规则下，这个神圣的名字也常被写成曼杜-日或者曼杜-利（曼杜-太阳），这让我更加确信自己的想法是对的……因此，神灵曼杜-日或曼杜-利中融入了古埃及阿蒙-拉（阿蒙-太阳）、弗雷（拉）或弗里（太阳神）这些神灵的个性，或至少融入了他们的主要特征。

让-弗朗索瓦·商博良

菲莱岛：伊西斯女神的领地

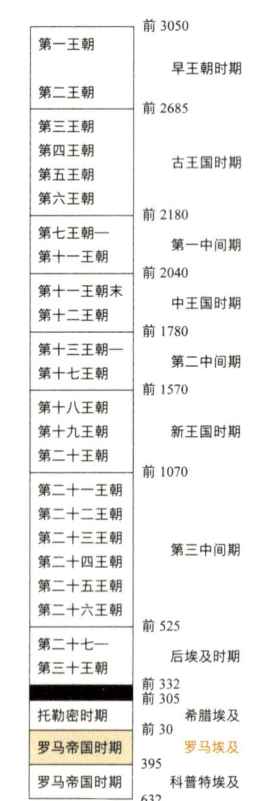

第一王朝 第二王朝	前 3050 早王朝时期 前 2685
第三王朝 第四王朝 第五王朝 第六王朝	古王国时期 前 2180
第七王朝— 第十一王朝	第一中间期 前 2040
第十一王朝末 第十二王朝	中王国时期 前 1780
第十三王朝— 第十七王朝	第二中间期 前 1570
第十八王朝 第十九王朝 第二十王朝	新王国时期 前 1070
第二十一王朝 第二十二王朝 第二十三王朝 第二十四王朝 第二十五王朝 第二十六王朝	第三中间期 前 525
第二十七王朝— 第三十王朝	后埃及时期 前 332
托勒密时期	前 305 希腊埃及 前 30
罗马帝国时期	罗马埃及 395
罗马帝国时期	科普特埃及 632

菲莱岛上的神庙

在这座神庙地基里的部分石块上，人们可以看到法老塔哈尔卡的名字，因此菲莱岛遗址的历史可以追溯至第二十五王朝（前747—前656年），但岛上最古老的建筑却修建于第三十王朝（前380—前343年）。其实，在菲莱岛上，对伊西斯的崇拜是在希腊法老们统治埃及时期（前305—前30年）兴起并快速发展的。法老们破坏了岛上之前的建筑，紧接着对其进行了翻新，他们修建了高规格的神庙，与他们对伊西斯的崇拜相称。很快，居民们都被赶出了菲莱岛。这样一来，整座岛都可以用来献给古埃及最受欢迎的女神伊西斯。

在埃及落入罗马帝国之手不久后的1世纪，菲莱岛迎来了鼎盛时期。4世纪末，狄奥多西下令禁止在罗马帝国内举行异教活动，但菲莱岛上对伊西斯的崇拜仍没有结束，因为埃及宗教最后的信徒们都躲到了这里避难。伊西斯神庙因地处整个国家的最南边而逃脱了罗马人的控制。然而在查士丁尼统治时期，这座神庙最终还是于公元551年被封了。就这样，最后的古埃及异教信徒开始逐渐消失，法老文明之光也慢慢熄灭了。

伊西斯的神庙（8）位于这片遗址的最高处，通向神庙的路两侧建有柱廊（2和3）。柱廊的尽头有一座塔门，塔门的后面是一座大庭院。庭院的西边有一座玛米西（9），里面可以看到伊西斯的儿子荷鲁斯出生时、年幼时和接受教育时的场景。从这里再往里走，就可以看到伊西斯神庙了。这座神庙由一座塔门（不与第一座塔门平行）、一座多柱大厅和内殿组成。次要的宗教建筑散乱地分布在伊西斯领地的两侧，这些建筑包括一座哈托尔神庙（11）、一座阿伦斯努菲斯亭庙（4）、一座曼杜利斯礼拜堂（5）、一座哈伦多特斯神庙（10）等。岛的北边有一座城门（14）和一座献给奥古斯都大帝的神庙（13），东边有一座图拉真时期修建的亭庙（12），南边有一座内克塔内布一世时期修建的亭馆（1）。

拯救菲莱岛上的神庙

菲莱岛上的神庙如今备受喜爱，无疑是因为它的救援工作堪称奇迹。20世纪初，第一座阿斯旺大坝（"阿斯旺老坝"）竣工。它的建成对伊西斯神庙造成了严重破坏。在全年11个月的时间里，这颗"埃及明珠"都在水下沉睡，只有塔门和柱廊顶端的几块石头能露出水面。因此，只有等夏天水库没水的时候，人们才能欣赏到它的全貌，而这只有几个星期的时间。在当时，人们的科技水平还不足以对此进行干预。因此，虽然很不情愿，但人们也只得选择放弃。在《菲莱之死》中，皮埃尔·洛蒂曾用一段精彩的文字述说自己的失望之情：

"如今，英国人建造的水坝使尼罗河的水位不断升高，潮水不再退去。水坝建造后形成的湖形同一片小的海域，它取代了蜿蜒的河流，吞没了一座座圣岛。伊西斯的神庙几千年来一直坐落于一座山丘的最高处，这座山上有众多神庙、柱廊和雕像。现在它成了唯一一座还能有一半露出水面的建筑，但不久后也将被完全淹没。在这个黑夜使一切

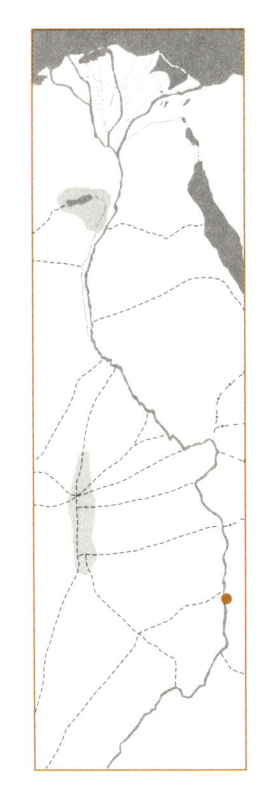

罗马埃及时期的伊西斯领地

1. 内克塔内布一世（前380—前362年在位）时期修建的亭馆，用于接待来菲莱岛朝圣的人。
2. 西柱廊（建于俯瞰河流的平台之上，由32根柱子构成，柱子上方有精美的混合式柱头）。
3. 东柱廊（未完成）。
4. 努比亚地方神阿伦斯努菲斯的亭庙。
5. 努比亚地方神曼杜利斯的礼拜堂。
6. 伊姆霍特普神庙［他是第三王朝第二位法老左赛尔的维齐尔（埃及最高行政管理层的官方名称，类似于宰相）和建筑师，此人在后埃及时期被封为医疗之神］。
7. 托勒密二世（前285—前246年在位）之门。
8. 伊西斯神庙（包括两座被一个庭院隔开的塔门、一座多柱大厅和一座被多个礼拜堂环绕的内殿）。
9. 托勒密三世（前246—前222年在位）时期修建的玛米西。
10. 哈伦多特斯神庙（这位神灵被视作鹰隼头荷鲁斯不同形态中的一个，他是伊西斯的儿子，是"为父复仇的荷鲁斯"。这座神庙在此处具有玛米西的功能）。
11. 哈托尔女神的神庙。
12. 图拉真（98—117年在位）时期修建的亭庙，被当成码头使用。
13. 献给奥古斯都大帝的神庙。
14. 戴克里先（284—305年在位）时期修建的城门。

* 数字标号见 p.14、p.15 跨页大图。

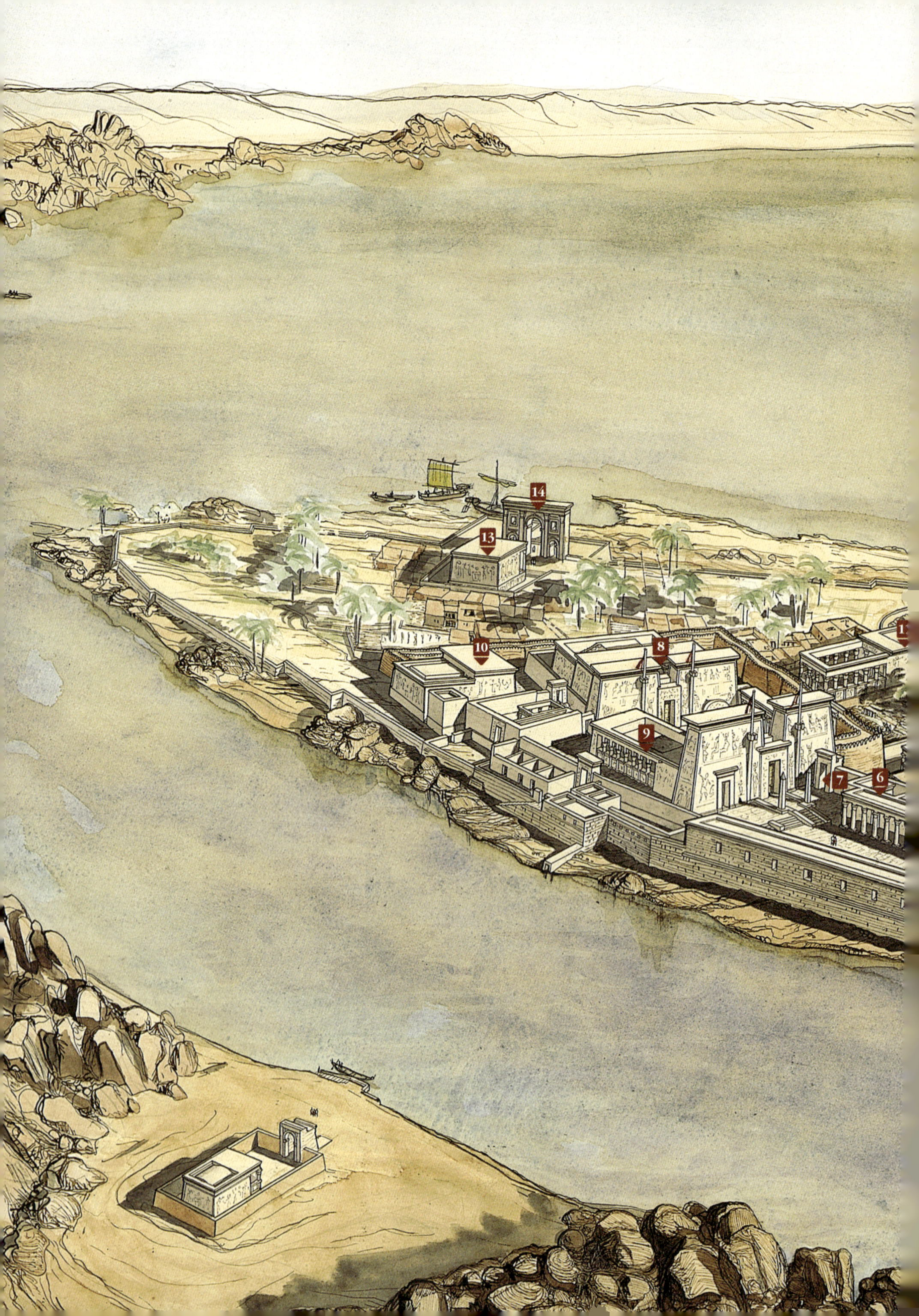

14
13
10
8
9
7
6

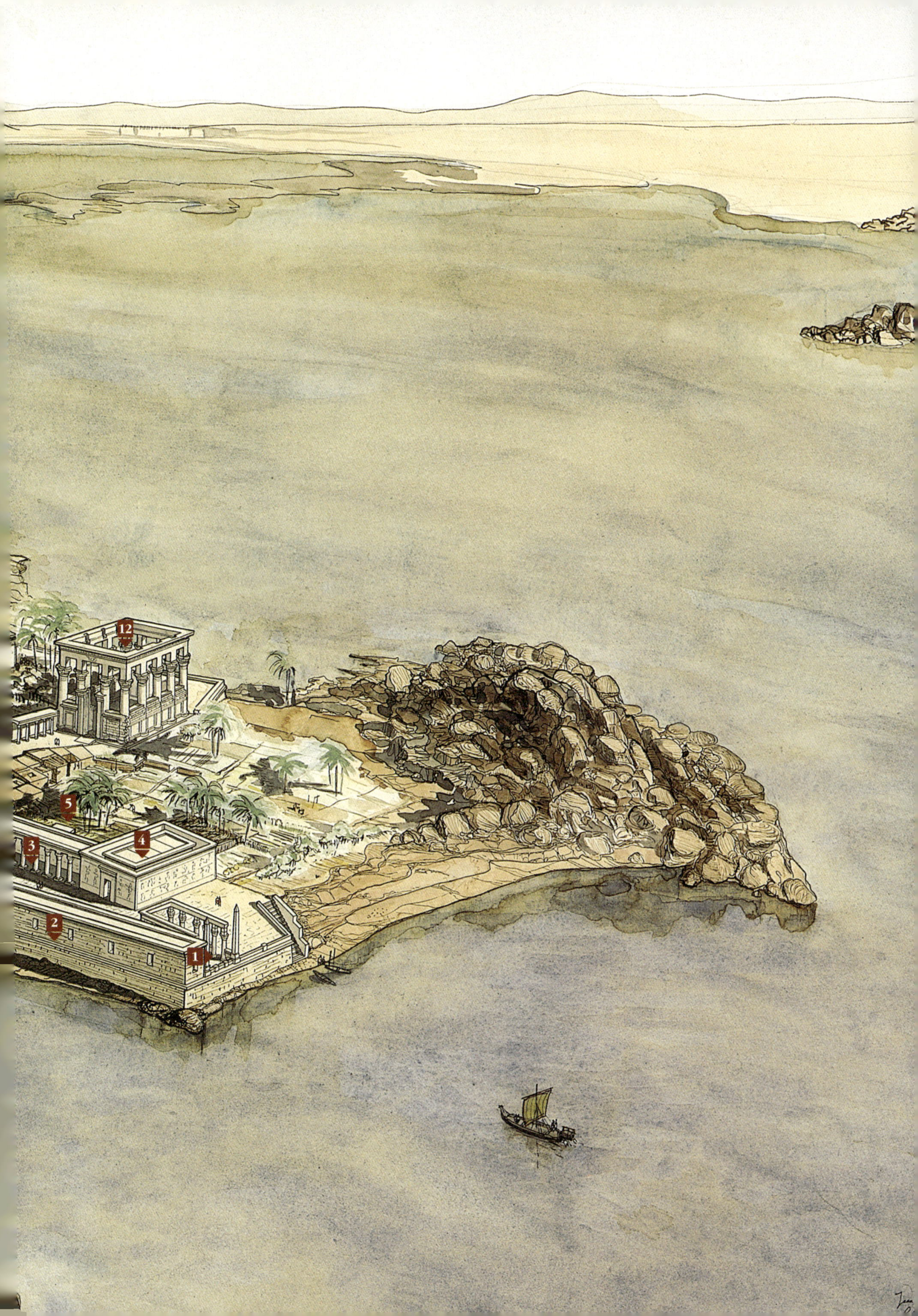
12
5
3
4
2
1

变得模糊不清的时刻，它站在那里，仿佛一座巨大的岛礁……

"我们终于抵达神庙，仰头一看，巨大的塔门拔地而起，上面用人物浅浮雕装饰：一个巨大的伊西斯好像在向我们招手示意，其他神灵则保持着神秘的姿势。城墙上有一扇不高的大门，已经被水淹了一半，门内昏暗一片。

"我们划着船进入了圣域。船停下之后，四周一片寂静。天很黑，很冷。突然，黑暗中传出重物坠落的声音，水面立刻被激起层层碎浪。原来是一大块石雕掉了下来。在这个漆黑混乱的世界里，那块坠落的石雕终于可以和那些已经消失的石雕、那一座座被吞没的神庙、那一所所科普特时期的老教堂、那座基督教时代早期的城市以及菲莱岛上曾经的一切重逢了。

"菲莱岛也曾是'埃及明珠'，世间之奇观啊！"

很显然，如果人们不能在阿斯旺大坝建好之后迅速想出解决方案，这颗"明珠"就将永远沉入水底。同拯救努比亚的其他神庙一样，联合国教科文组织策划了整个菲莱神庙的援救计划。在提出的若干方案中，人们最后选择的方案是将菲莱岛上的所有建筑迁到离菲莱岛300米远的阿奇卡岛上，此岛常年不受水位的影响。

援救工作于1972年迅速展开，因为水位每天都在一点点上涨，纳赛尔湖正逐渐将菲莱岛吞没。一部分救援工作者负责建筑临时堤坝（长850米、宽2米、高15米），借此保护神庙不被水淹没，而其他救援工作者负责重塑阿奇卡岛的地形，让它变得与菲莱岛的地形相似。当这些工作完成后，人们小心翼翼地将菲莱岛上的宗教建筑的石块拆卸、编号、储存，然后再将它们有条不紊地运到新址，最后重新搭建建筑。8年后，这座当年埃及法老在菲莱岛上献给伊西斯的神庙终于在阿奇卡岛上原模原样地展现在世人面前。

拉的秘名：伊西斯迫切想解开的谜

神话中经常会上演神灵沾染上人类嗜好的故事，这些嗜好体现了人性的脆弱和变化无常。在下面这个故事中，伊西斯展现了女性天生的好奇心和狡黠。

据说，为了达到自己的目的，女人们可以变得诡计多端。

故事在人们对拉的称颂中拉开序幕，这位太阳神、造物神、"宇宙之主宰"功勋赫赫，威力无边。他强大的力量可以让他变成不同的形象。他的名字很多，也很神秘，没有人知道他所有的名字。果然，伊西斯对他产生了妒意，她想篡夺拉的权力，然后让自己成为"宇宙之女主宰"。于是，她开始探查拉隐藏的名字，她认为只要知道了拉的名字，就可以获得他的一切权力。

为了达到这个目的，她开始观察太阳神在天上往来所走的路。伊西斯惊讶地发现，拉已经严重衰老，他的口水甚至流到了地上。于是，她收集了一点拉的口水，与土混合后揉成黏土，用这些黏土做成一条像箭一样的蛇，接着把蛇放到了太阳神及其随从会经过的十字路口。

当太阳神及其随从来到这个十字路口时，这条被伊西斯从远处控制着的蛇狠狠地咬了拉一口。拉大叫一声，然后他的身体开始变得虚弱。他的嘴唇颤抖，身体抽搐，因为毒已经开始在他的体内发作。拉设法让自己恢复了一点体力，然后叫人来将他救走。随后，他把自己的不幸经历告诉了众神，并觉得有义务解释隐藏姓名的原因，于是他说：

"在父母把我的名字告诉我之后，我把它藏到了身体里，这是我的儿女们（够不着的地方），免得某个子女获得力量之后来对付我。然而，当我外出去巡视我所创造的世界时，一个完全不知为何物的东西在我所创造的'两地之国'上咬了我一口。它非火非水，但我的心好像在燃烧，我的身体在颤抖，我的四肢冰凉。我的神儿神女们，快到我的身边来吧！我需要你们的慰藉，需要你们之中会施魔法并具有超凡本领（的神灵）。"

众神迅速赶来，其中就包括会施魔法的伊西斯。她惊讶地问道："怎么了，怎么了？我神圣的父亲！您的儿女中是有人想冒犯您的神威吗？如果真是这样，我会用魔法将其击倒，让他从此不再出现在您的光芒之下。"

随后，拉向她说明了他的不适，伊西斯说："把您的名字告诉我吧，我神圣的父亲！当一个人听到有人叫他的名字时就会复活。"太阳神说出了他所有的名字，但无济于事，毒还是继续发作。

"您的名字不在您刚才跟我说的那些名字当中,告诉我吧!然后毒就会消失,因为一个人听到别人叫他名字时就会复活。"伊西斯再次说道。最终,痛苦难耐的拉说出了他的秘名:"把你的耳朵靠过来,我的女儿伊西斯,这样我的名字就可以从我的身体传到你的身体里。"在听到父亲的名字后,伊西斯为拉解了毒。

宇宙女神伊西斯

在埃及,没有比伊西斯更受欢迎、更有威望的女神了。没有任何地方能逃出她的控制,大到尼罗河谷的神庙,小到对私人崇拜的记载,伊西斯的形象无处不在。伊西斯是盖布(大地之神)和努特(天空之神)的女儿、奥西里斯的妹妹和妻子,是赫里奥波里斯九柱神之一。因此,在《奥西里斯神话》中,伊西斯扮演了极其重要的角色。她的行为举止无可挑剔,因此,她象征着忠贞的妻子和称职的母亲。同时,她也是妇女和儿童的庇佑者。她曾两次外出寻找被赛特谋杀的丈夫;曾把丈夫散落的残骸重新组合起来,让他重生;曾不声不响地将小荷鲁斯抚养长大,最后让他登上了埃及的王座。作为一名伟大的魔法师,她的声誉让其信徒变得越来越多。她通晓给被蜇伤的人解毒的方法,也能帮人消除疼痛或驱散疾病。据说,只要区区数语,她就能"将生命吹进窒息的咽喉"。与此同时,她还是冥界的亡灵守护者。就如守护奥西里斯一样,她守护着所有希望获得永生的人,并让他们重生。活人和死人都会佩戴她的象征:"魔法结"(也被称作"伊西斯之结")。这个护身符的形状像一个垂着两条"手臂"的十字架,它代表最极致的庇佑。

其实,伊西斯的个性很难回溯。随着王朝的更迭,她的个性因吸纳了尼罗河谷中众多女神的特征而变得越来越丰富。因此,尽管伊西斯的形象通常是一个头顶"王座"(这个"王座"在古埃及象形文字中是书写她名字的符号)的女人,但她也会以母牛神哈托尔的形象出现,以母狮女神塞赫麦特的形象出现,或以蝎子女神塞尔凯特的形象出现,或带着奈特、萨提斯、奥佩特和列涅努忒等神的特征。在托勒密和罗马王朝时期(前305—395年),她被封为万神殿的宇宙女神,人们对她的崇拜也远远超出了埃及的国界。很多神话传说中都出现了伊西斯,在所有法老时代的圣所(甚至包括那些不专属于她的圣所)里也都能看到她。这位"众神的女王"拥有众多能力,无论她身上融入了哪位神灵的个性,她都是冥界的亡灵守护者,都是土地肥力的化身,都庇佑着每一个家庭。同时,她还是王权的守护者,维护着宇宙的平衡。在罗马帝国时代,对她的崇拜持续了极长的时间,直到6世纪中叶才完全消失。

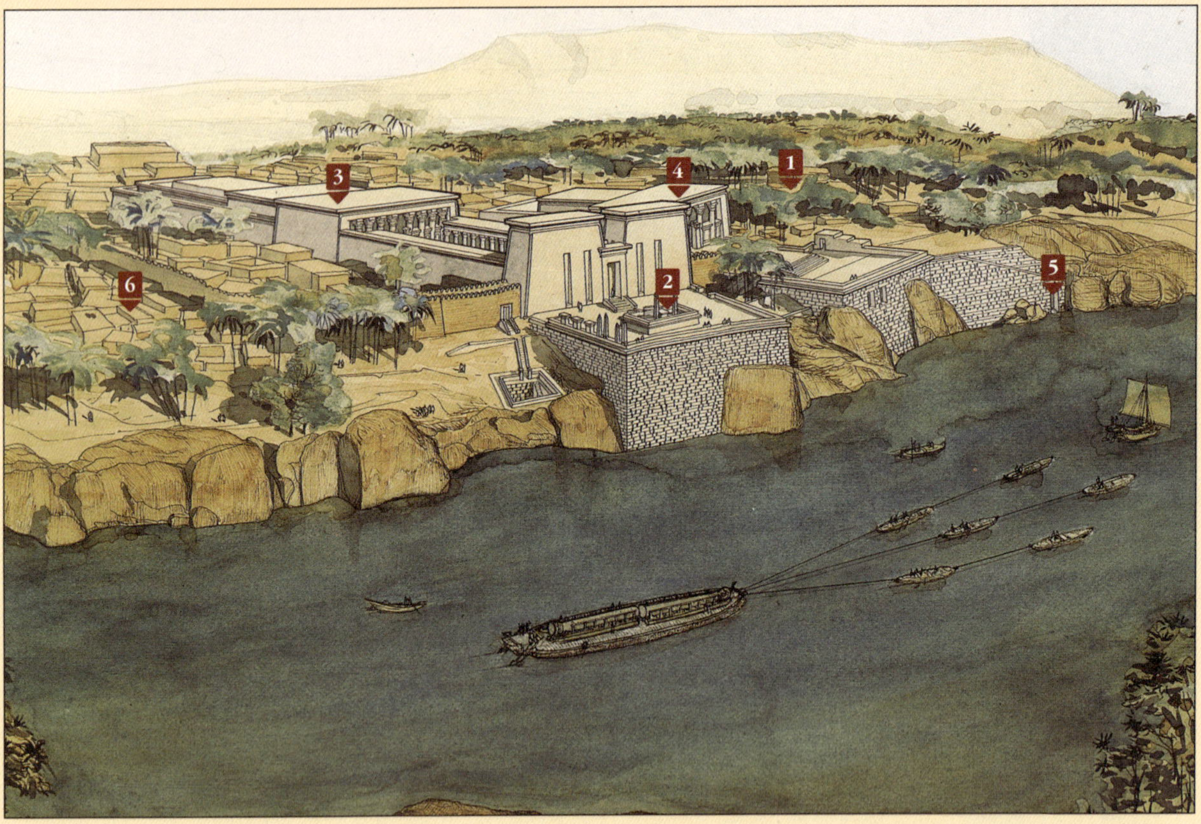
1
2
3
4
5
6

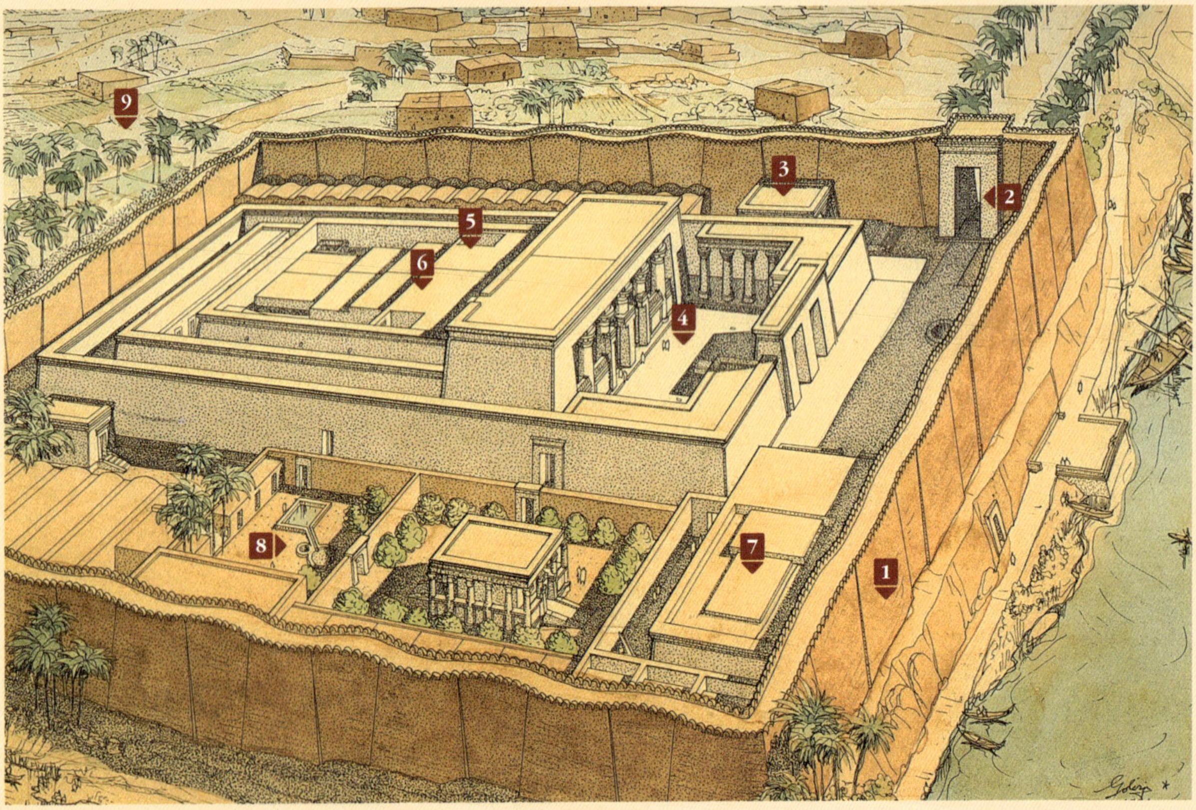
1
2
3
4
5
6
7
8
9

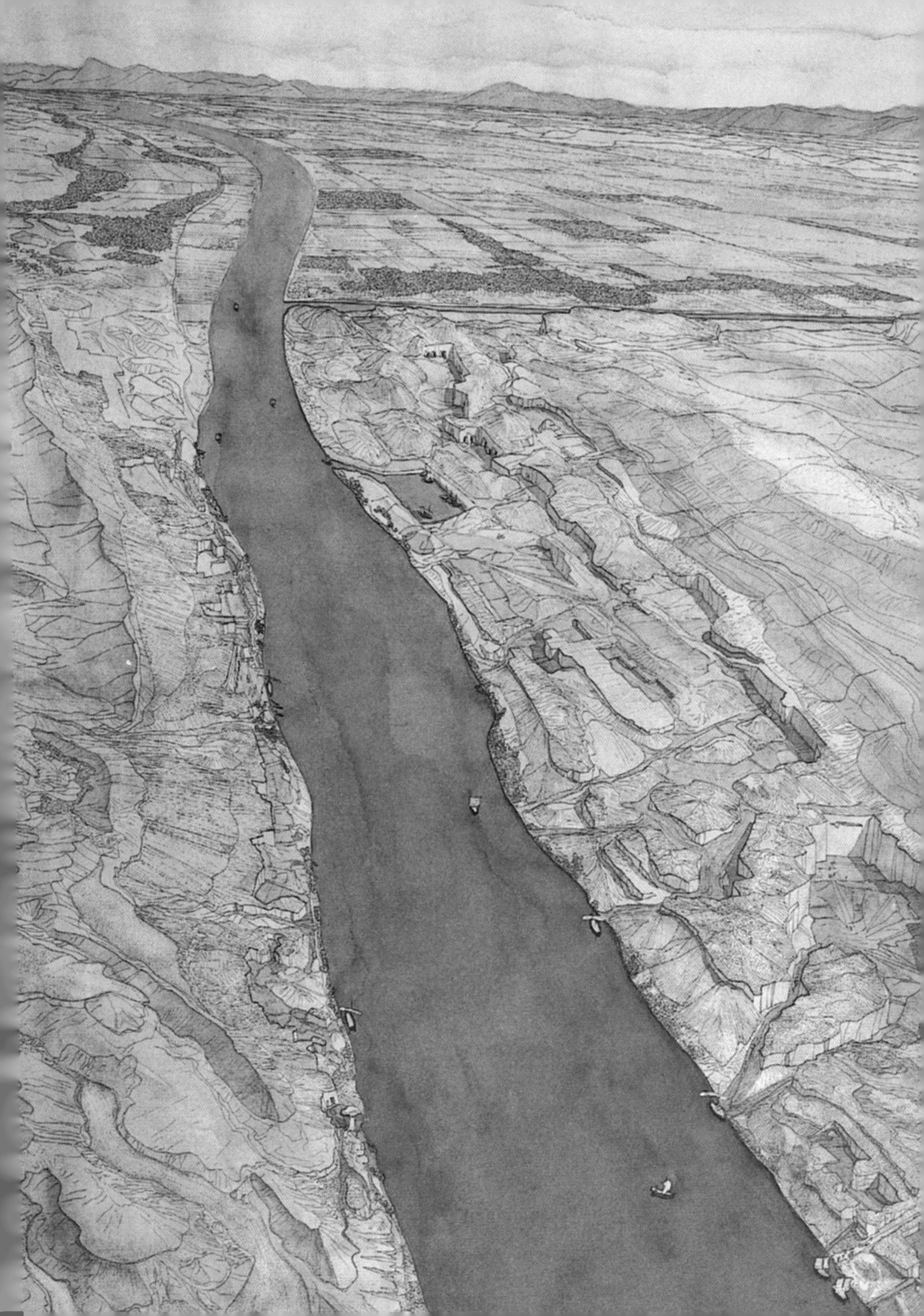

象岛、康翁波和杰贝勒-西尔西拉

第一王朝	前3050	
第二王朝		早王朝时期
	前2685	
第三王朝		
第四王朝		古王国时期
第五王朝		
第六王朝		
	前2180	
第七王朝—第十一王朝		第一中间期
	前2040	
第十一王朝末		中王国时期
第十二王朝		
	前1780	
第十三王朝—第十七王朝		第二中间期
	前1570	
第十八王朝		
第十九王朝		新王国时期
第二十王朝		
	前1070	
第二十一王朝		
第二十二王朝		
第二十三王朝		第三中间期
第二十四王朝		
第二十五王朝		
第二十六王朝		
	前525	
第二十七—第三十王朝		后埃及时期
	前332	
托勒密时期	前305	希腊埃及
	前30	
罗马帝国时期		罗马埃及
	395	
罗马帝国时期		科普特埃及
	632	

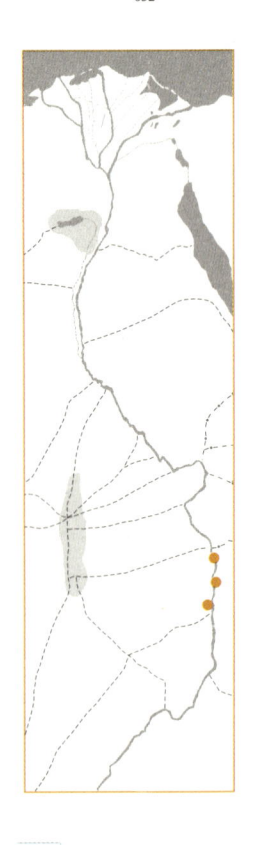

公元2世纪的象岛

1. 象岛（尼罗河第一"瀑布"附近的岛屿，这里崇拜的神灵是克努姆、萨提斯和阿努奇斯）。
2. 圣域入口前的大广场。
3. 克努姆神庙。
4. 萨提斯（克努姆的配偶）神庙。
5. 用于显示尼罗河水位变化的尼罗河水位仪。
6. 在圣域周围发展起来的城市。

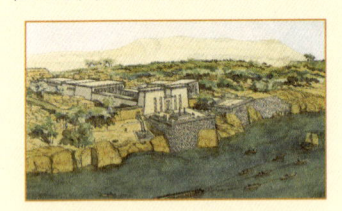

* 数字标号见 p.18 大图。

公元3世纪的康翁波神庙

1. 神庙的日晒砖围墙。
2. 托勒密十二世时期修建的大门，可由此进入神庙。
3. 献给哈托尔（索贝克的配偶）的礼拜堂。
4. 索贝克和哈罗埃里斯的双神庙。
5. 献给鳄鱼神索贝克的部分（南）。
6. 献给鹰神哈罗埃里斯的部分（北）。
7. 托勒密八世时期修建的玛米西。
8. 附属建筑（圣湖、井、货栈和索贝克的礼拜堂）。
9. 翁波城。

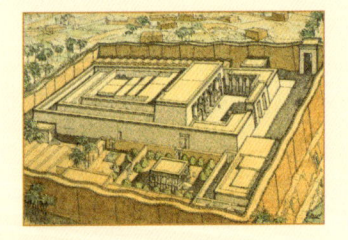

* 数字标号见 p.18 大图。

尼罗河的洪水

埃及人一直以来都在设法摆脱对尼罗河的依赖，特别是想摆脱不稳定的洪水的影响。其实，很多法老时代的文字资料都提到了洪水不稳定的情况，它的大小、持续时间和出现时间都毫无规律。当洪水泛滥时，灌溉系统和人们的居住地都会遭到破坏。农田的面积必然会随之减少，埃及就会遭遇"沙洲年"——饥荒年。

据有关史料记载，洪水的理想高度是16肘，约8米高。洪水源自埃塞俄比亚山区丰富的降水，它滋养了青尼罗河。尼罗河靠着它的伟力，将所流经之地的各种火山碎屑卷入河水中。它们在河水中被分解，形成异常肥沃的淤泥，洪水因此变得非常重要。

从5月末开始，洪水会从热带地区流出，在6月末7月初汹涌澎湃地抵达埃及。接着，洪水会在8月持续上涨，在9月达到顶峰，最终在秋天来临之际开始消退。因此，古埃及的历法中有3个季节：阿赫特季（洪水季，6月到10月）、佩雷特季（播种季，11月到来年2月）和施木季（收获季，3月到6月）。

因为对尼罗河的水源一无所知，所以古埃及人对洪水现象有很不一样的解释。

据说，洪水来自第一"瀑布"旁边的一个地洞，尼罗河水源的守护者是这里的主人，他们是公羊神克努姆、他的配偶萨提斯（赛赫勒岛的女主人）和他们的女儿阿努奇斯（尼罗河"瀑布"的女主人）。每年他们都从哈比（尼罗河洪水的人形化身）建造的水库里取水，并释放淤泥，淤泥量刚好可以使埃及的土地变得肥沃。这就是他们在第一"瀑布"旁的象岛上受到众人礼拜的原因，埃及各地的人会来这里祈求他们赐予埃及足够的洪水。

埃及人这种长期对洪水的忧虑在一段碑文里有所体现，这段碑文刻在赛赫勒岛的一块岩石上，这块岩石被称为"饥荒之碑"。碑文刻于托勒密五世（前205—前180年在位）统治时期，但文中出现的人物却是埃及第三王朝的法老左赛尔（前2668—前2649年在位），上面记载了他对一场历时多年的干旱的抱怨："我的心痛苦不堪，因为在七年的时间里，尼罗河的洪水都没有如期而至。谷物收成很少，种子也都干了，人们食不果腹，每个人都对着收成哀声连连。"

在穷困之际，法老让一位祭司去查阅古籍，让他弄清楚要向哪一位神灵求助才能让尼罗河的汛期重新恢复正常。在经过一番调查之后，祭司解释道："在河水中间有一座岛，尼罗河的河水在它四周流淌，这座岛的名字叫象岛……当拉想和众人一起生活时，这座岛就是他的家。这里是一处宜人的住所，水从两个深渊里流出，如两个乳房中的奶水滋生出万物……那儿的神灵叫克努姆……他的凉鞋就浮在水上。"

因此，埃及人给克努姆神庙敬献了祭品和礼物。作为答谢，克努姆在左赛尔的梦境中出现了，他向左赛尔保证埃及将拥有更加稳定的洪水："我会为你引来洪水，从此以后的每一年，埃及将不会再有任何地方缺少洪水……埃及人会迅速回到家园，土地将重新变得肥沃，因为洪水的水量将非常充沛，人们会比从前更加快活。"

埃及的政治系统正是建立在这种自然和地理条件的限制之上的，只有其政权足够强大才能确保土地得到灌溉，才能通过修建水坝、堤坝和运河来合理分配洪水。总的来说，水一直是困扰埃及人的主要问题。有一点至关重要，即不能侵占受洪水影响的土地，城市和村庄必须建在沙土上或不受洪水影响的地方。同时，合理管控洪水，让洪水带来的好处发挥到极致也是十分必要的。而国王的任务之一就是维护管控洪水体系，在洪水泛滥时期蓄水，以便应对缺水时期。

哈罗埃里斯："诸神中最伟大的神"

"诸神中最伟大的神"这个头衔体现了哈罗埃里斯的一项重要职责：他必须帮助"宇宙之主宰"拉迎击敌人，因为他拥有战无不胜的力量。接下来要讲述的就是哈罗埃里斯骁勇抗敌的故事。

一天，太阳神拉了解到敌人正在针对他密谋。于是，他开始四处搜寻这些人，最后在翁波城（康翁波）附近找到了他们。为了有力击溃敌军，他想知道敌方的军力。于是，他命令托特派间谍去实地探查一番。这名间谍在一处矮树丛里藏了起来，他瞥见大湖的边上有257名敌兵，其中包括位于整支军队中间的8名指挥官。同时，他还听到了这些人对造物神的恶意诽谤。

拉收到这些消息后决定采取行动。于是，他问托特："在众神之中，哪一位神灵可以与敌军一战？"谋士托特建议他去找哈罗埃里斯，因为他是"整个地上世界的杀戮之主"。于是，拉传见了哈罗埃里斯。

哈罗埃里斯接受了这项任务，带上武器和战争装备朝敌军的方向挺进。当看到敌人时，"哈罗埃里斯的脸变得通红"。他朝敌军冲了过去，"挥刀砍向恶敌"。惊慌失措之下，敌军为了逃跑而变成了鱼和鸟。即便如此，哈罗埃里斯还是将他们一一辨认了出来。最后，他消灭了所有敌人。为了感谢他立下的英勇战功，拉赐予他"诸神中最伟大的神"的头衔。

但是，这些战争的结果有时并不那么光彩。

据相关文字记载，哈罗埃里斯的双眼一只是太阳的化身，一只是月亮的化身。然而，当两颗天体不出现的时候，他就会失明，变成"没有眼睛的人"。虽然这项身体缺陷并没有影响他走上战场，但让他在失明的情况下作战的结果是灾难性的：哈罗埃里斯不仅会把敌人全都消灭，有时还会杀死其他神灵，甚至是那些维系世界运转的神灵。由此产生的问题非常严重，世界就此陷入了失衡的危机，一场对抗混乱力量的苦战就此打响。为了医治哈罗埃里斯的"眼疾"，不让这样的意外再次发生，康翁波的祭司在哈罗埃里斯神庙的墙壁上雕刻了医疗器械和外科手术器械的浮雕，其中还特别包括了眼科医生和光学师用的器械。

三柱神

三柱神是根据传统家庭关系在同一个地区被组合在一起的三位神灵,包括神、神的配偶、神的儿女。这些神灵的组合可以追溯到新王国时期,在他们被组合在一起之前,这些神灵受到的都是单独的礼拜。三柱神的组成满足了神职人员将同一城市的不同礼拜活动组合在一起的需求。这种组合的方式并不具有普遍性,因为只有大型宗教中心才会采用这种方式,他们把有可能被纳入某个神话背景或创世神话的神灵组合成神之家。

最有名的三柱神有孟菲斯三柱神(普塔、塞赫麦特和涅斐尔图姆)、底比斯三柱神(阿蒙、穆特和孔苏)、象岛三柱神(克努姆、萨提斯和阿努奇斯)、埃德富三柱神(荷鲁斯、哈托尔和哈鲁索穆特斯)、阿拜多斯三柱神(奥西里斯、伊西斯和荷鲁斯)以及康翁波三柱神(索贝克、哈托尔和孔苏,或哈罗埃里斯、塔塞奈特诺芙赖特和帕奈布塔维)。

康翁波神庙

这座位于尼罗河东岸的神庙占据绝佳的地理位置,它面朝尼罗河,俯瞰着整片棕榈林。这座建筑的独特之处在于它的"二分性"。在埃及,这种独一无二的设计理念为的是满足严格的神学需求,因为这座神庙被同时献给了两组截然不同的三柱神。

圣所的左面,即北面,是献给鹰神哈罗埃里斯(也被称为"老荷鲁斯"或者"伟大的荷鲁斯")、"好姐妹"塔塞奈特诺芙赖特女神和他们的孩子"两地之主"帕奈布塔维这三位神灵的。圣所的右面,即南面,是献给鳄鱼神索贝克、女神哈托尔和他们的孩子孔苏的。

实际上,只有神庙最里面的至圣所被分成了两个不同的房间,这座建筑的其他部分并没有被一分为二。庭院、两个多柱大厅和三个前厅都属于共享空间,人们可以通过神庙中轴线两侧的大门进入这些区域。当我们走进神堂,回望尼罗河时,就能看到两排大门从建筑的入口处开始一扇接一扇地通向至圣所。

这座留存至今的建筑其历史可追溯至希腊、罗马埃及时期,托勒密六世(前180—前145年在位)是出现在这座建筑的浮雕上最早的国王。但是,我们可以从一些细节上确认这座宗教场所始建于更早的时期。让-弗朗索瓦·商博良在1829年游览此地时观察并得出结论,其始建时期应在第十八王朝(前1570—前1293年)。当商博良走在玛米西(这座建筑位于神庙西北角,用于庆祝两位神灵帕奈布塔维和孔苏的诞生)的废墟上时,他说他"发现了一些石块,它们属于一座历史更悠久的建筑,这座建筑是国王图特摩斯三世献给赛维克·拉(索贝克·拉)的神庙。在施惠者二世(托勒密八世)、可赛(克利奥帕特拉三世)和救主二世(托勒密九世)统治时期,这座神庙的残骸被用来建造了这座爱依米西(玛米西)的一部分"。

杰贝勒-西尔西拉

埃德富和康翁波之间坐落着杰贝勒-西尔西拉,即"链山",这里是法老时代埃及主要的砂岩采石场。建造底比斯和上埃及古建筑所用的石材就是从这里开采的。如今,在此地的尼罗河两侧以及沿河的大片区域里,还可以看到不少当年采石留下的痕迹,如采石面、运送石块的斜坡和在碎石过程中留下的痕迹。然而,这片遗址上最吸引人的景观却是至今留存于尼罗河西岸的众多纪念性古建筑,它们中有石碑(碑文记录了到这片采石场探险的经历)、私人礼拜堂和小型王室神庙。其中,最有趣的建筑当数第十八王朝(前1570—前1293年)最后一位法老霍伦海布的岩窟神庙。

埃德富：荷鲁斯的王国

托勒密时期神庙的典范

埃德富神庙是迄今为止埃及保存得最完好的神庙。从塔门到最里面的内厅，建筑的不同部分都完好无缺地留存到了今天。它给人一种刚造好的错觉，好像几年前才被人遗弃。因此，对它的研究一直非常重要。无论从建筑结构还是建筑的装饰物上看，埃德富神庙都堪称宗教建筑的典范。但是，这座神庙建于托勒密时期，历史还不够久远，而且这样的建筑从第十八王朝（前1570—前1293年）开始就发生了变化，所以要被称作完美的典范还很难。

据有关文字资料记载，这座建筑开工破土的具体时间是托勒密三世在位第十年的艾琵菲月（古埃及日历中的11月）7日（前237年8月23日），落成的具体时间是托勒密十二世在位第二十五年的荷阿克月（古埃及日历中的4月）1日（前57年12月5日），这样精确的时间记录在古埃及是很少见的。

与此同时，与很多随历史发展而被不停翻修的神庙不同，埃德富神庙的建筑风格是完全一致的。以古埃及建筑的标准来看，它的建造时间相对较短。从大小（宽79米、长137米）上看，它却算得上尼罗河谷中一座非常宏伟的宗教建筑。总的来说，托勒密时期圣所的结构类似于之前圣所的结构，但也不难看出它们各有特点，这些特点可能和下令建造者的血统有密不可分的关系。

这座建筑的基本平面布局简洁得惊人：气势恢宏的塔门入口、被柱廊围绕的庭院、多柱大厅和与其连通的附属礼拜堂、因供奉着神像而避免被人直视的至圣所。神庙有两圈围墙，里边的围墙是砂岩修建的，它紧挨神庙，与神庙之间只留了很窄的通道；外边的围墙是日晒砖砌成的，比里边的围墙大得多，所有的附属建筑（仓库、祭司的居所、圣湖、玛米西等）都在这圈围墙里。至圣所是整座神庙的中心，它的天花板最低、四周的地面最高，最为狭窄昏暗。除了展现出新的空间布局，建筑里还有不少多余的、缺乏实用性的部分，包括复合式柱头、庞大的柱顶盘下楣、讲究的凹线脚和柱间壁等，这让建筑显得十分笨重。

神庙上的浮雕和文字都被严格排版。文字记载的内容被整齐、清晰地刻入了一列列被有序隔开的文本框中。浮雕人物的轮廓也有了新特点，之前平淡无奇的身形变得异常丰满，头冠和首饰上的装饰物借鉴了很多宗教和丧葬图像，这些装饰物不再作为某种象征，而仅仅用于装饰。建筑上的装饰展现了源于传统王室图像的主题，也可以看到很多描绘创世神话和各种礼拜活动（小到日常宗教仪式，大到隆重的宗教典礼）的场景。

玛米西

"玛米西"一词源于科普特语，由商博良发明，意为"出生地"或"分娩地"。从后埃及时期（约前525年）开始，玛米西指的是神庙的一种特定附属建筑，这里每年都会举行庆祝神灵出生的仪式，他们的存在让宇宙和大地的秩序得以延续。

"静静地过来吧，万神之主，请用您宜人的气息让这生命的居所充满快乐吧。"

在埃德富和丹达腊的玛米西里，人们可以看到哈鲁索穆特斯的诞生（荷鲁斯和哈托

第一王朝	前3050	
第二王朝		早王朝时期
	前2685	
第三王朝		
第四王朝		古王国时期
第五王朝		
第六王朝	前2180	
第七王朝—第十一王朝		第一中间期
	前2040	
第十一王朝末		中王国时期
第十二王朝		
	前1780	
第十三王朝—第十七王朝		第二中间期
	前1570	
第十八王朝		
第十九王朝		新王国时期
第二十王朝		
	前1070	
第二十一王朝		
第二十二王朝		
第二十三王朝		第三中间期
第二十四王朝		
第二十五王朝		
第二十六王朝		
	前525	
第二十七—第三十王朝		后埃及时期
	前332	
	前305	
托勒密时期		希腊埃及
	前30	
罗马帝国时期		罗马埃及
	395	
罗马帝国时期		科普特埃及
	632	

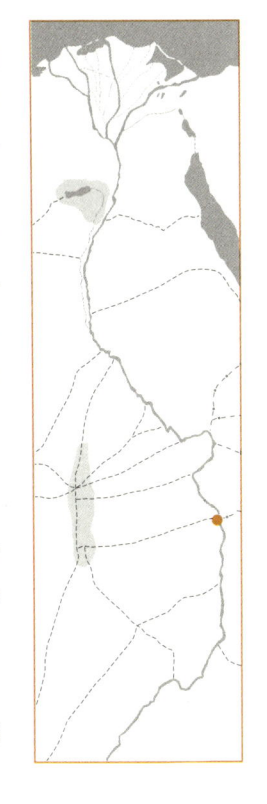

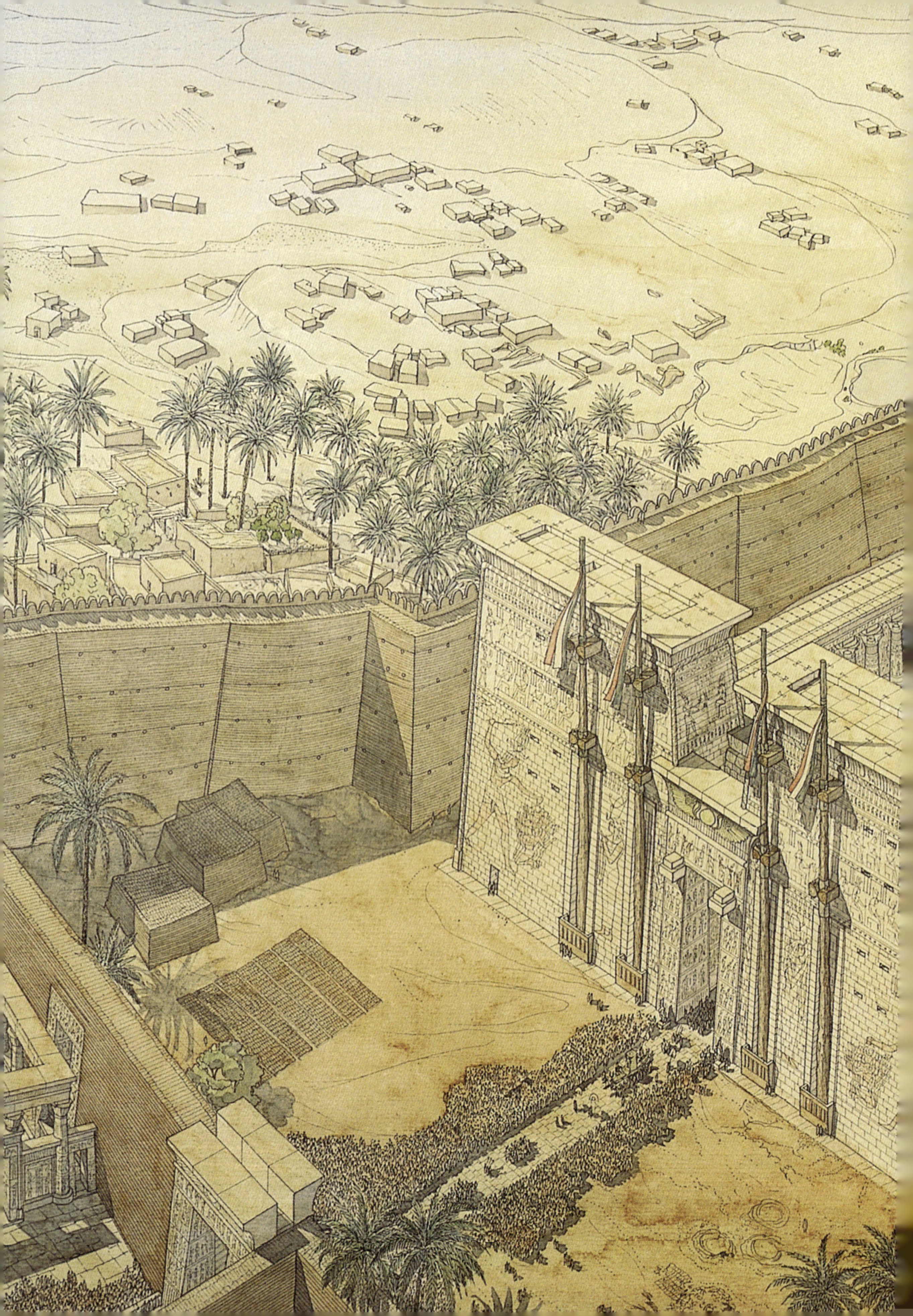

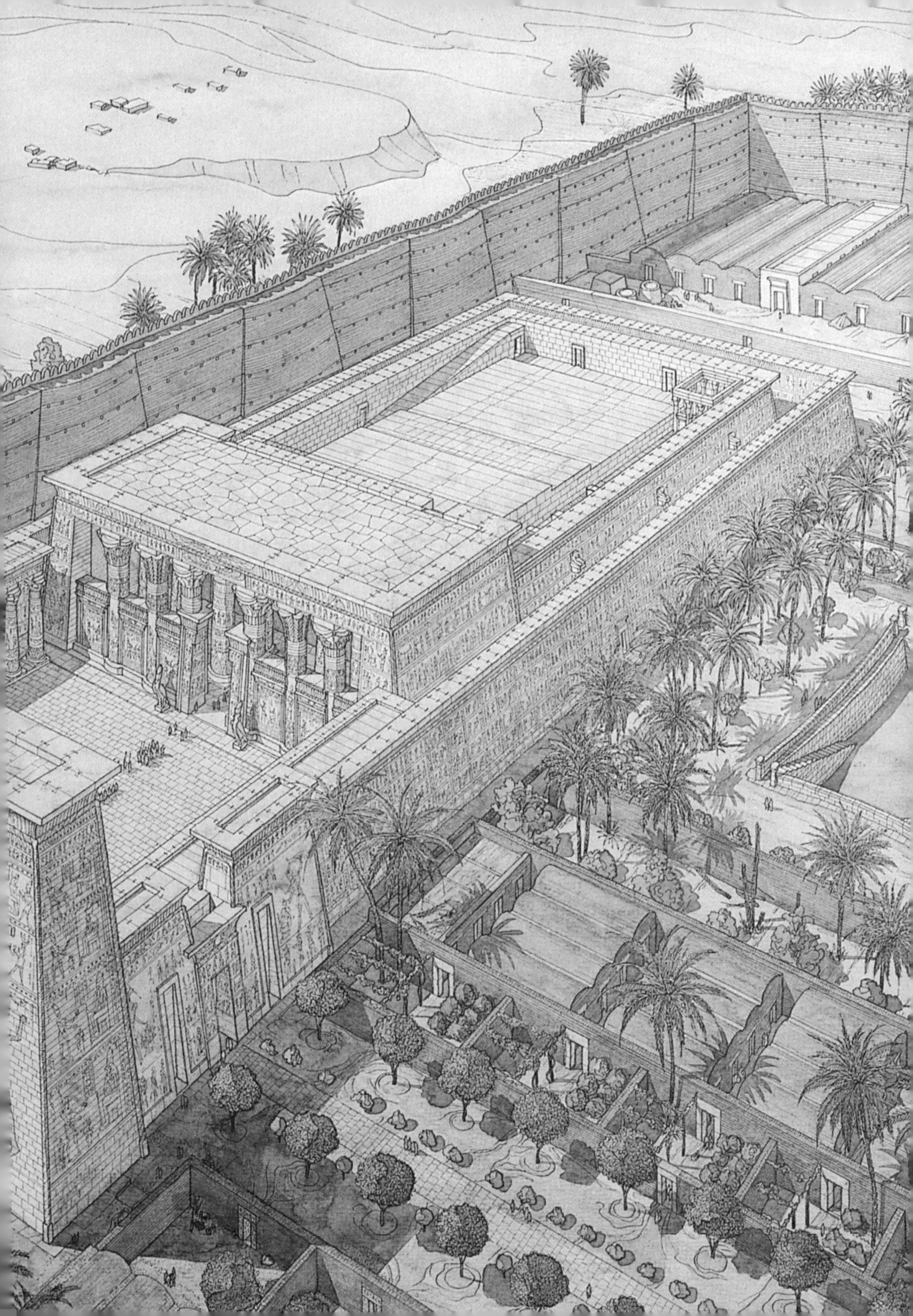

公元前1世纪的埃德富神庙

1. 荷鲁斯领地的日晒砖围墙。2. "鹰隼亭庙"，举行部分戴冠仪式的地方。3. 托勒密八世时期修建的玛米西，埃德富三柱神（荷鲁斯、哈托尔、哈鲁索穆特斯）中身为儿子的哈鲁索穆特斯的出生地。4. 入口的塔门，高达36米，左右的墙壁装饰描绘着托勒密十二世将俘虏作为祭品献给圣域主神荷鲁斯的情景。5. 边上围有柱廊的庭院，庭院通向神圣内厅的大门，大门前守着两座鹰隼的雕像。6. 多柱大厅。7. 圣域，包括前厅、祭品堂、中央厅堂以及被若干礼拜堂围绕的神堂（或称至圣所）。8. "联日"亭庙，在这里会举行让神像重获生命力的仪式。9. 用于显示尼罗河水位变化的尼罗河水位仪。10. 神庙的围墙。11. 圣湖。12. 神庙的附属建筑。13. 翁波城。14. 墓地。

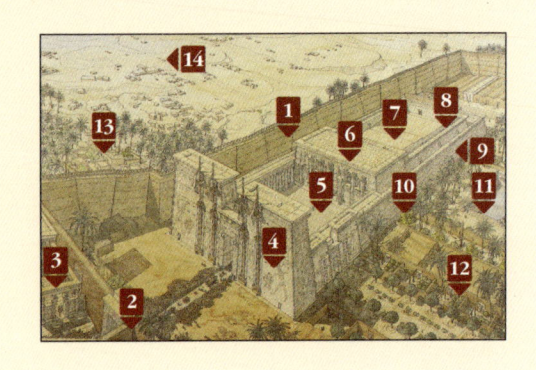

尔的儿子），其母的受孕日在艾琵菲月（收获季的第3个月），分娩日在法尔穆提月（播种季的第4个月），也就是在受孕的10个月后。毫无疑问，这漫长的孕期赋予了新生儿极其强健的体魄。玛米西的墙上展示了与这位神灵出生、哺乳、童年和教育相关的图像。

同时，在位的国王也常常会毫不犹豫地让自己的形象与幼神出现在同一场景里。正如商博良所说的那样，埃德富就出现了这样的情况，这里的玛米西展示了小哈鲁索穆特斯的图像，"施惠者二世（托勒密八世）与哈鲁索穆特斯联系到一起，让自己也以孩子的形象出现在玛米西里。这样一来，他就可以和哈尔哈特（荷鲁斯）的新生儿一起被众神慷慨地爱抚"。

荷鲁斯的出生和童年

在关于奥西里斯的传说中，奥西里斯被他的兄弟赛特杀死后，其妻"魔法师"伊西斯与死去的他孕育出了他们的儿子，也就是未来的荷鲁斯。当然，赛特对此并不知情。所以，伊西斯非常担心她和体内孩子的安危。于是，她请求太阳神和造物神拉·阿图姆保护她不受赛特的伤害。

终于，荷鲁斯在伊西斯的期盼中诞生了。

"我是荷鲁斯，伟大的鹰隼……我已飞到地平线，我已远离天上的众神，我的地位已比原始大神更加显赫……家父奥西里斯的仇人赛特（的地位）已经远不及我。我征服了永恒的时间和光明之路。我的飞跃能力让我高高在上，我的成就让（其他）神灵望尘莫及，我会与父亲奥西里斯的敌人赛特决一死战，满腔怒火的我会将他踩在我的凉鞋下。因为，我是荷鲁斯，伊西斯之子，尚在她腹中时我就得到了她的庇护。从你嘴里传出的急促呼吸声并不能伤害到我，你朝我说过的坏话也不会对我产生任何影响。因为，我是荷鲁斯，众神和人都无法企及我的地位。因为，我是荷鲁斯，伊西斯之子。"

很多故事都提到，伊西斯和小荷鲁斯在荷鲁斯童年时期辗转流离。在所有神灵中，小荷鲁斯最容易遭受各种疾病的折磨，经历的意外也最多。幼年的荷鲁斯以无助、虚弱、多病、被遗弃、无辜、脆弱的孩童形象出现。厄运与他如影随形，他被蝎子蜇过，患过肠道疾病，常常原因不明地发烧、消化不良，就连身体也是残缺的……但是魔法的力量和神灵的庇佑总能让他一次次摆脱苦难。

在他们的一次旅行中，伊西斯在齐米斯城附近的尼罗河三角洲沼泽地一带安顿了下来。这里环境恶劣，她知道赛特不会冒险进入这个沙漠地区。尽管她有这个自信，但这段日子漫长而艰辛，她不得不靠乞讨维持生计。她会在清晨时分把儿子藏在灌木丛中，然后伪装成乞丐在乡下讨要食物。

一天傍晚，她发现小荷鲁斯好像完全失去生命体征，虚弱的他无法吸吮母亲的乳汁。伊西斯向在沼泽地生活的居民求助，但他们都无能为力。这时，一位老妇出现了，她是一位有名的魔法师。她断定孩子所患的疾病与他的叔叔赛特无关。在她看来，荷鲁斯仅仅是被蝎子或蛇给咬了。伊西斯一看，发现荷鲁斯果然被咬了。然后，奈芙蒂斯和蝎子女神塞尔凯特来到这对母子身边，她们说必须请求天上的拉停止移动，荷鲁斯才能康复。

太阳神听到伊西斯的请求，派托特来到她的身边。托特看了看孩子，然后说："别害怕，伊西斯！我将生命之气带到了这里，它可以让你的孩子康复。加油，荷鲁斯！居住在日盘上的神灵可以保护你，让你获得永恒的庇护。但当你不在日盘之下时，就会有中毒的情况发生。拉是伟大的神灵，他可以将你隐藏起来。拉的船已经停了下来，直到荷鲁斯康复才会重新起航。在荷鲁斯恢复体力之前，在母亲伊西斯再次高兴起来之前，并将干涸，庄稼将枯萎，人们将没有食物。加油啊，荷鲁斯！最终，毒消失了，它被击败了。"在毒被彻底清除后，小荷鲁斯活了过来。托特要求齐米斯城的居民在荷鲁斯的母亲不在时照看他，然后才离开。他"重新启动了太阳船，并禀告拉，说荷鲁斯的毒已解，他已康复"。

多面神荷鲁斯

在埃及万神殿内，许多神灵都以鹰隼的形象出现，其中最著名的神灵叫荷鲁斯，他以不同的名称将几位神灵结合在了一起。荷鲁斯最早出现在赫里奥波里斯城的传说中，是伊西斯和奥西里斯的儿子。在与叔叔赛特进行了一场激烈的战斗后，他从众神法庭那里获得了地上世界的王权。法老被视为荷鲁斯在埃及的王位继承人，所以法老是荷鲁斯在地上世界的化身，埃及王权受荷鲁斯直接保护。在"王室命名礼法"（通常称为"王衔"，一共5个）中，有2个王衔体现了荷鲁斯与法老之间的关联：

"荷鲁斯衔"（王衔一） 指国王是荷鲁斯的化身；这个名称被刻在赛雷克上，赛雷克是一种刻在宫殿外立面上的单线条装饰画。赛雷克的上方有只头戴红白双冠的鹰隼，王冠糅合了象征上埃及的白色（白色高冠）和象征下埃及的红色（红色低冠）。

"金荷鲁斯"（王衔三） 确定荷鲁斯的身体坚不可摧，具有神圣性和崇高性。因法老是荷鲁斯在地上世界的化身，所以法老的身体也具有这些特性。

荷鲁斯融合了很多不同神灵，这些神灵之间的联系源自他们与伊西斯和奥西里斯的"血缘关系"，他们分别是：

哈波奎迪斯 "幼年荷鲁斯"，他被留在了童年，赤裸着身体，留着埃及儿童的侧辫，手指被他搭在嘴上；

哈鲁索穆特斯 "统一两地的荷鲁斯"，在击败赛特后，他统一了上、下埃及，自己单独管辖这两地；

哈尔赛斯 "伊西斯之子荷鲁斯"，他代表凯旋的青年荷鲁斯，他与母亲的联系非常紧密；

哈拉多特斯 "为父复仇的荷鲁斯"，他是在父亲奥西里斯被赛特杀死后，为父复仇的青年荷鲁斯。

同时，荷鲁斯还是一位与太阳神关系紧密的神灵，他是天界的统治者，也掌管着属于他的星体。随着时间的推移，他吸收了很多神灵的个性，这些神灵包括：

哈拉胡提 "双地平线上的荷鲁斯"，他是赫里奥波里斯城的太阳神在白天的一种形态；

哈马克希斯 "地平线上的荷鲁斯"，吉萨的狮身人面像是这位太阳神的化身；

哈罗埃里斯 "老荷鲁斯"或"伟大的荷鲁斯"，在一些传说中，他在赫里奥波里斯的创世神话中负责帮太阳神歼灭敌军；

胡伦 来自迦南的太阳神，从第十八王朝（前1570—前1293年）起，他与吉萨的狮身人面像融合在了一起，进而同哈马克希斯、荷鲁斯融合在一起。

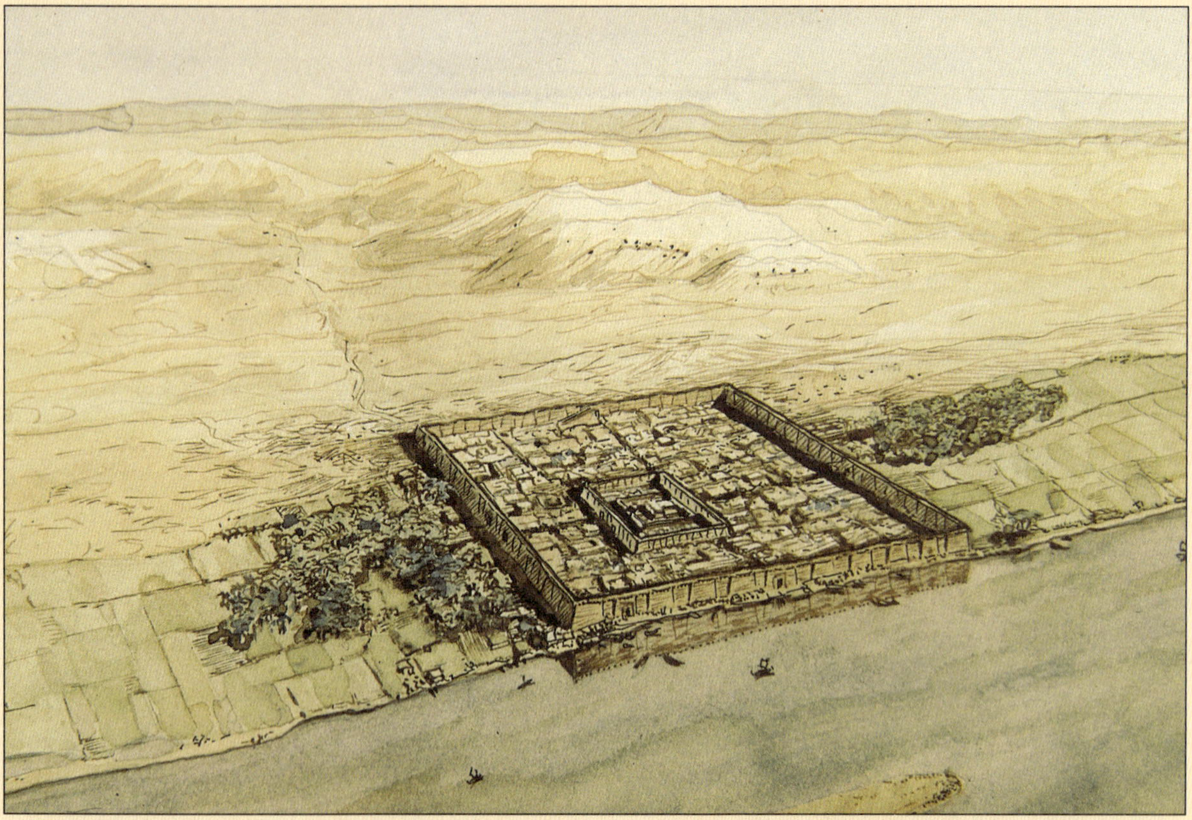

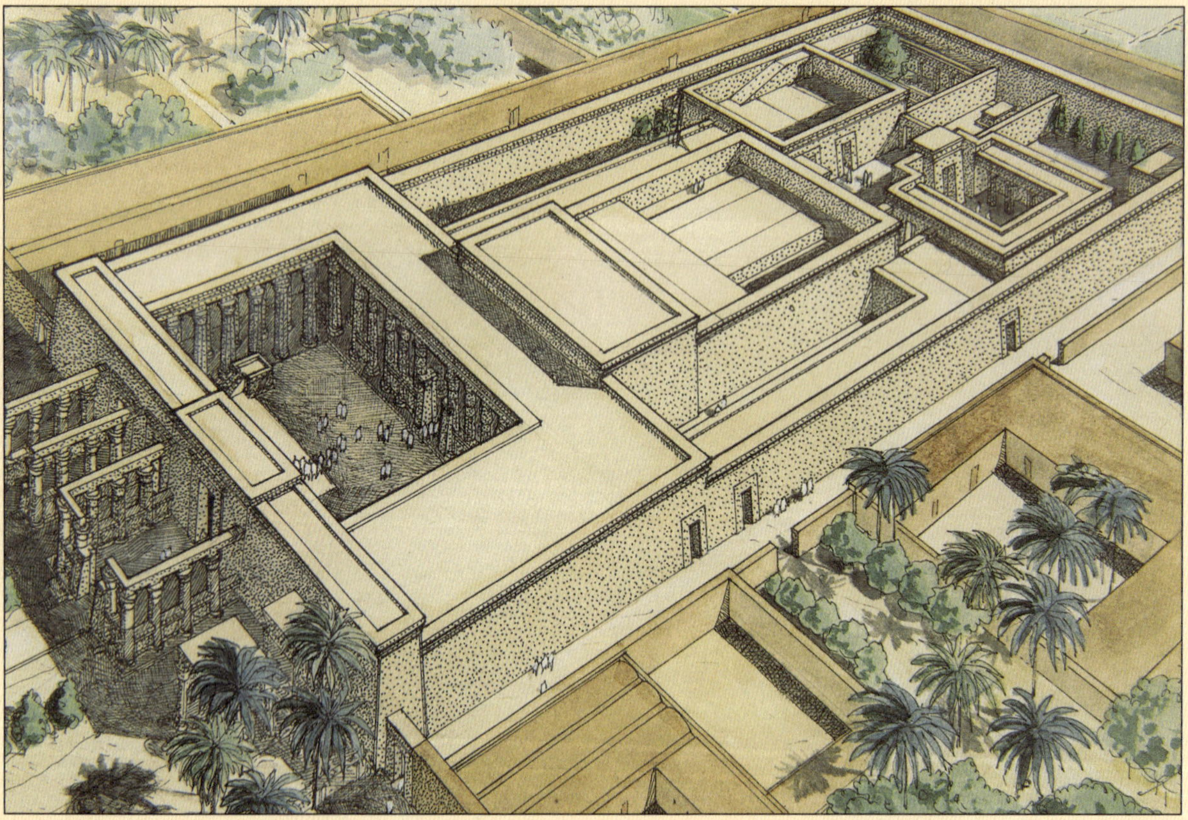

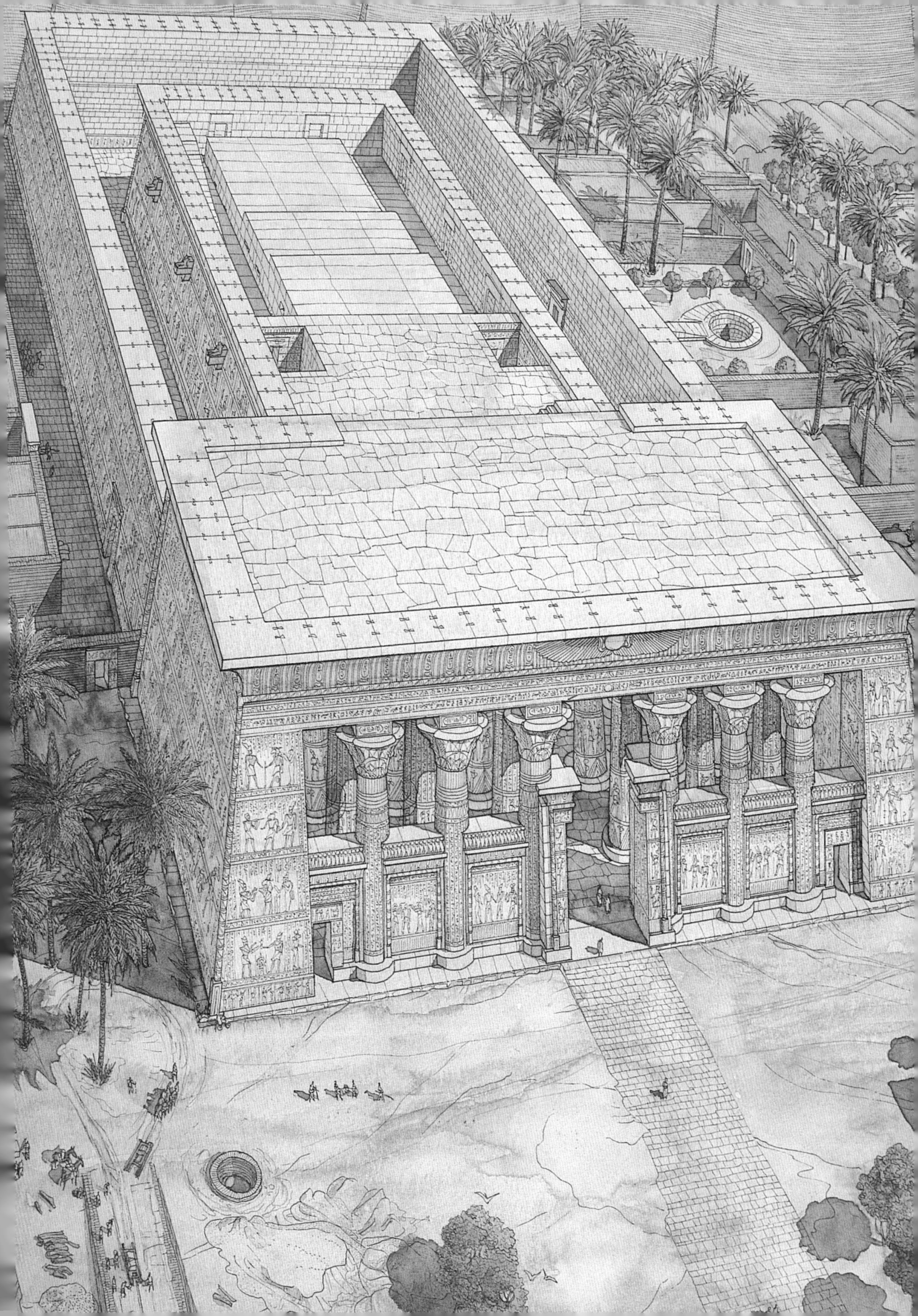

埃尔卡布遗址和美达姆得遗址

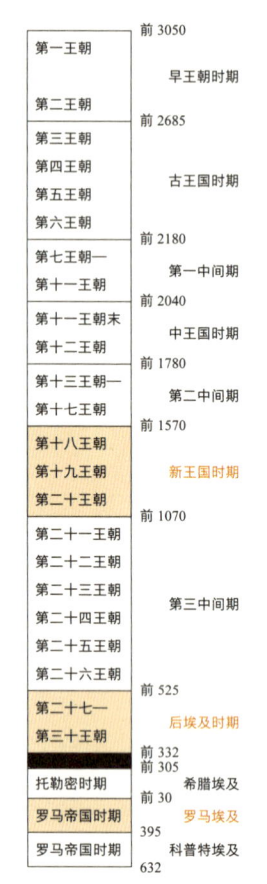

第一王朝	前3050	
第二王朝		早王朝时期
	前2685	
第三王朝		
第四王朝		古王国时期
第五王朝		
第六王朝		
	前2180	
第七王朝—第十一王朝		第一中间期
	前2040	
第十一王朝末 第十二王朝		中王国时期
	前1780	
第十三王朝—第十七王朝		第二中间期
	前1570	
第十八王朝 第十九王朝 第二十王朝		新王国时期
	前1070	
第二十一王朝 第二十二王朝 第二十三王朝 第二十四王朝 第二十五王朝 第二十六王朝		第三中间期
	前525	
第二十七—第三十王朝		后埃及时期
	前332	
	前305	希腊埃及
托勒密时期		
罗马帝国时期	前30	罗马埃及
罗马帝国时期	395	科普特埃及
	632	

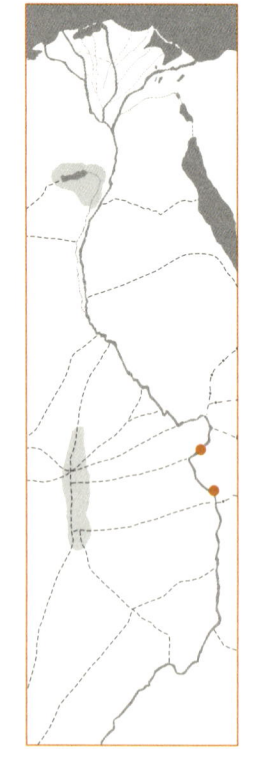

上埃及守护神涅赫贝特之城埃尔卡布

埃尔卡布在古代被称作涅赫布，那里庞大的建筑废墟足以让人看出这座城市在法老时代的重要地位。虽然最初人类落脚此地的痕迹可以追溯至史前时期，但直到古埃及前两个王朝（约始于前3150年），这座城市才真正开始发展，女神涅赫贝特也在那时晋升为整个上埃及的守护神。从那时起，这座城市成了尼罗河谷的重要宗教中心，从第十八王朝（约前1570年）开始，它又成了上埃及第三郡的首府。

也是在这个时期，特别是在图特摩斯三世和阿蒙霍特普二世统治期间，法老开始大兴土木。之后直到希腊、罗马埃及时期，这里的建筑都在被不断改造、扩建、装饰。

这座城市主要由宗教区域和居住区域两部分构成。城市的四周修建了十分壮观的围墙，可能是在第三十王朝（前380—前343年）建造的。围墙由日晒砖筑建而成，呈正方形，边长约550米，宽12米，高6米。神庙位于城内西南角，如今都已破败不堪。然而，人们还是从这里辨认出了几座不同的建筑，特别是东边的涅赫贝特（秃鹫女神）大神庙和西边的托特（他在这里是秃鹫女神的丈夫）神庙。

但是，城市中却没有任何遗迹留存下来，因为这座城市在19世纪被寻找塞巴褐（sebakh，阿拉伯语，指一种特殊的泥土）的人洗劫一空。当时，这种泥土被埃及农民疯抢，因为它是由古遗址上的废弃物形成的，里面含有生物残骸和矿物碎屑，可以用作农田的肥料。

在远处，可以看到阿拉伯沙漠中的峭壁，涅赫布曾经的显贵们如今就长眠在凿建于峭壁里的地

涅赫贝特和瓦吉特

涅赫贝特（意为"属于涅赫布的"）是涅赫布（如今的埃尔卡布）的秃鹫女神，而瓦吉特（意为"彩色的纸莎草"）是佩尔-瓦吉特（如今的布陀）的眼镜蛇女神。第一位女神守护着南方，第二位女神守护着北方。同时，两位女神都庇护着"两地之国"的国王，并维护着王国内部的稳定、统一与和平。在国王的5个"王衔"中，第二个"王衔"是"两女神"（埃及语为"nbty"），在这个"王衔"符号中，戴着下埃及红冠的眼镜蛇和戴着上埃及白冠的秃鹫站在两个篮子（埃及语为"nb"）上，这是恭敬地指称两位女神为"主"的标志，表明了两位女神的重要地位。这种组合将国王与埃及的两位守护女神关联到了一起，表明统治埃及的王权只有一个，同时也清楚地解释了为什么涅赫贝特和瓦吉特在王室肖像中无所不在。她们会单独或同时出现在神庙、坟墓、丧葬用品中。有时，她们手持"辰（chen）"之环，这是一个外形像圆环的符号，象征着"太阳在运行中所环绕的事物"，即宇宙。有时她们也会围绕在一个名字或一个具有特殊意义的符号周围（如太阳神、王名圈、乌加特之眼、吉德柱等）。

下坟墓中。其中大多数坟墓修建于中王国末期（约前1780年）或第十八王朝初期。它们中最有意思的一座属于一个叫阿赫摩斯的人，他是"阿巴纳之子，水手首领"。在一段很长、很详细的历史铭文中，阿赫摩斯吹嘘自己曾与国王泰奥二世塞肯内拉（约前1574年在位）一起驱逐了入侵埃及的喜克索斯人。

蒙图的圣所

蒙图是鹰隼之神，他代表了不可抵抗的战斗力。据相关文字资料记载，这位非比寻常的神灵"知道如何让那些比他更高大的人屈服"，他不吃人间之食，因为"他吃的是心，喝的是血"。作为埃及帝国的战神，他负责保护首都底比斯，这座城市位于上埃及第四郡的中心，这也解释了为什么献给蒙图的多个圣所都位于底比斯的周围：南边的位于陶德，西边的位于阿尔曼特，北边的位于美达姆得，东边的位于卡纳克。这些建筑是中王国时期（前2040—前1780年）的国王建造的，对它们的翻修改造一直延续到希腊罗马时期。不幸的是，这些建筑如今都已破败不堪，人们已无法评估它们曾经的规模。右图中的建筑是安敦宁（138—161年在位）统治时期的美达姆得神庙，它的入口处有3座托勒密十二世修建的亭庙，这些亭庙是专门为蒙图在当地显灵而修建的，具有传统的希腊、罗马建筑的特征。

埃斯纳：克努姆和奈特的造物之地

《埃及描述》(Description Del'Égypte)：波拿巴远征的宏伟回顾

1798年7月12日，波拿巴的舰队出人意料地停靠在了亚历山大港。虽然这次远征的一切似乎都很荒诞，但最让人惊讶的还是远征队伍中的成员。除了法兰西共和国最精锐的部队（近35000人）及最优秀的将军外，队伍中还有约200艘船，船上载了500名各种文职人员，其中包括来自法国科学界和文化界的翘楚。这些精英中有几何学家、化学家、天文学家、经济学家、考古学家、外科医生、药剂师、全科医生、博物学家、建筑师、艺术家、工程师、机械师、印刷匠、作家、植物学家等共151人，其中包括36名学生。

波拿巴率领这样一支队伍前来的目的是什么？他的首要目标难道不是殖民这个国家吗？如果人们听过塔列朗在1798年2月发表的演讲，以上问题的答案就非常明确了。当时，为说服督政府认可这次军事远征活动，他在演讲中这样说道："埃及曾是罗马共和国的一个省，而它现在必须成为法兰西共和国的一个省。在罗马人征服这个美丽的国度时，它已处于衰落时期，而法国人将征服的则是繁荣时期的埃及。当时，罗马人从在艺术和科学领域具有杰出才能的国王手中夺取了埃及，而法国人则需要从有史以来最令人恐惧的暴君（马穆鲁克人）手中夺走埃及。"

据波拿巴所言，远征的首要目标是让该国摆脱这群突厥人的桎梏："有美丽的土地吗？它肯定在马穆鲁克人手上；有美丽的女奴、美丽的马和美丽的房屋吗？他们肯定也在马穆鲁克手上。如果埃及是他们的农场，那就请他们出示上帝赐予他们的租约吧，上帝对百姓可是公正和悲悯的啊！"

第一王朝	前3050
第二王朝	早王朝时期
	前2685
第三王朝	
第四王朝	
第五王朝	古王国时期
第六王朝	
	前2180
第七王朝—第十一王朝	第一中间期
	前2040
第十一王朝末	
第十二王朝	中王国时期
	前1780
第十三王朝—第十七王朝	第二中间期
	前1570
第十八王朝	
第十九王朝	新王国时期
第二十王朝	
	前1070
第二十一王朝	
第二十二王朝	
第二十三王朝	第三中间期
第二十四王朝	
第二十五王朝	
第二十六王朝	
	前525
第二十七—第三十王朝	后埃及时期
	前332
托勒密时期	希腊埃及
	前30
罗马帝国时期	罗马埃及
	395
罗马帝国时期	科普特埃及
	632

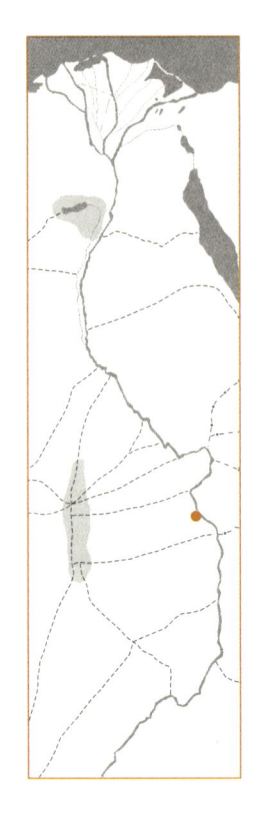

波拿巴将军不仅在政治上野心勃勃，从意大利战役胜利归来后就立马被推选为法兰西学院成员的他还试图西化埃及，并将埃及昔日的灿烂荣光重新展现给世人。不幸的是，受情势所逼，这次远征最终被他赋予了超出预期的军事属性：法军与在英国政府支持下的突厥政权缠斗3年之后签署投降书，于1801年被迫离开了埃及领土。

无论如何，这次远征都取得了巨大的成绩，其间完成了数以百计的素描、草图、地图原始文件、清单和记叙文。在此次远征的参与者中，有一些声望颇高的成员，比如蒙日、贝托莱、傅立叶、孔泰和若弗鲁瓦·圣伊莱尔等，其中有一位特别引人注目，他叫维旺·德农。他是一位学者，也是一位作家。通过约瑟芬·德·博阿尔内的推荐，他得到了参与这次远征的机会。波拿巴觉得他太老了，尽管他才50岁。在埃及时，维旺·德农不分昼夜地工作。他隶属于德赛将军的队伍，在追赶马穆鲁克人的同时，他马不停蹄地游览法老时代的埃及古建筑。他在此次远征中展现出的顽强和坚毅让他在回到法国后被立刻任命为博物馆处的总干事。他创建了拿破仑博物馆，也就是如今的卢浮宫博物馆。

他被公认为法国埃及学的奠基人，并出版了《波拿巴将军远征时的上、下埃及之旅》，这本著作取得了惊人的成功，它标志着埃及复兴的开始。后来，在1809年至1822年，《埃及描述》（或《法国军队远征期间在埃及的观察和研究汇编》）问世了，里面收集了远征埃及期间记录的所有资料。在"拿破仑大帝陛下的要求下"，皇家印书局出版了这部著作，它在德农著作的基础上做了进一步补充、叙述和阐明。这部著作包括10卷对开本和2部汇编（共837页铜版画），里面收集了近3000幅插图。这部巨著的内容分为3部分：前5卷（第1—5卷）描述的是古埃及（法老时代和希腊、罗马时期的埃及）的遗产；接下来的2卷（第6—7卷）讲述了从阿拉伯人征服埃及到法国人占领埃及期间（7—19世纪）埃及的生活风貌；后3卷（第8—10卷）专门介绍了尼罗河谷和红海沿岸的自然历史。

罗马皇帝统治时期的埃斯纳神庙（1—3世纪）

在《埃及描述》里，对埃斯纳神庙的介绍用了11页（第1卷第72—83页）的篇幅。站在这座神庙前方，内心确实会产生强烈的震撼感。这座罗马时期的圣所应该是按古埃及晚期的宗教建筑风格（包括塔门、庭院、多柱厅、前厅和被附属礼拜堂围绕的至圣所）设计的。在整座建筑中，只有庞大的多柱厅经受住了时间的考验。它长33米，宽16.5米，由此可以推测出这座神庙在法老时代的重要性。的确，在神话故事中，它是一处极其重要的宗教场所，因为这里的统治者是公羊神克努姆和狩猎女神奈特，两者都被视为造物神。人们认为，克努姆在他的陶轮上塑造了"神与人""不同的家畜""鸟与鱼""具备生育能力的雄性与雌性"，然后再让"血液流进他们的躯体"。而奈特则被称作"父亲的父亲，母亲的母亲"，她"生于虚无，当时的大地还被黑暗笼罩"，然后她诞下了太阳。这位至高无上的神灵将成为"黎明时的凯布利，傍晚时的阿图姆，他将永远散发光辉，他的名字叫拉"。

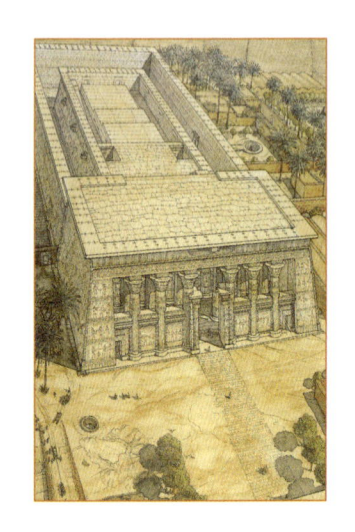

罗马人统治时期的底比斯

拉美西斯时代的东底比斯

如今，东底比斯地区留存下来的仅是一些宗教建筑，尤其是卡纳克和卢克索的宗教建筑。显然，这些建筑不应单独存在。在法老时代，这些宗教建筑周围应该有很丰富的人类活动。不幸的是，人们对这座城市的了解很少，很多关于它的问题都找不出答案，比如它的规模有多大，居民人数有多少，区域结构又是怎么划分的。这些问题也许永远找不到答案，因为在这里，现代城市已经覆盖了古城，这让发掘工作无法进行。当然，也有一些城市的区域（第十塔门后的庭院、蒙图的圣域和卢克索神庙的北部）已经被发掘，但人们还是想知道，为什么在神庙留存至今的情况下，居住区和行政建筑却已经几乎完全消失。建筑物的结构就可以解释这个问题。宗教建筑势必要长留世间，所以建材选用了石头，而居民建筑却没有这种要求，所以选用了抵御岁月侵蚀能力较差的日晒砖。

但是，通过参考有关文字资料、研究同时代保存得较好的古城，人们终归还是能在脑中勾勒出一幅底比斯的城市规划图来。在这幅图中，居住区的边界比较容易划定，这是由它的自身属性决定的：从原则上说，聚集区必须建在圣所外，还必须在尼罗河和耕地之间，因为古埃及人不会侵占洪水可以淹没的土地。

因此，在卡纳克神庙和卢克索神庙周围，特别是在分隔这两座宗教建筑的多洛摩斯大道的两侧应该有一个聚集区，里面可能有居住区、仓库、行政建筑，甚至还有宫殿。在分析了戴尔麦地那（西底比斯的工人村）的规划布局后，人们认为底比斯城的居民区里也有很多座小房子，这些小房子应该一座紧挨一座地分布在蜿蜒的小路旁。

同样，从一些平民坟墓中发现的建筑模型来看，这里可能也建有3—4层的带天台的小型建筑。至于达官显贵的住宅，它们应该与从阿玛纳城堆（埃赫那吞时期的首都）出土的同类住宅差不多。这些住宅是围绕一间单排柱厅或双排柱厅展开修建的，柱厅前有时会有凉廊，周围是卧室，卧室常常与杂物间连通。住宅外有花园，花园将住宅与其附属建筑（仆人的用房、粮仓、牲口棚和后勤用房等）分隔开来。

那王室住所长什么样呢？虽然在卡纳克的北部发现了哈特谢普苏特女王宫殿内的一些石柱鼓，但目前还不知道这些住所的确切位置和结构。它们到底在哪里呢？在圣域的附近还是在尼罗河西岸？虽然西底比斯通常是安葬逝者的地方，但阿蒙霍特普三世建造的马勒卡塔宫可以证明将王室住所建在西底比斯也并非无法想象之事。但这只是个例，因为该区域还未发现其他宫殿的遗迹。在底比斯没有发现拉美西斯时期的宫殿建筑，这可能是因为这个时期的首都迁到了位于尼罗河三角洲的培-拉美西斯，国王的主要住所因此都建在了那里。当然，这并不意味着国王们不会在底比斯居住。不难想象，他们可以住在任意一位先王建于底比斯的居所里，也可以住在"数百万年的宫殿"内的小宫殿中。

最后，还剩下防御工事的问题。众所周知，神庙和重要的建筑物都被厚厚的日晒砖围墙保护着。这座城市也是这样吗？在当时，很可能并没有任何保护平民的防御工事，在出现危险的情况下，平民可能会躲到圣域或行政区里避难。

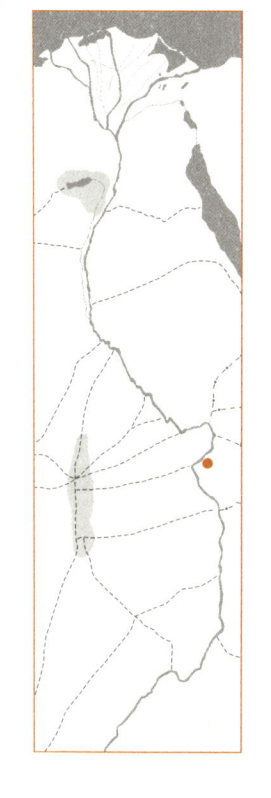

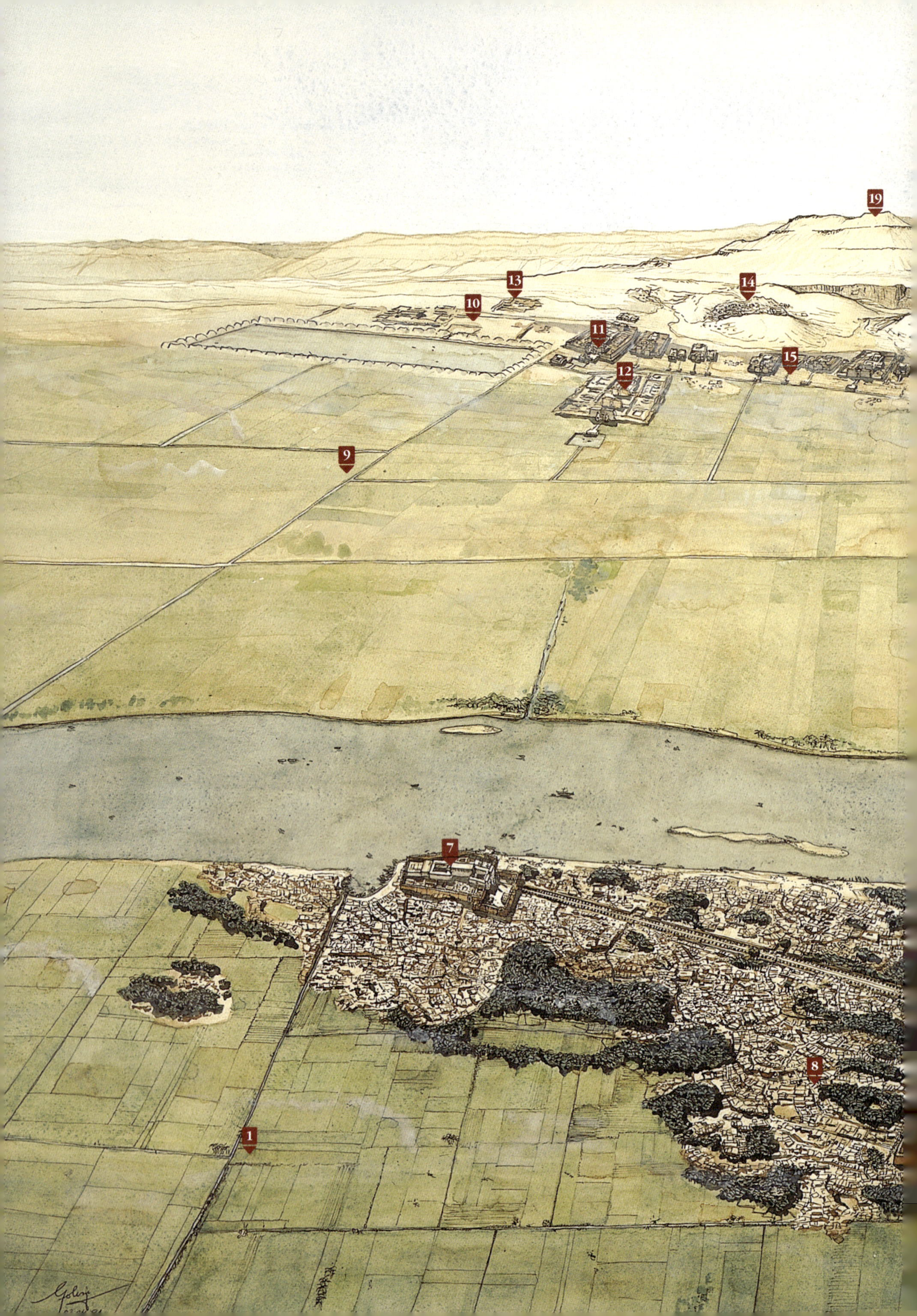
19
13
10
14
11
15
12
9
7
8
1

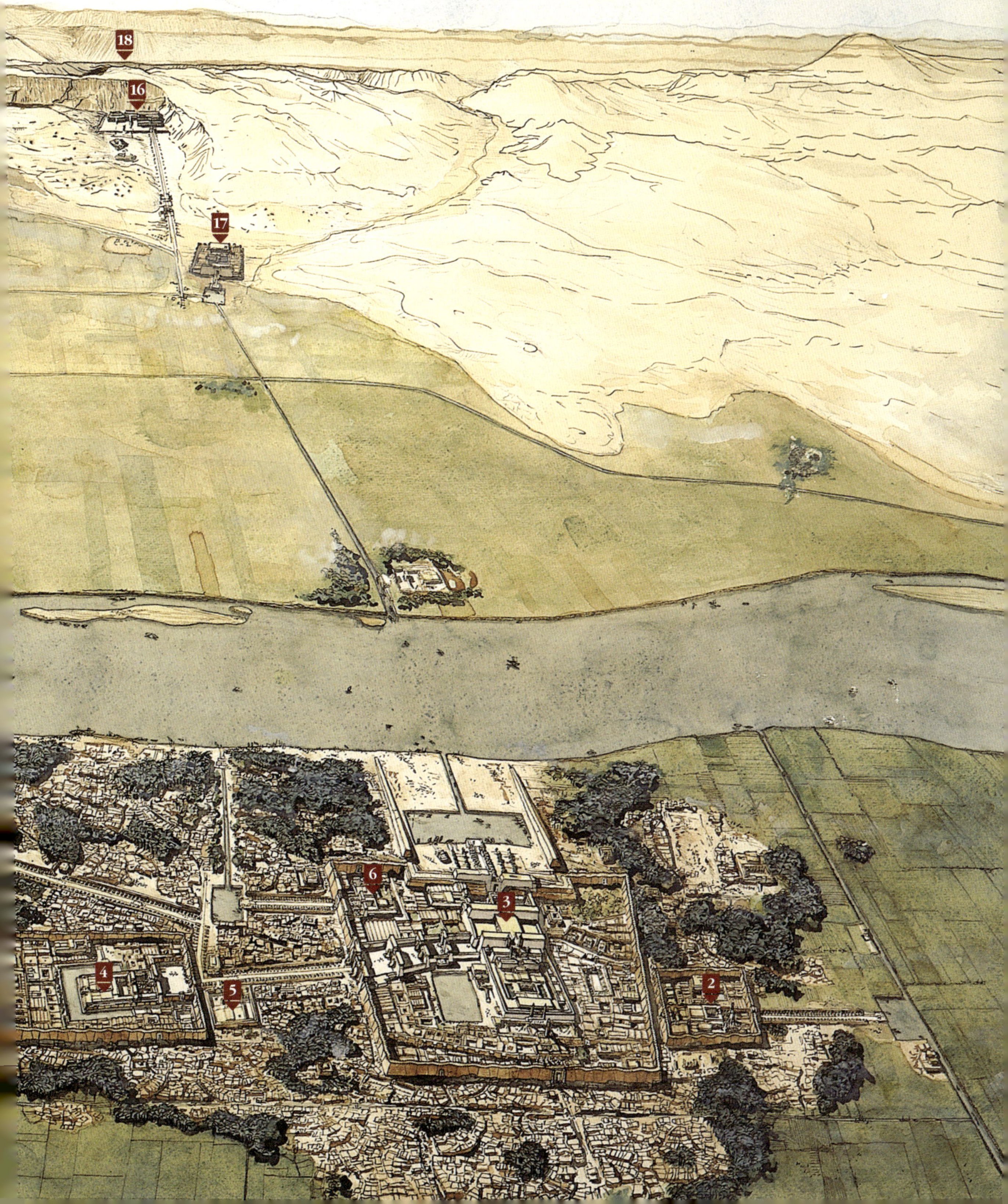
18
16
17
6
3
4
5
2

东底比斯、西底比斯

底比斯古城位于如今卢克索市所在的地方，它被尼罗河分隔为两个区域：东底比斯和西底比斯。在法老时代，底比斯的东、西两个区域由两位不同的地方长官管理：东底比斯总督和西底比斯总督。东、西底比斯在功能上的区分可追溯到埃及历史初期。太阳出现的地方象征着生命，是活人居住的地方；而在太阳消失的地方，亡灵掌管一切。因此，在尼罗河东岸，人们修建了进行礼拜的神庙、王宫和居民区；而在尼罗河的西岸，我们看到的则是献给亡灵的建筑，主要包括"数百万年的宫殿"以及坟墓。

不过，该习俗并非适用于所有情况，它也存在一些例外，尤其是在埃及晚期。在底比斯，人们较好地遵循了这一习俗。在尼罗河的东岸，有专门献给底比斯三柱神（阿蒙、穆特和孔苏）和埃及帝国众神的宗教建筑，也有围绕在这些建筑周围的城市。然而，在尼罗河的西岸，我们却能看到一些例外的情况。根据习俗，这里修建了王室墓地（帝王谷和王后谷）、平民墓地（阿布德·古尔纳教长陵园、阿萨西夫陵园、埃尔霍哈陵园等）以及陵庙（拉美西姆、美迪奈特哈布遗址上的陵庙群、德尔巴哈里遗址上的陵庙群等）。但是，这里也有一些本该出现在尼罗河东岸的建筑物，如位于马勒卡塔遗址上的阿蒙霍特普三世王宫，一些礼拜神灵的圣所（德尔谢露伊的伊西斯神庙以及阿古兹的托特神庙等）以及一个建设法老墓的劳工居住的村庄（戴尔麦地那）。

公元 19 世纪的旅行家：底比斯的幻象

22 号那天，我们第一次看到了伟大的底比斯遗址。在卢克索下船后，我首先意识到，即使听过最老练的旅行者最准确的描述，人们也只能对底比斯遗址之大产生并不完美的概念。如果没有亲眼所见，绝对想象不出它是如此雄伟。在那些最庞大的现代建筑身上，人们也看不到这样的轮廓、这样的比例和这样庞大的规模。走近这些废墟，好像进入了一个巨人住过的古城，而神庙不过是唯一一件能向后人证明它们存在过的遗物。

詹巴蒂斯塔·贝尔佐尼（1778—1823 年）

当我们在大约清晨 6 点打开百叶窗时，看到的是一个风景如此奇特、如此美丽的国度，甚至让人觉得这已并非人间之土。晨光微寒，旁无一人，万籁俱寂。突然，巍峨的底比斯山脉像一面被点亮的高墙，如梦似幻，惊艳非凡。这面大幕粉得亮眼、粉得刺目，上面看不到一丝阴影。初升的太阳从正面照亮了底比斯山，阳光神奇地让它显得不再那么遥远。它闪耀着光芒，让人眼中别无他物。这仿佛是一件突然出现的天外之物，降临在宽广、平静、像金色熔流一般流淌着的尼罗河之上。有时，高高的白帆如燕子长长的翅膀，在这面巨大的粉色背景墙上升起，它们慢慢飘过，甚至让人察觉不到它们在移动。

安德烈·谢弗里永（1864—1957 年）

当我们抵达底比斯时，水手们正演奏着塔拉布克鼓，伙计正吹着笛子，卡利勒正踏着响板的节奏翩翩起舞。在上岸之前，乐声和舞蹈停了下来。正当我在享受着这一切时，风在我们身后卷起了三层波浪，庄严的幸福感从我内心升起，此情与此景不期而遇。我衷心地感谢上帝使我可以享受到这一切。想到这里时，我感到很幸运，尽管我似乎并没有在想什么，这其实是一种让我的整个生命都能感受到的内在快感。

居斯塔夫·福楼拜（1821—1880 年）

公元 2 世纪的东底比斯

1. 东底比斯。
2. 蒙图领地（紧靠阿蒙领地，但不与阿蒙领地直接连通，这座神庙是献给埃及帝国的战神蒙图的，其多洛摩斯通往的泊船处有水渠与尼罗河相连）。
3. 阿蒙领地（神庙全域都是献给阿蒙的，他是埃及万神殿的主神，神庙是底比斯城核心区域。它有两条多洛摩斯，一条通往尼罗河，另一条通往穆特领地）。

4. 穆特领地（它与阿蒙领地通过一条多洛摩斯相连，献给阿蒙的妻子穆特的建筑群林立在一片圣湖周围）。
5. 阿蒙-卡姆泰夫领地（"卡姆泰夫"意为"他母亲的公牛"，献给阿蒙-卡姆泰夫的神庙位于穆特领地旁边，他与丰饶之神敏有着密切关系）。
6. 孔苏神庙（这是一座献给底比斯三柱神中阿蒙与穆特之子孔苏的神庙。神庙是阿蒙领地的一部分，但有独立的船坞，可借由多洛摩斯抵达）。
7. 卢克索神庙（奥佩特的阿蒙神庙，举行迎接埃及新年仪式的地方，它通过一约2000米长、两旁有牡羊头斯芬克斯像的多洛摩斯与卡纳克的神庙相连）。
8. 底比斯城（位于尼罗河东岸，古埃及人认为东岸属于活人。整座底比斯城围绕着圣域与绵长的多洛摩斯构建，随着城市的扩大，建筑物陆续衍生，整体呈无序状态）。

公元2世纪的西底比斯

9. 西底比斯。
10. 马勒卡塔宫和哈布湖（马勒卡塔是阿蒙霍特普三世王宫的所在地，巨大的哈布湖是与王宫密不可分的景观，在塞德节时会举办相关仪式）。
11. 祭葬神庙群：从左到右依次是美迪奈特哈布的神庙群（这里有杰梅的阿蒙神庙，也被称为图特摩斯神庙、"阿蒙神的神圣女崇拜者"的礼拜堂以及拉美西斯三世的王宫和陵庙）、阿伊与霍伦海布的陵庙、名称不明的陵庙、图特摩斯二世的陵庙、哈普之子阿蒙霍特普的陵庙（这座位于王室建筑中心的陵庙是一个例外，因为这座陵庙是为阿蒙霍特普三世统治时期的一位高官修建的）和图特摩斯一世的陵庙。
12. 阿蒙诺菲乌姆（阿蒙霍特普三世的陵庙，因建筑物入口旁的两尊门农巨像而广为人知）。
13. 王后谷（这片"美丽之地"上共有约80座坟墓，墓主主要是王后、公主和王子）。
14. 戴尔麦地那村（这里曾住着建造王室地下陵墓的劳工，这座村庄包括居住区、墓地和托勒密时期的哈托尔神庙）。
15. 祭葬神庙群：从左到右包括美楞普塔的陵庙、女王陶斯瑞特的陵庙、图特摩斯四世的陵庙、拉美西姆（拉美西斯二世的陵庙）、西普塔的陵庙和图特摩斯三世的陵庙。
16. 德尔巴哈里遗址（在这座天然岩石环谷中坐落着哈特谢普苏特女王的陵庙、图特摩斯三世的礼拜堂和第十一王朝国王孟图霍特普的丧葬建筑群）。
17. 古尔纳村遗址（这里坐落着塞提一世的陵庙）。
18. 帝王谷（所谓的"马特的座席"山谷，分为东边的猿之谷和西边的帝王谷，这里建有62座坟墓，埋葬着第十八、十九和二十王朝的法老）。
19. 底比斯之巅，又称"西方之巅"，阿拉伯语为"el-Qorn"（这座天然的金字塔海拔470米，女神梅里特塞格就住在这里。她守护着整个底比斯墓地，同时也守护着戴尔麦地那村）。

*数字标号见 p.34、p.35 跨页大图。

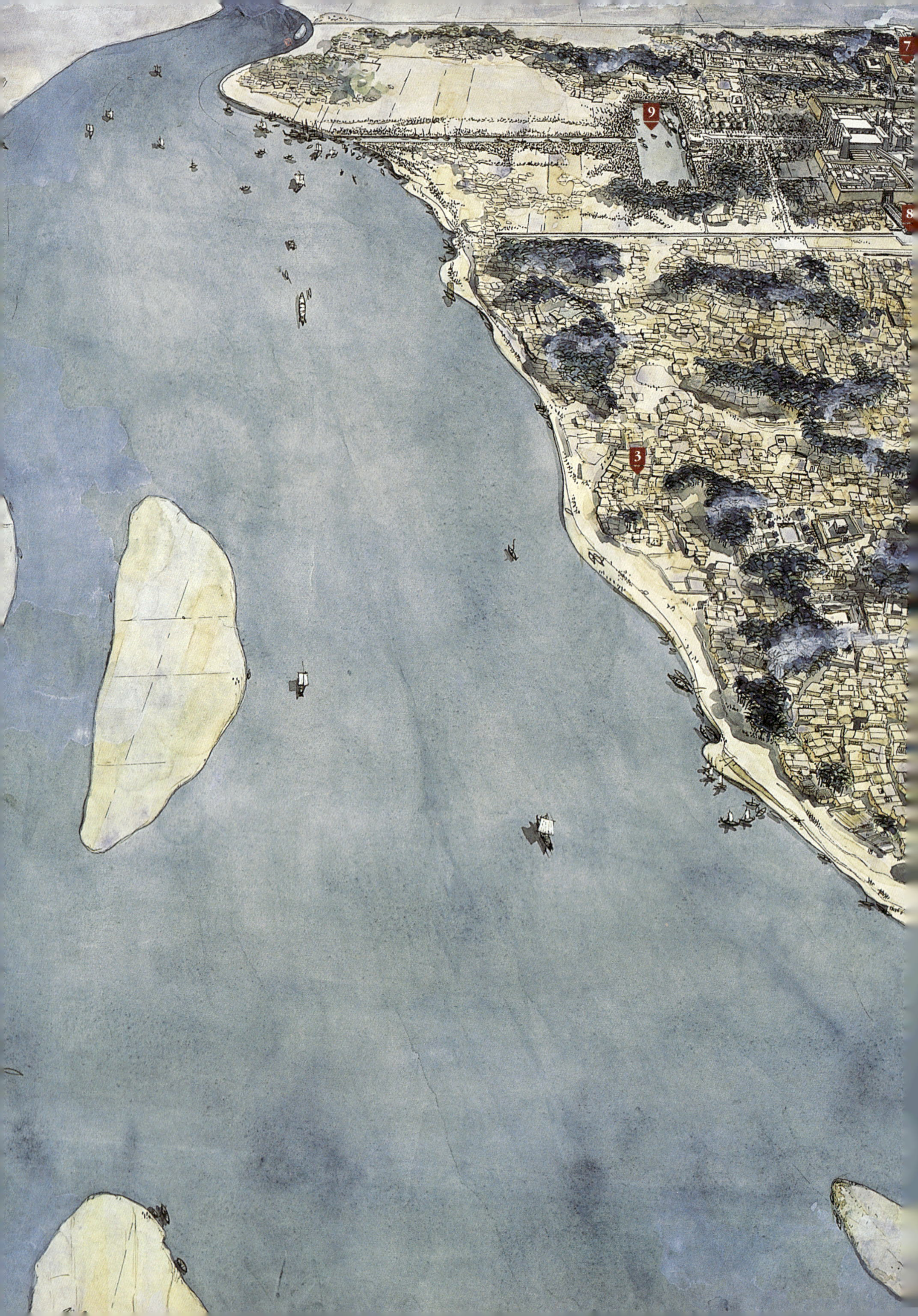
7
9
8
3

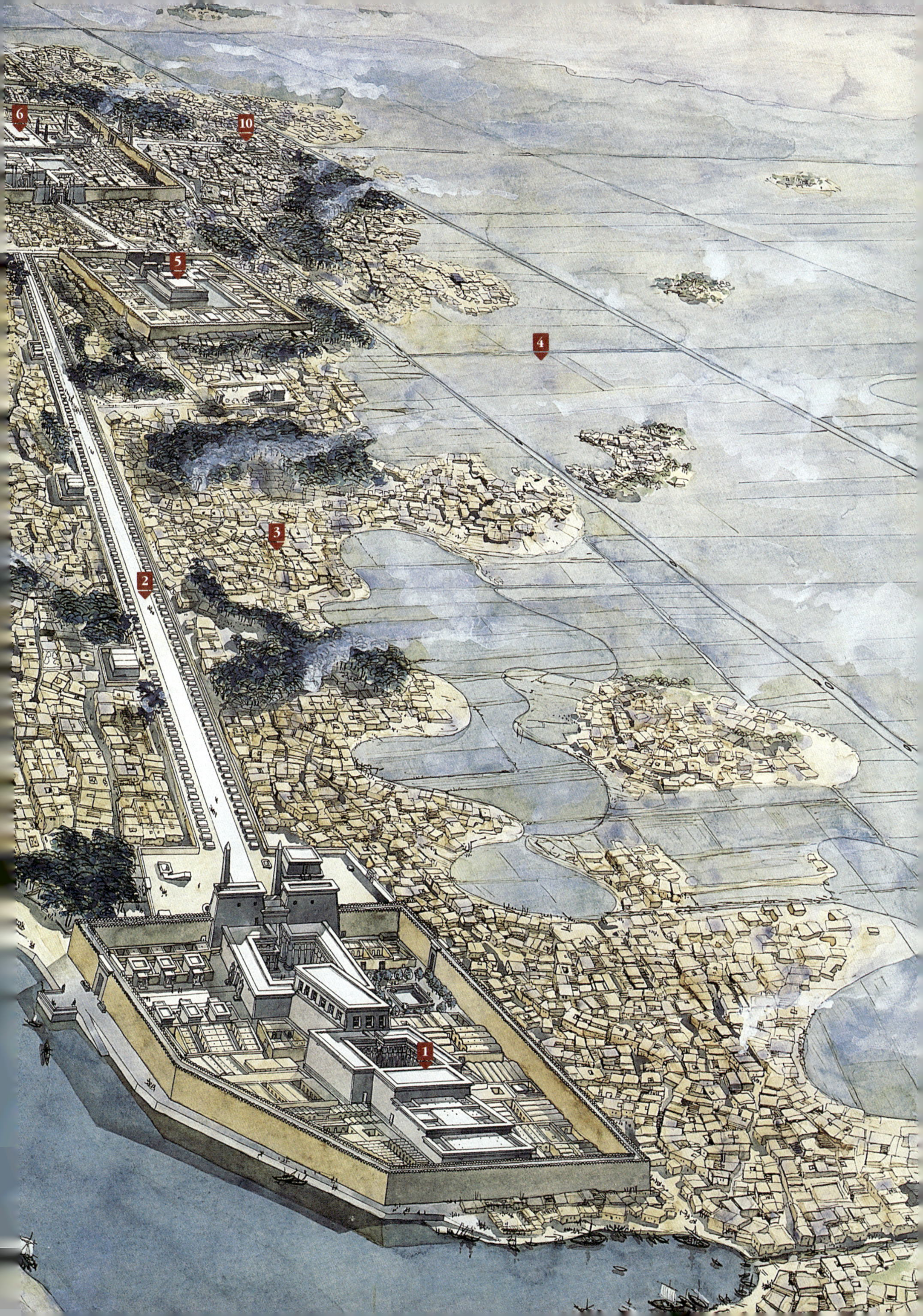
6
10
5
4
3
2
1

拉美西斯大帝时期的东底比斯

王朝	年代	时期
第一王朝	前3050	早王朝时期
第二王朝		
第三王朝	前2685	古王国时期
第四王朝		
第五王朝		
第六王朝		
第七王朝— 第十一王朝	前2180	第一中间期
第十一王朝末 第十二王朝	前2040	中王国时期
第十三王朝— 第十七王朝	前1780	第二中间期
第十八王朝 第十九王朝 第二十王朝	前1570	新王国时期
第二十一王朝 第二十二王朝 第二十三王朝 第二十四王朝 第二十五王朝 第二十六王朝	前1070	第三中间期
第二十七王朝— 第三十王朝	前525	后埃及时期
托勒密时期	前332 前305	希腊埃及
罗马帝国时期	前30 395	罗马埃及
罗马帝国时期	632	科普特埃及

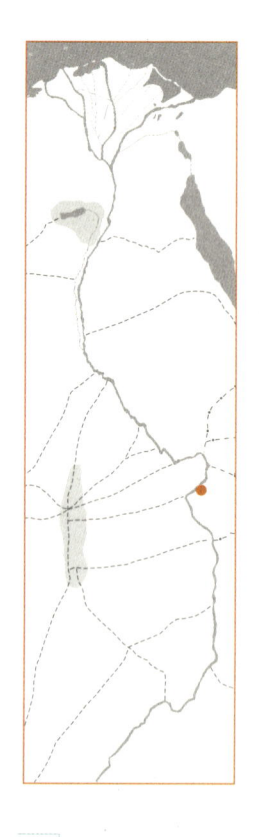

母亲：治愈女神

穆特女神在古埃及象形文字中的符号是一只侧着的秃鹫。从题铭学的角度来看，在埃及文字中，符号根据不同性质可以分为：表音符号，即代指一个、两个、三个辅音或者半辅音的符号；表意符号，即代表某种意义、用单个符号标某个词的符号；限定符号，即修饰前一个词的符号。对于一个特定的符号而言，最困难的事情是知道其真正的性质是什么。在刚开始破译古埃及象形文字时，人们误解了某些符号，穆特女神的符号就是其中之一。一开始人们以为这是一个表意符号。顺着这种逻辑，人们当时还将穆特的个性与上埃及守护者、秃鹫女神涅赫贝特的个性进行了对照。

如今，在题铭学领域取得的进步让人们确定，这个符号是一个表音符号，其读音与"母亲"（"mwt"）这个词接近。图像资料进一步证明了这一观点：这位女神没在任何图像上以动物形象出现过。虽然她的头上有时会顶着一具秃鹫的尸体，但这个标志不是她的专属标志。有很多女神和王后都将这种头饰当作王冠来佩戴。因此，她应该被赋予母亲女神（其身份与埃及的王后和太后相关联）的特质。

当底比斯成为埃及王国的首都时，穆特在底比斯与阿蒙和他们的儿子孔苏组成了三柱神，她因此声名大噪。在卡纳克的阿蒙神庙的南边，有一处建有围墙的穆特领地，她在那里受到了单独的礼拜。尽管这个建筑群如今已经破败不堪，但一座在阿蒙霍特普三世（前1386—前1349年在位）时期修建的神庙还是被发掘了出来，该神庙揭露了穆特独特的一面。

一切相关资料表明，从新王国时期开始，她的个性和形象都吸收了危险女神——母狮女神塞赫麦特的特点。随着时间的推移，这两个角色互相补充，最后融为一体，一位具有矛盾个性的神灵就此诞生。一面是象征毁灭力量的塞赫麦特，一面是象征和平的穆特。为了减轻女战神塞赫麦特的破坏性，穆特被赋予了施惠和治愈女神的特质。因此，为了致敬这位具有双重神性的女神，埃及人在卡纳克修建了穆特神庙。他们相信这位拥有双重神性的女神可以带来无限的可能，因此，埃及人会不假思索地敬拜穆特，祈求她治愈他们的各种疾病。因为在他们的信仰中，穆特能将各种苦难（疾病、战争、饥荒、流行病等）带到大地上，但她也能将它们一一带走。

阿蒙：埃及帝国的伟大神灵

阿蒙是"众神之王"，但神话故事中没有任何内容预示他会成为埃及万神殿无可争议的主人。在古王国时期（前2685—前2180年），几乎没人知道他的存在，他的名字只在首次出现于第五王朝（前2498—前2345年）的乌纳斯法老时代的金字塔文中出现过几次，他当时在埃及的宗教架构中扮演的还只是次要角色。直到中王国时期（前2040—前1780年），他才真正进入万神殿。

对阿蒙的崇拜起源于底比斯，也在那里逐渐发展。阿蒙的声望和力量迅速增长，他很快就吸收了众多神灵的个性，并于第十八王朝（前1570—前1293年）时期成为整个国家、整个王朝的宇宙神和造物神。

拉美西斯二世（前 1279—前 1212 年在位）时期的东底比斯

1. 卢克索神庙（也被称作"南宫"，每年的奥佩特节庆典，即埃及新年庆典都在这里举行。卡纳克诸神在埃及庆祝新年的 10 天内，会在卢克索境内停留）。
2. 多洛摩斯（这条恢宏的道路连接了卢克索神庙与卡纳克圣域；宽 27 米、长约 2000 米，路边有牡羊头斯芬克斯雕像，它们的前爪之间有阿蒙霍特普三世的雕像）。
3. 底比斯城（为了防止尼罗河水量增加时遭受水患，城市建在尼罗河、祭祀区域与耕地之间不会被水淹没的地带）。
4. 耕地（一直延伸至城市的东边；图中的耕地已被洪水浇灌，因为此时为尼罗河洪水期，富含淤泥的洪水还没退去）。
5. 穆特领地（此圣所始建于阿蒙霍特普三世统治时期；在圣所的两个庭院里，可以看到 574 座"普塔的至爱"——母狮女神塞赫麦特的雕像。新王国时期，她与治愈女神穆特的个性开始融合）。
6. 阿蒙领地（在拉美西斯时期，这座神庙的入口是第二塔门，这座塔门的修建时期可追溯至第十八王朝末期。塔门通向多柱大厅，这座大厅的装饰工作主要是在塞提一世和拉美西斯二世时期进行的）。
7. 蒙图领地。
8. 孔苏的船坞（根据一条南北向、通往位于阿蒙领地西南角的孔苏神庙的多洛摩斯遗迹假设出的建筑，事实上它没有留下任何痕迹）。
9. 阿蒙的船坞（"美丽的奥佩特节"的游行队伍从这里出发，在人群的欢呼声中，阿蒙的圣像会被抬上圣船，然后一直沿尼罗河行至卢克索神庙）。
10. 阿吞神庙的所在地（阿吞神庙建于东岸，孕育生命的太阳会从东岸的地平线上升起。它是一座建于阿蒙霍特普四世时期的建筑，但在他死后被毁。这座神庙可能是被有意建在了阿蒙领地的围墙之外，其装饰和建筑形态均与传统形式不同）。

* 数字标号见 p.38、p.39 跨页大图。

然而，阿蒙的起源仍是个谜。对有些人来说，他只是赫里奥波里斯城创世神话中的八位原始守护神之一，名为阿蒙，和阿蒙涅特是夫妻。对另一些人来说，他是一位来自中埃及的神灵，代表空气、风和大气。还有一些人认为他诞生于底比斯，因为这里有礼拜阿蒙的主要宗教场所。

无论如何，阿蒙神的威望日益隆盛，僧侣阶层决定构建一套与他新的神性相符的神学理论：依托于底比斯人的创世神话思想（这套理论在糅合赫摩波利斯、孟菲斯、赫里奥波里斯三地思想基础上加以创新形成），阿蒙神成了埃及神话中的创世神。

据说，在时间的源头，"自己完结了自己的时间"的蛇神卡姆泰夫在底比斯从努恩体内诞生。然后，他开始造物。当属于他的时代结束时，他孕育了"创造了大地"的伊尔塔。此后，卡姆泰夫陷入长眠。伊尔塔接着开始创造宇宙，他首先创造了大地和八位原始守护神。然后，八位原始守护神来到了赫摩波利斯城、孟菲斯城和赫里奥波里斯城，并在这几座城市诞下了太阳、普塔和阿图姆。在完成了这项艰巨的工作后，疲惫的八位原始守护神回到了底比斯，和卡姆泰夫与伊尔塔一起长眠于此地。

在这个创世神话中，底比斯的僧侣阶层想让阿蒙成为卡姆泰夫的"巴"。也就是说，让作为造物神的阿蒙以卡姆泰夫的形象出现，即在某种程度上取代卡姆泰夫。此外，阿蒙被称为"隐藏者"，这个名字应被理解为"本性无法被理解的神"。阿蒙的这种特质可被解释为：任何人都无法了解他最深处的本质。

就此，希罗多德还讲述过一个关于阿蒙和他的儿子孔苏的传说。"他们说，赫拉克勒斯非常想见宙斯，而宙斯却不想出现在他面前。最终，在赫拉克勒斯一再请求下，宙斯想出了一个诡计。他剥了一头公羊的皮，砍了它的头，然后将羊头放在他的脸前并裹上羊皮。伪装好后，他终于出现在了赫拉克勒斯面前。"故事中，宙斯和赫拉克勒斯应被看作阿蒙和孔苏，因为希罗多德认为，"阿蒙是埃及人给宙斯起的名字"。因此，宙斯和阿尔克墨涅的儿子赫拉克勒斯就是阿蒙和穆特的儿子孔苏。

通常神具有的不同动物形象起到了掩饰的作用，为的是让别人无法认出他或者迷惑其他神灵。公羊的形象象征着一切造物力，包括太阳的造物力以及保障生物繁殖的造物力。用这个方法，阿蒙既间接回答了儿子的问题，又没有展露他的真实本性。从这则传说中不难看出，阿蒙逐渐获得了一种与太阳和生育力紧密相连的特质。在阿蒙-拉的身份下，他具有赫里奥波里斯城太阳神的特征，在阿蒙-敏的身份下，他则是生育和造物之神。

阿蒙之子孔苏

他被称为"漂泊者""旅行者"。在埃德富神庙的铭文中，他也被称为"穿越天空的神"。事实上，孔苏是与月亮有直接关系的旅行之神，他是继托特之后万神殿中最重要的月神。孔苏最早出现在古王国时期，因为金字塔文中提到了他的名字。但除此之外，他很少出现在这个古老的时期的文献中。那时他可能只是一位地方神，影响力很小。从新王国时期起，对他的崇拜与日俱增，他也因此成了底比斯三柱神之一，另外两位是阿蒙神及其妻子穆特。在长达几个世纪的时间里，这三位神灵一直在埃及宗教的万神殿中占据主导地位。僧侣根据他们之间的联系将他们组成神之家，这个家庭包含了造物需要的所有核心元素，即一位太阳神（阿蒙-拉），一位天空女神（穆特）以及一位月神（孔苏）。在卡纳克的阿蒙领地的西南角上，有一座孔苏的圣所，但是关于孔苏最有趣的浮雕则位于穆特女神的圣域中。在此圣域中有一座修建于新王国时期的小神庙，人们可以在它的墙壁上看到孔苏在出生时、接受割礼时以及童年时期的场景。从孔苏的肖像画中，可以看出他的两个重要特征：他既是月神，又是幼神。因此，他通常以一位头顶月盘的男性木乃伊的形象出现，右太阳穴附近还留了一条侧辫。侧辫是年幼的象征，无论是幼神还是幼童，头上都可以看到这种"童年之辫"。

震撼人心的卡纳克塔门

黄昏的魔力已经降临！尼罗河在棕榈树间流淌，在它的彼岸，利比亚山脉上已被冻僵的紫色丁香花依稀可见。牧民伴着羊群，谦卑地、不动声色地穿过宏伟的塔门。余晖从它的侧面抚过，在这让人肃然起敬的石门上温柔地涂上了一抹不起眼的淡粉色。啊！在夕阳的柔光中，这座在黑暗中沉寂了数千年的巍峨拱门终于出现了！当人们凝视着它时，灵魂好像被一种强烈的永恒感穿透。塔门的各面若一直往上延伸可汇至一个共同的顶点，它就像一座被截取了顶部的金字塔，一直岿然不动地矗立在那里。为了增强建筑的稳定性，它的各个表面相互倚靠，各条棱都像水晶棱一般精确分明。这样的建筑是坚不可摧的，它的精确与完美如上帝的旨意一般。

塔门侧壁的底部很宽敞，如同墙面，一块块石头在这里整齐有序地堆砌出宽阔、光滑的表面。阳光驻足于此，静静地躺在一大片石面上，让人的心也不由得宁静了下来。在塔门长方形入口周围的壁身上，可以看到像是用凿子在花岗岩上雕刻的阿蒙神、伊西斯女神和头顶"红白双冠"或三角形高王冠的历代法老。这些图像一层又一层地向上延伸，最上端是一只巨大的太阳鹰，它在塔门坚固而又肃穆的檐口下方展开绚丽的双翼，将众神和历代法老庇护在永恒之下。它在黄昏中翱翔着，正如过去盘旋在沉睡中的底比斯古城上空一般。

安德烈·谢弗里永（1864—1957年）

希腊埃及、罗马埃及时期的卡纳克

东底比斯的建造者

中王国时期
（前2040—前1780年）
第十二王朝
（前1991—前1780年）
新王国时期
（前1570—前1070年）
第十八王朝
（前1570—前1293年）
　　图特摩斯一世
　　图特摩斯二世
　　哈特谢普苏特
　　图特摩斯三世
　　阿蒙霍特普二世
　　阿蒙霍特普三世
　　图坦卡蒙
　　霍伦海布
第十九王朝
（前1293—前1185年）
　　拉美西斯一世
　　塞提一世
　　拉美西斯二世
　　塞提二世
第二十王朝
（前1185—前1070年）
　　拉美西斯三世
　　拉美西斯四世
第三中间期
（前1070—前525年）
第二十五王朝
（前747—前656年）
　　沙巴卡
　　塔哈尔卡
后埃及时期
（前525—前332年）
第二十九王朝
（前399—前380年）
　　哈考尔
第三十王朝
（前380—前343年）
　　内克塔内布一世
希腊埃及时期
（前332—前305年）
　　菲利普·阿瑞戴伍斯
托勒密时期
（前305—前30年）
　　托勒密三世（施惠者一世）
罗马埃及时期
（前30—395年）

王朝	年代	时期
第一王朝	前3050	早王朝时期
第二王朝		
第三王朝	前2685	
第四王朝		古王国时期
第五王朝		
第六王朝		
第七王朝—	前2180	
第十一王朝		第一中间期
第十一王朝末	前2040	
第十二王朝		中王国时期
第十三王朝—	前1780	
第十七王朝		第二中间期
第十八王朝	前1570	
第十九王朝		新王国时期
第二十王朝		
第二十一王朝	前1070	
第二十二王朝		
第二十三王朝		第三中间期
第二十四王朝		
第二十五王朝		
第二十六王朝	前525	
第二十七—		后埃及时期
第三十王朝	前332	
	前305	
托勒密时期	前30	希腊埃及
罗马帝国时期	395	罗马埃及
罗马帝国时期	632	科普特埃及

托勒密王朝和罗马皇帝统治时期的卡纳克

1. 船坞。
2. 哈考尔时期的礼拜堂。
3. 崇拜仪式礼台。
4. 第一塔门。
5. 塔哈尔卡时期的亭庙。
6. 拉美西斯三世神庙。
7. 第二塔门。
8. 塞提一世和拉美西斯二世时期修建的多柱大厅。
9. 第三塔门。
10. 第四、第五和第六塔门。
11. 用于停放圣船的菲利普·阿瑞戴伍斯神堂。
12. 中王国时期修建的至圣所。
13. 图特摩斯三世的节日礼堂。
14. "垂听祷告"的阿蒙神庙。
15. 奥西里斯礼拜堂。
16. 沙巴卡时期修建的"宝库"。
17. 普塔神庙。
18. 奥西里斯礼拜堂。

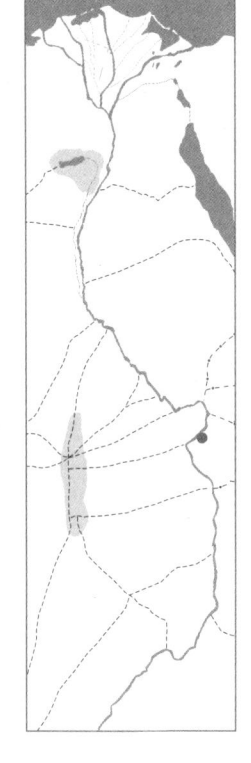

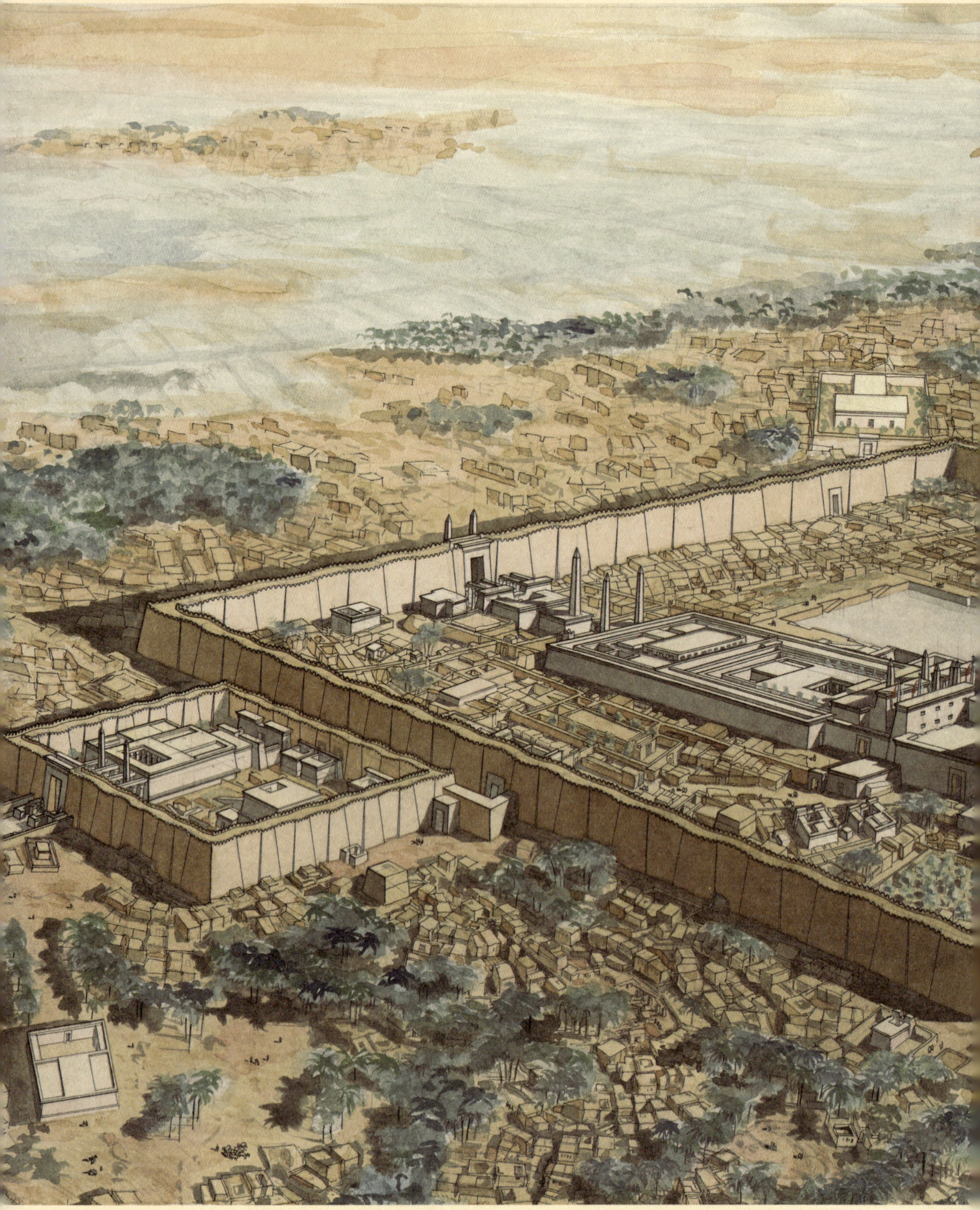

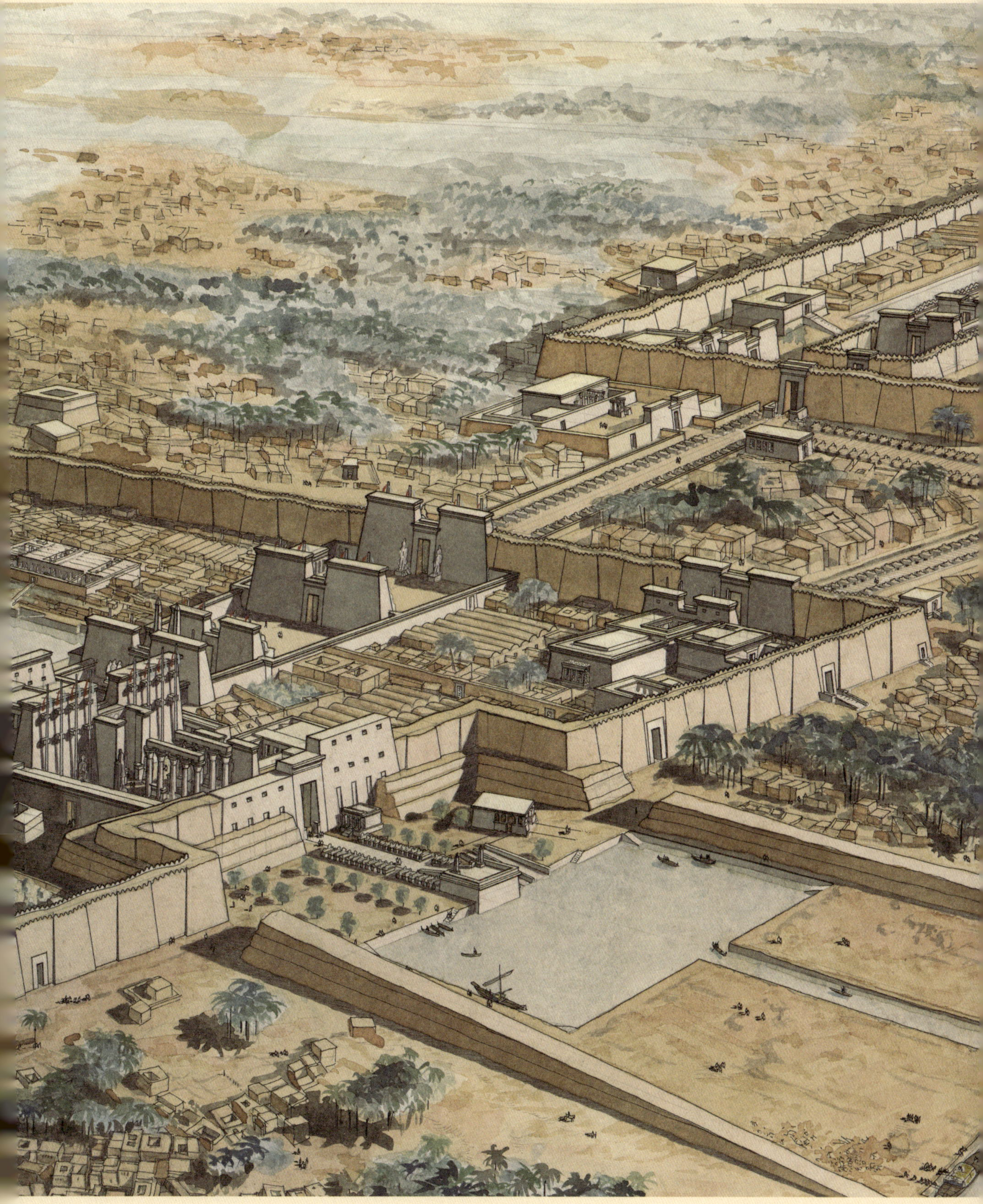

19. 奥西里斯礼拜堂。
20. 圣湖。
21. 塔哈尔卡时期的神庙。
22. 僧侣的居所。
23. 存放祭品的专用仓库。
24. 第七塔门。
25. 第八塔门。
26. 第九塔门。
27. 阿蒙霍特普二世时期的神庙。
28. 第十塔门。
29. 孔苏神庙。
30. 奥佩特神庙。
31. 施惠者一世之门。
32. 连接阿蒙之子孔苏的神庙和其船坞（模拟图）的多洛摩斯。
33. 连接第十塔门和穆特圣域的多洛摩斯。
34. "他母亲的公牛"阿蒙－卡姆泰夫的神庙。
35. 停放阿蒙圣船的临时祭坛。
36. 穆特领地的入口。
37. 穆特神庙。
38. 阿蒙霍特普三世时期的神庙。
39. 圣湖。
40. 将卡纳克的不同圣所连接至卢克索神庙的多洛摩斯。
41. 蒙图神庙。
42. 蒙图圣域中的高台神庙。
43. "神圣的女崇拜者"的礼拜堂。
44. 图特摩斯一世时期修建的宝库。
45. "在底比斯如愿以偿"的孔苏的神庙。
46. 底比斯城。

阿蒙领地内的建筑

在埃及所有的神庙中，卡纳克的阿蒙神庙最难介绍，因为它的布局非常复杂。与其他宗教场所不同，它不是按统一规划修建的，从中王国时期到罗马埃及时期长达两千多年的时间里，它一直在被人使用。在漫长的岁月中，这里修建了很多不同的建筑，阿蒙领地是一片相继修建、"嫁接"出来的杂乱无章的建筑群，其中大部分建筑都经历了增建、翻修和改建。但卡纳克的阿蒙神庙的扩张遵循了一个非常自然的规则：从第十二王朝修建的最初的神庙（12）开始，各种建筑物（庭院、塔楼、次级神庙、仓库、礼拜堂、停放圣船的临时祭坛、方尖碑等）在之后的不同统治时期被一个接一个地修建在它的前方。每一组新增建筑都对应神庙的一个扩建时期，每一位君主都会将新建筑建在前任君主所造建筑的前方。因此，当人们进入神庙时，最先看到的是历时最短的建筑，然后穿越一个个世纪，最终抵达中王国时期修建的神庙。

阿蒙神庙有两条主轴：东西向主轴上修建了第一至第六塔门（4，7，9，10）；南北向主轴上则可以看到第七到第十塔门（24—26，28）。塔门的编号虽然必不可少，但其实是虚构的。编号并未遵循时间顺序，而是遵循参观神庙时经过的先后顺序设置的，这都是出于方便考虑。此外，宗教建筑都分布在这两条主轴的周围：围

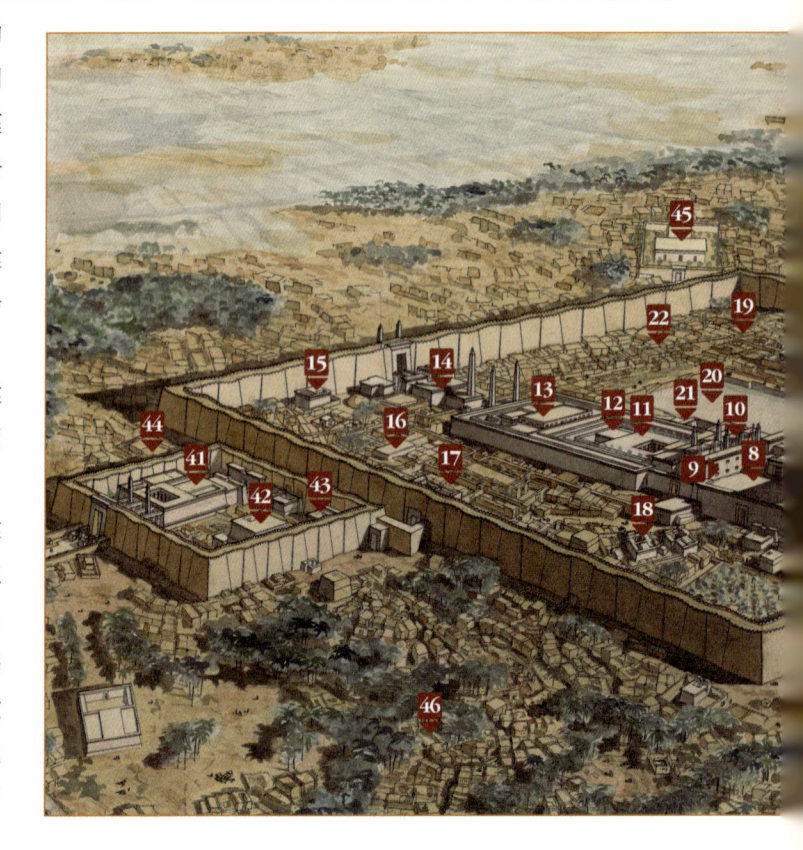

墙内的西南角有一座献给阿蒙之子孔苏的神庙（29），可以通过一条连接了孔苏的船坞和施惠者一世之门（31）的多洛摩斯（32）到达这里。另外，人们还可以在这个区域看到一座奥佩特神庙（30），它是神话中奥西里斯的出生地；在东边，有"垂听祷告"的阿蒙神庙（14）和神庙的方尖碑，这座方尖碑已迁至罗马的圣·让·德拉特朗广场，这里还有奥西里斯的礼拜堂（15）以及僧侣的居所（22）；往南走，可以看到一片圣湖（20）和几个存放祭品的专用仓库（23）、几座奥西里斯的礼拜堂（19），以及一座塔哈尔卡时期的小神庙（21），它位于阿蒙神庙的东西主轴与圣湖之间；沿着领地的北墙，可以看到沙巴卡时期修建的"宝库"（16）、一座普塔神庙（17）和奥西里斯的礼拜堂（18）。这就是阿蒙领地在希腊埃及时期的整体布局。如今，虽然许多原有建筑已不复存在，但得益于考古发掘和对古代文字资料的研究，这些消失的建筑已被复原。

阿蒙领地外的建筑

想到穆特的圣域需要走一条长约300米的多洛摩斯（33），这条路从阿蒙神庙的第十塔门（28）一直延伸至穆特领地的入口（36）。在大门两侧，有两座建筑围绕着多洛摩斯：一座是献给被称为"他母亲的公牛"的阿蒙-卡姆泰夫的神庙（34），他是阿蒙作为生育之神时的形象，这个形象与生育之神敏关系密切；另一座是停放阿蒙圣船的临时祭坛（35）。两座建筑都是由哈特谢普苏特女王下令建造的，随后一直较好地维护到了希腊罗马埃及时期。

跨过大门是一片巨大的长方形圣域，穆特神庙（37）是这里最主要的建筑。这座神庙由阿蒙霍特普三世修建，里面有大量后世添加的铭文，这些铭文证明神庙曾被多次修复，特别是在拉美西斯三世统治时期和托勒密王朝时期。在神庙的两个主要庭院里，有近600尊母狮女神塞赫麦特的雕像。据说当时的国王得了不治之症，于是他下令制作这些雕像，并把它们献给穆特女神以求康复。神庙的后方有一个新月形圣湖（39）。在紧挨着穆特神庙东北角的地方，有一座阿蒙霍特普三世时期修建的小神庙（38），那里供奉着阿蒙和穆特（如今，穆特领地内的建筑群已被严重破坏）的儿子——幼年的孔苏。阿蒙领地外还有另外两条多洛摩斯，一条（40）将穆特领地的多洛摩斯与卢克索神庙连接起来，另一条（32）连接了孔苏神庙与孔苏的船坞（如今已完全消失，因此是一座虚拟复原建筑）。阿蒙领地以北，主要是一些献给埃及帝国战神蒙图的建筑物。

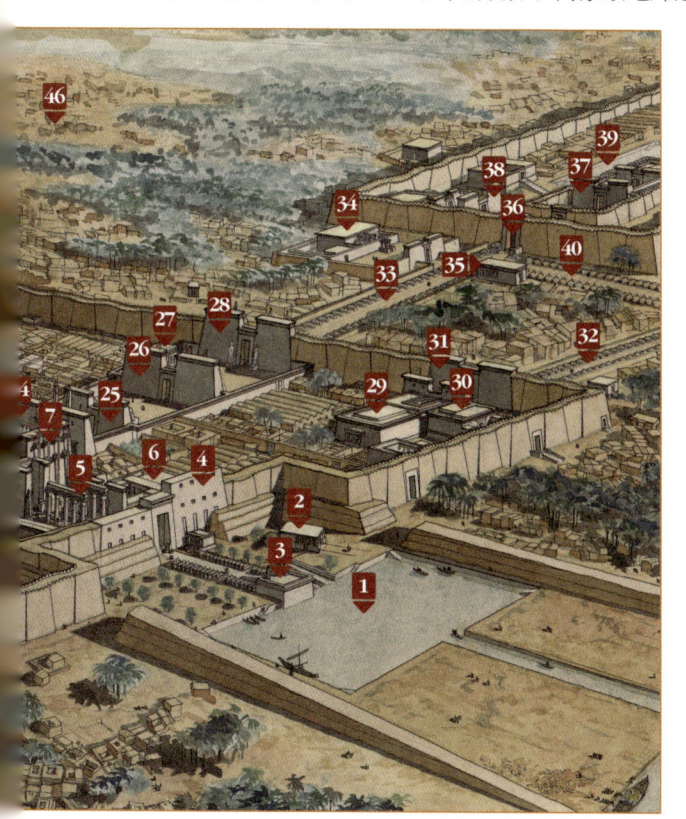

在一圈正方形围墙中，坐落着不同的始建于阿蒙霍特普三世时期的建筑物，随后的统治者们，特别是托勒密王朝的统治者们对它们进行了修复。这些建筑包括：一座献给主神（蒙图）的神庙（41）、一座高台神庙（42）、几座献给"神圣的女崇拜者"（被视作"神的妻子"）的礼拜堂（43），还有一片圣湖（未出现在图中）。在蒙图的领地外，底比斯城（46）在卡纳克和卢克索之间的神庙周围蔓延开来。有时，会从这里或那里冒出一个次要的宗教建筑，比如蒙图神庙后方的图特摩斯一世时期修建的宝库（44）：这类建筑中储藏着用于制造礼拜雕像的金、银、其他金属、宝石或木材，同时也存有树脂、软膏和油这些日常维护神庙要用到的必需品。在远处，还可看到另一座建筑，即"在底比斯如愿以偿"的孔苏的神庙（45）。

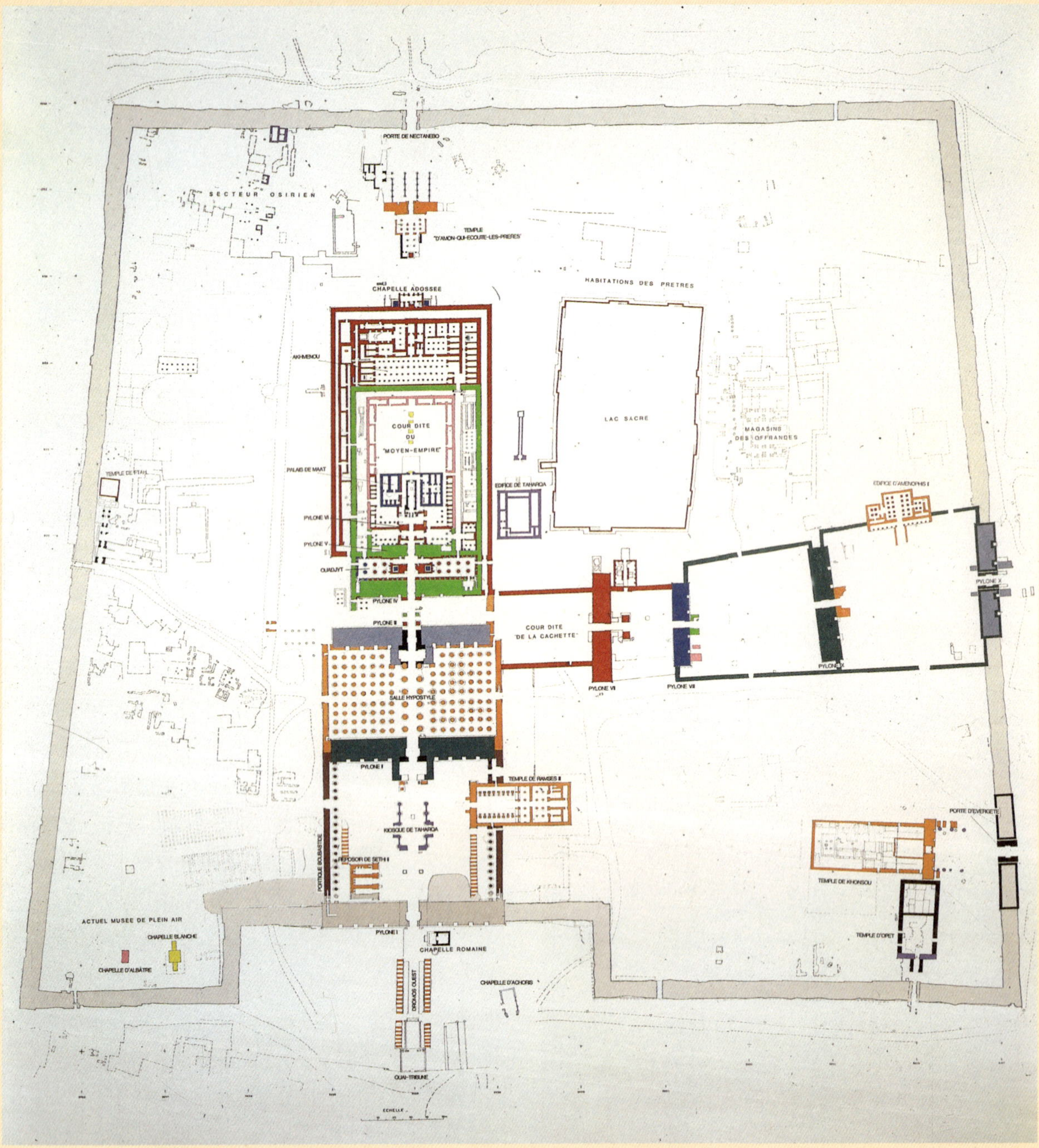
PORTE DE NECTANEBO
SECTEUR OSIRIEN
TEMPLE "D'AMON-QUI-ECOUTE-LES-PRIERES"
CHAPELLE ADOSSEE
HABITATIONS DES PRETRES
AKHMENOU
COUR DITE DU "MOYEN-EMPIRE"
LAC SACRE
MAGASINS DES OFFRANDES
TEMPLE DE PTAH
PALAIS DE MAAT
EDIFICE DE TAHARQA
EDIFICE D'AMENOPHIS II
PYLONE VI
PYLONE V
OUADJYT
PYLONE IV
PYLONE III
COUR DITE "DE LA CACHETTE"
PYLONE X
SALLE HYPOSTYLE
PYLONE VII
PYLONE VIII
PYLONE IX
PYLONE II
TEMPLE DE RAMSES III
KIOSQUE DE TAHARQA
PORTIQUE BOUBASTIDE
REPOSOIR DE SETHI II
PORTE D'EVERGETE
TEMPLE DE KHONSOU
ACTUEL MUSEE DE PLEIN AIR
CHAPELLE BLANCHE
CHAPELLE D'ALBÂTRE
PYLONE I
CHAPELLE ROMAINE
DROMOS OUEST
CHAPELLE D'ACHORIS
TEMPLE D'OPET
QUAI-TRIBUNE
ECHELLE

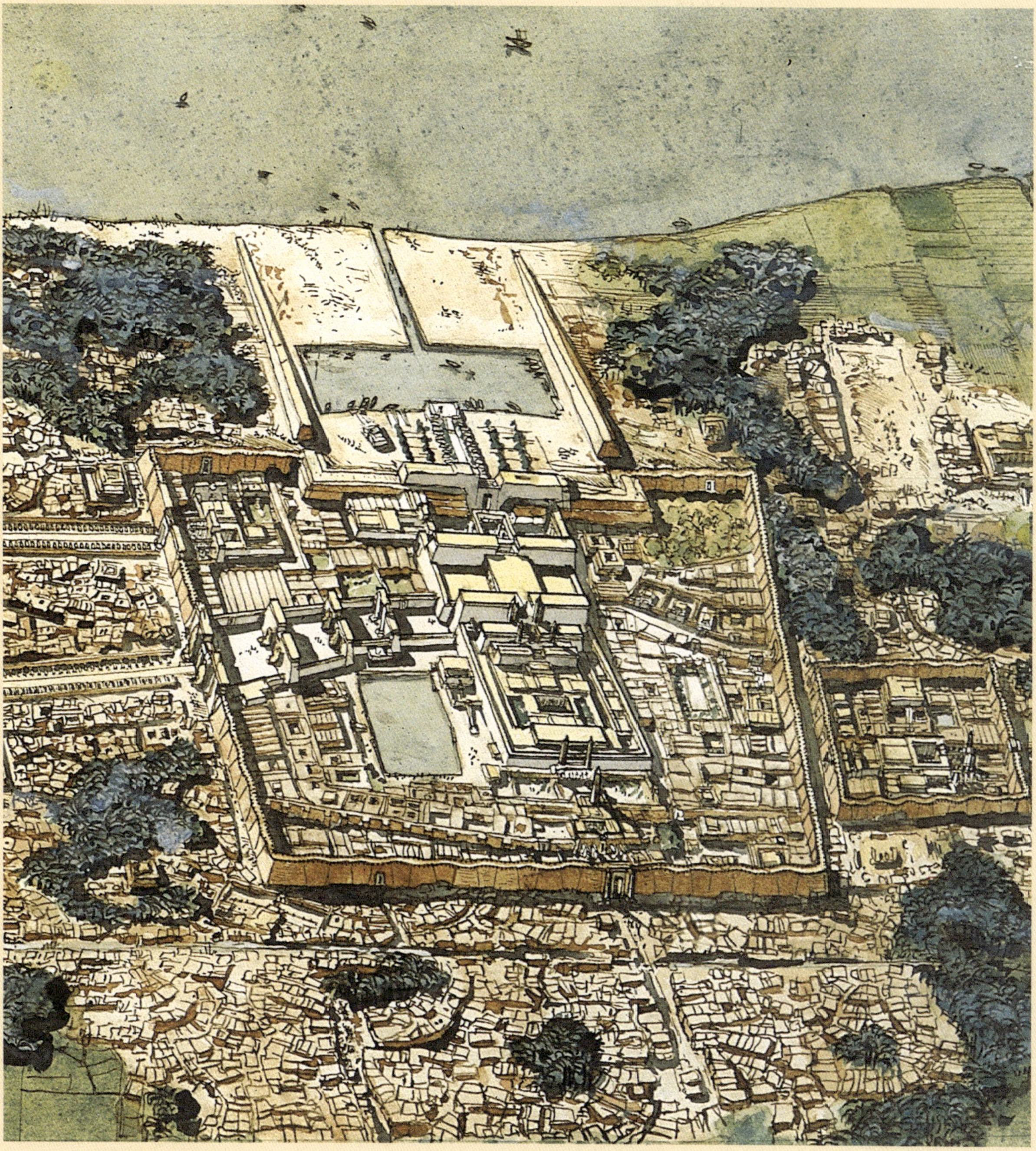

卡纳克的阿蒙领地

第一王朝	前 3050	
第二王朝		早王朝时期
	前 2685	
第三王朝		
第四王朝		古王国时期
第五王朝		
第六王朝		
	前 2180	
第七王朝— 第十一王朝		第一中间期
	前 2040	
第十一王朝末 第十二王朝		中王国时期
	前 1780	
第十三王朝— 第十七王朝		第二中间期
	前 1570	
第十八王朝 第十九王朝 第二十王朝		新王国时期
	前 1070	
第二十一王朝 第二十二王朝 第二十三王朝 第二十四王朝 第二十五王朝 第二十六王朝		第三中间期
	前 525	
第二十七— 第三十王朝		后埃及时期
	前 332	
	前 305	希腊埃及
托勒密时期	前 30	
罗马帝国时期		罗马埃及
	395	
罗马帝国时期		科普特埃及
	632	

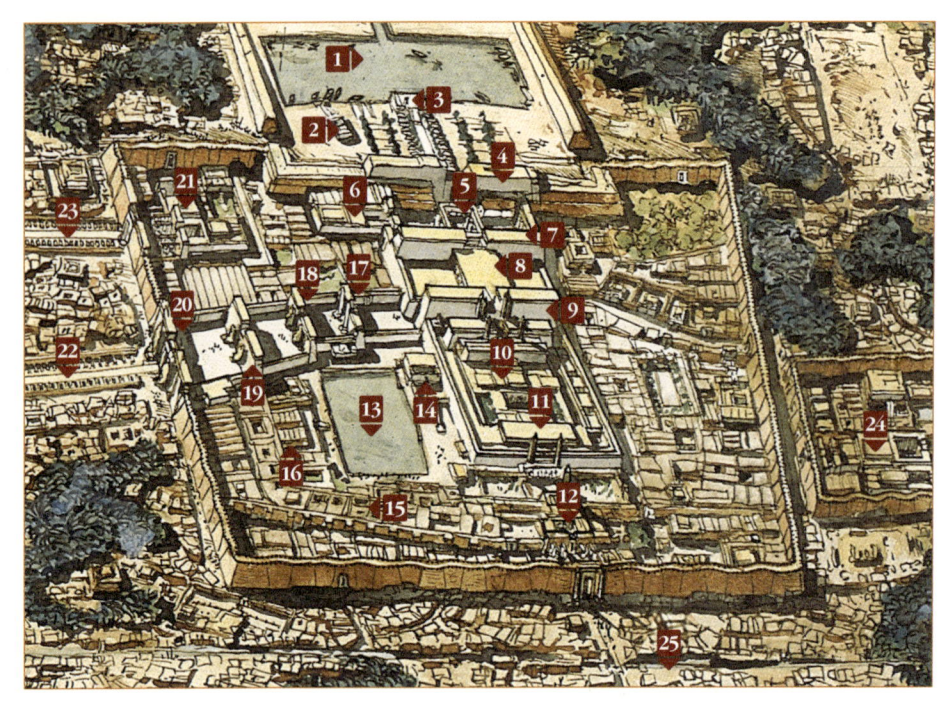

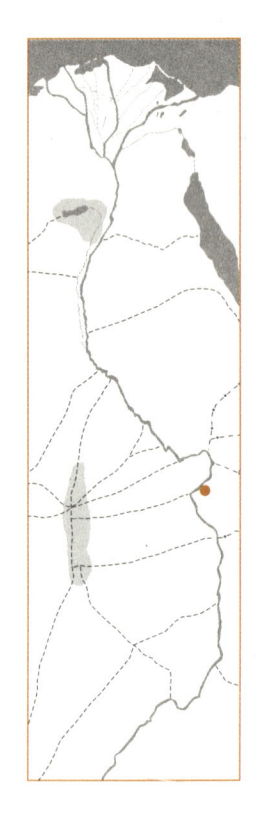

人和动物是一样的吗？

埃及人是最早宣布禁止在圣所中与妇女交合的民族，他们还禁止在与妇女发生性行为后不洗澡就进入圣所。除埃及人和希腊人外，几乎所有其他民族都能容忍在圣所与妇女交合，并且可以在发生性行为后不洗澡就进入圣所，因为他们认为人和动物没有区别。他们说："我们可以看到各种各样的动物和鸟类在专门供奉神灵的神庙和圣域中交配。如果这会使神灵不悦，那么这些动物就不会那样做了。"这就是他们做出我不能赞同的行为的原因。

希罗多德（公元前 5 世纪）

罗马埃及时期的阿蒙神庙（公元 2 世纪）

1. 船坞。2. 哈考尔时期的礼拜堂。3. 崇拜仪式礼台。4. 第一塔门。5. 塔哈尔卡时期的亭庙。6. 拉美西斯三世神庙。7. 第二塔门。8. 多柱大厅。9. 第三、第四、第五和第六塔门。10. 中王国时期修建的至圣所。11. 图特摩斯三世的节日礼堂。12. "垂听祷告"的阿蒙神庙。13. 圣湖。14. 塔哈尔卡时期的神庙。15. 僧侣的居所和用房。16. 专用仓库。17. 第七塔门。18. 第八塔门。19. 第九塔门。20. 第十塔门。21. 孔苏神庙。22. 连接第十塔门和穆特圣域的多洛摩斯。23. 连接孔苏的神庙和其船坞的多洛摩斯。24. 蒙图圣域。25. 底比斯城。

阿蒙神庙

阿蒙神庙的四周有用日晒砖修建的围墙，围墙上的门根据用途的不同或大或小。正门在西面，它的前方有一个广场，广场上有牡羊头斯芬克斯像，再往前走就可以看到一个崇拜仪式礼台（3），上面有两座塞提一世时期修建的小型砂岩方尖碑。崇拜仪式礼台的

50

前方坐落着一片池水（1），通过一条狭窄的运河与尼罗河相连，水池是圣船在抵达卡纳克后停靠的地方。崇拜仪式礼台的右侧有一个坡面入口，圣船在到达或离开卡纳克时，人们可在此处将船拉上岸或放回水中。在远处，坐落着一座哈考尔时期修建的用于存放圣船的小礼拜堂（2）。

穿过第一塔门（4）后，人们就进入了神庙。第一塔门是古埃及晚期，即大约第三十王朝末期或希腊埃及初期的建筑。它的外立面上看不到任何装饰，同时塔门的墙边堆着日晒砖，毫无疑问，这些日晒砖在施工时被当成了脚手架，从以上两点来看，这座塔门并未完工。这个入口通向一个巨大的庭院，院里有完全独立的、不同的宗教建筑。在庭院的中部，有一个由塔哈尔卡建造的巨型亭庙（5），它由10根高21米的立柱组成。如今，只剩1根立柱还矗立于此。庭院北边，有一座修建于塞提二世统治时期的船坞（图中未画出），庭院南边，有一座拉美西斯三世的神庙（6）。在修建庭院时，以上两座建筑被纳入了阿蒙神庙。

再往前走，人们就会来到第二塔门（7）。它的前方建有一个风格雅致的前厅，前厅两侧各有一座巨大的拉美西斯二世雕像。这座雄伟的塔门高30米，虽然其正面的装饰完成于托勒密时期，但它的建造时间可追溯至第十八王朝。穿过第二塔门，人们就进入了多柱大厅（8），这座大厅无疑是一处迷人的景观：它宽102米，进深53米，里面矗立着134根巨型立柱。中间12根立柱的柱头像绽放的纸莎草花，这部分的顶高可达23米。剩下的122根立柱的高度比中间的12根低三分之一。高度不同的两个顶面之间修建了镂空壁，这样阳光就能透过镂空壁照进多柱大厅。这座多柱大厅是于不同时期分阶段建造的，中间12根立柱的建造时间可追溯至阿蒙霍特普三世统治时期，而两侧的立柱和第二塔门则是在霍伦海布时期建造的。大厅的装饰始建于拉美西斯一世时期，塞提一世和拉美西斯二世分别对大厅北部和南部进行了进一步装饰，最终装饰工作完成于拉美西斯四世时期。在这些装饰画上，人们可以看到站在埃及万神殿众神前的国王、游行队伍中的国王和礼拜仪式中的国王。

在阿蒙霍特普三世时期修建的第三塔门（9）是多柱大厅的后门。它的后方有一个狭窄的前厅，又被称为"中庭"，这里矗立着4座方尖碑，其中有两座建于图特摩斯一世时期，另外两座建于图特摩斯三世时期，只有图特摩斯一世时期建于南边的那座方尖碑留存至今。

再往前走，就可以看到第四和第五塔门（9），这两座塔门都修建于图特摩斯一世时期。它们之间隔着一个被多次翻修的庭院，哈特谢普苏特女王在这里修建了一对方尖碑，如今只有北边的那座留存了下来。它们被视为埃及最美的方尖碑，是哈特谢普苏特女王在位第16年修建的。

第六塔门（9）是东西主轴上的最后一座塔门，建于图特摩斯三世时期。虽然规模很小，但在位于卡纳克的所有塔门中，它无疑是最有趣的一座，因为这座塔门的表面刻有两份十分重要的历史文献：一份是著名的"地理清单"，这是一些边缘为锯齿状的椭圆形装饰框，框里刻有埃及管辖的城市名称和民族名称；另一份是"图特摩斯三世年鉴"，它记录了图特摩斯三世所打的胜仗，并列出了他献给阿蒙神庙的战利品。

第六塔门通向一座花岗岩大厅，厅里有临时停放阿蒙、穆特和孔苏圣船的祠堂。这座大厅被菲利普·阿瑞戴伍斯重建过，它的四周围绕着一条用砂岩造的走廊，走廊通往哈特谢普苏特和图特摩斯三世时期修建的许多小房间。神庙最核心的部分——至圣所（10）的历史可以追溯至始建阿蒙神庙的时期，即中王国时期。如今，这里空空如也，连整平层和底层结构都看不到了。

这个空荡荡的区域后是神庙的最后一个建筑群。在神庙东西主轴的末端，坐落着节日礼堂（11），埃及人称它为"Akh Menou"，意为"辉煌、灿烂的住宅"。这座礼堂和它的多个附属建筑构成了一个精美的建筑群。这个区域的最前方是一座多柱大厅，这座大厅的边上围绕着32根立柱，中间有两排立柱，每排10根；其墙壁上雕刻了仪式图像，虽不够新颖，但制作工艺高超（尽管此区域在6世纪被改造成教堂时遭到了破坏，但浮雕上仍有美丽的绘画痕迹）。大厅内侧的一堵砌体墙上开了几扇门，它们通往不同的大厅、附属建筑和货栈。如今珍藏于卢浮宫博物馆中的著名"祖先堂"就出自此地，"祖先堂"上是图特摩斯三世在57位先王面前献祭的浮雕图像。

在神庙外有一圈石头筑建的围墙，这圈围墙与第一塔门的内侧相连。在围墙和神庙之间，特别是在第三塔门处与主神庙连接到一起的南北向主干道上坐落着一些附属建筑。如今，这些附属建筑中的大部分已破败不堪。南北轴线上的4座塔门被庭院隔开，它们之间原本由墙壁相连。这些塔门一座接着一座，一直通向穆特的圣域。几座塔门中最古老的是第八塔门（18），它修建于图特摩斯二世和其妻子哈特谢普苏特统治时期。第七塔门（17）修建在南北、东西轴线相交的起点与第八塔门之间，该塔门于图特摩斯三世时期重建。最后，霍伦海布建造了第九和第十塔门（19和20），它们位于神庙南北轴的尾部，两座塔门之间的最后一个庭院包含了一部分阿蒙霍特普二世时期修建的小型临时祭坛。

从公元19世纪的旅行家到当代游客眼中的卡纳克

"在先后通过残破的斯芬克斯大道（多洛摩斯）和西边的塔门后，我们终于抵达了卡纳克。它有着宏伟到令人钦佩不已的入口。我们的右边有一座塔门，它的北侧保存完好，南侧却已坍塌。这真是一座非同一般的大神庙啊，测量它庞大的尺寸需要用到比例尺。没有比这更大、更庄严的建筑了。然而，其周围的建筑大都已经倒塌，在庞大的废墟堆中，每一个碎块的体积都大得惊人。地面的水坑里还浸泡着很多柱子的残块。这里有四座方尖碑，但现在只有两座还矗立着。其中，哈塔苏（哈特谢普苏特）修建的那座方尖碑壮丽得惊人，它是埃及最大的方尖碑。神庙宏伟的主干道一直通向北门，方尖碑就正好矗立在这座无与伦比的大殿的中轴线上，夜幕已笼罩神庙，它的顶端仍挂着粉色。我们一行人孤零零地走在神庙中，在这让夜色搅得乱成一团的环境中，我们呼唤着彼此，紧靠着彼此。我们听到了鹰的啼鸣，我们看到了一座有莲花柱头的美丽石柱，它是唯一一根完好无缺的石柱。"

从尤金·弗罗芒坦（19世纪法国画家、作家）的这些文字中，我们可以看出描述卡纳克这样的遗址有多难。诚然，在这本快速完成的旅行日记中，弗罗芒坦并不打算穷尽一切细节，他在这本日记中杂乱无序地记录了一些印象、感受，还做了一些专业性注释，这些注释可以帮他在回到法国后完成几幅水彩画。同时，与那些试图用更"科学"的方式描述这些古遗址的同时代作家相比，此类文字的好处在于可以展现最真实的情感。弗罗芒坦在文字中透露出的情感与所有人在第一次抵达卡纳克时的体验别无二致。和他一样，在仍旧巍然耸立的巨大建筑群与狼藉一片的废墟前，人们都会因巨大的反差而感到震撼。人们也会不知道应该将目光放到何处，因为视线会不停地被某样事物吸引。这些吸引人的事物可以是遗址上的任何一样东西，比如浮雕上的某个细节、一个落在地上的石块、一座矗立的方尖碑、一座孤零零的亭庙、一座遥望远方的巨像或是一根不知出处的石柱……这片遗址上的建筑密密麻麻，人们很快就能意识到无法谈及它的方方面面。这是一大片独特的建筑，这也是一大片乱成一团的建筑，这让人们无法有逻辑地游览。来来回回、转来转去，时而东张西望，时而仔细端详，却不知自己身处何处。但这真的很重要吗？在这里，人们只需畅快游览。

卢克索的阿蒙奥佩特神庙

卢克索神庙

在所有为底比斯三柱神举办的正式仪式中，最令人称奇的无疑是在洪水季的第二个月举行、用以庆祝新年的"美丽的奥佩特节"。这一节日在尼罗河谷的主要宗教中心催生出了一座附属礼拜场所，即位于底比斯的卢克索神庙——"南宫"。从第十八王朝开始一直延续到希腊埃及时代的末期，这座神庙运作了约1500年。埃及被罗马占领时期，神庙被改造成一座兵营，卢克索因此有了如今的名字——盖斯尔（el-Qasr，在阿拉伯语中的意思是"城堡"或"营地"）。与卡纳克神庙不同的是，卢克索神庙并没有在不同统治时期不断地被改造翻修，它的平面布局相对统一，因为修建它的主要有两位君主：阿蒙霍特普三世和拉美西斯二世。不过，在神庙中大庭院的西北角处有一座用来临时停放哈特谢普苏特圣船（1）的祭坛，这座祭坛在拉美西斯二世时期被重建过，因此可以证明这座宗教建筑在阿蒙霍特普三世统治时期之前已经存在，但其原始结构和体量就无从知晓了。

卢克索神庙的布局很传统。起初，神庙主建筑设计师、哈普之子阿蒙霍特普计划修建的是一座圣域（2）和一座多柱大厅（3），入口的大门修建在北面。然后，他增加了被柱廊环绕的庭院（4）。在这群建筑前方，他又接着建造了两排立柱（5），每排7根。之后，入口被改到了东面。图坦卡蒙继续修建卢克索神庙，但他英年早逝，所能做的不过是继续先王未能完成的立柱装饰工作。直到主建造者君主拉美西斯二世统治时期，神庙才有了新的改变。在两排立柱前，他增建了一个带柱廊的新庭院（6），庭院有一个恢宏的入口（7），入口由一座高大的塔门、6尊巨大的雕像和一对方尖碑组成。整个建筑群外修建了一圈日晒砖围墙（8），围墙内还有神庙的货栈、祭司的居所（9）以及一个圣湖（10）。但如今，它们都不见了踪影，之所以认为它们存在过，是因为这类建筑在宗教场所中有存在的必要性。围墙的西面开了一扇门（11），从这里可以通往码头（12），神圣的仪式游行队伍在从卡纳克出发后，会沿着尼罗河一直行至此处靠岸。至此，神庙的主要建设工程已经完成。后世也对神庙进行了一些小改动：一些君主在空墙上加上了装饰画，另一些君主则在神庙中增添了他们的王名圈。

第三十王朝时期的首位君主内克塔内布一世对卢克索神庙进行了修复和重建。作为修复底比斯古迹计划的一部分，他下令新建一堵围墙（13），用于保护这座神庙的入口，并修缮了部分阿蒙霍特普三世时期修建的多洛摩斯。图中，这座新建的围墙还处在施工状态中，墙内区域西起拉美西斯二世塔门的西塔，东至神庙围墙的东北角，北至神庙前广场（14）的最北端（卡纳克的多洛摩斯的尽头）。至于路两侧的斯芬克斯，一开始是守护阿蒙霍特普三世的牡羊头斯芬克斯，在这次改动后就变成了有着内克塔内布头像的斯芬克斯。

* 数字标号见 p.54 大图。

第一王朝	前 3050
第二王朝	早王朝时期
	前 2685
第三王朝	
第四王朝	古王国时期
第五王朝	
第六王朝	
	前 2180
第七王朝—	第一中间期
第十一王朝	
	前 2040
第十一王朝末	中王国时期
第十二王朝	
	前 1780
第十三王朝—	第二中间期
第十七王朝	
	前 1570
第十八王朝	
第十九王朝	新王国时期
第二十王朝	
	前 1070
第二十一王朝	
第二十二王朝	
第二十三王朝	第三中间期
第二十四王朝	
第二十五王朝	
第二十六王朝	
	前 525
第二十七—	后埃及时期
第三十王朝	
	前 332
	前 305
托勒密时期	希腊埃及
	前 30
罗马帝国时期	罗马埃及
	395
罗马帝国时期	科普特埃及
	632

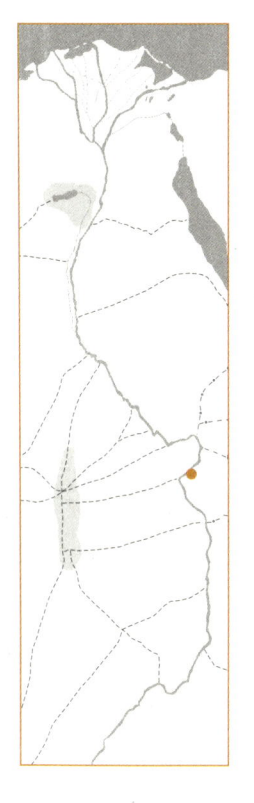

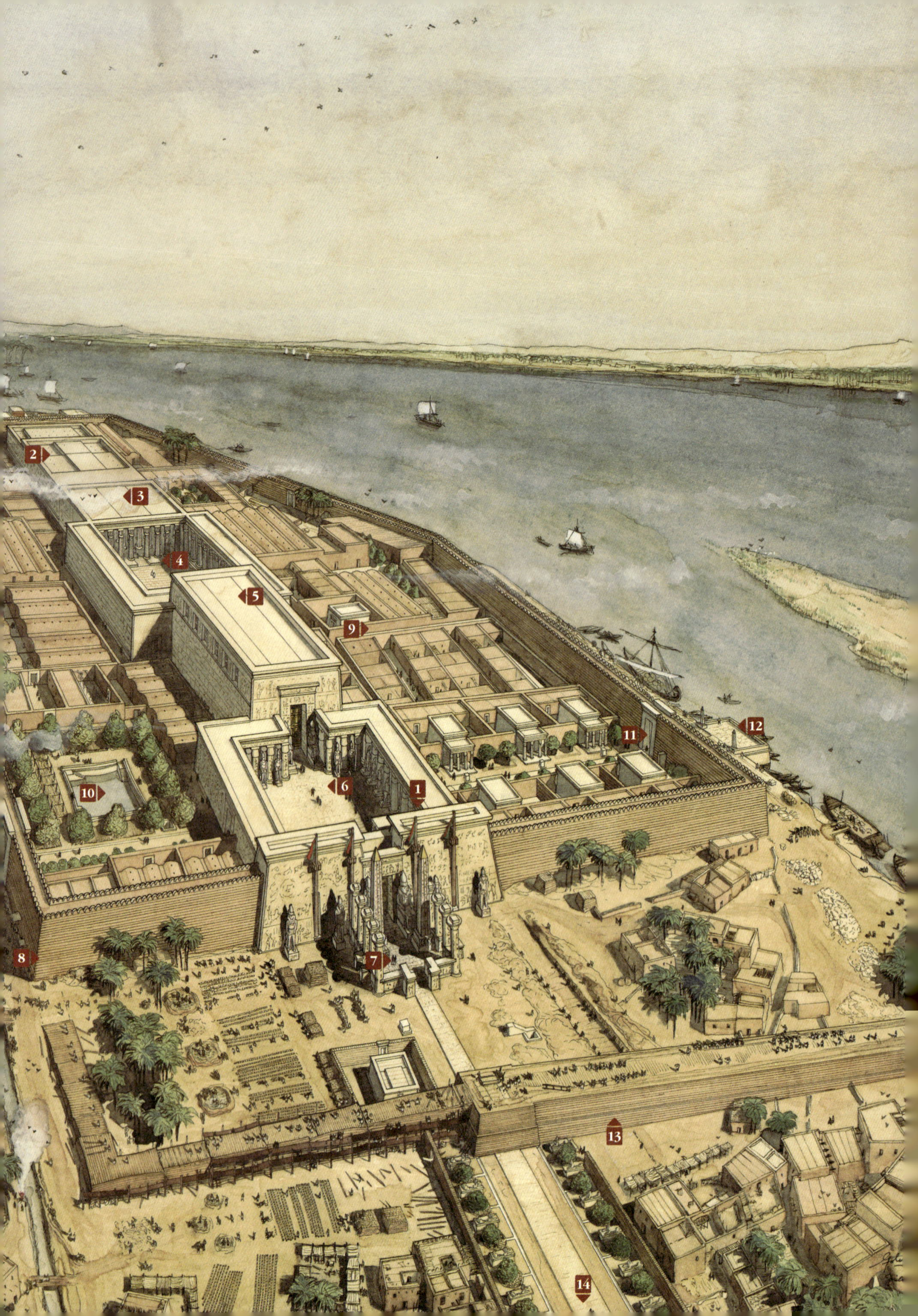
2
3
4
5
9
11
12
10
6
1
8
7
13
14

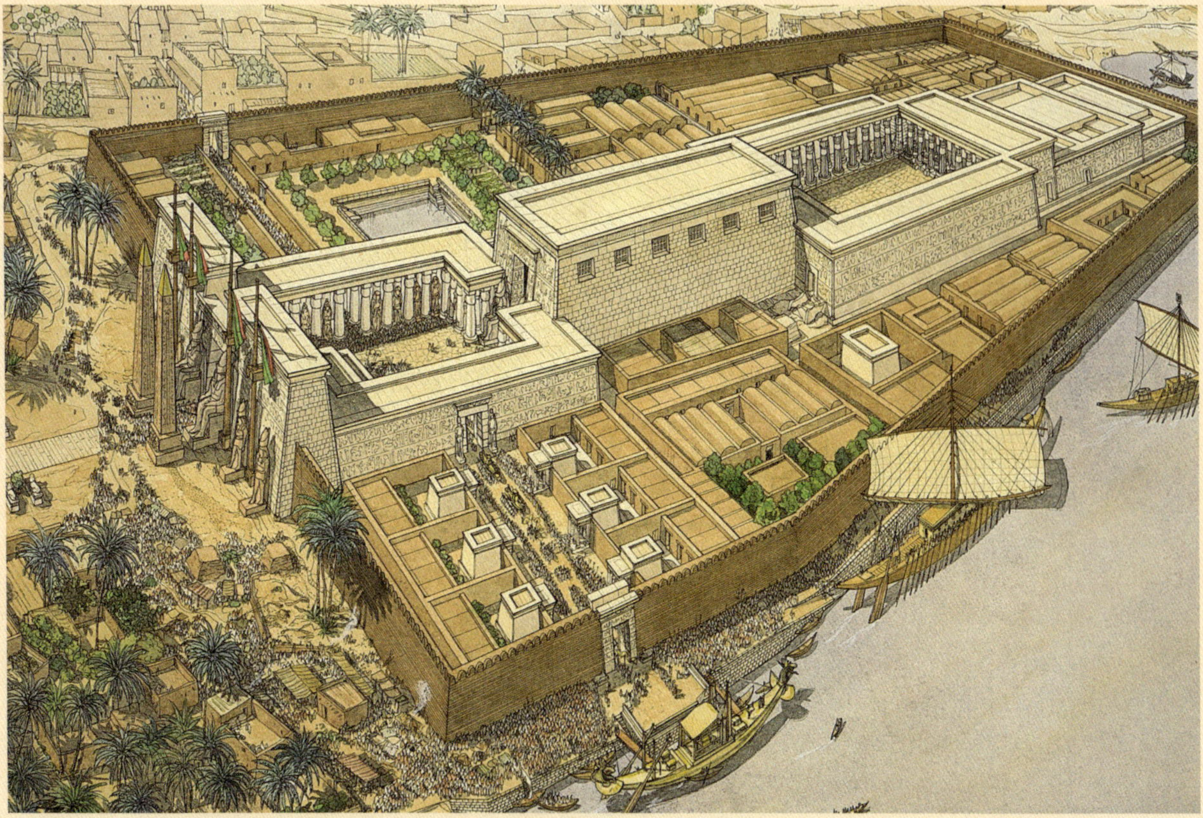

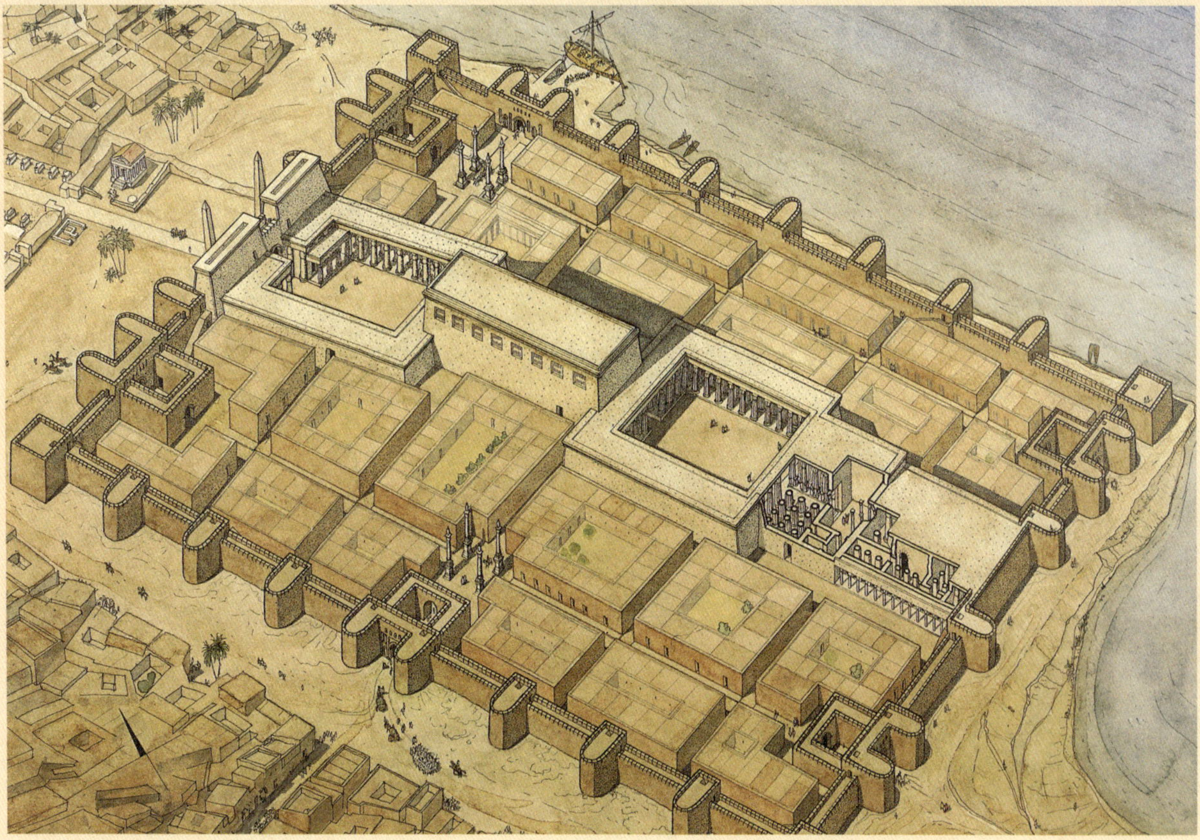

美丽的奥佩特节

奥佩特节是底比斯每年最盛大的节日,卢克索神庙也是因奥佩特节而建。该节日的举行是为了迎接埃及的新年,国王会在节日仪式举行的过程中确认自己作为阿蒙-拉之子的神圣血统并受到百姓的赞美。这就是国王至少要在在位的第一年亲自参加该节日的原因。值此佳节,阿蒙、穆特和孔苏会从位于卡纳克的神庙出发前往卢克索,并在他们的"南宫"("南边的奥佩特")里暂住。目前,我们还不能确切地说出第一个奥佩特节举办于何时,但大概在新王国的初期(约前1570年),埃及人就开始过奥佩特节了。不过,已知的最早有关奥佩特节的图像可追溯至哈特谢普苏特(前1498—前1485年在位)统治时期,在卡纳克露天博物馆中的"红色礼拜堂"里的不同石块上可以看到这些图像。

后来,为了让这个节日永垂不朽,国王们采取了不同的方法:在卡纳克神庙中,多柱大厅的南墙上展示了奥佩特节游行开始时的情景;在卢克索神庙中,巨大柱廊的表面全都是刻有庆祝奥佩特节的场景的浮雕。

无论在什么时期,奥佩特节开始的时间都是洪水季第二个月的中旬。但它的持续时间在哈特谢普苏特时期是11天,在第二十王朝(前1185—前1070年)国王的统治时期是27天。这一盛大的节日非常重要,到了古埃及晚期,其日历中的第二个月甚至被叫作"奥佩特",然后又被叫作"帕奥皮(paophi)"(意为"奥佩特的")。

当节日第一天的黎明来临时,国王会进入卡纳克的阿蒙神庙,在那里完成神圣的仪式:在被供奉于至圣所中的神像前,他会献上祭品,点燃熏香。祭司们站在离国王不远的地方,在各种浇祭仪式结束后,他们就会将放着阿蒙神像的便携神龛抬出。神像放在圣船中心的镀金木制祠堂里,这艘圣船是阿蒙"华丽的坐骑"。船上装了长梁,靠它可以抬起圣船,整艘船的表面都贴了金箔,船头和船尾装饰着雄伟的公羊(象征阿蒙的动物)头。由国王引领的游行队伍会先到达卡纳克神庙的前院,并在那里小憩,穆特和孔苏的圣船借此机会与阿蒙的圣船会合。此部分游行结束后,祭司们会沿着多洛摩斯一直走到码头边,船已在那里准备就绪。码头边有杂技演员、舞者和乐师欢迎神灵的到来,他们有的唱歌,有的鼓掌,有的吹唢呐,有的摇叉铃,有的打鼓,还有的在表演特技舞蹈。然后,便携神龛会被抬到不同的船上放好,它们将沿着尼罗河一直驶向卢克索。

阿蒙的圣船叫乌塞尔哈特(意为"强大的领航人"),它是船队中最大的一艘,这艘船的中间有一个祠堂,阿蒙的便携神龛就放在里边。穆特和孔苏的圣船也是如此,只是它们的体积相对较小。放好便携神龛后,队伍一分为二。河上专门运送神灵,队伍的最前端是一艘王室大船,后面跟着其他圣船。圣船靠桨船和岸上男丁手中的绳索共同拉着向前行驶。拉船的人不是劳工,而是普通官员和高级官员。在奥佩特节时牵引阿蒙的圣船在当时被视为一种至高的荣誉。

士兵、旗手、乐师、小贵族以及男女祭司会在陆上游行,在他们周围,满心欢喜的人们摩肩接踵,他们一边敬献祭品,一边诵读经文。在抵达卢克索后,游行的船只会在神庙西北角的码头旁边停靠。随后,祭司们会从祠堂中将便携神龛抬出。游行继续,国王在最前面带领队伍缓缓驶入卢克索神庙。随后,他们将沿着一条通道一直向前走,这条通道边上建有亭庙,里面堆放着祭品。在抵达通道尽头的大庭院后,圣船会被暂时放在小祭坛上。随后,法老会只身一人走进至圣所,并在那里敬拜卢克索的阿蒙。在卢克索暂住的这段时间里,人们会举行很多表达对底比斯三柱神崇拜的庆典。在此之后,卡纳克的神灵会返回他们的主圣所,回去时会举行和来时一模一样的游行活动。

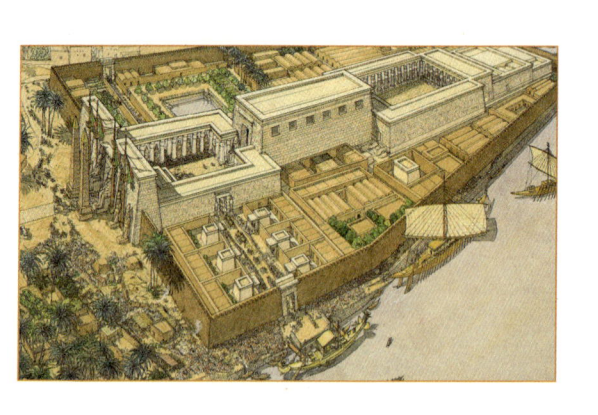

协和广场上的方尖碑

协和广场上独一无二、雄伟壮观的方尖碑是拉美西斯二世时期建造的两座巨石建筑中的一座,方尖碑最初矗立于卢克索神庙恢宏入口的前方。如今,仍然很少有人知道法国是如何获得这座方尖碑的,所以才有了那些四处流传的荒诞故事。其实,它既不是通过战争获得的,也不是被当作古董买来的,更不是因为约瑟芬一时的心血来潮——据说,她曾让拿破仑给她带回一座小方尖碑。它其实是穆罕默德·阿里为向商博良致敬送出的一件礼物,因为商博良破解了古埃及象形文字之谜。1828年,穆罕默德·阿里政府准备从亚历山大将两座被称为"克利奥帕特拉之针"的方尖碑运出,一座赠予法国,另一座赠予英国。当时,法国驻埃及总领事德罗韦蒂接到了调查这座方尖碑所需运费的任务,他的调查结果令人非常悲观,因为单单建造一条可将两座方尖碑运送到不同船上的堤道就得花费30万法郎,英国就此放弃了。当时在底比斯的商博良在得知此事后迅速采取了行动,他并未就此失望。几天后,确切地说是在1829年7月4日这天,他给兄长写了一封信,信中透露了他的一些不同想法:"在得知英国工程师算出造堤道需要30万法郎后,我很高兴,因为这让英国政府,同时也间接让法国政府对这些破旧的、需要从亚历山大运出的方尖碑失去了兴趣。自从我在底比斯首次看到方尖碑以来,它们一直在遭到破坏……因此,如果不能同时拥有这两座方尖碑,那么至少需要将卢克索方尖碑中的一座运到巴黎,没有比这更好的选择了。"

谈判一连持续了数月。最终,1830年5月18日,穆罕默德·阿里正式确认向法国捐赠这两座卢克索的方尖碑。迫于此类古建筑在运输中可能会遇到的困难,最终只有西侧的方尖碑(高22.83米,底座宽2.44米)被运至巴黎。商博良在1829年向海运部部长发送的报告中解释了这一选择的原因:"如果我们不幸只能选择运走一座卢克索方尖碑,那毫无疑问必须选择西侧的那座,也就是在进入这座雄伟建筑时靠右侧的方尖碑。尽管其顶端的奔奔石有些破损,但整个碑身完好无缺。"

最终,1831年12月19日,卢克索的这座方尖碑上了船。在工程师勒巴斯的认真监督下,它于1836年10月25日被竖立在了巴黎的协和广场上。那另一座方尖碑呢?它的位置仍然没变,并且可能在未来的很长一段时间里都不会变,因为在1980年,法国政府已明确放弃了拥有这座古建筑的权利。

公元3世纪的罗马兵营

将卢克索神庙改造成兵营的很可能是戴克里先(284—305年在位),这项改造工程是大型全国军事改造计划中的一项。因此,在3世纪末,他下令在神庙四周新建巨大的日晒砖围墙,作为这座罗马兵营的新边界。兵营南北的长度介于249米到268米之间,东西的长度介于202米到207米之间。围墙上有6扇门(东、西两面各1扇,南、北两面各2扇),每扇门都是用之前使用过的料石修建的。4个方形截面的大型角楼和多个小型岗楼由日晒砖层和烧结砖层交替搭建而成,每两个相邻岗楼之间相隔25米,它们保障兵营的警戒工作正常进行。在兵营内,神庙两侧的主干道划分出了不同建筑区块,这些建筑区块内有官方建筑,也有士兵的临时营房。城市的其他部分位于兵营之外,它们就在多洛摩斯和哈德良(117—138年在位)时期修建的小塞拉匹姆神庙的西北边。

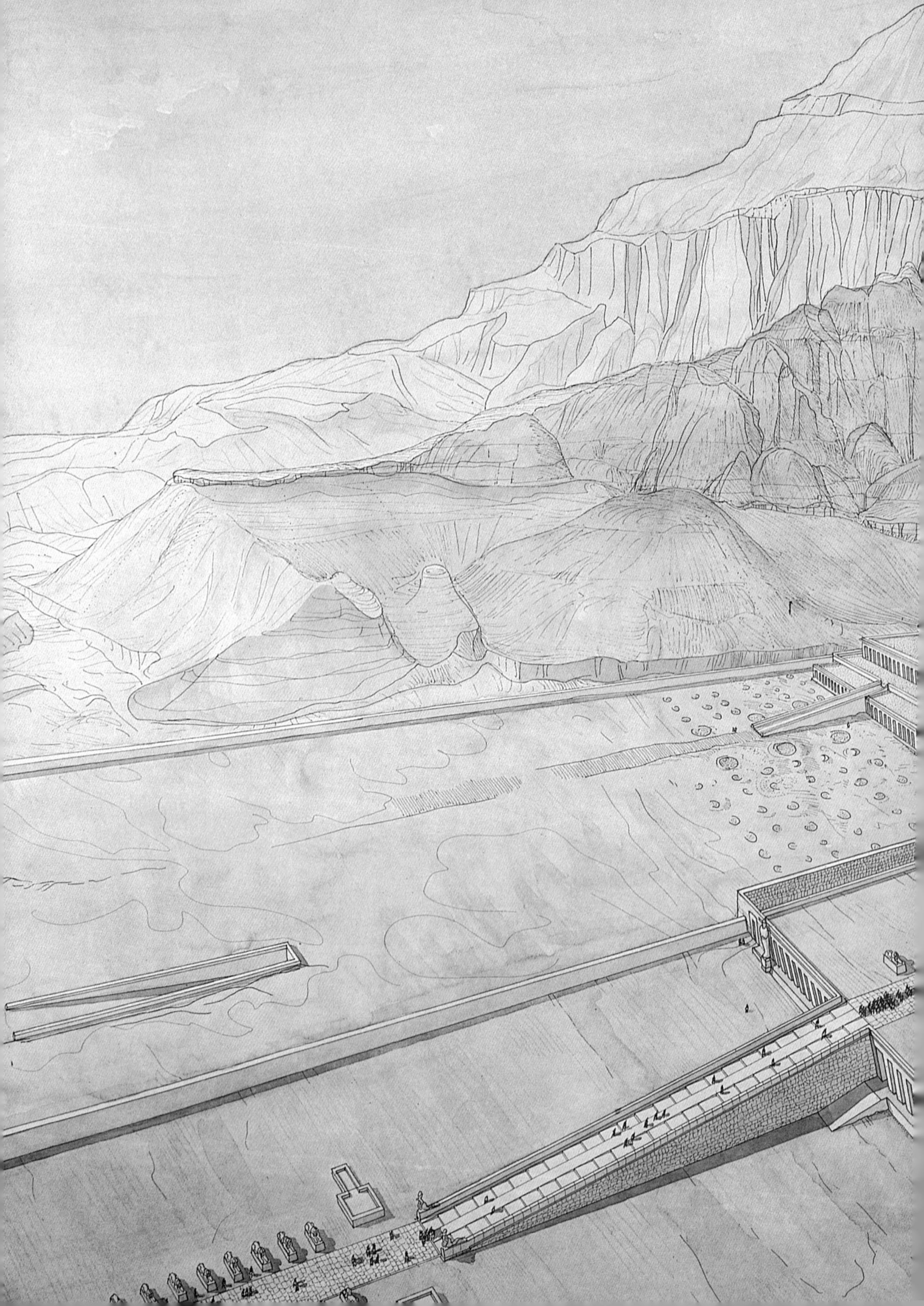

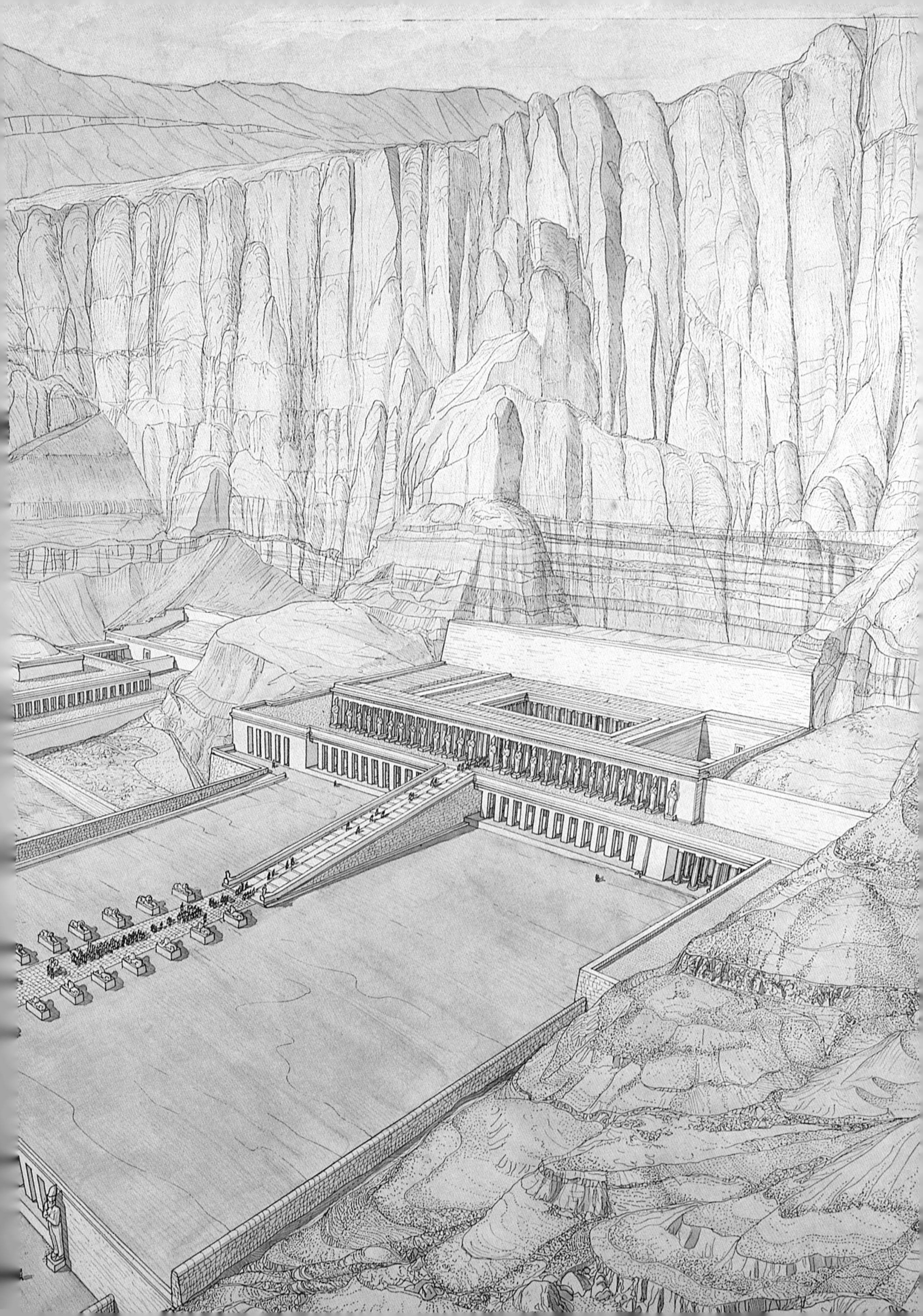

德尔巴哈里的哈特谢普苏特陵庙

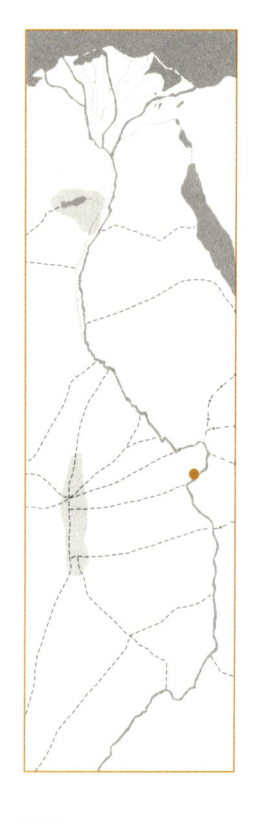

森穆特的杰作：哈特谢普苏特的"数百万年的官殿"

"我曾是所有国家中最伟大的人，我曾为女王守护其所有住所里的秘密……我的见解在女王看来是重要的见解之一，我的建议让'两地之国'的女王感到满意，让这位神的妻子的内心倍感充实。"

以上是哈特谢普苏特女王陵庙的建筑师森穆特所做的自我介绍。"德尔巴哈里"意为"北方的修道院"，在基督教时期，这座陵庙的围墙内建起了一座修道院，这个名字由此而来。陵庙就建在尼罗河西岸的崖壁下方，它正好垂直于一座岩石形成的环谷，似乎已与崖壁融为一体。它与周围的自然环境结合得如此完美，好像这座崖壁是为了容纳这座雄伟的建筑而专门"定制"的。从它的选址、完美的比例、新颖的平面布局和雕刻在高纯度石灰岩上的精美浮雕来看，这座陵庙可能是整个墓地里最引人注目的古建筑。这座非同寻常的建筑共有3层，每层边上都建有柱廊，层与层之间靠坡道连通。这座陵庙是献给埃及帝国的最高神阿蒙的，但某些部分是献给太阳神拉-哈拉胡提、底比斯大墓地的守护神哈托尔以及木乃伊之神阿努比斯的。

同时，这座陵庙还是举行女王及其父母图特摩斯一世和雅赫摩斯王后的丧葬崇拜仪式的地点。除了杰出的建筑设计外，这座陵庙吸引人的地方还有装饰各种柱廊和相邻礼拜堂的浮雕。无论浮雕是否还带着颜色，上面极其精致和新颖的图像都十分令人着迷。人们可以随着墙壁上的浮雕回顾哈特谢普苏特的一生：陵庙中层的北柱廊上，有女王降生时（在神话传说中，她是王后雅赫摩斯与阿蒙结合诞下的孩子）、被母亲哺育时、接受教育时、与图特摩斯一世共享王位时、登基成为埃及唯一的国王时的场景；在陵庙中层的南柱廊上，人们可以看到她在大臣内赫西的陪同下出访庞特进行商贸考察时的场景；在陵庙下层的南柱廊上，人们可以看到在卡纳克的阿蒙神庙举行两座方尖碑正式落成庆典时的场景……

出访庞特的商贸考察之旅

"'两地之国'的王权之主阿蒙说：'来吧，静静地过来吧，我优雅的女儿，你在我的心中！……我会把整个庞特都赐予你……我将引领（你的士兵）从陆地和海洋沿着神秘的海岸一直行至香梯，那里是神界的圣土，是我的快乐家园……他们可以随心所欲地取走乳香，他们可以将绿色的乳香树和这片土地上所有美好的事物都装上船，直到他们心满意足为止。'"

在听到阿蒙的召唤后，哈特谢普苏特组织了一次对庞特的考察，目的是带回大量香料，尤其是绿色的乳香树。带回的乳香树必须有根，这样才可以种在她的陵庙两旁，从而满足日常礼拜的需求。这次考察非常成功，所以女王才把这次考察的故事完整地展现在了其陵庙的墙壁上。有关这次考察的浮雕可以在陵庙中层的南柱廊上看到，它们带有埃及艺术中罕见的写实性。尽管浮雕上有几个恼人的缺漏之处，但人们还是可以通过它了解到这次商贸之旅的大致经过。

为了换取庞特的物品，特使大臣内赫西带上了"面包、啤酒、葡萄酒、肉、水果和其他所有'被宠爱之国（埃及）'的上好物品，这是女王的命令，她是生命、健康和力量的化身"。就这样，5艘载着210名考察团成员和礼物的大船停靠在了庞特的岸边，该国的位置不确定，大概位于索马里和厄立特里亚之间。

在离岸边不远的地方，有一座绿油油的村庄，村里建着一些外观奇特的茅屋，屋身呈圆形，屋顶呈锥形。它们的底层被架空，只有借助梯子才能进入屋中，屋里住着"庞特的大人物"。在这个故事中，他们在一名长官和8名士兵的陪同下朝内赫西走来。这群人中的首领是庞特国王帕拉布和他的妻子阿提。王后看上去已经胖到了夸张的程度，这无疑是病态的，她也因此广为人知。跟在国王夫妇身后的是他们的两个儿子、一个女儿、一头驴（我们从埃及人的评注中得知它是女王的坐骑）和一些庞特的贵族。

这是一次热情洋溢的会面，双方提了很多问题。最后，他们还互换了礼物。埃及人送出了一些陶瓷珠、一些手镯、一把斧头和一把带鞘的匕首，他们收到了金块、手袋和罐装软膏……内赫西和他的士兵们在庞特停留了多久？几天，几个星期，还是几个月？这一点尚不得而知。无论如何，浮雕上并没有出现这部分内容，而是直接跳到了下一部分：埃及人采集了植物树脂，将连根拔起的乳香树装进圆形柳条篮中，把货物搬到船上，然后准备返回埃及。放在甲板上的物品的数量和种类非常惊人，包括金银矿产，乳香树和没药树、乌木和其他珍贵木材，眉墨、树脂、软膏、树胶和水果（特别是椰子），鸵鸟毛、象牙、豹皮和活体动物（特别是灵缇犬、猴子、豹子）……终于，船员们准备出发了。返程人员除了内赫西和他的士兵，还包括几位来自庞特国的显贵。

剩下的故事发生在埃及，哈特谢普苏特女王亲自迎接了埃及商队。据了解，当时迎接商队的地点在底比斯，但这不太可能，因为商队走的线路不可能让一行人员坐船返回到这座城市。从庞特返回底比斯时，船队很可能是沿红海先到了库希尔港，然后再从库希尔港沿一条陆路轻松返回了位于尼罗河谷的科普特斯。据图特摩斯三世时期的一段铭文记载，这段旅途是在驴背上完成的，因为红海和尼罗河之间没有水路连通。因此，对这段记述有两种解释。第一种解释：欢迎仪式确实是在底比斯举行的，但哈特谢普苏特迎接的应该是一支从陆上返回的队伍，而不是从海上返回的队伍。第二种解释：女王不在底比斯，而是去了库希尔港，那么她迎接的应该就是一支从海上返回的舰队。无论事实如何，在故事的结尾，船员们从船上卸下了珍贵的货物。它们立刻被称重，然后献给埃及帝国的阿蒙。女王就站在阿蒙的面前，她这样说道："本人玛特卡拉（即哈特谢普苏特）是上、下埃及的女王，我从庞特取回了珍贵物品，从圣地取回了财物，现将南方国家的礼物、邪恶之国库什的贡品以及黑人国的匣子献给'两地之国'的王权之主阿蒙-拉。玛特卡拉会一直快乐地活下去，她将和拉一样永远统治这个国家。"

陵庙

陵庙和丧葬崇拜仪式反映了一种非常确切的逻辑。通过研究法老时代通行的丧葬信仰，人们从中得出了一个持续了几个世纪的埃及人的主要认知：无论在哪个时期，埃及人都认为死者会在冥界重生。

因此，死亡不被视为一种终结，而被视为一种向新的存在形式的过渡。在这种新的存在形式下，逝者的身体躺在坟墓中，而灵魂则会附于陵庙的雕塑之上。鉴于此，人们自然觉得死者在这种新的存在形式下同样需要进食。其实，真正需要进食的原因是对第二次死亡的恐惧，因为这次死亡是最终的死亡。只有一种办法可以让逝者逃过第二次死亡，那就是有人定期将专门为逝者准备的食物和饮品送到他的陵庙，这样才可以让他继续存在。因此，所有墓地都有一个专门举行这种重要仪式的地方，以便让逝者继续"存活"。显然，民间和王室的陵庙虽都叫作陵庙，但前者是小礼拜堂，而后者则是显贵所用的庙宇。在古王国时期（前2685—前2180年），国王会被葬于金字塔中，陵庙是一座紧靠在金字塔东面的小型建筑。大多数留存至今的古王国时期的陵庙都已支离破碎，这更加深了人们对陵庙的这一印象，人们对它们的了解也十分有限。但是，陵庙的功能是明确的，埃及人会在这里诵读连祷文和礼规、敬献祭品和礼物，以便国王可以继续"活"下去。

从第十八王朝（前1570—前1293年）开始，国王们选择了一种新的埋葬方式：他们用在悬崖山麓挖的地下墓穴取代了金字塔。为此，他们选择了利比亚沙漠中的一个深干谷，即帝王谷。陵庙的修建地点也在尼罗河西岸，位于耕地和沙漠的交界处。因此，陵庙与坟墓完全分离开来。这种陵庙和之前的比起来完全没有相似之处，建筑十分雄伟，两侧有居住区，而且面积很大。大多数新王国时期（前1570—前1070年）的国王都能在西底比斯大墓地的陵庙区拥有一座圣所。这些圣所是他们"宣布胜利、宣布举办塞德节（国王即位30年后举行的节日）"的地方，是"数百万年的宫殿"，也就是人们熟知的"万世不朽的城堡"。其中一些陵庙已不复存在，另一些则成了埃及建筑中的杰作。据说，这些陵庙是服务于王陵的丧葬建筑，国王和埃及万神殿中的主要丧葬神在这里也的确都至少拥有一座礼拜堂。同时，陵庙里还可以看到其他埃及帝国的大神，特别是阿蒙的图像，但他们的主要个性与冥界都没有直接联系。我们可以将其解释为一种将王室命运与众神命运联系到一起的意愿，这样做是为了确保君主的身份与太阳的化身阿蒙-拉的身份合二为一。

埃及女法老哈特谢普苏特（前1498—前1485年在位）

哈特谢普苏特是图特摩斯一世和王后雅赫摩斯的女儿，也是其同父异母的兄弟图特摩斯二世的妻子。图特摩斯二世登基3年后驾崩，哈特谢普苏特从此登上了埃及的政治舞台。图特摩斯二世将王位传给了他与妃子伊西斯所生的儿子，即图特摩斯三世。然而，图特摩斯三世当时年纪尚幼，还没有能力治国。哈特谢普苏特自然而然地获得了摄政权，直到年幼的国王成年为止。然而，在其摄政的第7年，她获得了王位，成了"女荷鲁斯、上埃及和下埃及的女王、玛特卡拉、拉之子、与阿蒙结合的哈特谢普苏特"。奇怪的是，已知的哈特谢普苏特统治的这段时期，年号记载都是按照图特摩斯三世在位时间算的。也就是说，与传统的新统治者登基从第一年计算的方式不同，哈特谢普苏特成为法老的时间是（图特摩斯三世统治的）第7年，直到第20年，她和自己的侄子一起统治了埃及14年。人们很难确切地弄清这种"共治"局面在当时是如何运行的，埃及人留下的相关信息非常少，这可能是因为这种情况不算是一个特别的问题。在这种双重权力系统中，哈特谢普苏特掌管商贸并负责处理行政事务，而图特摩斯三世则负责军事事务。

拉美西斯三世统治时期的美迪奈特哈布

拉美西斯三世的"数百万年的宫殿"及其附属建筑

美迪奈特哈布城的核心建筑是在拉美西斯三世（前1182—前1151年在位）时期修建的。到这里去需要经过一条运河，运河连接了尼罗河和美迪奈特哈布的码头（1）。码头上方有一座崇拜仪式礼台，礼台旁有两排台阶，可以直接下到停靠在码头边的船上。崇拜仪式礼台建在这座神庙的中轴线上，从这里往前走就可以到达第一座城门，城门所在的城墙是料石筑建的。城墙不高，也没有棱堡，是整座圣所的外墙（2），所有的宗教建筑都在这圈围墙内。受旁边一座由阿伊和霍伦海布下令修建于第十八王朝末期（约前1325年）的陵庙（3）的影响，神庙北边有一半部分向内倾斜。外层矮城墙和中间围墙（4）之间只隔了几米。中间的围墙是用日晒砖建造的，最高的地方有20米，它借鉴了典型的亚洲围墙风格，这是因为拉美西斯三世在出征叙利亚和巴勒斯坦时（在这座圣所的墙壁上，可以看到很多描述出征的浮雕）遇到了很多这类城墙，围墙上建有巡逻通道、炮塔、城垛和设有防御工事的城门。美迪奈特哈布的城墙吸纳了所有这些亚洲城墙的元素，特别是守卫塔，它在闪米特语中常被称为"米格道尔（Migdol）"。东边的守卫塔（5）完好地保存了下来，本来西边也应有一座守卫塔（6），但却没能留存下来。沿着中间宽阔的露天大道一直往前走，就可以到达第一塔门（16）。这条大道的两侧分布着不同的设施。设施中间修建了一堵隔墙，隔墙中间开了一扇门（7），门在圣所的中轴线上。在南边，人们可以看到一个巨大的花园（8），花园的中间造了一个人工湖，在这一侧还可以看到马房和王室马车的车库（9）。在北边，人们可以看到一座第十八王朝时期的小神庙（10），它建在"杰梅丘"上。据说，"杰梅丘"是原始神诞生和开始造物的地方。北边还能看到一个圣湖（11）、一个屠宰场、几个牲口棚和一片小树林（12）。沿北边的围墙向前走可到达行政用房（13），沿南边的围墙向前走则可到达祭司的住所（14），这两处建筑都夹在中间围墙和建有棱堡的日晒砖内墙（15）之间。这堵内墙很好地保护了圣所及与其毗邻的附属建筑。穿过第一塔门后，整个空间布局变得格外清晰。中间坐落着拉美西斯三世的陵庙（17），它是唯一一座石头建筑；陵庙的东南角是王宫（18），西南角和北边分布着作坊、办公用房、拱顶货栈、鸟舍、粮仓、仓库和储藏室（19）。陵庙是按传统布局建造的，先后包括塔门、庭院、多柱大厅和圣域，圣域是这个巨大宗教建筑群中最神圣的部分。很多献给丧葬神和埃及帝国众神的小礼拜堂分布在通向至圣所的中轴路两边，至圣所是这巨大建筑的终极目的地。至圣所中有一

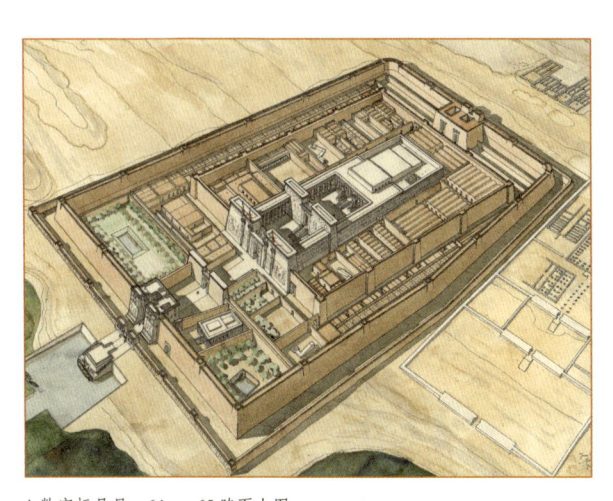

* 数字标号见 p.64、p.65 跨页大图。

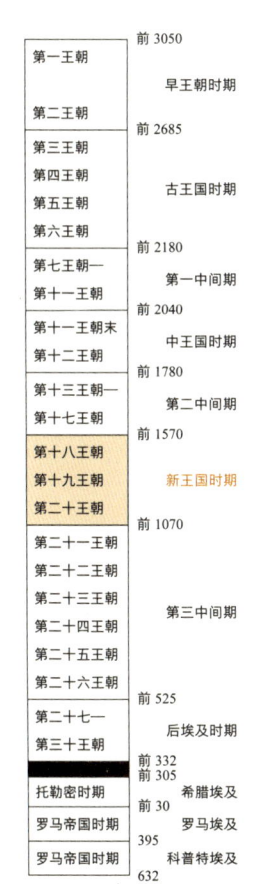

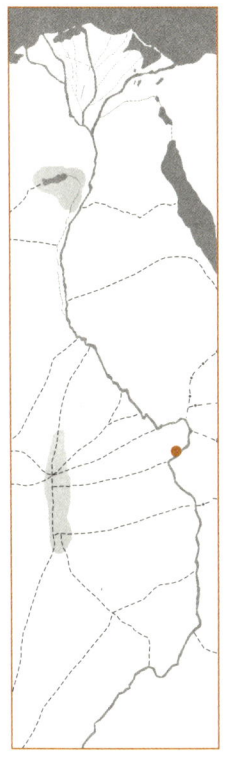

第一王朝	前3050	
第二王朝		早王朝时期
	前2685	
第三王朝		
第四王朝		古王国时期
第五王朝		
第六王朝	前2180	
第七王朝— 第十一王朝		第一中间期
	前2040	
第十一王朝末 第十二王朝		中王国时期
	前1780	
第十三王朝— 第十七王朝		第二中间期
	前1570	
第十八王朝 第十九王朝 第二十王朝		新王国时期
	前1070	
第二十一王朝 第二十二王朝 第二十三王朝 第二十四王朝 第二十五王朝 第二十六王朝		第三中间期
	前525	
第二十七— 第三十一王朝		后埃及时期
	前332 前305	
托勒密时期		希腊埃及
	前30	
罗马帝国时期	395	罗马埃及
罗马帝国时期	632	科普特埃及

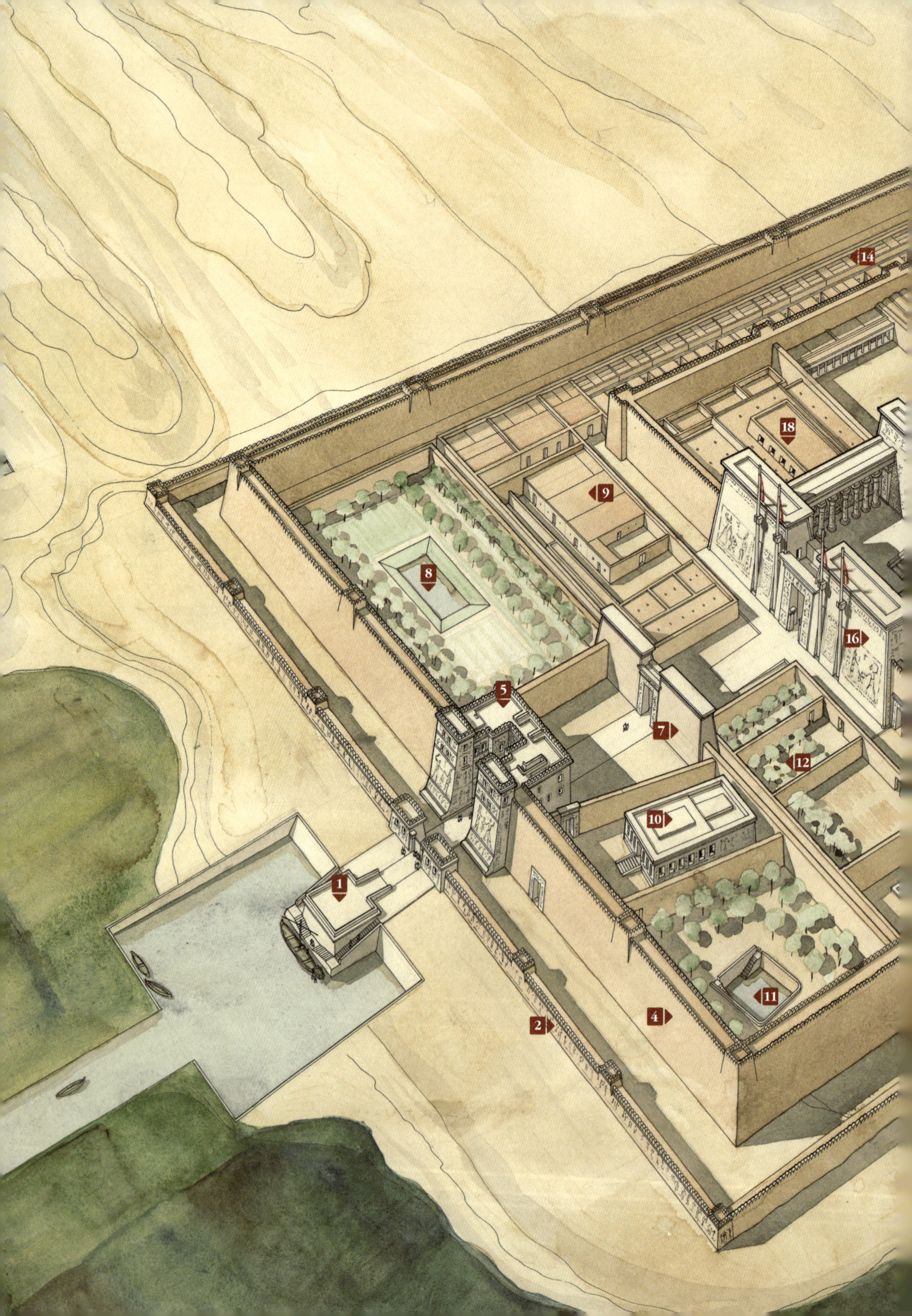
1
2
4
5
7
8
9
10
11
12
14
16
18

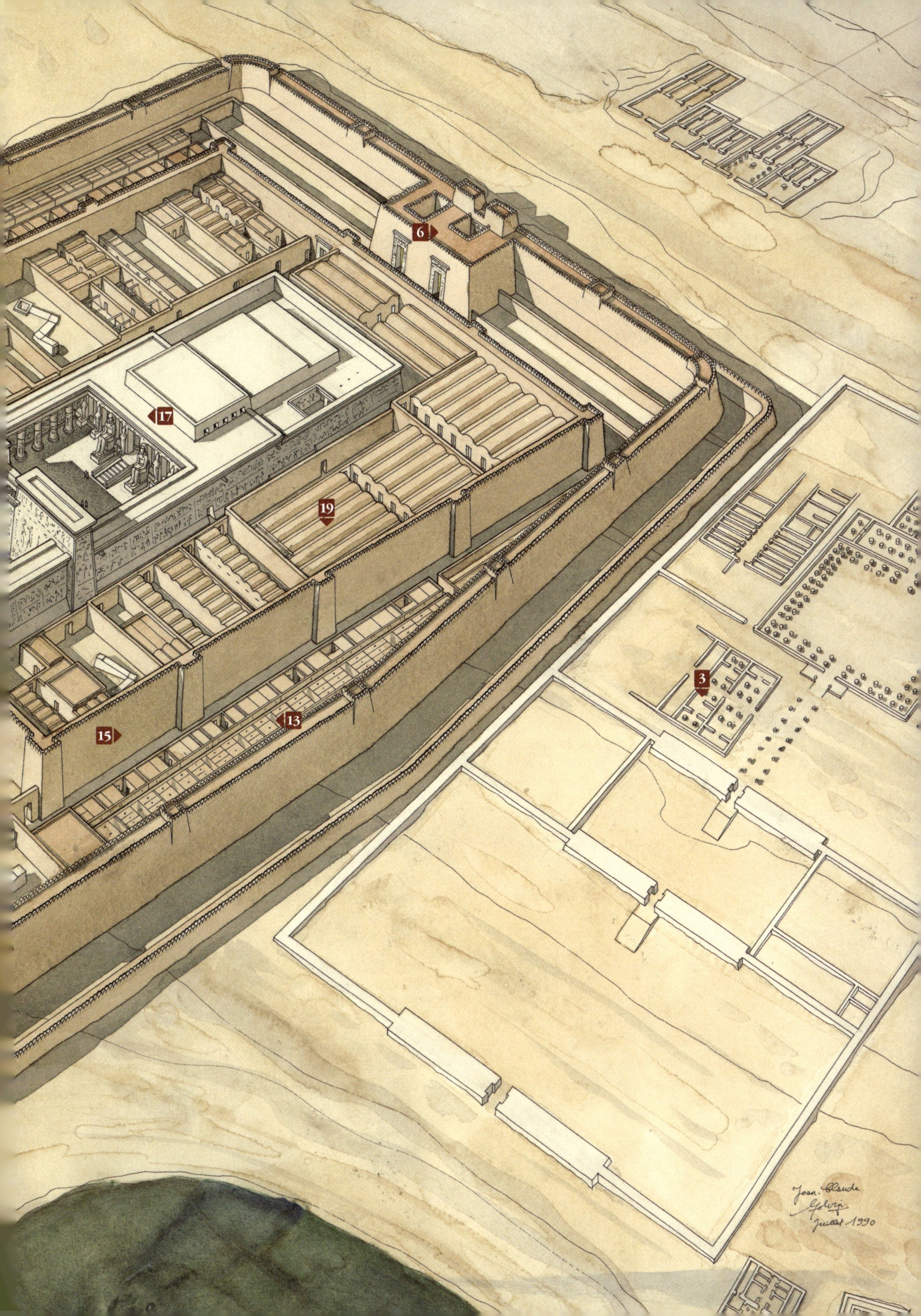
6
17
19
3
15
13
Jean-Claude
Golvin
Juillet 1990

扇假门，国王的灵魂（即"巴"）可以通过这扇门到陵庙的不同祭坛上享用献给他的祭品。

一种独特的建筑："米格道尔"

如今，进入美迪奈特哈布的拉美西斯三世陵庙需要穿过一座雄伟的守卫塔（"米格道尔"），这座建筑具有很明显的军事特征，它会让人联想到亚洲那些用来保护城池的坚固城门。在第十九和第二十王朝（前1293—前1070年），这种建筑经常出现在描绘叙利亚或巴勒斯坦的城市被围困时的图像中。显然，这样的建筑在拉美西斯三世的陵庙中可以从另一角度被理解为凯旋之门，它的建造是为了让人们记住国王在与外敌交战时所取得的胜利。确实，守卫塔外部的装饰物上有很多展现国王英勇形象的场景，比如国王在埃及万神殿的众神前处死战俘。同时，每一座守卫塔上都可以看到7个被绑成一排的战俘，他们代表埃及的宿敌。

当人们走进这座一共有3层的要塞时，不免会大吃一惊，因为其内部浮雕的风格和外部的完全不同。这里的画上没有牺牲、没有战争、没有胜利，也没有形象光辉的国王。塔内的浮雕给人一种亲切感，上面展现的是舒舒服服坐着的国王、用餐的国王、闻着鲜花的国王或是与女儿们玩塞尼特棋（类似双陆棋）的国王。这些图像无疑显示出了这座建筑的真实用途：它其实是休闲场所。国王有时会在朝臣、近亲或后宫嫔妃的陪同下来这里休息、娱乐或用餐。

那些关于美迪奈特哈布的数字

在拉美西斯三世在位的第五年，一支3000人的考察队去了杰贝勒-西尔西拉（链山）的砂岩采石场。他们的目标是取回建造国王的"数百万年的宫殿"所需的材料。在拉美西斯三世在位的第十二年，其陵庙及其装饰全部竣工，这座美迪奈特哈布的庞大经济、行政机构已完成投入使用前所必需的准备。

依据拉美西斯三世在位第四年颁布的法令，不少于64480名运维人员被派到了这片既包括农业用地又有牲畜的土地上。在众多工作人员中，神职人员刚好有160名，包括：1位塞姆祭司（Sem，神庙的宗教首领），50位河姆·奈特鲁（Hemou-Neterou，"神的仆人"，负责举行礼拜活动），100位瓦布（Ouâb，"净化者"，负责管理陵庙里的生活事务和维持陵庙运转），2位仪式祭司（为仪式顺利进行提供保障、管控作为祭品的动物的切割），以及几位在某些仪式上唱神圣颂歌的妇女。

至于宝物、牲畜、土地和陵庙本身则交由几位特权人士严加看管，他们是大总管及其副手、工程主管、财政主管、工匠主管、陵庙档案处主管、税务主管和牲畜主管……在他们周围聚集了很多专业程度不一的工作人员，包括面包师、酿酒师、工匠、屠夫、园丁、磨坊工人、牧民、农夫和警察……当然，还有数不清的司书伏案于办公室，这里所有的事物都由办公室里的人来管理。

至于这块土地到底有多大，很难给出确切的数字。我们只知道拉美西斯三世总共向阿蒙领地敬献了2382.07平方千米的土地，但我们却不知道他给自己的机构留了多少，这些机构可能也占了一片特别大的土地。牲畜也是如此，这位国王在其统治时期向阿蒙进贡了4210362只动物。虽然不知道他自己拥有多少只牲畜，但可以肯定的是，这不会是一个小数目，因为看管牲畜的人员多达1084人。

"沙漠中的尼罗河谷美丽节"

"啊！愿你与王室大船上的船员一起，听到西底比斯庆祝节日的喧闹声！愿你在沙漠中的尼罗河谷美丽节上看到阿蒙，并跟随他走进神庙和庙墙！"

在尼罗河两岸聚集的人群高唱着这首歌曲，歌声伴随着神圣的游行队伍向西底比斯走去，那里将举行"沙漠中的尼罗河谷美丽节"。在底比斯每年举行的节日中，它不是最重要的，但最古老，因为"沙漠中的尼罗河谷美丽节"的历史可追溯至中王国时期之初（约前2040年），位于德尔巴哈里的孟图霍特普陵庙上的浮雕证明了这一点。

事实上，这是为亡人举行的节日，时间是每年10月出现新月的次日。节日期间，神和人会一起前往底比斯大墓地向逝者致敬并献上祭品。在坟墓的庭院中，人们还会举办盛宴，舞者和乐师会不停地用歌舞赞美尘世生活。在国王、祭司和显贵们的陪伴下，来自卡纳克的神灵会去拜会"西边的神灵"，也就是丧葬神，他们还会拜会驾崩后"住在"陵庙中的国王。因此，从古尔纳到德尔巴哈里，可以看到来自卡纳克的神灵在不同圣所短暂停留。当他们快到圣所的时候，祭司会打开大门，然后一边朝神圣的游行队伍走去，一边唱："您的家门都已敞开！乳香已抵天国，您已为亡灵祝圣。门都已敞开，您赐予的一切都已收下！神啊，您就是祭献之主！"

人们会将敬献的祭品和鲜花放到神灵和已故国王圣船的下方，而祭司们则会举行仪式来确认国王的神性，也就是让法老成为唯一被允许进入神之天国的人。持续庆祝一整夜后，节日会在清晨时分结束，庄严的游行队伍会在那时进入"最神圣的一座阿蒙神庙"，即哈特谢普苏特女王的"数百万年的宫殿"。几位神灵会在那里小憩数日，然后再返回东底比斯。来年的"沙漠中的尼罗河谷美丽节"时，他们又会再次来到此地。

"后宫阴谋"

底比斯的几份文献都提到了一个轰动一时的事件，该事件搅乱了拉美西斯三世统治末期的政局。根据相关文字资料记载，国王曾是一次阴谋的受害人，当时有人企图伤害这位帝王。遗憾的是，这些文字资料基本没有对阴谋本身做详细介绍，只列出了犯罪人以及他们受到的惩罚。但是，在对所有相关资料进行了细致的分析后，事件的经过得以还原，但其真实结果尚不得而知。

蒂伊是拉美西斯三世的妃子，当她的儿子彭塔瓦尔完全失去登基的机会后，她非常愤怒。于是，她决定杀死老国王。她想通过这种疯狂之举让合法的王位继承者无法继位，让她的儿子当上埃及国王。

为了使这项计划成功，她拉拢了很多人。首先，她得到了内部的后宫嫔妃和官员的支持；其次，她得到了一支武装部队，努比亚弓箭兵的首领为她集结了一批"谋反"人士；最后，她还获得了一股"魔法力量"，这使得她可以运用巫术让阴谋获得成功。直接参与谋反的一共有32人，但被判有罪的人不止于此，那些事先已经知道阴谋或参与过谋反者的讨论却没有检举他们的人也都在有罪名单中。《都灵莎草纸司法档案》是这次"后宫阴谋"的主要文献类信息源，这份档案包括一系列简短而老套的案件笔录。

根据处罚种类的不同，犯人被分成了5类："这些人因犯下严重错误而被传应审……他们将被审讯……审讯后，他们被判有罪。他们将被处罚，他们犯下的错误让他们成了囚犯。"最终的处罚从被割鼻子、割耳朵到被处以死刑不等。第一类罪犯被直接处决，第二类和第三类罪犯享有自我了断的可悲"特权"，第四类罪犯被割去耳朵和鼻子，最后一类罪犯只有一人，他叫霍里，因为他检举了两名同伙，所以只受到了严厉的谴责。

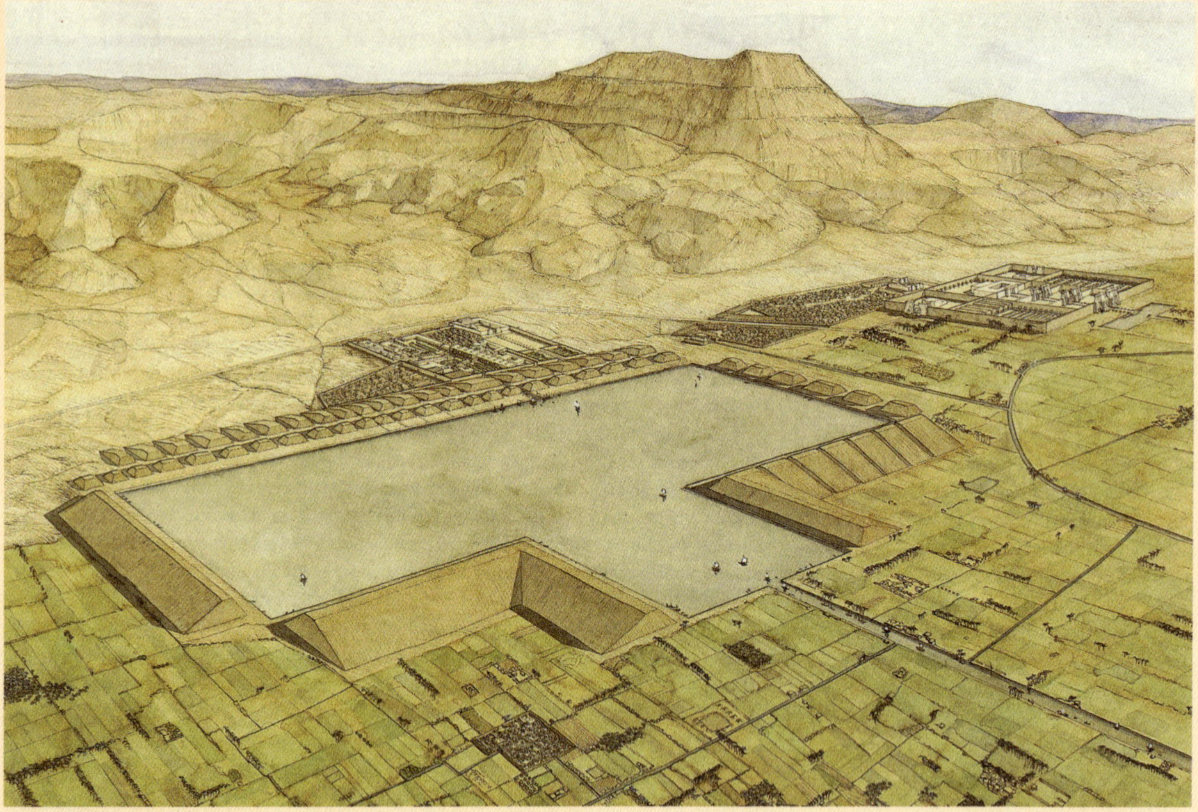

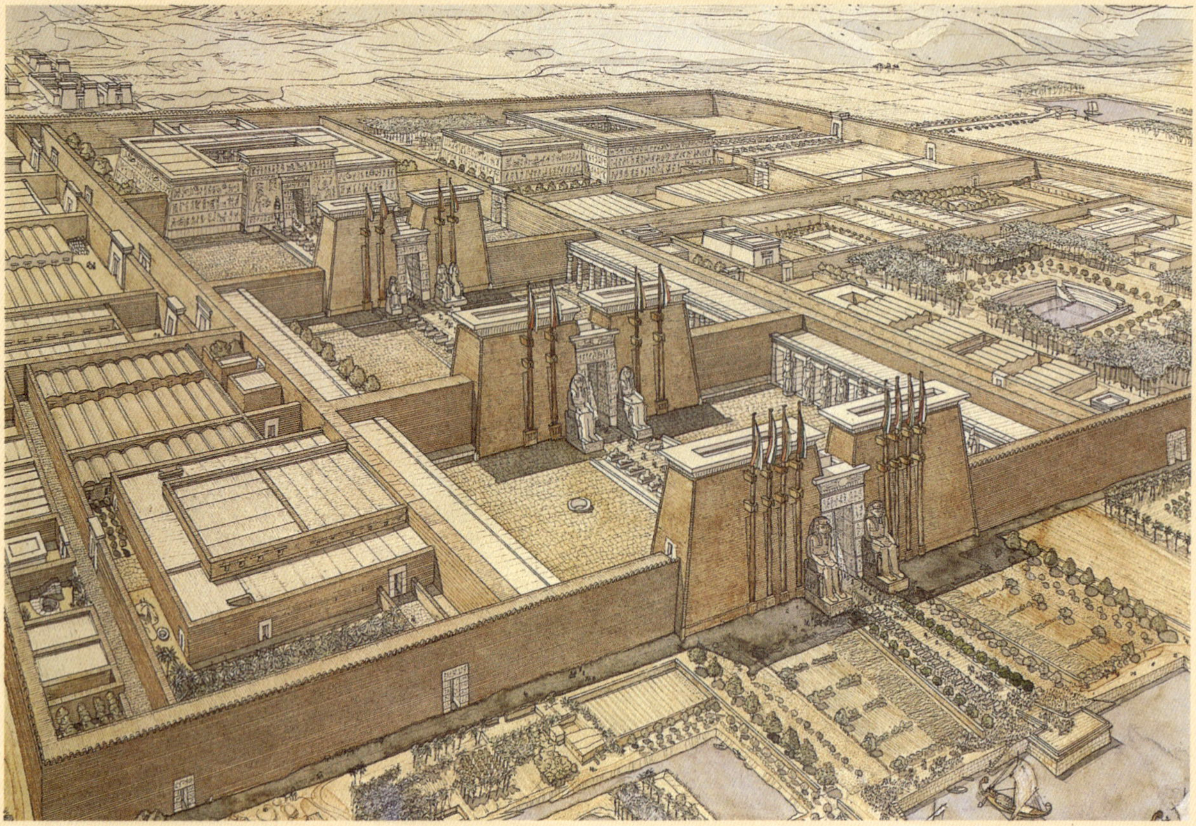

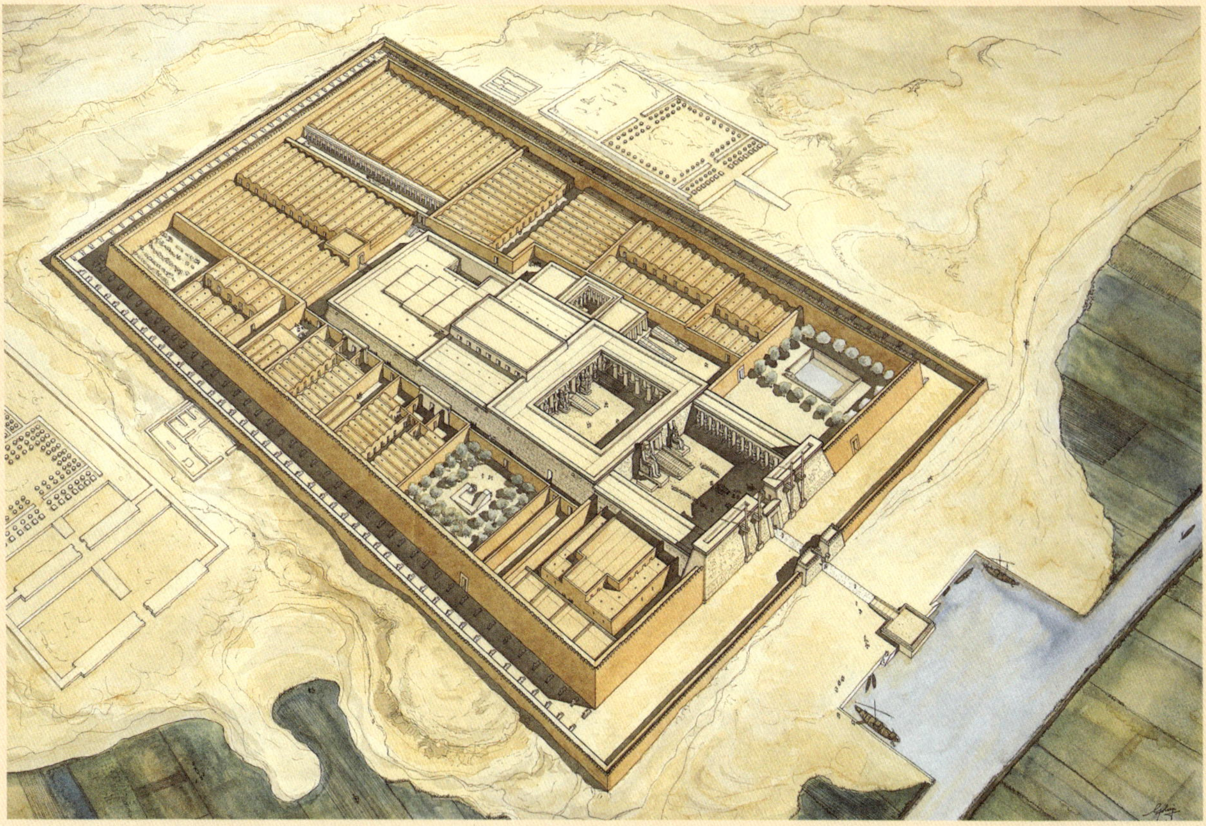

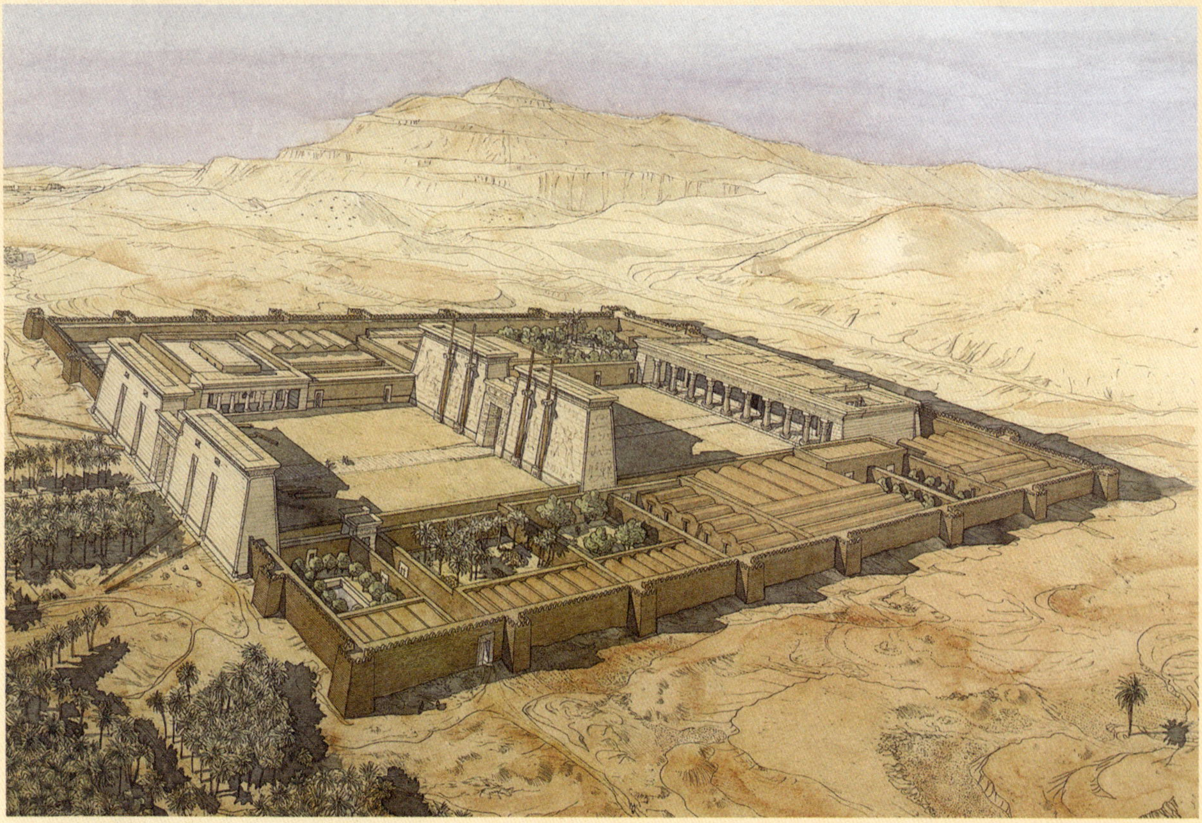

底比斯西岸

第一王朝	前3050
第二王朝	早王朝时期
	前2685
第三王朝	
第四王朝	古王国时期
第五王朝	
第六王朝	前2180
第七王朝—	第一中间期
第十一王朝	
	前2040
第十一王朝末	中王国时期
第十二王朝	
	前1780
第十三王朝—	第二中间期
第十七王朝	
	前1570
第十八王朝	
第十九王朝	新王国时期
第二十王朝	
	前1070
第二十一王朝	
第二十二王朝	
第二十三王朝	第三中间期
第二十四王朝	
第二十五王朝	
第二十六王朝	
	前525
第二十七—	后埃及时期
第三十王朝	
	前332
	前305
托勒密时期	希腊埃及
	前30
罗马帝国时期	罗马埃及
	395
罗马帝国时期	科普特埃及
	632

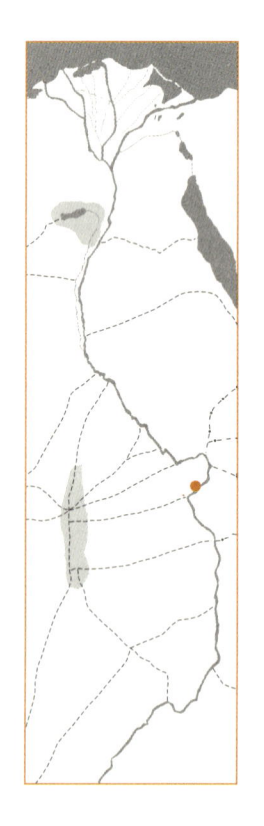

门农：从特洛伊战争的英雄到阿蒙霍特普

如今，在阿蒙霍特普三世的陵庙入口前，只剩两尊孤零零的巨型雕像矗立在那里，四周都已变成农田。这座宏伟的陵庙曾比拉美西斯二世的圣所拉美西姆和拉美西斯三世的圣所美迪奈特哈布还要壮观，现在除了这两尊巨像，能看到的只是些散落的碎石。但是，在国王阿蒙霍特普三世看来，之前的建筑没有一座可以与之媲美："在底比斯的西岸有一座为他修建的壮丽陵庙，它是用美丽的白色砂岩建造的，是一座永恒的堡垒。整座陵庙的表面都镶了金，路面上有用银做的装饰，所有的门都是用天然金银合金修建的，这座庞大的建筑无论何时都算得上完美之作。"毫无疑问，修建这座陵庙所用的石头已被用于修建其他建筑。

两座巨像已面目全非，在阿吞神于阿玛纳时代成为埃及帝国的王朝大神后，两尊巨像的面部便被锤子敲毁。巨像高19.5米，每一座都由一整块砂岩雕刻而成，砂岩是从遥远的赫里奥波里斯（距此地700千米）运来的。

巨像出名得较晚，据相关文字资料记载，公元前27年发生了一场大地震，北边的巨像因此出现了裂缝。从此以后，黎明时分，巨像会因温度和湿度的骤变而发出嗡鸣。为了听到这非同寻常的声音，人们从四面八方来到这里，试图为这种声音的产生找出合乎逻辑的解释。

最终，一个传说应运而生。人们认为这声音是门农（特洛伊战争中被阿喀琉斯杀死的英雄）在日出时对着母亲黎明女神厄俄斯发出的哀叹。自此之后，"门农巨像"成了一处朝圣之地。人们会在清晨来到这里，他们不想错过可以听到这位英雄发出哀叹的短暂时刻。塞普蒂米乌斯·塞维鲁（193—211年在位）希望恢复巨像的原貌，于是他用几块砂岩重建了巨像的上半身和头部，修复了被破坏的部分。"门农的哀叹"就此消失了，可是"门农巨像"这个名字却一直沿用至今。

阿蒙霍特普三世（前1386—前1349年在位）的陵庙

1. 码头和崇拜仪式礼台。2. 通往宗教区域的多洛摩斯。3. 划定圣所界线的围墙。4. 按国王形象雕刻的"门农巨像"（"门农巨像"与第一塔门一起共同构成了整座圣所恢宏的入口）。5. 一直通向陵庙最隐秘部分的仪式大道（这是一条东西向主轴，从圣所恢宏的入口开始，途经3座巨大的塔门。塔门前有巨大的雕塑，每两座塔门之间以多洛摩斯相连）。6. 陵庙中的主圣所。7. 丧葬之神普塔-索卡尔-奥西里斯的神庙（它是一个独立的宗教活动区域，此区域从北门进入）。8. 圣湖和花园。9. 储藏区。10. 与法老同名的阿蒙霍特普（哈普之子，阿蒙霍特普三世的维齐尔和建筑师）的陵庙。11. 俯视整座底比斯大墓地的"西岸之巅"。

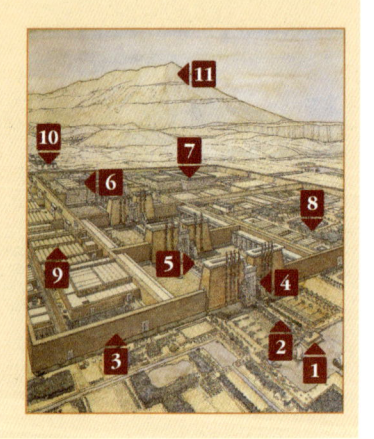

位于马勒卡塔的阿蒙霍特普三世王宫前的哈布湖

"国王陛下下令在德雅如哈镇为王后泰伊建造一个长3700肘、宽700肘的大湖,愿王后安康。国王陛下在洪水季的第3个月的第16天举办了开湖节,他乘坐一艘名为'光辉红日'的王室大船在湖上航行。"

根据11只纪念圣甲虫(一种用滑石制作的长约10厘米的大甲虫形物品)上的铭文记载,阿蒙霍特普三世为王后泰伊建造了一个人工湖。长期以来,研究埃及的学者们一直不能就湖的位置达成一致观点,他们曾认为这个湖就是阿蒙霍特普三世王宫(位于西底比斯的马勒卡塔)前的哈布湖。但是,相关文字资料中提到凿湖用了16天的时间。经过计算,16天的时间不够凿建哈布湖。而且,哈布湖在大小和形状上也与以上文献所说的湖不符。因此,人们开始寻找德雅如哈镇的位置。显然,这个大湖不在底比斯,而是在靠近北边的阿克米姆镇,这个城镇在泰伊的家乡。此湖在纪念圣甲虫上的名字通常被翻译为"游乐之湖"。然而,它更像灌溉耕地的人工湖。耕种产生的收入会上交给王后。此外,在马勒卡塔进行的发掘工作使学者们得出了以下结论:形如字母"T"的哈布湖港是阿蒙霍特普三世王宫不可分割的一部分,两者是同时修建的。可是,为什么要凿建一片如此庞大的湖呢?阿蒙霍特普三世在位时着重发展埃及与亚洲国家的外交、商业和军事关系,因此,当时的水上往来日益频繁,此湖应扮演了到达港的角色。此外,水在举行塞德节时也极为重要,因为据相关文字资料记载,国王与肥沃的国土、洪水和太阳的造物力有关。

塞提一世和拉美西斯二世的"数百万年的宫殿"

西西里的狄奥多罗斯想在拉美西斯二世的陵庙中找到一个神话人物的坟墓,他将其命名为奥西曼迪亚斯(拉美西斯二世全名中第4个名字"乌西尔-玛阿特-拉"的变形词)。据西西里的狄奥多罗斯所说,这座陵庙是当时整个底比斯大墓地里最令人印象深刻的建筑,但如今它却已成为一堆乱糟糟的废墟。这座陵庙完全是按传统布局建造的,先后包括塔门、庭院、大厅和至圣所,周围环绕着附属用房。在第一个庭院里,可以看到一尊名为"太阳王拉美西斯"的拉美西斯坐像。这座雕像高17.5米、宽7米,重1000多吨。它在古代就已被切割开来,所以现在只能看到庭院地上的600多块碎石。陵庙的两侧有保存完好的日晒砖建筑,是当时的仓库和货栈。同拉美西斯二世的陵庙一样,其父塞提一世的陵庙也未能逃脱厄运,这座陵庙被破坏的程度很严重,塔门和庭院已经消失,只有陵庙的核心部分经受住了时间的考验。其实,这座建筑吸引人的地方是那些刻在高纯度石灰石上的浮雕,它们展示了非同寻常的雕刻技艺。这让人想起了阿拜多斯城,那里的宗教艺术也在塞提一世统治时期达到了顶峰。

远走英国的门农巨像

"当我走近废墟时,我看到了那座也许是门农(也许是塞索斯特里斯、奥西曼迪亚斯、法美诺弗或埃及其他国王)的巨像。因为人们对这座雕像的看法不一,所以用了不同的名字来称呼它,这让人不知道到底该叫它什么……置身废墟之中我首先想好好看看这座我必须带走的巨大半身雕像。在它附近,我发现了雕像的身体以及座椅的碎块,它们原本和头像是一个整体。它的脸朝向天空,好像在对我微笑,这大概是因为它知道自己要被运往英国了吧!它的美丽比它的巨大体积更令我惊讶不已。"

拉美西斯二世（前 1279—前 1212 年在位）的陵庙

1. 码头（通过一条运河与尼罗河相连）、崇拜仪式礼台和通向圣域的游行仪式大道。**2.** 图特摩斯四世（第十八王朝）的陵庙。**3.** 西普塔（第十九王朝）的陵庙。**4.** 石头筑建的外围墙。**5.** 日晒砖筑建的内围墙（在内、外围墙之间修建了一条多洛摩斯）。**6.** 塔门入口。**7.** 第一庭院。**8.** 第二庭院。**9.** 多柱大厅。**10.** 至圣所。**11.** 献给图雅（拉美西斯的母亲）的小型庙宇。**12.** 圣所的仓库和货栈。**13.** 王宫。

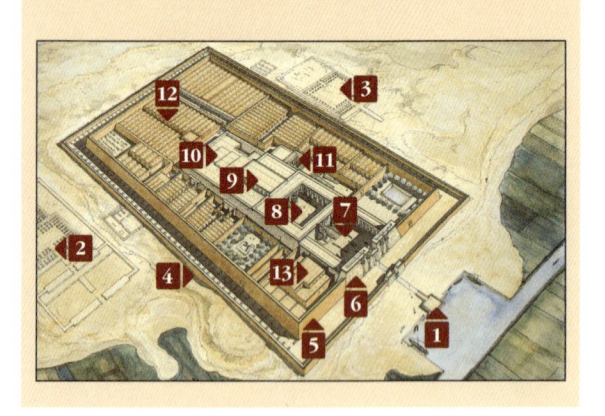

塞提一世（前 1291—前 1278 年在位）的陵庙

1. 陵庙和附属建筑外的围墙。**2.** 第一塔门（已消失）。**3.** 第一庭院（已消失）。**4.** 第二塔门（已消失）。**5.** 第二庭院。**6.** 柱廊（陵庙当前的入口），此处有 3 扇门通向陵庙的不同大厅。**7.** 中间的区域：多柱大厅（周围有礼拜堂）、前厅、至圣所。**8.** 右边的区域：带柱廊的庭院，院中间有太阳祭坛。**9.** 左边的区域：此区域全部属于塞提一世的父亲拉美西斯一世。**10.** 圣所的货栈和仓库区。**11.** 圣湖。**12.** "西岸之巅"。

以上引述的段落出自意大利帕多瓦的探险家詹巴蒂斯塔·贝尔佐尼，他在 1816 年决定带走拉美西姆（拉美西斯二世的陵庙）中一座极其美丽的文物。这是一尊用黑色花岗岩制作的巨大雕像，雕刻的是坐着的拉美西斯二世，它虽是一座残缺的雕像，但却非常精美。这座已经碎成几块的雕像就倒在第二庭院南边的地上。贝尔佐尼第一次到访底比斯时被这座美丽的拉美西斯大帝雕像深深吸引，所以他带走了这尊雕像的上半身，其他部分则被留在了原地。后来，考古学家在原地重新搭建了这些未被带走的部分。

从他在《埃及和努比亚之旅》一书中的描述可以看出，这座雕像的运输过程并非一帆风顺，书中这样写道："古尔纳的伙计们（农民）很了解卡凡尼（这是他们给雕像取的名字），他们本以为永远没人能将它从原地搬走。因此，当雕像开始动的时候，他们发出了一声惊呼。尽管是他们自己搬动了雕像，但他们还是认为这是魔鬼的功劳。后来，当他们看我在做笔记时，还以为是某种魔力让这一切发生的。"这次运输分为两个同等重要的步骤：第一，将拉美西姆中的巨像拉到尼罗河岸边；第二，将巨像搬上船并运送至亚历山大港，这一步似乎更加困难。"为了运输这座雕像，我们专门准备了一条小路，沿着这条小路，雕像被顺利运至低处。在到达河边时，雕像陷进了泥土里，泥土是刚挖来的。在我看来，与其让它随船沉没，这样反而更好。因为，要是这件古董掉进了尼罗河，欧洲的古玩商们肯定会哗然一片，尽管他们中的一些学者不会因为这样的事故发生在我身上而生气。无论如何，这座雕像被慢慢地搬上了船。那些以为巨像会沉入水中或至少会把船压坏的阿拉伯人一边不耐烦地等着结果，一边好奇地看着我忙来忙去。船主已经做好了失去这艘船的准备，看到巨大的雕像被顺利地搬上船后，他开心地过来握住了我的手。"

拉美西斯时期的戴尔麦地那村

陵墓机构，一个独特的行政组织

很多时候，考古学家想从古老的遗迹中抽离出一些细枝末节的信息，在这种欲望的不断驱使下，他们有时需要鲁莽行事才能实现目标。至于这种追求会有什么结果，他们事先是不知道的，因为一些遗址能提供的信息有限，另一些则能提供大量信息。

很明显，戴尔麦地那村属于后一类。自从商博良于1828年发现它以来，人们已经掌握了很多关于它的文献，其中包括在村舍的废墟和井道中找到的几千块陶片和几百份莎草纸卷。这些文献清楚地记录了诸多事项，包括社区的运行方式、工程的进展以及各种各样的判决、罪行、交易、遗产和罢工等，这让戴尔麦地那村成了了解拉美西斯时期的重要文献类信息源。

鉴于碑铭学物证具有的重要意义，没有比戴尔麦地那村更出名的民间遗址了。它的现代名字的意思是"城市修道院"，"修道院"对应的是5世纪在哈托尔的希腊小圣所里建造的那座修道院。人们可以以戴尔麦地那村为例去试着想象古埃及村落里的日常生活是什么样子的，尽管它一直被视为古埃及行政组织中的一种特殊产物。

它在古代被叫作"赛特玛特"，意为"真理之地"。陵墓机构的雇工就住在戴尔麦地那村，他们的工作是修建、装饰王室的地下陵墓。村里的画家、雕塑家和采石工完全生活在封闭环境中，这才能保证他们不会泄露关于陵墓布局，特别是关于墓内物的信息。

这些人由西底比斯大墓地中级别最高的官员维齐尔直接管辖，同时还被"麦德查"（madjoy，努比亚民兵和警察）密切监督。戴尔麦地那村是图特摩斯一世在第十八王朝初期（约前1525年）开始建造的，村内最初只有约60栋房屋。随着王朝的更迭，陵墓机构的规模不断扩大，并在拉美西斯时期达到顶峰，特别是在拉美西斯四世在位时期（约前1150年），那时村里已经建造了120栋房子，住了大概1200人。后来，由于国王不再把帝王谷当作墓地使用，戴尔麦地那村中的社群失去了存在的理由。最终，在拉美西斯十一世的墓穴挖好后，村里的社群在第二十王朝末期（约前1070年）土崩瓦解了。

陵墓机构具有行政管理职能，这是一个由王室创建的机构，负责管理雇佣人员的工作、住宿并供养他们。工作人员分为两类：内部人员（指挥官、工人和园丁）和外部人员（次要的雇员）。

戴尔麦地那村里有一条干道，这条干道将村子分成东、西两个部分：右分队在东边，左分队在西边。每支分队都由一名队长领导，并由一名副队长协助管理，这两位队长与分配给分队的大司书一起组成村里的"三大主管"。两支分队里都有多位司书、绘图员、画师、雕刻师、雕塑家、泥瓦匠、矿工、粉刷工和采石工。为了保证村子的物资供给、满足工人的各种需求，陵墓机构还安排了一队辅助人员——一群渔夫、园丁、挑水工、洗衣工、木匠、伐木工、椰枣采集工、农夫……他们的工资水平不同，但都折算成生活必需品发放。工人每月平均可领到300升二粒小麦、115升大麦、15升啤酒和9公斤鱼肉。此外，他们还能领到面包、蛋糕、蔬菜、水果、油、脂肪、牛奶和肉类。其他发放到工人手里的物品还有衣服、餐具、柴火……就工资水平而言，戴尔麦地那村的工人与同时代的其他人相比并不算可怜人。工人使用的工具由陵墓机构提供，但工具归陵墓机构所有。司

第一王朝	前3050
第二王朝	早王朝时期
	前2685
第三王朝	
第四王朝	古王国时期
第五王朝	
第六王朝	前2180
第七王朝—第十一王朝	第一中间期
	前2040
第十一王朝末第十二王朝	中王国时期
	前1780
第十三王朝—第十七王朝	第二中间期
	前1570
第十八王朝 第十九王朝 第二十王朝	新王国时期
	前1070
第二十一王朝 第二十二王朝 第二十三王朝 第二十四王朝 第二十五王朝 第二十六王朝	第三中间期
	前525
第二十七—第三十王朝	后埃及时期
	前332 前305
托勒密时期	希腊埃及
	前30
罗马帝国时期	罗马埃及
	395
罗马帝国时期	科普特埃及
	632

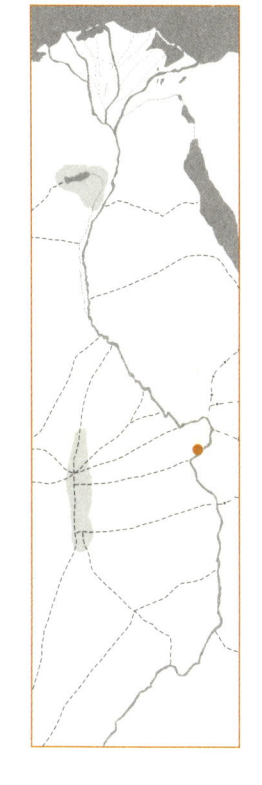

73

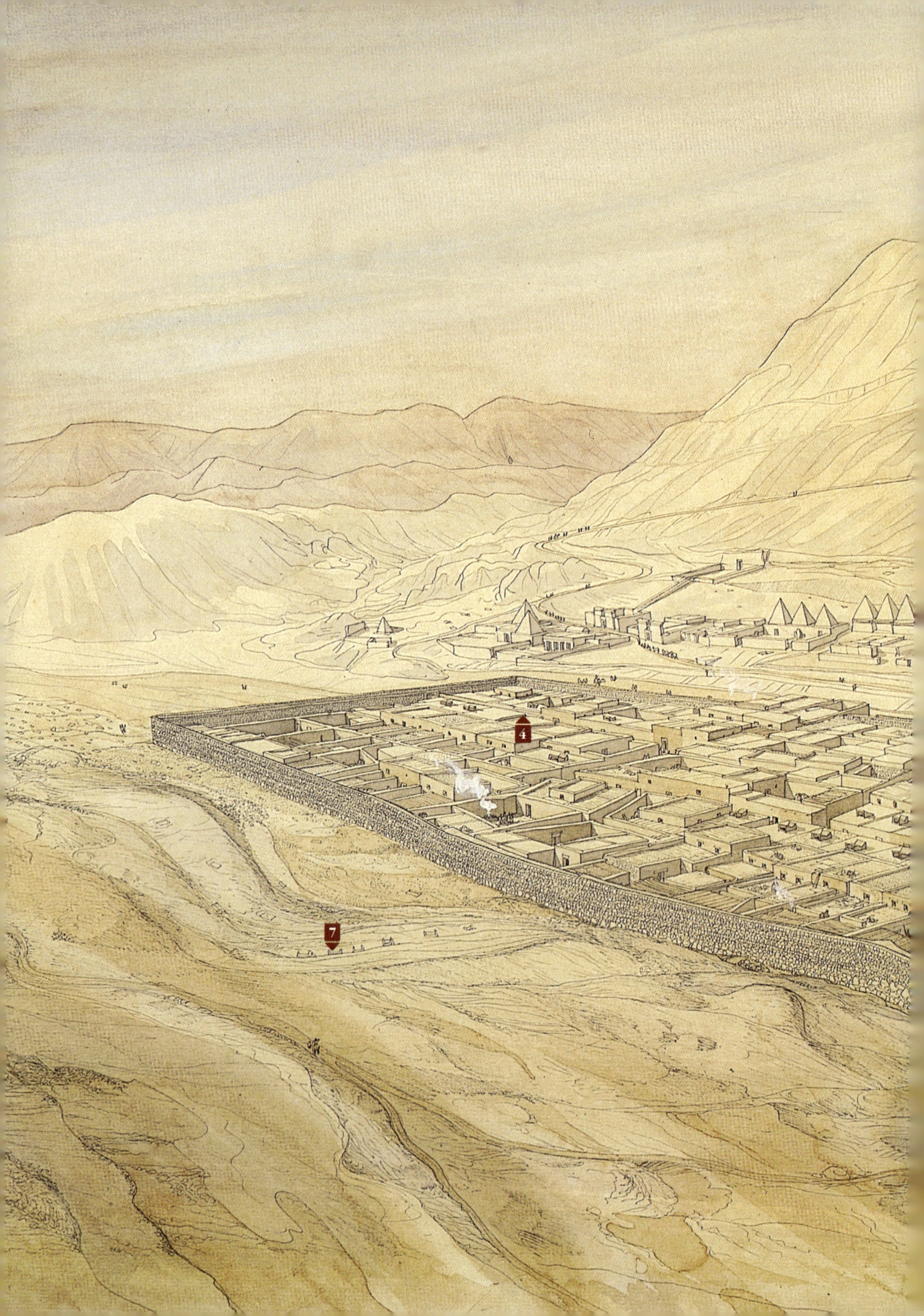
4
7

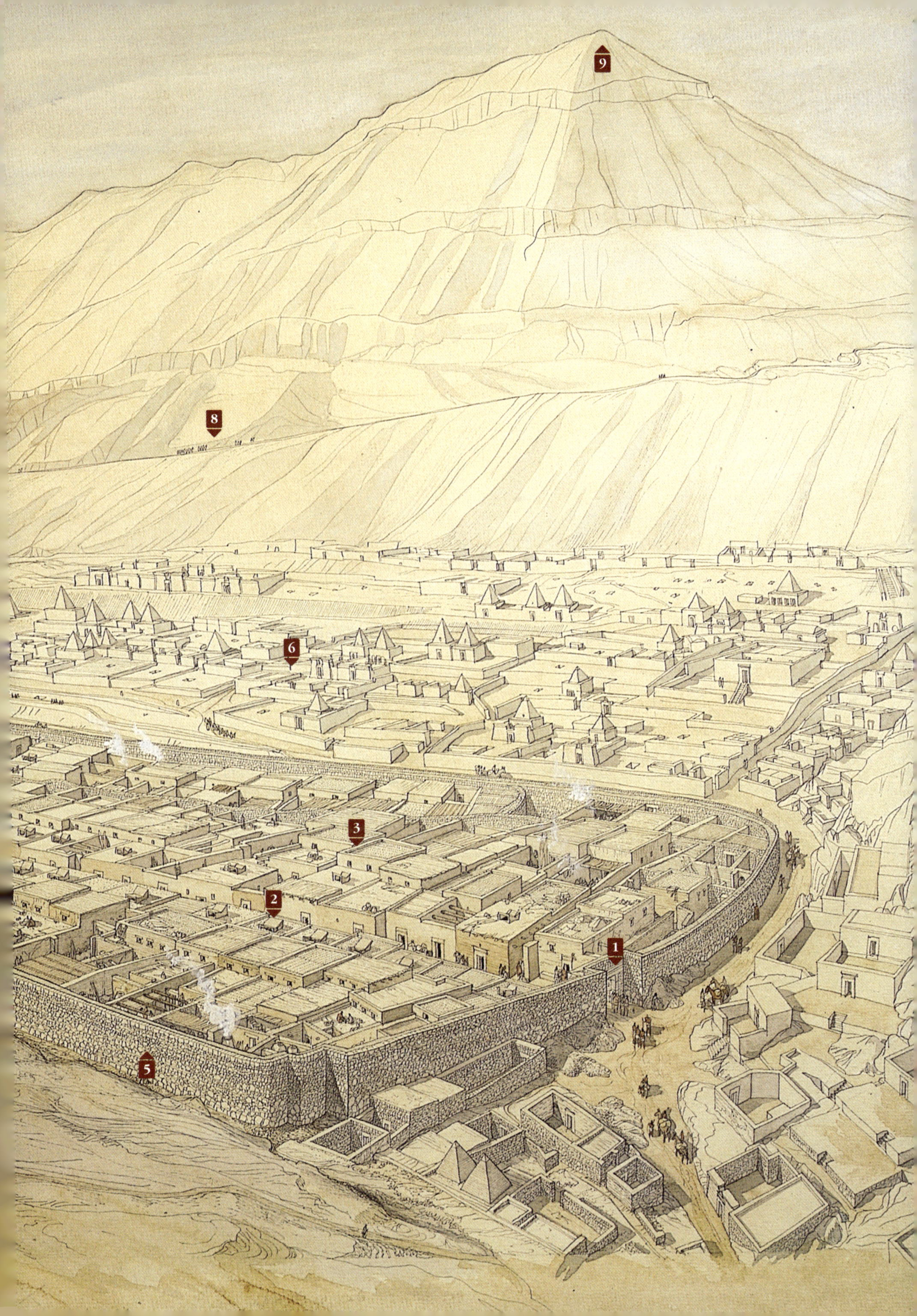
9
8
6
3
2
1
5

书在发放工具时会仔细地记录下工人的姓名、领取日期、工具的重量、工具的类型和制作工具的金属。村里对油灯灯芯的领取也控制得非常严格，而对篮子、袋子、绳索、染料的使用却管控得相对宽松。

工作以 10 天为一个周期，即以旬为周期。每个工作日包括 2 个半天，每个半天 4 个小时。工人在帝王谷工作时不一定每晚都回家，有时也会在工地过夜。在山谷上方的山口上有一些专门供工人休息的简陋的茅屋。工作的安排并不严苛，其间穿插了很多假期。每工作 10 天，工人就休息一次，每年的最后 5 天（épagomènes，闰日）也是休息日。此外，节日期间不用工作，特殊事件发生时也可以不工作，比如：政权更迭时、国王加冕时、在帝王谷或王后谷举行葬礼时、戴尔麦地那村居民下葬时、到西底比斯进行正式访问期间……除了这些假期外，工人们还频繁地缺勤，而且缺勤的理由多少都像是编造的，比如"酿造啤酒""母亲到访""盖房子""安葬神灵""给神灵献上祭品""给司书的妻子制作药丸""和神在一起""眼痛""被蝎子蜇了"。当然，还有"和上司在一起"，它一直都是缺勤最常见的理由。

陵墓机构的档案中记载了什么

《陵墓机构官方日报》以极其严谨的方式记录了与工作相关的所有信息，包括工程进展、使用材料、工资、事故、缺勤等。同时，此日报也记载了每天发生的重要事件：结婚、节日、出生、葬礼、出访、死亡或新王登基……不可否认，这份文献非常宝贵，但不如工匠们记录在莎草纸和陶片上的非官方文字资料有趣。这些非官方文字资料包括备忘单、信件、诉状、检举信、建议书、诗歌……这些文字用简洁的方式记录了所有人为过错，包括腐败、通奸、诽谤、渎神、盗窃、抢劫、报复行为、凶杀、诬告、欺诈……

这些文字资料中提到，为了让儿子进村工作，一位父亲花了价值近 7 公斤铜的物品（相当于 7 个月的工资）打点关系。"我想让大家知道，为了让我的儿子能被招进村里工作，我都给工匠头头们送了些什么东西。这些都是我的私人财物，和他人毫不相关。我送给队长奈克特尼穆特价值 15 德本铜的皮革袋，送给队长伊内耳克哈乌价值 30 德本铜的木质小扶手椅，送给司书荷里舍里一把价值 30 德本铜的大折叠椅和一个小板凳。"

这些文献还记录了另一个令人震惊的故事：皮安希将军因为做了错事想掩人耳目而决定直接铲除两名陵墓机构的警察。"我记下了你给我写的一切，你对我提到了那两位警察的事情，说他们讲了那些话，请与奈杰美和司书提亚洛伊联系。传我的旨意，让人将两名警察带到我家里来。你得尽快查清他们到底说了什么，然后杀死他们，天黑后再把他们扔进水里，但你要确保这件事不会在全国走漏一点风声。"

此外，还有针对帕内布队长的言辞严厉的检举信，其中不乏精彩的段落："我举报他曾经进入 3 个不属于他的坟墓。当时他与工人克纳在一起，但他给了司书肯赫尔科贝切夫钱，让司书帮他摆脱干系……我举报他曾经扯下伊杰穆奥的裙子并把它扔到了墙头上，接着他强奸了她……我举报他在晚上开会时不停地殴打工人，还边在墙头上徘徊边向人扔砖头……我举报他在参加赫努特米拉的葬礼时偷了一只鹅，还在国王面前发誓说没有偷，但我们已经在他家找到了那只鹅……"

工匠的墓地

工匠的墓地位于山谷西侧，这里是安葬工人和工程管理人员的地方，他们在帝王谷工作了近 5 个世纪。这些坟墓具有复合式建筑的风格，既有赫里奥波里斯的金字塔的风貌，又融合了利比亚的地下坟墓的元素。虽然这些坟墓因墓主的地位和建造时期的不同而有一些细微的差异，但它们的结构都很统一——每一座坟墓都由庭院、礼拜堂、井道和墓室组成。每一座坟墓都有一座塔门入口，塔门通向庭院，庭院的边上有被白石灰刷过的矮墙。往里走，可以看到一个丧葬礼拜堂，礼拜堂的前方建有一条柱廊，上方有一座高度一般不会超过 7~8 米的小金字塔作为装饰。

丧葬礼拜堂或在金字塔下方，或建在金字塔中。在第一种情况下，金字塔是实心的，它的外部用石头和砖修建，中间用瓦砾填充；在第二种情况下，金字塔是空心的，用砖块建造。无论采用的是哪种方式，它的表面都有白石灰涂层，顶端都有刻着浅浮雕的石制方尖锥。

坟墓的庭院是一处绝佳的公共场所，葬礼和"沙漠中的尼罗河谷美丽节"（每年举行的亡人节）都在庭院里举行。在大门的两边或庭院的墙壁上可以看到死者的碑和雕像，人们会在雕像前敬献祭品、烧香或行奠水礼。进入丧葬礼拜堂，可以在墙上看到死者及其家人的画像，因为这些坟墓大多是多人共用的。最里边的墙上有一个小的至圣所，里面通常会摆放墓主的雕像。庭院或礼拜堂里有通往墓室的井道，墓室呈拱形，间数有时很多。它们的内壁有白石灰涂层，上面画了很多颜色鲜艳的图像，这些图像吸取了工匠们修建的王陵中的装饰的风格。同时，《亡灵之书》里的一些片段也出现在了这些图像中。

第十九王朝（前1293—前1185年）的戴尔麦地那村

1. 戴尔麦地那村（村子坐落于古尔奈·穆拉伊丘陵与利比亚山脉之间古代开掘的干河河床上）。
2. 村子的主街道（南北通道在南侧呈钩形弯曲，将村子一分为二；道路左侧是西，右侧是东）。
3. 北社区（工人的小型宿舍区，每栋宿舍都有面向街道的入口，并有2—4个房间，还有露台和地下室）。
4. 南社区（工程管理人员住在这里，这里的房屋长度达30米，但是结构与北社区的房屋相同）。
5. 围墙（长131米，宽50米，围墙的入口开在北面）。
6. 墓地（建在村子西面的山坡上，是"陵墓机构"里工人的墓地）。
7. 通往美迪奈特哈布，它位于戴尔麦地那村正南方约800米处，为村子提供部分用水和食物，这条道路也通往向西约600米的王后谷。
8. 通往帝王谷。它位于戴尔麦地那村正北方约1200米处，可沿一条横贯山脉的小路抵达。
9. "西方之巅"。这座山由村子的守护神梅里特塞格掌管。

* 数字标号见 p.74、p.75 跨页大图。

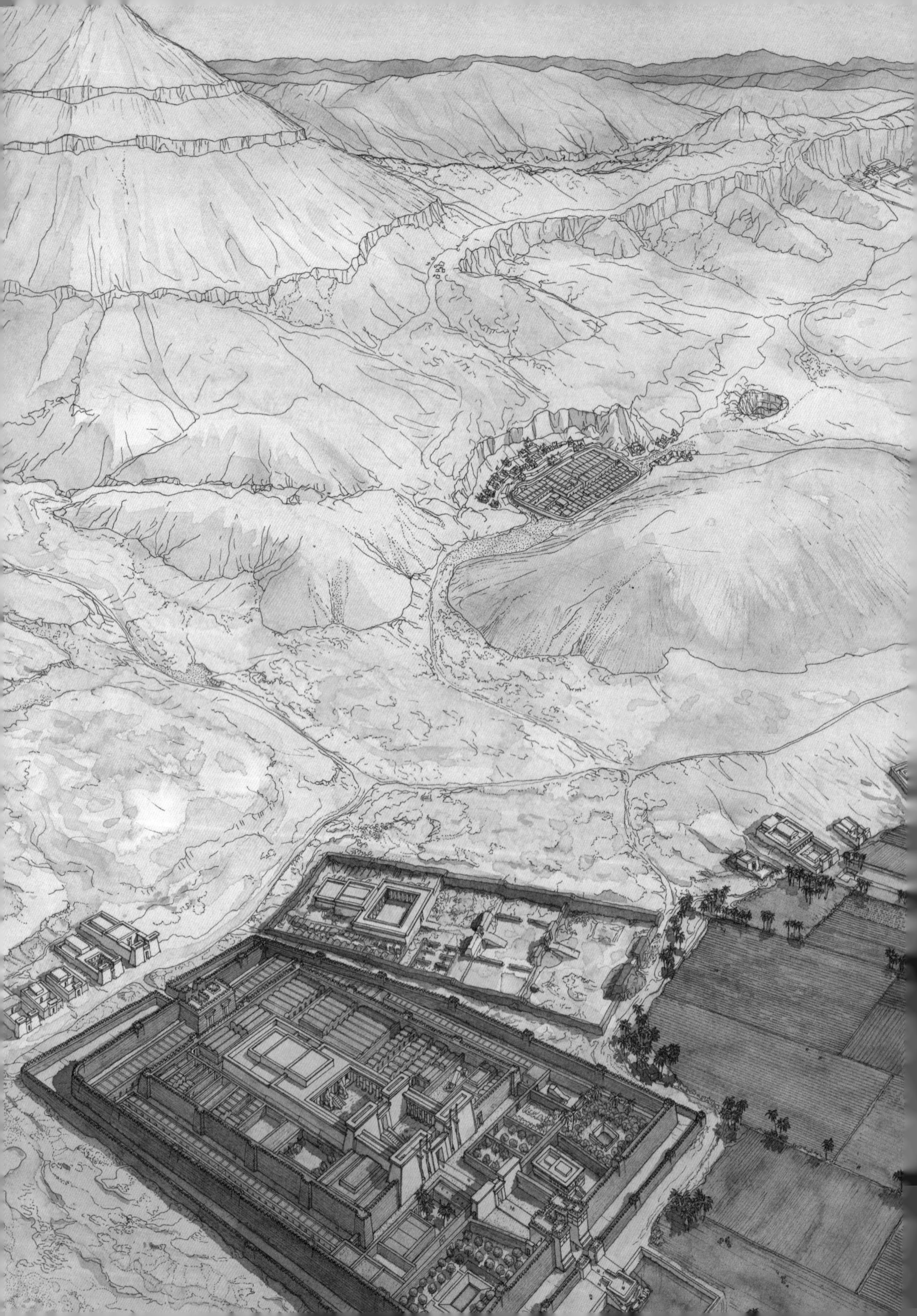

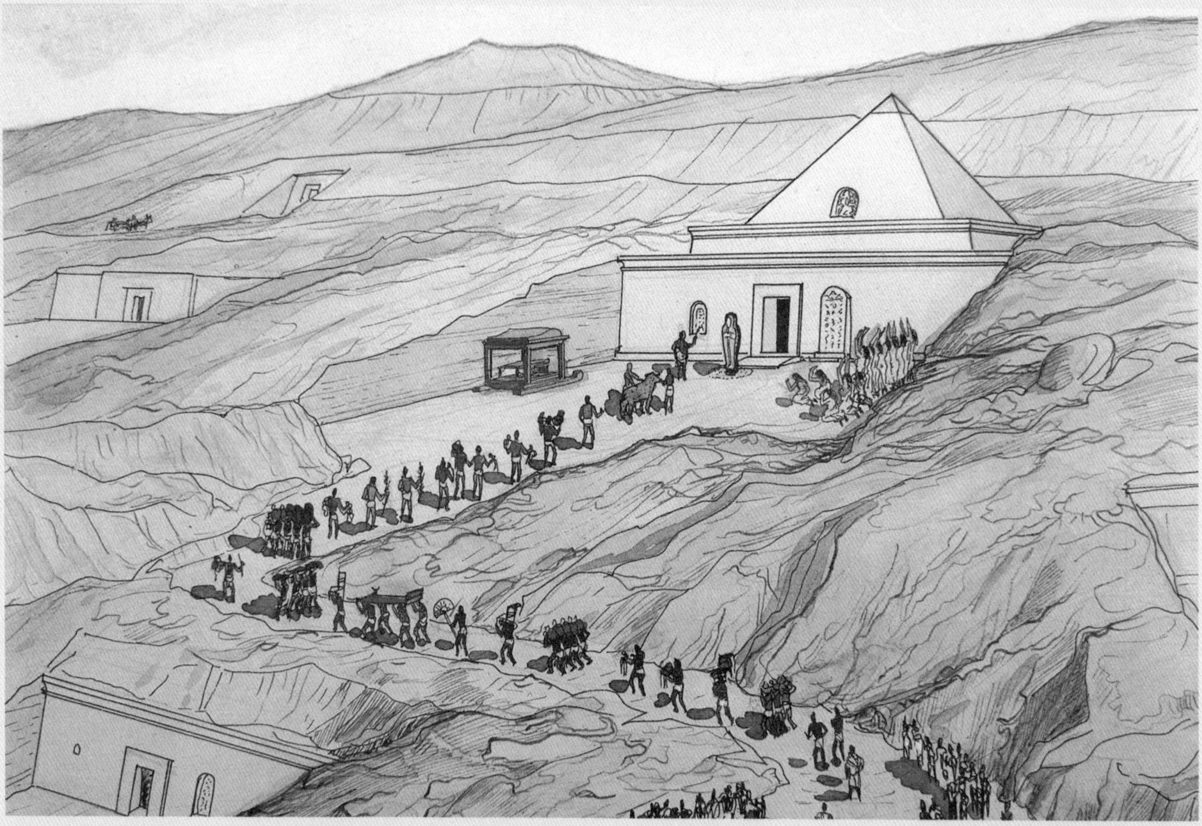

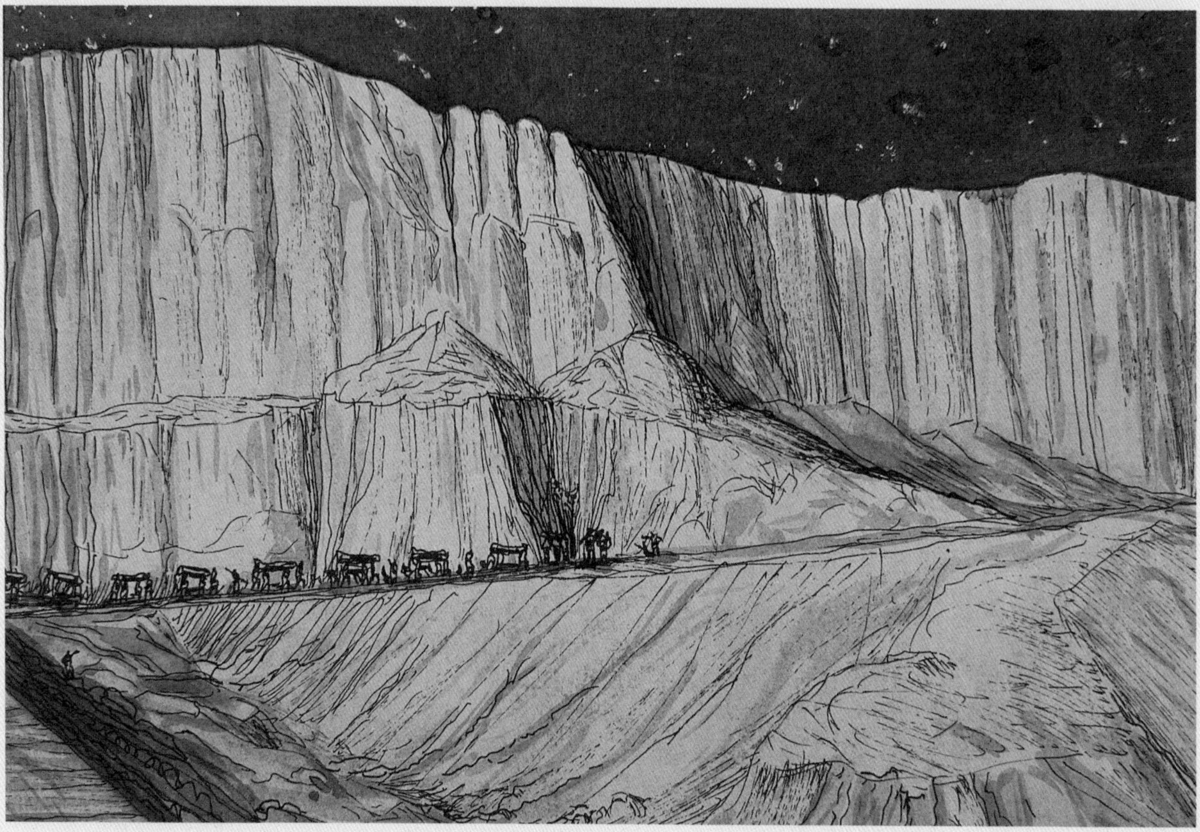

西底比斯：亡人的领地

第一王朝	前3050	
第二王朝		早王朝时期
	前2685	
第三王朝		
第四王朝		
第五王朝		古王国时期
第六王朝		
	前2180	
第七王朝— 第十一王朝		第一中间期
	前2040	
第十一王朝末 第十二王朝		中王国时期
	前1780	
第十三王朝— 第十七王朝		第二中间期
	前1570	
第十八王朝 第十九王朝 第二十王朝		新王国时期
	前1070	
第二十一王朝 第二十二王朝 第二十三王朝 第二十四王朝 第二十五王朝 第二十六王朝		第三中间期
	前525	
第二十七— 第三十王朝		后埃及时期
	前332	
托勒密时期	前305	希腊埃及
	前30	
罗马帝国时期	395	罗马埃及
罗马帝国时期	632	科普特埃及

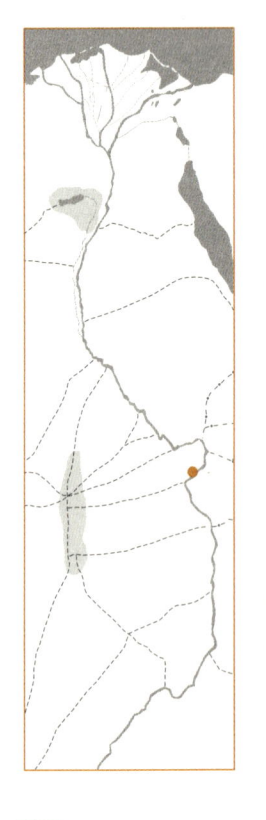

陵庙和墓地

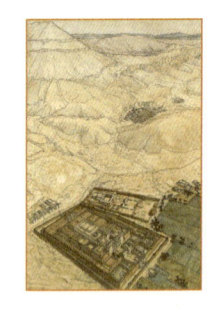

西底比斯的建筑是根据丧葬信仰的要求布局的。农田和沙漠的交界处坐落着一长串大小不一的王室陵庙，这些王室陵庙相当于新王国时期（前1570—前1070年）的"数百万年的宫殿"，是为已故国王举行丧葬仪式的地方。这些陵庙的四周通常建有围墙，码头正对陵庙入口，通过一条运河直接与尼罗河相连。拉美西斯三世的陵庙美迪奈特哈布后方是阿伊和霍伦海布的陵庙。陵庙和停放死者及其陪葬物的陵墓是一个整体，它们分布在两个大墓地——帝王谷和王后谷中，两大墓地凿建于利比亚山地支脉的山崖中。位于王陵山丘上的平民墓地较为简陋，阿萨西夫、阿布德·古尔纳教长陵园、古尔奈·穆拉伊都是这类墓地。这里的坟墓和陵庙没有分开，丧葬礼拜堂对外开放，内部有一条通向墓穴的楼梯。举目远眺，可以瞥见戴尔麦地那村，那里住着修建、装饰王陵的工人。

冥界的生活和祭葬崇拜

埃及一直是一个对死亡有深刻体悟的国度，对冥界生活的担忧永远萦绕在埃及人的脑中。没有一个民族能像埃及人那样为死亡，最重要的是为死后能继续"活着"而付出那么多的努力。然而，这并不意味着埃及人认为死是一件让人感到愉悦的事情。相反，他们最大的心愿就是能活到110岁，因为在他们看来，"死亡是一件痛苦的事情，会让人流泪，让人伤感，死亡无异于把人从家里拉出来扔到沙漠中的小丘上"。

尽管埃及人相信只有众神才能支配生死，但没有哪一位特定的神灵是死亡的象征。死亡对埃及人来说就像一桩不公平的事："我是一个被暴力夺去生命的孩子，我的生命非常短暂，去世时我还年纪尚幼。我所有的青春就这样被突然夺走了，就像一个入睡的人一样。当我还是一位少年时，死亡就将我带到了'永恒之城'，我就这样早早地离开了人世，来到了众神之主的面前。我有一群朋友，但没有一位可以保护我。"

埃及人恐惧死亡，但也知道死亡是不可避免的。诚然，他们眷恋尘世生活，但他们也知道尘世生活是短暂的，而死后的生活则是永恒的。因此，他们会为死后的生活做好最充分的准备。他们的华丽葬礼不容许任何疏忽，因此，埃及人一辈子都在为灵魂能顺利进入冥界做必要的准备，一辈子都在建造他们的"永恒居所"。

在埃及人的思想中，人是由不同的精神元素和物质元素构成的。主要的精神元素包括："塞克姆（Sekhem）"和"萨赫（sakh）"，分别指精神的能量和精神的载体；"阿克（akh）"，指隐形的力量；当然还有最主要的"巴"和"卡"，其中"巴"指灵魂。"巴"代表的是人在死亡的那一刻离开肉体的精神部分，离开肉体后，它会重获自己的"个性"，并开始随意游荡。"巴"的外形是一只鸟，它可以停在肉体旁，可以待在墓室里，也可以静静地在天地间漫步，以便重回它在某种意义上代表的亡人喜爱的散步地点。

80

"卡"定义起来则更困难，因为现代的语言和观念中没有真正等同于这种概念的事物。它是一种生命能量的表现，这些能量兼具保守性和创造性，可以在人的肉体死亡后继续存活。

而物质的元素则包括肉体"卡特（khet）"、心"伊布（ib）"以及名字"任（ren）"，它如同个人的分身。埃及人对名字的效力有着深刻的信仰，为一个人取名字是为了使其在肉身消亡后能继续存在，因此，坟墓和陵庙中书写着很多墓主的名字。

死亡并不代表终结，它是过渡到另一种存在的形式。死亡意味着上述所说的所有元素都会分离开来，但是每一种元素都单独保留自己的完整性。如果能再次把这些元素凑齐，死者就可能获得第二次生命。因此，要想让死者复活，就得保存好其最脆弱的部分——肉体。一旦肉体腐坏，死者就失去了在死后继续"存活"的可能。所以古埃及人会对尸体进行防腐处理。希罗多德的记述中提到了必须由专业人士完成的防腐工序：

"首先，用铁钩把死者的部分大脑从鼻孔里取出，往头颅里注入一些药物，然后取出剩下的部分。接下来，他们会用产自埃塞俄比亚的锋利刀具在死者的肋部切开一个口子，取出所有的内脏，清空死者的腹腔，再用棕榈酒和捣碎的香料先后对腹腔进行两次清洁。然后，他们会把捣碎的纯没药、肉桂以及他们所知道的除了乳香外的所有香料填进死者的肚子，最后再把切口缝合。"

皮肤、骨头和软骨需要进行脱水处理才不会腐烂："接着，他们会将尸体放入泡碱中浸泡70天，让尸体的盐度升高。时间一到，他们就会清洗尸体，然后用细亚麻布条包裹整个尸体，布条上涂的是古埃及人日常使用的树胶，而不是胶水。"

裹尸布的长度有时可达数百米，先包裹四肢，然后是躯干。裹尸时，主祭会在规定的位置装入保护尸体的护身符，这些护身符有乌加特之眼、吉德柱、金指套和胸饰……经过防腐处理的心脏会被放回身体，其他内脏则用同样的方法单独处理，然后装入四个事前准备好的卡诺卜坛中，这四个坛子分别由荷鲁斯的四个儿子守护，他们分别是：南方的人首木乃伊艾谢特，死者肝脏的守护神；北方的狒狒头木乃伊哈碧，死者肺的守护神；东方的豺狼头木乃伊杜米特夫，死者胃的守护神；西方的鹰隼头木乃伊奎本汉穆夫，死者肠子的守护神。

祭葬信仰和仪式

随着时间的推移，对于冥界生活的信仰发生了很大变化，它变成了复杂、丰富的混合体，融合了不同时期的信仰，但又没有照搬任何一个时期的信仰的所有元素。最初（约前3150年），古埃及人大多认为人死后被埋在沙漠中就可以在冥界"重生"。在重获新生后，死者自然需要继续进食，所以给死者敬献食物至关重要。无论在哪个时期，无论下葬以何种形式进行，给死者敬献食物一直都是核心问题，以至于人们似乎对遗漏此事产生了病态恐惧。尽管祭葬图像的主题一直在演变，一种永恒不变的观念却一直贯穿其中，即祭葬宴席，而且祭葬宴席通常非常丰盛。在图像描绘的场景中，死者坐在一桌丰盛的食物前，好像已经为在冥间过上衣食无忧的生活准备好了一切。

从古王国末期（约前2180年）起，最初的祭葬信仰中融入了两种新的元素：奥西里斯和拉。奥西里斯是地下世界的统治者，死者结束冥界的旅途后会在奥西里斯的王国获得一块土地。这块土地在"雅鲁原"，死者会在那里播种、劳作、获得丰收……

对太阳的信仰在古王国时期是王室成员的特权，随后，王室的臣民也有了这种信仰。对于太阳的信仰让人们相信死者会进入太阳的领地，然后在拉的身边一直与拉航行。从中可以看出，埃及人对"死后生活"的看法有些矛盾：死者既在天界的太阳船上，又在地府的"雅鲁原"上，还可以在坟墓里享用亲人敬献的食物。据说，死者甚至可以返回地上世界，再看一看他曾经喜欢的地方。因此，人们找到了一种灵活的解释：白天，死者可以在坟墓里享用祭品，也可以在地上世界散步；夜晚降临后，他会与太阳神一起航行，途中会在"雅鲁原"停留。清晨时分，死者会回到凉爽的坟墓中。

为了让死者在死后继续"活着"，人们会举办祭葬仪式，并在仪式上不断为他们献上食物。死者的子女可以为死者献上食物，但几代人过后，祭葬仪式会因为死者越来越多而变得难以举行，因此，祭葬基金产生了。祭葬基金是为坟墓划拨的土地所产生的收入，专门用于为死者献祭食物、给祭司发放工资。

祭葬基金最先是为国王创建的，因为国王在阳间和阴间都有义务供养自己的臣民。但是，基金只能在王国富足且受益者数量有限的条件下运作。没过多久，所有人都开始努力使自己的祭葬仪式一直延续下去。富人们仍然使用祭葬基金，并为自己的祭葬仪式安排祭司。但是一块土地在被继承时会被分成很多块，因此人们慢慢放弃了祭葬基金，转而以墓主的身份与祭司签订契约，这个更加有效的方法规定基金不能被拆分，并且只能转给继承人中的一位。稳妥起见，死者还尝试同时享用敬献给神灵的祭品。在受到王室恩准的前提下，死者可将一座自己的雕像放到礼拜神庙。这样一来，死者就可以与神灵共同享用美食了。

即便做足了各种准备，埃及人还是觉得自己的祭葬仪式不能继续下去，因为他们在活着的时候就能看到古代的坟墓被遗弃或者被盗。对于在冥界生活而言，魔法是必不可少的。有了魔法，只需将一件物品描绘出来，然后再叫出它的名字，这件物品就能成为真正存在的事物。描绘物品非常简单，就是在坟墓中画很多和食物相关的图画，比如粮食的丰收、葡萄的丰收、面包或啤酒的制作、屠宰的场景等。然后，得有人念出咒语，让食物变成真的。"哦，在人间生活着的世人啊，他们是我的仆人同胞。他们将跟随神灵，然后念，'取之不尽的面包、啤酒罐、牛、鸟……都将送给唯一的朋友'。"

因此，死者会通过诱人的承诺吸引到访者进入自己的坟墓，并明确表示念咒语是一件毫不费力的事情。到了古埃及晚期，让死者继续"存活"的仪式变得极其简单，仪式的名称叫"愿我的名字永存"，这说明埃及人对祭葬仪式已不再抱有幻想：到了这个时期，只需要念出死者的名字并进行奠水礼就已足够。这样的仪式每10天进行一次。

皮涅杰姆时期，王室木乃伊被藏到德尔巴哈里

底比斯的权力机关曾采取措施保证王陵不被盗窃，但这似乎还不够有效，因为自第二十王朝末期开始（约前1125年），特别是在拉美西斯九世和拉美西斯十一世统治时期，首批盗墓者就出现了。逮捕和诉讼潮也没能改变这种状况并阻止罪行发生。终于，在第二十一王朝时期（约前1070年），皮涅杰姆决定采取行动拯救王室木乃伊。为此，他下令修复这些木乃伊，然后用裹尸布把它们盖上，放入刻着它们名字的木棺中。最终，这些木乃伊被送到了两个地方：其中的16具木乃伊（9位法老，1位可能是王后，另外6位身份不明）被迁至阿蒙霍特普二世的坟墓中；另外40具木乃伊（13位国王，16位王后、公主或普通女性，3位王子或普通男性，另外8位身份不明）被迁到在德尔巴哈里的悬崖上开凿出的墓穴之中。

故事并未就此结束。直到19世纪，才又有人谈论起这些木乃伊。1876年，古迹部门发现一些带有王名圈的文物出现在了古董市场上，这说明背后存在一个不为人知的巨大供货源。5年后，加斯顿·马斯佩罗（Gaston Maspero）查清了罪犯的底细——一个来自古尔纳的家庭。19世纪70年代，他们在德尔巴哈里发现了隐藏木乃伊的地方，于是他们在古董商中找到买主，向其出售这些王室财物。至此，关于这些木乃伊的交易终于画上了句号。木乃伊和其身上微薄的宝物离开了卢克索，最终被一并收藏于开罗博物馆中。据说，"从卢克索到库夫特，头发蓬乱的妇女们一边跟着船一边悲号，而男人们则像在葬礼上一样鸣枪致意"。

王陵——从凿墓到盗墓

凿建拉美西斯三世（葬于前1151年）的陵墓

国王拉美西斯三世登基后，底比斯的维齐尔就率领一批人马去帝王谷确定法老墓穴的位置了。在看过维齐尔呈上的墓地位置后，国王亲自去现场看选址是否合理。

"拉美西斯三世统治王国的第一年，他在洪水季的第二个月的第十日到达底比斯，并在那里度过了接下来的两天，他在第十三日到达底比斯西岸（王陵所在地）。"

拉美西斯三世很快就看中了他父王塞特纳赫特没修完的一座建筑——在塞特纳赫特放弃修建地下陵墓之前，楼梯和过道在拐弯前的部分已经修好了。凿建陵墓的工作交给了采石工人，他们用青铜镐在悬崖内相对易碎的石灰石上开凿。碎石由辅助工人清除，他们先把碎石放在用柳条编成的篮子里，然后再把篮子扛出坟墓。

一份在戴尔麦地那村发现的文献记录了工人工作的速度。这是一份关于凿建西普塔（葬于前1187年）陵墓的文献，其中写着"从洪水季第二个月的第十二日到洪水季第三个月的第二日期间完成的工作量：17肘长"，这相当于20天凿了8.9米；"从洪水季第四个月第二十八日到春天第一个月的第十一日完成的工作量：13.5肘长"，相当于12天凿了7米。因此，工人平均每天需要凿50厘米，也就是说，要凿建一座与拉美西斯三世陵墓规模相同（深125米）的坟墓需要250天，这速度在现实中已经非常快了。

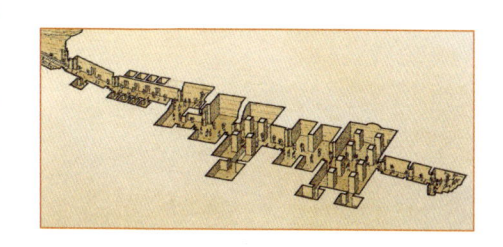

装饰尼斐尔泰丽（葬于约前1255年）的陵墓

拉美西斯二世的王后尼斐尔泰丽的陵墓以其色彩绝美、工艺精湛的装饰闻名。帝王谷中有一些未完工的地下陵墓，如霍伦海布（葬于前1293年）的陵墓。这些陵墓让人们了解了墙壁、壁龛和柱子上的装饰物的制作工艺。在坟墓的开凿工作完成后，泥水匠们进入墓穴，把采石工人开凿墓穴时留下的坑洼填平。整平墓穴的墙壁后，绘图师会用红墨先在上面画出一个网格，方便他们按照理想的标准绘制图像。这些"轮廓的誊写人"会将他们事先在莎草纸上画的画还原到墙壁上。他们先用红墨画出草图，然后再用黑墨修改。这项工作完成后，雕塑家们进入墓穴，他们需要用青铜凿子按下令建造者选择的方式雕刻浮雕：透空浮雕是一种可以较快完成但不怎么雅致的浮雕，这种浮雕的主要轮廓被雕刻出来时，墙壁相对于浮雕主题是凸出的；相比之下，浅浮雕更精致，但雕刻的难度也更大，这种浮雕的背景是凹陷的，因此可以凸显出扁平的主题图像。最后进场的是画家，他们带着棕榈纤维做成的画笔、调色用的小桶和不同颜色的天然染料，其中包括黄、红和褐色的赭石染料，蓝色的石青粉染料和绿色的铜盐烧结染料，白色的石灰染料，还有黑色的炭染料等。

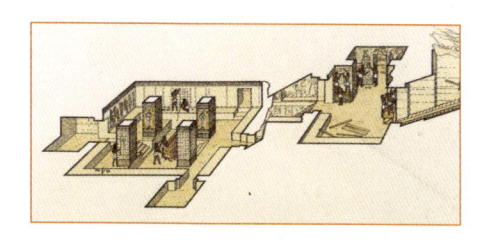

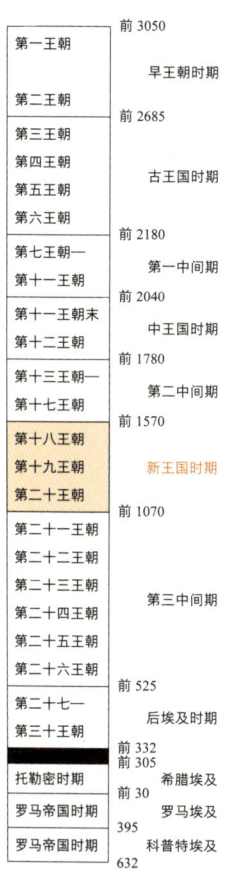

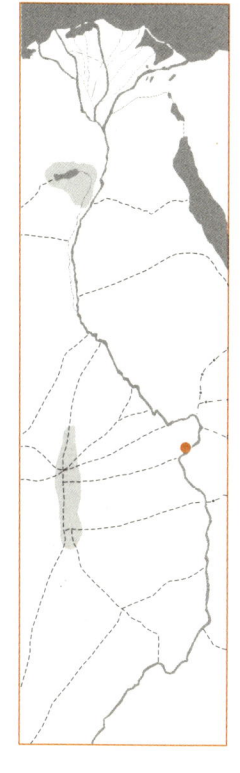

朝代	年代	时期
第一王朝	前3050	早王朝时期
第二王朝	前2685	
第三王朝		古王国时期
第四王朝		
第五王朝		
第六王朝	前2180	
第七王朝— 第十一王朝	前2040	第一中间期
第十一王朝末 第十二王朝	前1780	中王国时期
第十三王朝— 第十七王朝	前1570	第二中间期
第十八王朝 第十九王朝 第二十王朝	前1070	新王国时期
第二十一王朝 第二十二王朝 第二十三王朝 第二十四王朝 第二十五王朝 第二十六王朝	前525	第三中间期
第二十七— 第三十王朝	前332 前305	后埃及时期
托勒密时期	前30	希腊埃及
罗马帝国时期	395	罗马埃及
罗马帝国时期	632	科普特埃及

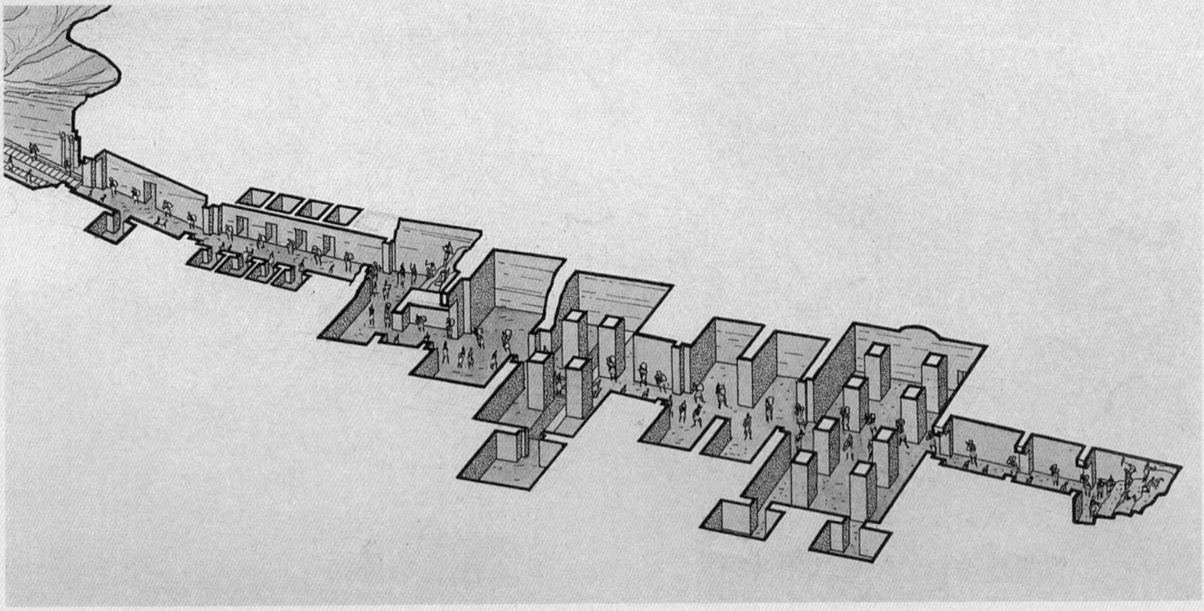

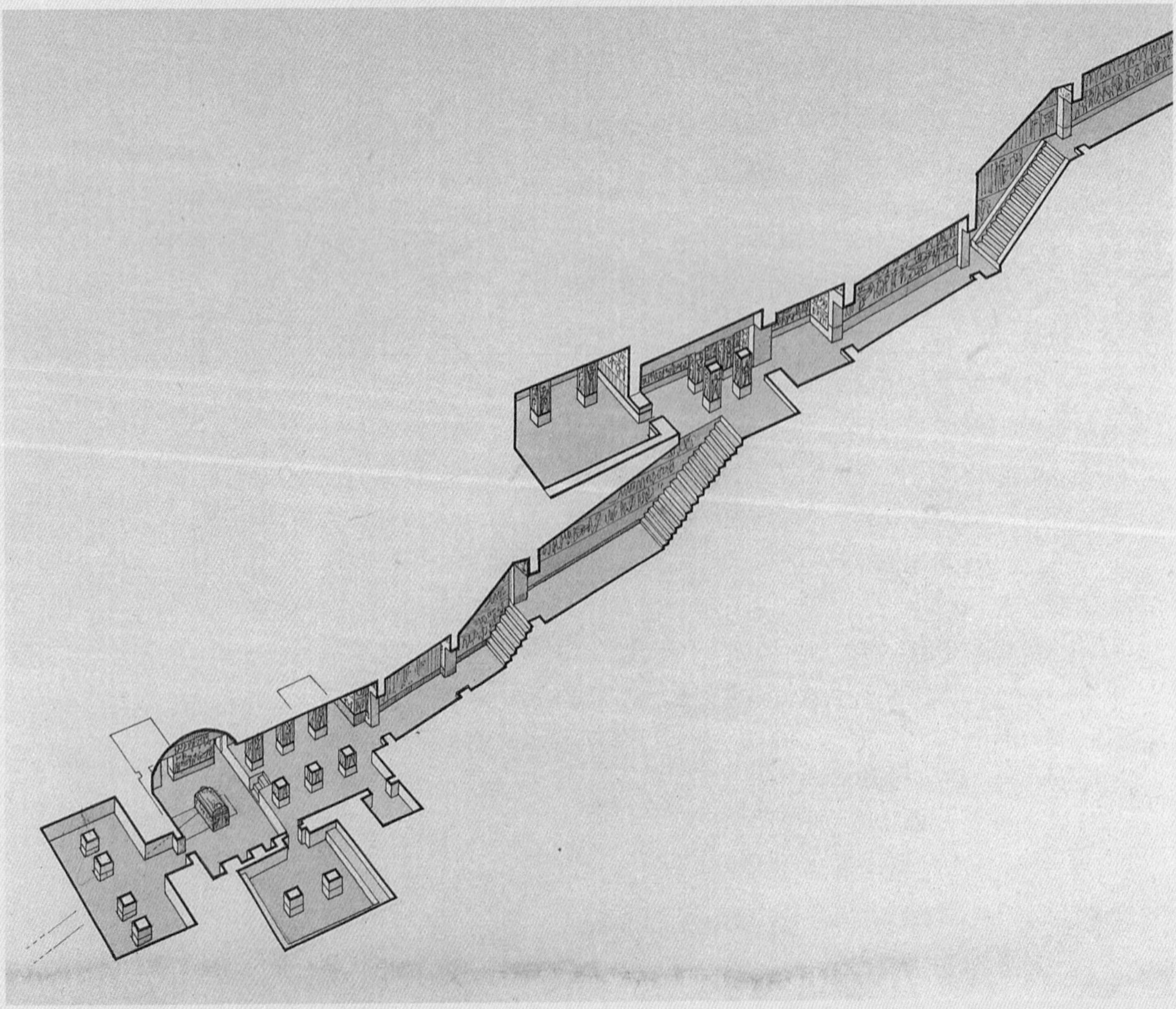

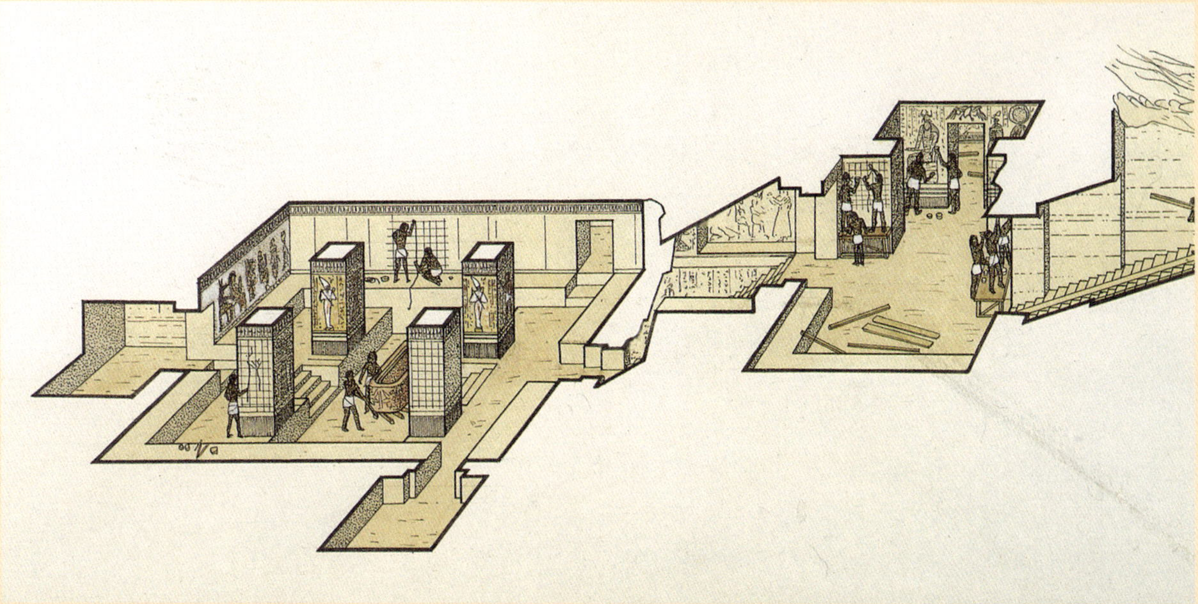

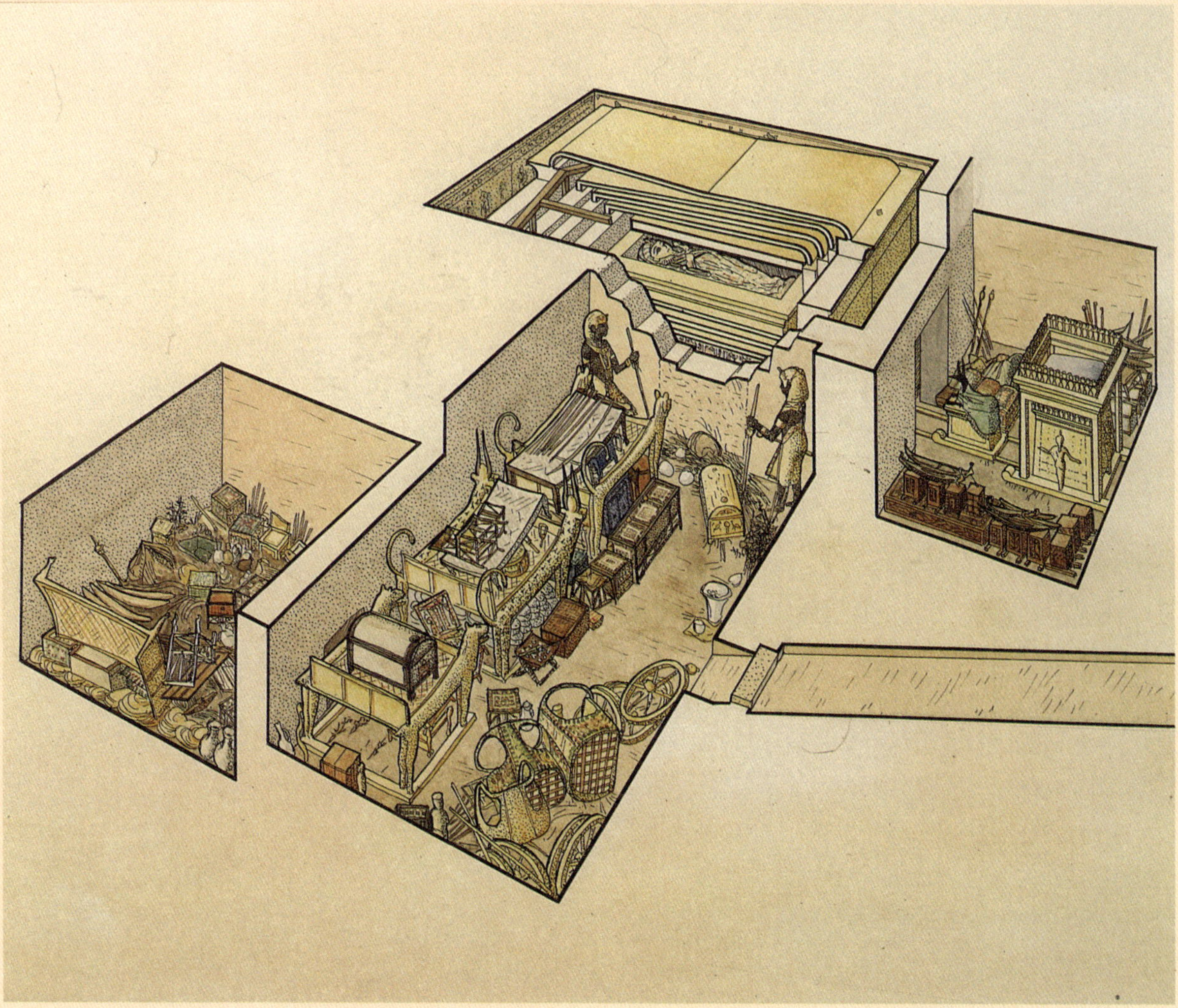

盗窃塞提一世（葬于前1278年）的陵墓

虽然在新王国时期（前1570—前1070年），国王采取了防盗墓的措施，但这些据说位置隐蔽且无人知晓的墓地还是没能逃过盗墓者的魔爪。各种文字资料和审判报告显示：盗墓从拉美西斯时代末期（约前1125年）开始就成了一种系统性的活动。从这些文件中可以看出，盗墓需要精细的组织和多种不同技能。首先要找到有利可图的坟墓，然后盗墓、分赃，最后再出售赃物。因此，盗墓团伙通常由十几人组成，核心成员则来自同一个家庭或同一个机构。

他们是些什么样的人呢？通常，这些人既不是失业者，也不是被驱逐的人，更不是土匪，而是在底比斯大型行政机构（阿蒙领地、拉美西斯三世的陵庙等）里工作的国家雇员。同时，高级官员和国家机构的官员很少直接参与盗墓，盗墓者大多为中低级别的神职人员（祭司、神父、司书、行政人员）和已完全融入埃及社会的外邦人。这些人以亲属或密友为消息的提供源，基于消息盗墓，特别是戴尔麦地那村的工人们，他们最了解坟墓，所以即使是在夜间盗墓，行动也能顺利进行。因为害怕被盗墓者谋杀，工人们会充当线人、积极的帮凶，对盗墓行动保持中立态度或选择默不作声。

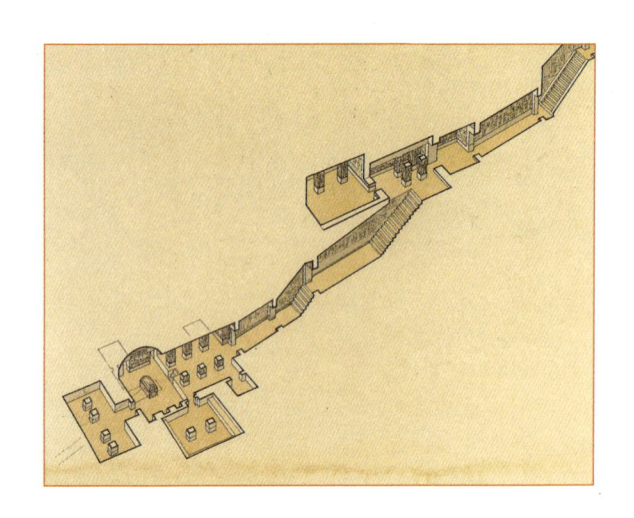

图坦卡蒙（葬于前1325年）陵墓中的物品

1. **进入陵墓的楼梯**：共有16级台阶，楼梯通向第一道墓门，墓门用涂了石膏的灰渣封堵，门上还可以看到很多章印。
2. **缓坡走廊**：这是一条长8米、向下延伸的走廊，一直通向第二道被封住的墓门。
3. **前厅**：这间房里最主要的陪葬物品有被拆卸的马车、尸床、箱子、椅子、王座、至圣所和食品盒，物品近700件。前厅西边有一扇矮门，这扇门掩藏在一张床后，床柱上有河马女神塔沃里特的雕像，这扇门通向陵墓的附属建筑。前厅的北边是墓室的入口，入口前有两尊雕塑把守。
4. **附属建筑**：房内藏有2000多件物品，房间的地面比前厅的地面低90厘米，这里的物品包括巫沙布提俑、陪葬家具、钩杖、手杖、玩具、盾牌、武器、盔甲，但最重要的是储存在罐子和篮子里的食物、饮料和药膏。
5. **墓室**：整个陵墓中唯一一间有装饰的房间，里面有保护王室木乃伊所需的不同物品，包括4个嵌套在一起的外棺、外棺内的石棺、石棺中的3副棺材，最后一副棺材是纯金的，里面有佩戴其所有饰品的王室木乃伊。
6. **藏宝间**：它与墓室之间的通道未被封堵，这里存放着被视为陵墓中最珍贵的物品的丧葬专用品，包括存放卡诺卜坛的箱子、顶上有阿努比斯的至圣所、奥西里斯的床、小船模型、放在匣子中的巫沙布提俑、神灵的小雕像、装墓主镶金雕像的柜子以及珠宝箱等。

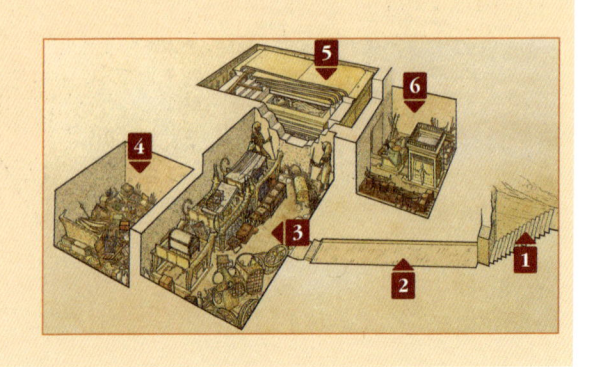

图坦卡蒙的陵墓是否应被视为典范

20世纪初，于帝王谷发现的王陵中，只有图坦卡蒙的陵墓仍然保留着陪葬物品。所有其他陵墓自法老时代开始就遭受了野蛮的偷盗。因此，人们倾向于视这座陵墓为典范，因为它是唯一一座可以查清到底有哪些财物会伴随国王去往冥界的陵墓。但是，问题在于，无论人们想证明什么，这位统治时间短、在位时期政治环境非常特殊并且英年早逝的国王可以在多大程度上被视为范例？

在仔细分析该陵墓后，人们发现它并不是按照传统陵墓的结构建造的。看看王室的大型地下陵墓，尤其是塞提一世和拉美西斯三世的陵墓就能证实这一观点。这些陵墓的入口凿建在悬崖上，入口后是一条长长的、逐渐变窄的走廊，两侧建有一些礼拜堂和次级壁龛。有时，走廊的长度会超过100米，尽头就是墓室。

图坦卡蒙的陵墓与上述陵墓完全不同，他的墓穴的大小和布置方式倒是有很多民间坟墓的特征。显然，他是被仓促葬在这里的，他的陵墓在举行葬礼时还没建好，因为他去世时还不满20岁。当时，国王的首席顾问"神之父"阿伊的墓穴已快完工，所以就按王室陵墓的规格对其进行了简单的改造。至于堆积在陵墓中的物品，其数量和质量都引起了很多疑问。

卡特于1922—1932年发掘出了这座陵墓，列出的墓中物品共3500多件，这些物品通常都由最珍贵的材料（金、银、青金石、宝石或半宝石、雪花石膏）和最稀有的木头（雪松等）制作而成。假设国王从继位起就开始凿建他们的陵墓、制作丧葬用品，英年早逝的图坦卡蒙都累积了如此之多的陪葬品，那么在位时间超过65年的拉美西斯二世又该有多少陪葬品呢？

同时，人们推测国王的财富与其威望成正比。然而，有关图坦卡蒙的记载无法让人将其视为一位非常伟大的国王：在非常紧张的政治局势下，图坦卡蒙于9岁登基，在统治王国时，他一直处于"神之父"阿伊和霍伦海布将军的控制下。他身体虚弱，最终英年早逝。那么按照以上假设，第十八王朝的伟大国王（如图特摩斯三世或阿蒙霍特普三世）的陵墓里又该藏着多少东西呢？所以，这种推测其实并没有任何依据。出土的图坦卡蒙的陪葬宝物谜团重重，且这些谜团至今未解。也许有一天，在机缘巧合下，人们能够揭晓部分谜团的答案。

进入深渊

我随后进入了神圣的河谷，我将探查这里数不清的地下墓穴。我往下走进了国王的陵墓，在那里我看到了明艳的图画，画上展示了这个富于创造的民族的习俗和宗教信仰，也展示了埃及国王们赢得的胜利，但他们的石棺却都空空如也。所有的一切都让我想到了生命的短暂，周围的一切都在对我说人只因拥有灵魂才成了人，正如国王因其思想而称王，柔弱的微粒因其壳而得其身。国王认为自己来自天界，但也经受了凡间之苦。尽管如此，单凭希望在死后获得重生的愿望，他就在这场持续的斗争中获得了胜利。

我走进地下世界，进入地下宫殿，它的布局和分隔方式堪称艺术。宫殿由柱子支撑，柱子上覆盖着灰墁涂层，上面有令人钦佩的绘画。毫无疑问，这些象形文字和图像都展示了人类认知的历史，古埃及的祭司们把它们托付给"深渊"，这样它们才能逃过地球上的动荡。这里的房间念珠般串在一起，最后一个房间里放着一具雪花石膏制作的棺材，石棺上刻满了象征性符号。虽然如今里面的遗体已经不见了，但石棺保存得相当完好，让人颇为震撼。

在这黑黢黢的世界里，我觉得阿拉丁的力量或某种魔力掌控了我，神奇的灯光指引我走向一个巨大的谜团。跟我们一起进来的贝都因人轻描淡写地解释了这些超自然的工程是如何完成的。他说暴雨过后山会变软，人会更有力气，石头会变轻。这就是能为死者凿建地道，能在沙漠上筑起一座座大清真寺（王陵）的原因。

福尔班伯爵路易-奥古斯特（1777—1841年）

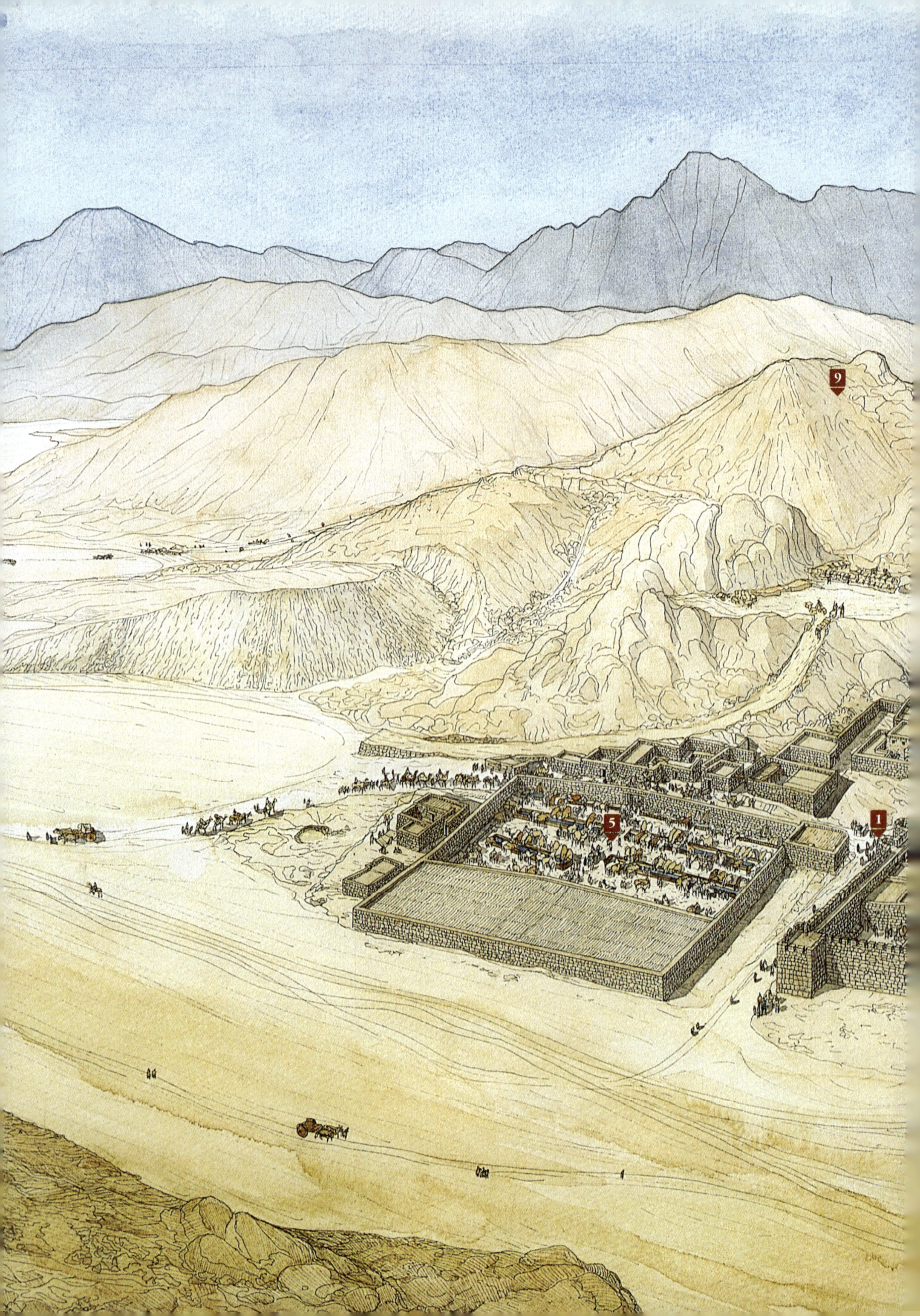
9
5
1

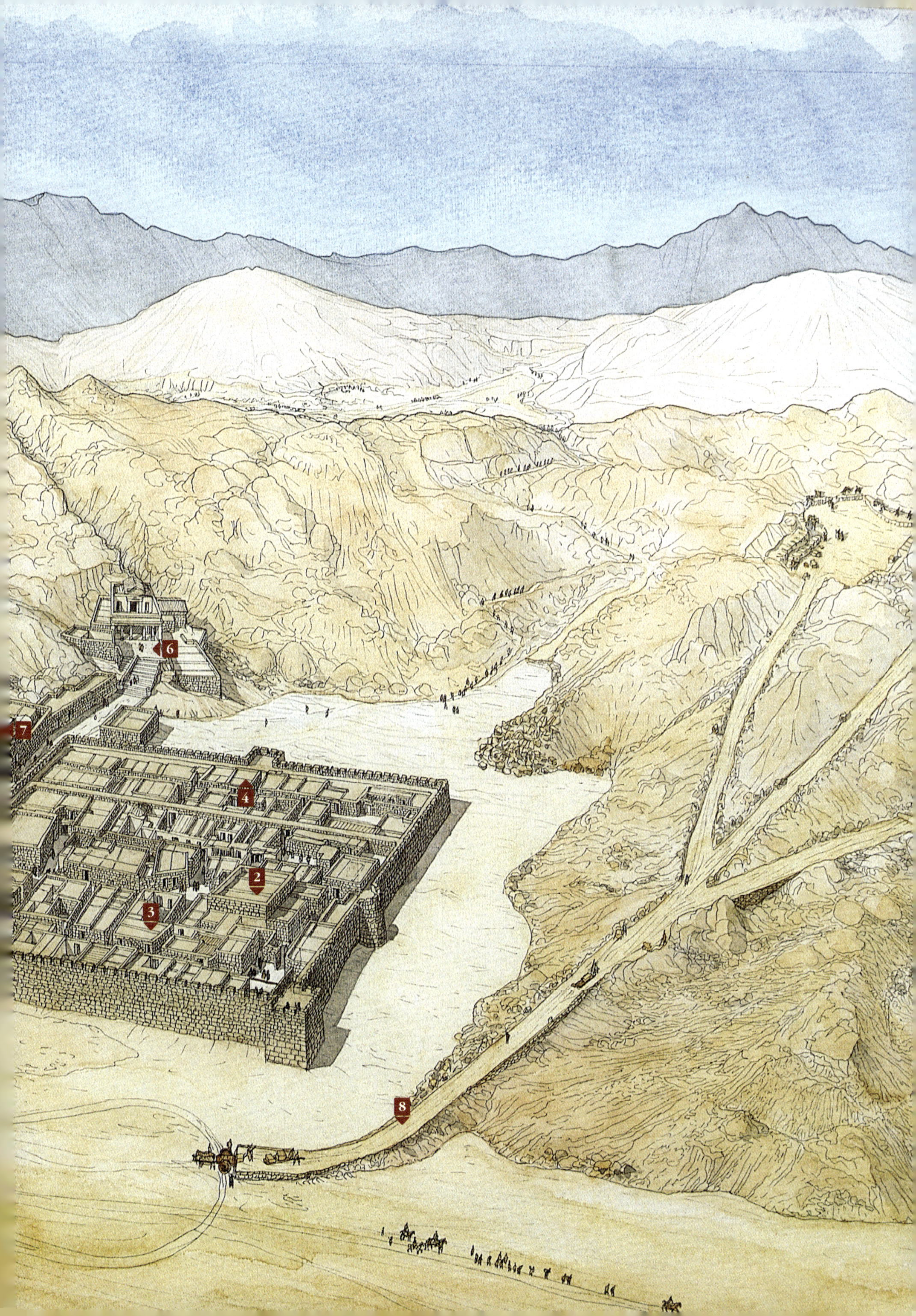
6
7
4
2
3
8

克劳迪亚努斯山的花岗岩采石场

第一王朝	前3050	
第二王朝		早王朝时期
	前2685	
第三王朝		
第四王朝		古王国时期
第五王朝		
第六王朝		
	前2180	
第七王朝—第十一王朝		第一中间期
	前2040	
第十一王朝末 第十二王朝		中王国时期
	前1780	
第十三王朝—第十七王朝		第二中间期
	前1570	
第十八王朝 第十九王朝 第二十王朝		新王国时期
	前1070	
第二十一王朝 第二十二王朝 第二十三王朝 第二十四王朝 第二十五王朝 第二十六王朝		第三中间期
	前525	
第二十七——第三十王朝		后埃及时期
	前332	
托勒密时期	前305	希腊埃及
罗马帝国时期	前30	罗马埃及
	395	
罗马帝国时期		科普特埃及
	632	

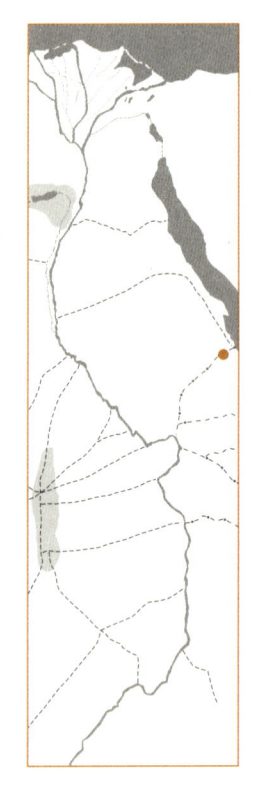

罗马占领埃及时期

公元前31年,安东尼在亚克兴战役中失利。随后,屋大维的军队入侵了埃及。在安东尼自杀后,克利奥帕特拉把亚历山大送给了刚刚获胜的屋大维。她曾试图勾引屋大维,但最终选择了自杀。

屋大维(于公元前27年获得"奥古斯都"称号,是罗马的第一位皇帝)让埃及成为罗马的一个行省,并赋予其特殊地位,因为控制尼罗河谷对罗马帝国的生存而言至关重要。埃及不仅是罗马最重要的粮仓,也是石材和矿物的主要供应地,而且它位于三大洲交界处,具有重要的战略地位,使罗马帝国的影响范围能够扩大到亚洲和非洲。

与其他行省不同,埃及直属于罗马皇帝。省长代表罗马皇帝管理埃及,其职务是罗马帝国中最重要的职务之一。直到哈德良(117—138年在位)统治之前,罗马在埃及施行的都是军事统治。虽然罗马确实攻占了埃及,但埃及并不是很安定,因此无论如何也要让其归顺罗马。当时,罗马对此采取的政策包括严格管控底比斯地区,因为驻守在亚历山大的罗马军队离这里较远,同时密切监视南部地区,以防当地叛乱和外敌入侵。

尽管发生了剧变,埃及还是较平稳地度过了罗马占领时期。在文化方面,埃及保留了自身文化的独特性;在经济方面,它发展了与埃塞俄比亚、亚洲和苏丹的贸易关系。从哈德良时期到塞普蒂米乌斯·塞维鲁(193—211年在位)时期,罗马人和埃及人建立起了真正的合作关系。罗马让埃及变得越来越美、越来越繁荣:亚历山大的图书馆被修复了;菲莱岛的伊西斯神庙扩大了规模;人们在安提诺波利斯新建了一座城市并开辟了哈德良大道(从尼罗河畔的安提诺波利斯一直通往红海边的贝勒尼基)。在这段文化繁荣的和平时期过后,罗马迎来了以镇压闻名的塞维鲁王朝(193—235年),这个时期出现了权力危机、社会动乱和经济衰退等问题。罗马开始失去活力。

公元284年,戴克里先登基标志着拜占庭埃及的开始。随之而来的深度改革削弱了行省管理者的权力,从而颠覆了埃及的传统组织形式。从此,埃及被划归到东部管区,这个管区包含四个省,由东部的代理主教统一管辖,并受各省省长的监管。这四个省分别是:埃及(尼罗河三角洲)、底比斯地区(上埃及)、下利比亚(马雷奥蒂德)、上利比亚(昔兰尼加)。后来,公元380年,东部管区被埃及管区取代,新的管区仍旧包括两个利比亚省和底比斯地区,但尼罗河三角洲被分割成了两个省:西边部分是奥古斯塔米克,东边部分是埃及。通过设立统一的行政单位并由仅负责一个管区的行政长官监督,罗马皇帝降低了内部动乱时有人篡权的风险。

埃及的宗教则在很长一段时间里一直保持不变。直到4世纪初,在这里长期备受排挤的基督教终于迎来了胜利,新的篇章开启了。公元313年,君士坦丁颁布了"米兰敕令",宣布在罗马帝国内享有信仰不同宗教的自由。狄奥多西继续强化这一措施,公元380年,他禁止献祭,违者将被判处死刑,同时还下令关闭神庙,并宣布基督教为全国唯一的宗教。

慢慢地,异教从尼罗河谷消失,圣所也变成了教堂。公元395年,埃及迎来了东罗马帝国统治时期,随后基督一性论者与基督二性论者之间爆发了宗教争论。最终基督一性论落败，其信仰者重新集结后形成了一个全国性的本土教会，即科普特教会。公元 551 年，查士丁尼关闭了菲莱岛的伊西斯神庙，此神庙在这之前都躲过了罗马的管控。就这样，最后一批埃及宗教的支持者也消失了。然而，由于过度沉迷于镇压宗教起义，罗马皇帝没有维护好军队，导致公元 619 年波斯人侵入埃及时没有遇到任何抵抗，犹太人和基督一性论者甚至把他们当成了救星。最终，阿拉伯人征服埃及，为这些内部分裂画上了句号。

东部沙漠中士兵的艰苦生活

在东部沙漠，商人团主导着这里的贸易，他们是组织货物运输的"中间商"。贝勒尼基山的行政长官在这里的交通线路上设立了很多通行关卡，往来的旅行者付费后才能通行。这位行政长官有"罗马骑士"的头衔，他依靠小型堡垒里的驻军部队来控制人员和货物的流动。因此，通行的道路上设置了很多确保东部沙漠安全的小型堡垒。每两座堡垒之间的距离为 30—40 千米（旅行者平均每天可以走这么远），堡垒的结构通常非常简单，这些建筑环绕在一口位于中央的大井周围，另外还有一些沿着墙建造的外围设施。筑墙的目的是保护水井或蓄水池中的饮用水、保护旅行者不受抢劫。这些堡垒由几名巡哨兵（stationarii）看守，他们的日常生活似乎并不轻松。据相关题铭学资料显示，这里的娱乐非常少，沙漠商队也很少从这里经过。因此，除了做些杂活，巡哨兵们要做的只是等待来换班的人，有时等待时间非常漫长。他们的食物以蔬菜为主，包括扁豆、洋葱、枣、萝卜、白菜和谷物。肉基本没有，就算有肉吃，也是一些放在罐子里的腌猪肉、家禽和野味。他们也很少吃鱼，但是每顿饭都能吃到油、喝到酒。简而言之，他们的饮食结构极不均衡，巡哨兵们因此营养不良，饱受疾病的困扰。

克劳迪亚努斯山的花岗岩采石场

一支国际考古队在克劳迪亚努斯山地区进行了全面的考古发掘，结果找到了数千枚土陶片（ostraca），它们是极为重要的文献资料，除了供人们了解当时的采石技术外，它还提供了大量有关克劳迪亚努斯居民日常生活的碎片化信息。建造这座采石城的石头完全产自当地，它遵循了传统罗马堡垒的建造布局，并靠棱堡和棱堡间的城墙守卫城市周围的地区。

可以看出，此地的建设分为两个阶段：第一阶段可能在 2 世纪初；第二阶段在罗马帝国晚期（3 世纪），当时，这座已被废弃的堡垒被重新使用，并得到了修复和扩建。它唯一的入口（1）在西面，入口两侧各有一座半圆形塔楼把守。入口通向一条位于城市正中间的道路，在这条路的尽头建了一座神庙（2），神庙包括一间中央大厅、多个壁龛和多间侧厅。城里的隔墙上有两扇门，隔墙将城市分成了两部分：核心区域（3）以及在罗马帝国晚期增加的附属区域（4）。无论在墙的哪一侧，日常生活的空间都很狭窄，而且被过度地分割，布置得非常混乱。一些营房挨着城墙，另一些则处在城市中央。这里共同居住着平民和军人，前者是一些工具或普通工人，他们负责开采并加工石头，后者是士兵，负责监督并保护工人。

在城墙外有一大块被圈出的区域（5），它有两个用途：露天部分建了若干排互相平行的牲口棚，里面饲养着役畜；室内部分则被当作储藏间和库房，里面储存着社区所需的用品、食品和工具。这座城市的主要圣所是献给塞拉比斯的（6），它就建在

* 数字标号见 p.88、p.89 跨页大图。

悬崖下方，这是一座干砌石建筑，展现了纯正的希腊罗马风格，建筑中只有主走廊添加了花岗岩下楣。如果想到那里去，需要走一条小路，路边修建了包括公共浴池（7）在内的不同建筑。浴池的水由设计巧妙的火炕式供暖系统加热，因此地下埋了很多条陶土管道。这种公共浴池包含3间浴室：高温浴室、温水浴室和冷水浴室。

在克劳迪亚努斯山，日常生活是根据采石场的工作安排展开的。从一个被遗弃在现场的精美喷泉承水盘和一根同样被遗弃的巨大立柱看，当时的采石量非常巨大。另外，将它们运送到一百多千米外的尼罗河谷也是一个难题，即使在今天，也很难想通这些巨石是如何被运送到那里的。当然，克劳迪亚努斯山的牲口棚证明当时有数百只牲口，装满石头的车专靠它们来拖运。但是，无法想象这种运送小石块非常有效的套车怎么才能运走那些巨大的石头。虽然不能完全确定，但这种搬运工作显然只能靠人力牵引才能完成，且需要付出巨大的努力。无论使用的是哪种方法，现场保留了这项异常艰苦的工作所留下的痕迹：在东边，可以看到运送石头的坡道（8）；在采石场（9）里，许多痕迹展示了当年采石所用的方法。这是一种在采石初期就已经在使用的传统技术：首先，在山崖上要开采的石块边上凿出长方形的小凹槽，凹槽间的距离要保持均等；然后，在这些造好的凹槽中放入青铜或铁楔子；最后，用锤子敲打这些金属楔子，石头就能取下来了。随后，从悬崖上取下的大块石头通过滑槽被运送到山下。工人们需要为此准备好绞盘、滚柱和拖车，工头会密切监督，确保石头能从山上顺利运至山下。那些有缺陷的石头，即有裂痕或做工差的石头将被丢弃在现场，这是因为大多数石头都要用于建造罗马的公共建筑，只有完美的石头才能被使用。

> ### 按规交费
>
> 科普特斯是上埃及的一座城市，沙漠商队会从这里出发去阿拉伯沙漠或红海海岸。人们在这里发现了一座石碑，石碑上刻着所有人或所有物品在科普特斯过境时须向收税官支付的费用。这些文字所刻的日期为"皇帝恺撒·图密善·奥古斯都·日耳曼尼克在位的第九年的帕祟（Pâchon，第9个月）的第十五日"，即公元90年5月10日。
>
> "根据埃及行政长官梅蒂乌斯·鲁弗斯的命令，收税官应将在科普特斯收取的通行费上交海关当局，贝勒尼基山行政长官卢修斯·安蒂斯蒂乌斯·亚细亚提库斯已将通行费标准刻在了石碑上。"
>
> 内容如下：
>
> | | |
> |---|---|
> | 一位红海领航员 | 8 德拉克马 |
> | 一位船首长官 | 10 德拉克马 |
> | 一名护卫 | 10 德拉克马 |
> | 一位水手 | 5 德拉克马 |
> | 一名捻缝工 | 5 德拉克马 |
> | 一名工人 | 8 德拉克马 |
> | 一群妓女 | 108 德拉克马 |
> | 一群乘船来的妇女 | 20 德拉克马 |
> | 一群士兵的妻子 | 20 德拉克马 |
> | 每张单峰驼通行票 | 1 奥波尔 |
> | 通行票的印章 | 2 奥波尔 |
> | 当沙漠商队出发去往红海时，每位男士的通行票 | 1 德拉克马 |
> | 出发去往红海时，每位女士的通行票 | 4 奥波尔 |
> | 一头驴 | 2 奥波尔 |
> | 一辆有方形车顶的推车 | 4 德拉克马 |
> | 一根桅杆 | 20 德拉克马 |
> | 一根横桁 | 4 德拉克马 |
> | 运出或运回的一副棺材 | 1 德拉克马 |

从斑岩山到哈马马特干谷

斑岩山：斑岩的开采地

在东部沙漠，对斑岩的密集开采从公元1世纪到4世纪的罗马时代才开始。斑岩是一种红色的石头，有较大的长石斑晶。这些石头会被运送到罗马，然后用于修建宏伟的建筑，以彰显罗马帝国的伟大，所以也被称作"帝国斑岩"。在罗马，斑岩会被放在仓库里，只有在修建特定的建筑时才会被取出使用。斑岩山城中发掘出的设施始建于罗马帝国晚期（3世纪），但是这座城市里有很多修复和改造的痕迹，因此它应该始建于更久远的年代。城市建于玛因米拉德干谷出口处的岩石山嘴顶部，呈"L"形，从开在南面城墙上的唯一入口（1）进入。很遗憾，城内散乱的兵营和社区建筑（2）损坏严重，因此后人无法研究、解读这些建筑。城外有两座建筑：公共浴池（3），位于一座堡垒前的小广场边上；以及山坡上的神庙（4）。据献辞所示，这是俄帕弗洛蒂托（Épaphroditos）在图拉真（98—117年在位）统治时期献给塞拉比斯的神庙。采石场（5）在城市南边，位于莱普西乌斯山和吕卡贝图山之间。采石场主要有两个采石面：一个在东南边，一个在西南边。从山上开采出石头后，工人会先用镐头粗切，然后再通过坡道将其运到位于采石场下方的装载平台上。人们可以看到东南边的坡道（6），它就在塞拉比斯神庙的附近，而西南边的坡道则位于朝南1300米远的地方。最后，石材会从北面（7）运出，送往卡伊诺波利斯（基纳）。

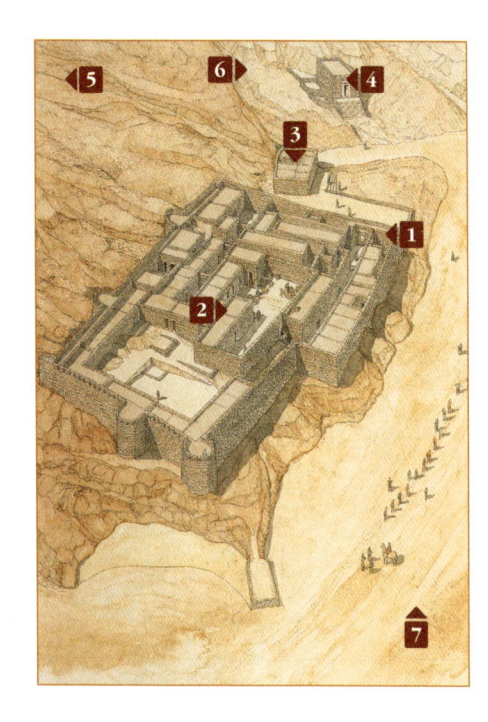

哈马马特干谷附近的扎尔卡城堆

这是东部沙漠里保存得最好的小型堡垒，位于从库夫特到库希尔·卡蒂姆的路上，地处一条隘道尽头。扎尔卡城堆的小堡垒至今还保留了一部分高约4米的城墙，整个建筑由小石块干砌而成，呈正方形，边长60米，4个角上和唯一的入口旁边都建有圆形塔楼。城墙内侧建有巡逻用的小路，从北面的楼梯可以登上这条小路。整个建筑的中间有一口巨大的井，它是沙漠中的一个大型蓄水池，可以通过圆弧形的

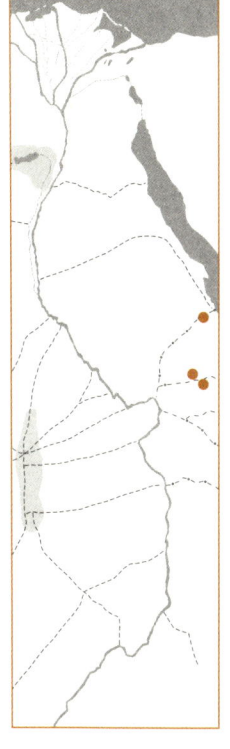

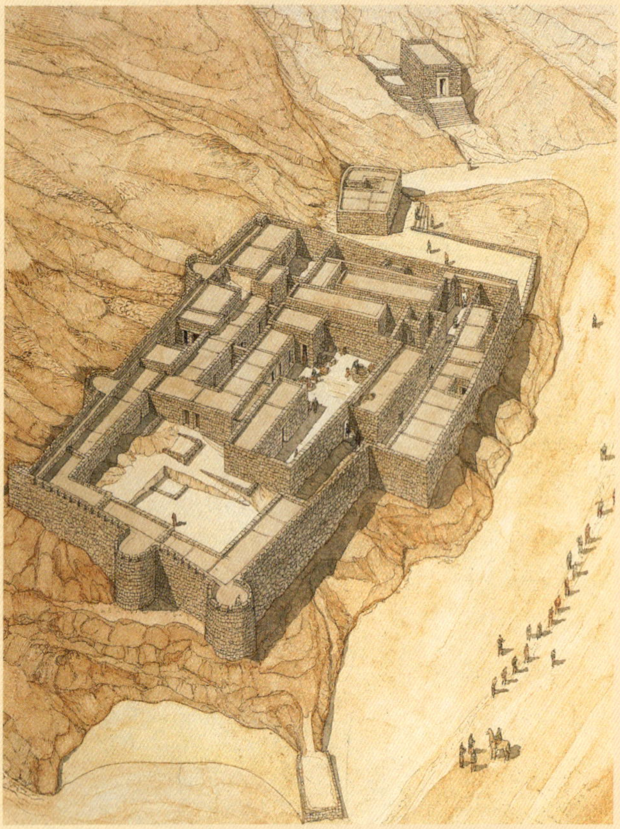

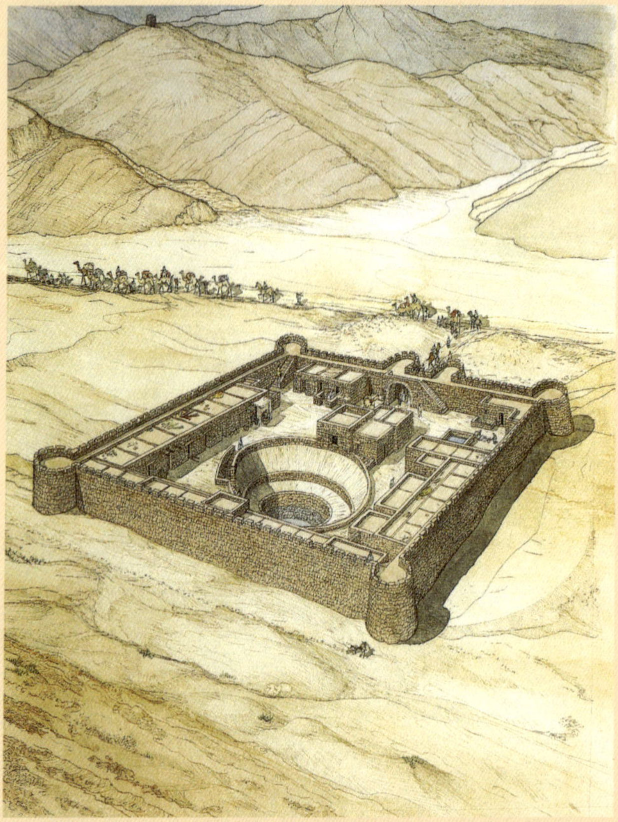

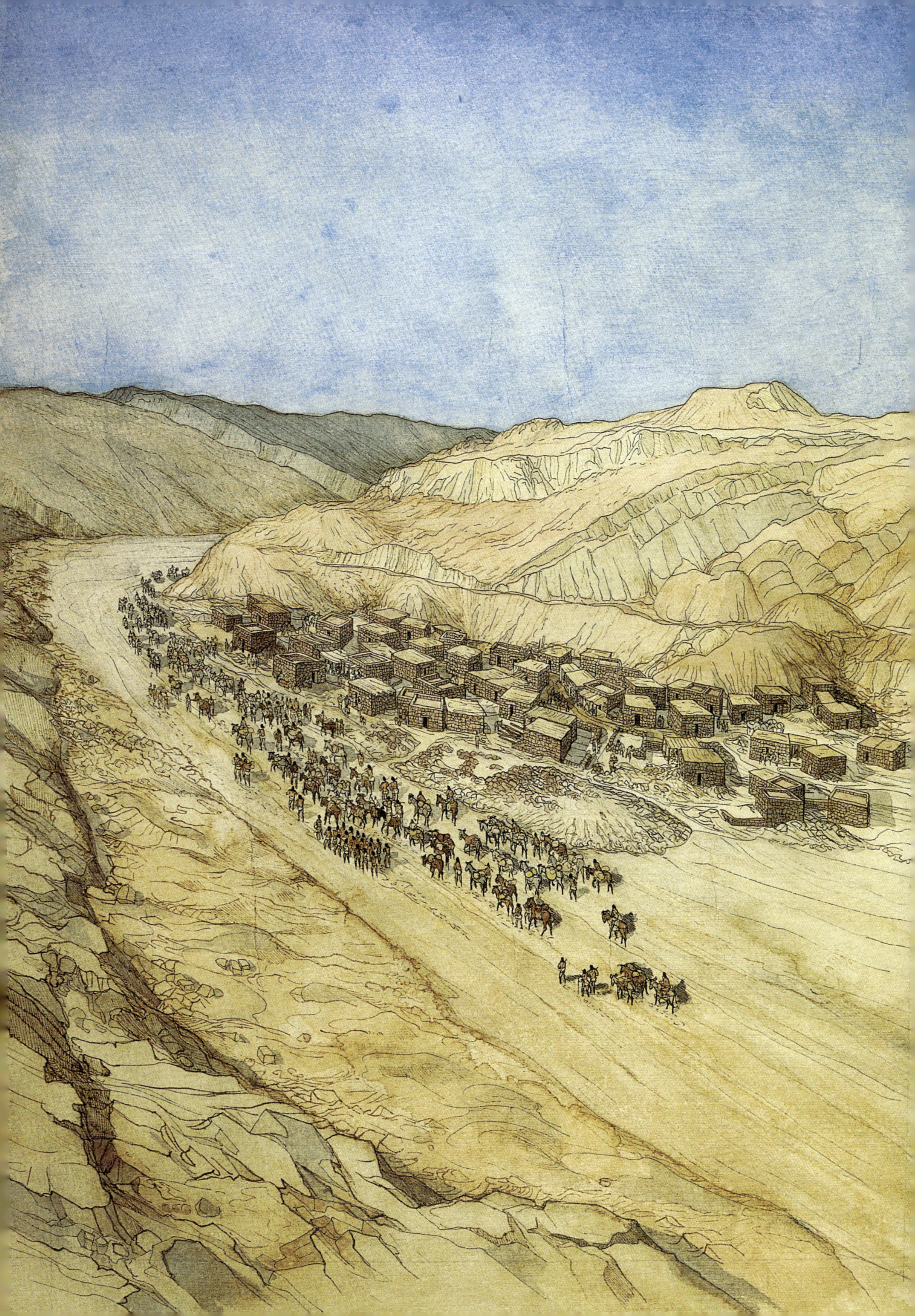

台阶走到蓄水池下方。蓄水池前方的房子的用途尚不明确，这也许是一个可以让人不下井就能打水的设施。士兵们的营房都挨着城墙，上面留有被翻修的痕迹。这些营房显然是在某个时期增建的，因为它们的牢固程度不及那些建造时间更早的建筑。

在阿拉伯沙漠的矿场中开采金矿

在黑色的土地上伸展着石英的矿脉，这些矿脉泛着夺目的白光，亮得超过了任何事物所能发出的自然光泽……他们会用大火将金矿中最坚硬的部分烧到变软为止，然后再用双手完成接下来的工作。石头变软后，普通人花些力气就能处理，那群可怜的工人会用铁制的采石工具将其打碎。整个操作过程都由一位专家带头完成，他能辨认出要找的石头并告诉工人。在那些做这份苦差的人中，身体最强壮的人负责用铁锤在含石英的岩石上开槽，他们不需要掌握技巧，这是纯粹的体力活。随后，他们会在岩石中开凿地下通道。这些通道不是笔直的，而是沿着闪闪发光的矿脉开凿。接着，这群人中的青少年会顺着地下通道一直下到采石的地方，再艰难地将扔在地上的碎石带出通道。然后，那些 30 岁以上的人会取一定量的碎石，用石臼将其研至扁豆大小，再将研碎后的石子交给妇女及年长的男性。他们会将捣碎的石子放到成排的磨盘上，然后再两人或三人一组地转动磨盘，就这样一直将石子磨成粉末。

最后，专家们拿起磨好的石粉，开始进行完工前的最后一步。他们会将磨碎的石英放在一个微微倾斜的木板上，再往上面倒些水，搅动它们。这样一来，土质部分在水的作用下溶解，并顺着倾斜的木板往下流，而含金物质则由于其重量留在木板上。他们会多次重复这种操作，先用手轻轻搅动石粉和水，然后再用软海绵轻轻擦拭木板，这样可以除去细软的土质部分，直到木板上只剩金片为止。在此之后，另一些专家会取一定数量和重量的片状金，然后将它们放入土制的坩埚中。他们会根据片状金的质量往坩埚中添加相应的铅和盐粒，以及一点锡和大麦麸皮。接着，他们会给坩埚盖上密封盖并用黏土封好接合处。然后，他们会把坩埚放入炉中连续熔炼五天五夜。在熔炼结束、坩埚冷却后，之前在锅内添加的辅料会全部消失，剩下的只有待取走的纯金。在这一操作过程中，损失的黄金非常少。

西西里的狄奥多罗斯（公元前 1 世纪）

都灵埃及博物馆中珍藏的金矿莎草纸卷：从地形图到实地

这是一张新王国时期（前 1570—前 1070 年）的地形图，它于 19 世纪被法国驻埃及领事德罗韦蒂从埃及带回法国。在对此图进行多种解读后，人们得出结论：这是一幅哈马马特干谷的地形图。

这幅图绘在一份莎草纸卷上，莎草纸卷全长 2.82 米，由若干分卷组成。图中，若干条道路的两旁绘有"金山"（红色部分）、人类设施和石碑（白色部分）及水源点（黑色部分），以上的每一部分都用僧侣体文字做了标注。图中显示的部分事物可在实地找到对应的位置。

实地旅行从"塔-门蒂（Ta-Menti）之路"开始。这是一条狭窄的干谷，顺着干谷向前，在行至拐弯处和一个如今已干涸的瀑布时，干谷被大石堆堵住，形成了一个"死胡同"。干谷两岸的地质构成不同：东侧有"贝肯（Bekhen）岩"采石场，它是一种砂质页岩；西

侧山上的岩石多为花岗岩，同时也可以看到一些石英矿脉和采矿的痕迹。在这份莎草纸卷上，这些山被称为"金山"，很可能是因为石英里带有含金的矿石。在稍往北的阿塔拉山或法瓦科尔山区域（此部分已连同山脚下矿工住的小屋一起复原在了水彩画上），确实找到了含金矿。在南边的干谷入口附近，有很多刻在峭壁上的碑文，碑文上讲述了探险队多次到东部沙漠探险的事迹。在那里，人们还可以看到"国王蒙-玛特-拉（塞提一世）的石碑"。

在东边的不远处，可以看到几间小屋的废墟，这应该是工人们曾住过的地方。这个区域更显眼的遗迹是"纯净山峰上的阿蒙礼拜堂"，现今也已成为废墟，它背靠悬崖，里面约有 20 间小石块干砌而成的房间。爬上有不少采石过程中留下的碎石的山峰，就可抵达"阿蒙居住的山巅"，但我们不知道那里是否真的曾有一座献给阿蒙的神庙。在东南边，可以看到"金银山"，也就是艾斯西德（es-Sidd）山，至今仍有一家矿产公司在这里采矿。这里开采出的贵金属矿石含有 20% 的银和 80% 的金。

这份地图上还可看到几处水源，包括：一口井（无图例标注），它对应的是哈马马特井，这是一座保存得很好的石制建筑，而且现在仍可使用；一个"水池区"（有珀辟一世名字的标注），它代指一连串 3.5 米深的用于收集雨水的水池。至于图中 3 条相互平行的东西向主干道["来自雅姆的路""另一条来自雅姆的路"和"滕巴梅尔（Tent-pa-mer）路"]，它们指的是连接哈马马特干谷和尼罗河的几条路，这几条路都可在实地找到。

东部沙漠中的财物和道路

虽然相关文献已经证明在东部沙漠开采资源的历史可追溯至法老时代，但当时的开发和罗马占领埃及时期真正的"淘金潮"是完全无法相提并论的。沙漠中从没有出现过这么多的居民和旅人，它也从未被人如此开发、占领和"驯服"过。

而所有的这一切都源于两个重要的原因：第一，从采石场和矿场能开采出久负盛名的原料（从阿拉基干谷和哈马马特干谷开采黄金，从戈苏斯干谷开采铅，从斑岩山开采斑岩，从克劳迪亚努斯山开采花岗石，从宰特山开采方铅矿。同时开采的材料还有：页岩、红玉、绿长石、金刚砂、绿宝石、红碧玉、锡、闪长岩和滑石等）。第二，为了去往红海的港口，来自阿拉伯、印度和埃塞俄比亚的产品会在那里过境。

虽然在罗马埃及时代初期（前 30 年），东部沙漠就已被开发，但那时的开发程度并不能满足沙漠中络绎不绝的旅人的通行需求。当时，通行线路还很稀少，而且通常也不太安全，供人休息、能补给水的驿站还几乎不存在。为了保护旅人的安全、运送数不清的财物——从采石场和矿山中开采的矿物以及在阿拉伯海岸上卸下的货物，罗马人在通行道路上建造了大量的小型堡垒。

在尼罗河谷和红海之间，数十条主干道和次级道交织在一起。从尼罗河谷中的安提诺波利斯（谢赫伊巴达）、卡伊诺波利斯（基纳）、科普特斯（库夫特）或阿波利诺波利斯·玛格纳（埃德富）出发，可抵达位于红海岸边的阿布舍阿尔、菲勒特拉（美尔萨加瓦西斯）、米奥斯·霍尔莫斯（库希尔·卡蒂姆）或是贝勒尼基。从安提诺波利斯出发，沿着贯穿沙漠东西的"哈德良大道"一直向前走可抵达海岸，沿海岸经过阿布舍阿尔和米奥斯·霍尔莫斯后，可抵达贝勒尼基；从卡伊诺波利斯出发，可以去往阿布舍阿尔（途中要么经过斑岩山，要么经过克劳迪亚努斯山）、菲勒特拉和米奥斯·霍尔莫斯；从科普特斯出发，可以去往米奥斯·霍尔莫斯和贝勒尼基；从阿波利诺波利斯·玛格纳出发，可以去往贝勒尼基。这么看来，从尼罗河谷到红海海岸间的道路网在当时就已四通八达。

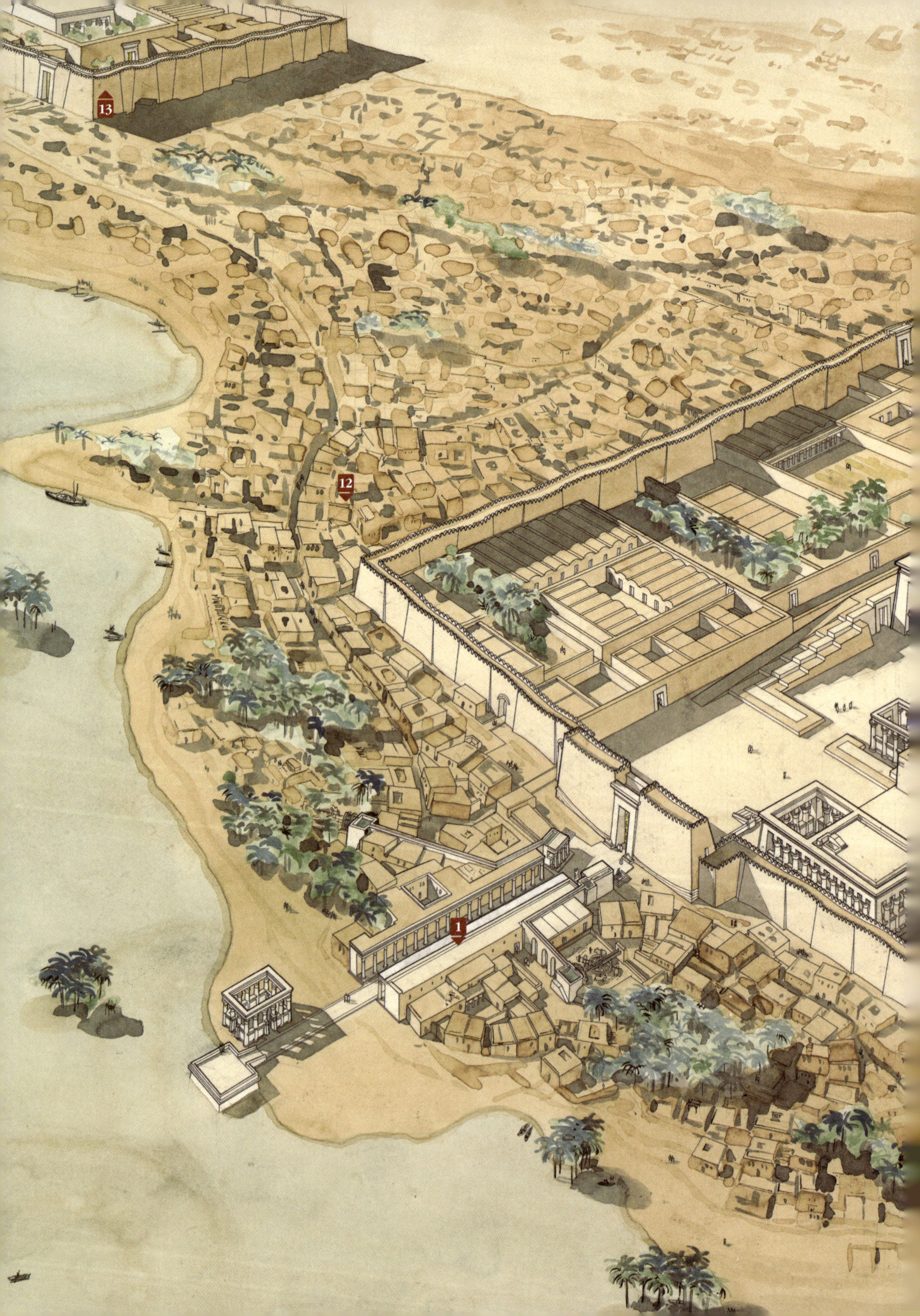
13
12
1

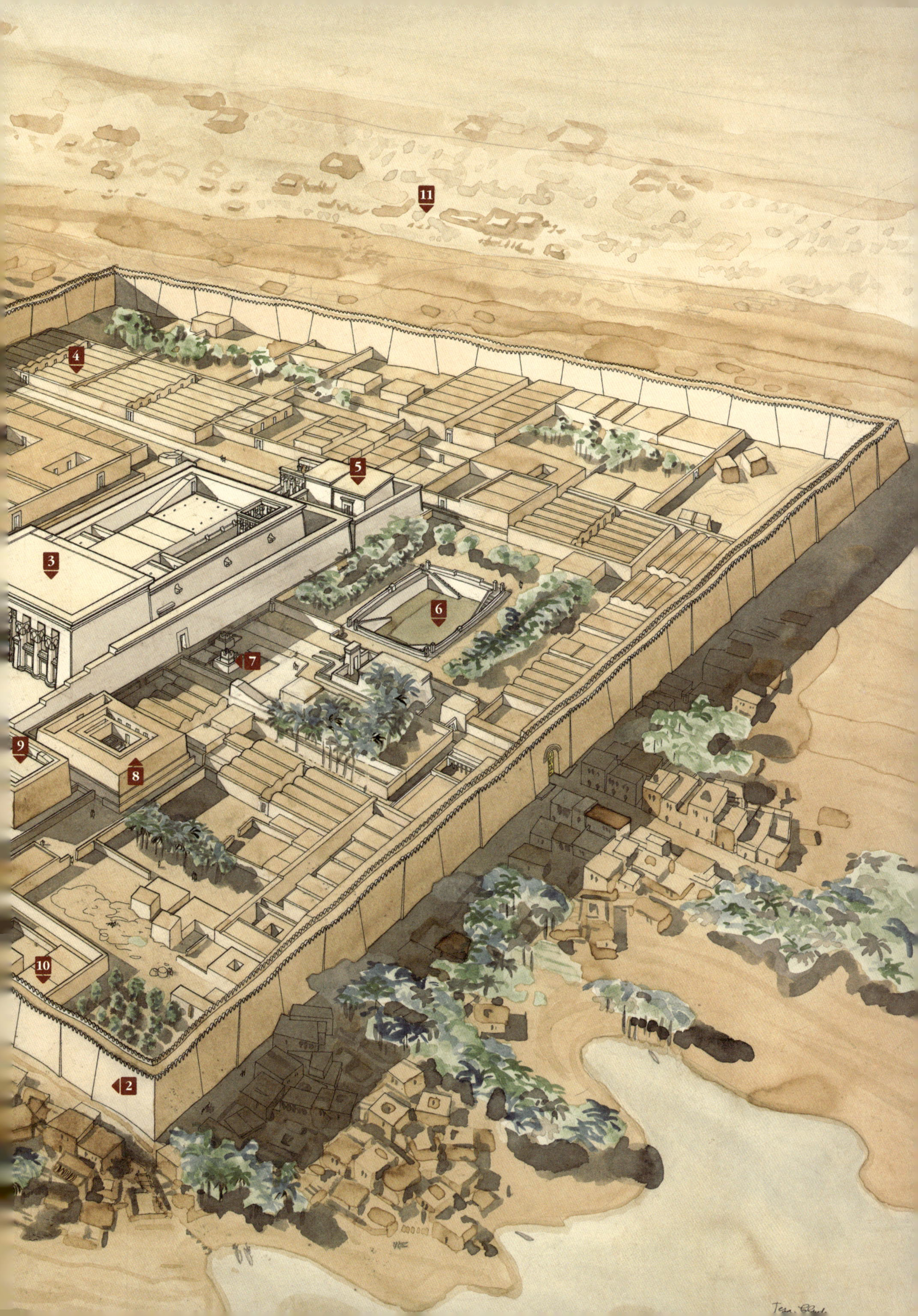

11
4
5
3
6
7
9
8
10
2

丹达腊：女神哈托尔的领地

王朝	年代	时期
第一王朝	前 3050	早王朝时期
第二王朝	前 2685	
第三王朝		
第四王朝		古王国时期
第五王朝		
第六王朝	前 2180	
第七王朝— 第十一王朝	前 2040	第一中间期
第十一王朝末 第十二王朝	前 1780	中王国时期
第十三王朝— 第十七王朝	前 1570	第二中间期
第十八王朝 第十九王朝 第二十王朝	前 1070	新王国时期
第二十一王朝 第二十二王朝 第二十三王朝 第二十四王朝 第二十五王朝 第二十六王朝	前 525	第三中间期
第二十七— 第三十王朝	前 332	后埃及时期
托勒密时期	前 305 前 30	希腊埃及
罗马帝国时期	395	罗马埃及
罗马帝国时期	632	科普特埃及

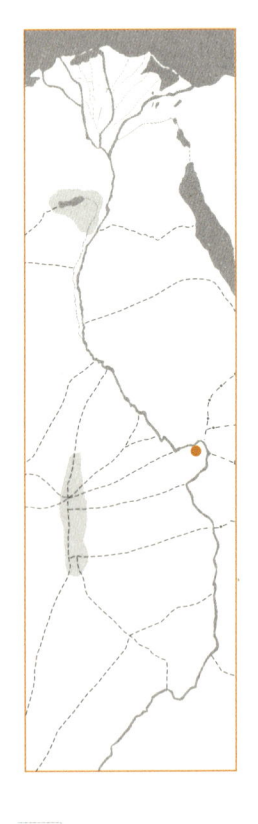

哈托尔神庙的有趣之处

若没有独特的细节，丹达腊的哈托尔神庙和其他任何一座希腊、罗马埃及时期的神庙并无二致。这座神庙中，随处可见独特的装饰、新颖的建筑、特殊的设施……在神庙的不同大厅中穿行，能感受到埃及信仰和宗教仪式中的无限精妙之处。墙壁似乎会说话，这里上千幅奇特的壁画展示着这个失落文明的神话传说。

但是，这座神庙和同时期其他建筑的结构并无二致，也是由庭院、多柱大厅、至圣所以及围绕着至圣所的附属用房构成，这种平庸无奇的结构不免让人觉得有些失落。然而，踏入谜一般昏暗的圣域内部，就会立刻感到它普通的外观只不过是一种表象。不同大厅的顶部都有非同寻常的巨大装饰画，画上有天穹、白天和黑夜的时刻、天国世界、旬星体系、行星、方位基点、星座……其中，苍穹之神努特的一幅图像出现在多个地方，她在图像中的身体横跨整个大厅顶部，脚在东边，头在西边。

安敦宁·毕尤
（135—161年在位）统治时期的丹达腊

1. 通往入口的道路（连接了带亭庙的码头和神庙入口，入口前方有两座喷泉，朝圣者可以在里面洗涤身心）。
2. 日晒砖围墙（北面有一扇宏伟的大门）。
3. 哈托尔女神的神庙（由一个庭院、一个多柱大厅、一个周围环绕着附属用房的至圣所组成；有两条楼梯通向露台，露台的西北角建有纪念"与日盘融合"仪式的亭庙）。
4. 货栈、祭司的住所和作坊（这些建筑未能保存下来，但是它们必然存在，因为宗教场所需要这样的建筑）。
5. 伊西斯诞生的神庙。
6. 圣湖。
7. 井（为疗养院提供所需的水）。
8. 疗养院（这是一座日晒砖建筑，里面收容的病人们希望神灵可以帮他们恢复健康）。
9. 内克塔内布时期建造的玛米西（专门用于纪念幼神诞生的"出生地"，此处的幼神叫哈鲁索穆特斯或伊西）。
10. 奥古斯都时期建造的玛米西。
11. 墓地。
12. 腾提瑞斯城，上埃及第六郡的首府。
13. 哈托尔之子哈鲁索穆特斯的神庙。

*数字标号见 p.98、p.99 跨页大图。

100

太阳神在巡航时会接连在白天和黑夜借用努特的身体：白天，他会照亮大地；到了晚上，他会被努特女神吞噬，然后死去，这样就能到地下去点亮那里的世界。当早晨来临时，他会重生，返回地上世界。随后，他将再一次开启白天的巡航。太阳神是从努特女神的耻骨处诞生的，他用万丈光芒照亮了丹达腊神庙，这座神庙的代表建筑顶上有一座牛首哈托尔的头像雕塑。当人们到达神庙中最神圣的区域时，他们会惊奇地发现许多很窄的走道，或建在墙里，或建在地基中。这些走道通向一些带装饰物的小房间，这些房间被称为地穴。地穴或可以从藏在墙里或地里的开口和活板门进入，或从有活动盖板的地方进入，要进入地穴就得打开或移动封堵物。这些地穴分3层存放着敬神的圣物、神庙的宝物和财物、宗教用品和档案。

至圣所外围了一圈"神秘走廊"，走廊的前方是神庙的祭品厅，在它的东西两面各有一条楼梯通向神庙的露台。露台的西北角上建着一座非常雅致的小亭庙，它的墙壁上刻着纪念"与日盘融合"仪式的浮雕。在这个

哈托尔，一位广受欢迎的天界女神

哈托尔是万神殿中最古老的女神之一，因为在迄今已发掘出的最古老的史料，即纳尔迈调色板中有她的身影。纳尔迈调色板高65厘米，由页岩制成，如今藏于开罗埃及博物馆。它的两面雕刻着精美的图案，这些图案描绘了纳尔迈在约公元前3050年统一上、下埃及的事迹。对埃及来说，这是一个至关重要的历史事件，它标志埃及从史前时代过渡到了有文字记载的时期，同时也开启了法老时代。

纳尔迈调色板上部有多个代表女神哈托尔的牛头。她之所以出现在这件文物上，是因为纳尔迈调色板被发现的地点是希拉孔波利斯，即古代的涅亨。它位于埃德富以北几千米处，如今被称为考姆艾哈迈尔。这座城市由荷鲁斯掌管，他在这座城市有一个特殊的身份——"哈托尔之子小荷鲁斯"，所以在纳尔迈调色板最重要的位置上能看到他的母亲。后来，在第六王朝时期（前2345—前2180年），珀辟一世自称是"哈托尔之子"。这是因为在埃及的传统中，国王被视为荷鲁斯在地上世界的代表，所以如果哈托尔是荷鲁斯的母亲，那么她就也是国王的母亲。

哈托尔在埃及的名字读作胡特霍尔（Hout-Hor），意思是"荷鲁斯的住所"，而普鲁塔克则认为应该是"荷鲁斯的宇宙住所"。这是因为哈托尔象征着天，而荷鲁斯是在天空中运转的太阳。她同时也是拉的女儿，是太阳之眼平静的一面，是太阳在造物时所处的环境，基于以上几个身份，她是父亲拉的守护者。随着时间的推移，她在宇宙中的身份越来越多，以至于很快就具备了一位宇宙女神（与伊西斯分享这一称谓）的所有品质。其实，自从新王国时期起，这两位女神就开始相互融合并借用彼此的肖像，人们通常借助文字才能分清两者的身份。在圣所的墙壁上，经常会出现一位女性神灵的图像。她戴的王冠上有两只呈里拉琴形状的装饰角，装饰角中间有一轮日盘。这位女神是哈托尔还是伊西斯呢？答案需要在破译这位神灵的名字后才能找到，而神灵的名字通常就刻在头的上方。有时，女神所处的背景也可以显示她的身份。比如，她若是在奥西里斯和荷鲁斯的旁边，就肯定是伊西斯。相反，如果她出现在一幅王室的哺乳图中，那就只可能是身为哺育女神的哈托尔。

在相关文字资料中，哈托尔有非常多的称谓：她被视作爱之女神、音乐女神、比布鲁斯和庞特的女神、美酒女神，同时还掌管着异邦、绿松石、舞蹈和欢快的歌曲……她是王室子嗣的哺育者，以妇女或母牛的形象哺育幼年继业者；她是底比斯大墓地的守护神，在这个身份下，她的形象是一头从陡峭山峰（代表利比亚沙漠中的悬崖，开凿陵墓的地方）中出现的母牛；她是舞蹈、音乐和快乐女神，在这个身份下的她是一位手持叉铃的年轻女性，叉铃是一种像拨浪鼓一样的乐器，据说它发出的叮当声可以让神灵感到愉悦；她还是孟菲斯的无花果树女神，这是一种喂养阴间亡灵的果树，在这个身份下，她从一棵无花果树中出现；哈托尔最有意思的身份无疑是天空四个角及四个方位基点的掌管者，也因为这个称号，某些立柱上有所谓的"哈托尔柱头"，这种柱头的四面都有牛头作为装饰。

一年一度的仪式上，人们会把神像放到日出时的阳光中，这样做是为了让神像重生，并重新为它注入能量。从露台返回圣所后，人们可以通过一道神庙围墙上的门到达神庙西侧建筑群。最先映入眼帘的是伊西斯诞生的神庙，这座神庙只有一部分保存了下来。接着可以看到的是圣湖，它是一个巨大的蓄水池，有4条石阶梯通向水池边。圣湖保护得很好，它代表的是努恩——埃及神话中的原始之水。

据说，在造物之初，太阳神和生命是从原始之水中诞生的。祭司们举行庆典时会在圣湖中驾驶圣船，并在里面洗涤身心。远处有一座疗养院的废墟，疗养院是用来收容病人的建筑，里面的病人们希望神灵可以帮他们恢复健康。除此之外，在远处还有两座玛米西，一座建于内克塔内布一世（前380—前362年在位）时期，另一座则修建于奥古斯都皇帝（前27—14年在位）统治时期。"玛米西"这个词起源于科普特语，是"出生地"的意思，它代指那些用来纪念女神诞下幼神的小型建筑。丹达腊这个地方的幼神叫伊西，或者哈鲁索穆特斯，他是"统一两地的荷鲁斯"。

丹达腊的哈托尔与埃德富的荷鲁斯相聚之时

每年，埃及的这个地区都会因一场大型庆典而热闹非凡。庆典开始后，哈托尔会离开她在丹达腊的神庙，去与她的丈夫荷鲁斯·贝希迪提（荷鲁斯在埃德富受到礼拜的身份）重聚。这座城市位于尼罗河上游，距丹达腊160千米。这是一次漫长的旅行，哈托尔需要离家3周。出发当天，女神的雕像会被放到一艘非常壮观的船上，它叫"爱之美人"。在随后的4天里，"丹达腊的女主人将沿河一直南下，直到与荷鲁斯相聚"，他们将在那里举行神圣的婚礼庆典。很多朝圣者会一直跟着庄严的出行队伍，一些人会乘坐小船跟随河中的船队，而另一些人则会聚集在这两座神庙之间的河岸边上。另一边，埃德富的神职人员会为这对夫妇相聚做好准备。相聚的地点在埃德富北部的一座小礼拜堂内，相聚的时间也非常精确：每年11月的新月日的第8个小时。

在埃德富，荷鲁斯会做好迎接他的新娘的准备。新娘一到，庆祝活动就立刻开始，该地区的居民都将参与到庆祝活动中来。在热烈地重聚之后，他们会回到各自的船上。然后，船队将驶向神庙。在那里，欢腾的人群将迎接女神的到来。大家会赞美她，向她致敬，歌颂她的功德。"对于敬爱她的人来说，能对她鞠一躬是件幸福的事"，因为这可是哈托尔啊，她是"金色女神""女神之主""女主人""美酒、音乐和舞蹈女神"。

船队到达后，祭司们会将小船拉出水面，然后把它们安放到神庙的围墙内。借此机会，哈托尔会在那里与她的父亲太阳神重聚，她是他的"圣蛇"——太阳之眼的一种表现形式。"她在神庙与父亲拉重聚，见到她后拉开心得难以言喻，（因为）他的眼睛又回到了（那里）。"

此时，这个传说中的婚礼伴随着大型庆祝活动终于开始了。活动结束后，这对夫妇会单独离开，开始享受他们的新婚之夜。在埃德富举行的节日实际上从第二天才开始，庆典在新月至满月的14天里持续进行。在这14天中，各种各样的活动（仪式、祭祀、参拜圣所、典礼等）接连举行。祭司们还会特别为神圣的灵魂和"埃德富的死神"举办仪式。这些"死神"是造物神创造的原始神，创造他们是为了让他们协助造物神造物，但在造物结束后他们便被造物神勒令消失了。据说，"他们的灵魂飞到了天上，与星辰共存"，而"埃德富的神墓中安放着这些史前神灵的身体"。每年，"拉神陛下会到访此地，'圣蛇'（哈托尔）会陪着一同前往。他来这里是为了抚慰他的孩子们，他们尊贵而又神圣的身体将永远安息于埃德富，他会向他们献出祭品并倾听他们的祈祷"。最后，在第14天上午，这次神圣的婚礼会以一场盛大的宴席画上句号。在此之后，两位神灵就可以返回各自的神庙了。"埃德富的荷鲁斯开始返程……神书的誊写人会将他抬上圣船，5位旗手走在他的前面，他们将一直行至荷鲁斯的神庙……然后，哈托尔也会被抬上她的船，船会顺着河流航行至丹达腊。接着，哈托尔会坐上她巨大的黄金座椅。愿这一刻可以一直延续，成为永恒。"

阿拜多斯：奥西里斯的圣城

阿拜多斯的圣所

如今在阿拜多斯这个宗教圣地上，能看到的都是些拉美西斯时期（约前1250年）的建筑。虽然通过考古发掘找到了阿拜多斯墓地的位置，但是墓地本身已消失不见，来自各个时代的朝圣者留下的数百块石碑已成为世界各地博物馆的一部分。经受住时间考验的只有3座最主要的建筑，分别是塞提一世的圣所、奥西里昂（奥西里斯之墓）和拉美西斯二世神庙，前两座建筑位于同一个围墙内。其中，塞提一世的圣所是最美的，也是保存最完好的，这座建筑内的景观令人惊叹。没有一个词可以准确地定义这个礼拜场所，因为它既不是一座陵庙，也不是一座神庙。当时的朝圣者会在到访阿拜多斯后留下一块石碑作为纪念物，所以塞提一世就在这里留下了这座设计特殊且极为壮观的圣所，作为他自己的还愿物。

这是一座献给7位神灵的圣所，所以各自的礼拜区域必须既能单独使用，又能同时使用。为了满足这一需求，神庙采用了一种新颖的布局结构：从外部的庭院到最隐秘的礼拜堂，所有的建筑结构都分成了7个部分。

如今，第一塔门（1）和第一庭院（2）已不复存在，因此，前方建有宽大柱廊的第二庭院（3）就成了神庙的正面。这条柱廊初建成时有7道门，游行队伍可以由此进入神圣的礼拜堂。但是拉美西斯二世封堵了两侧的门，只留了中间的那道门没有封堵。在穿过入口后，圣所的"七分"形式立刻变得更加清晰。两座多柱大厅（4和5）前后相连，各有7扇门，分别通向7位神灵（神化的塞提一世、普塔、拉-哈拉胡提、阿蒙、奥西里斯、伊西斯和荷鲁斯）的神堂（6），节日过后，圣船会放在这里。奥西里斯的神堂与两座礼拜堂（7）及其毗邻建筑相通，在其中的第一座礼拜堂里可以看到回溯奥西里斯神话的图像。在所有塞提一世装饰过的房间中，最吸引人的是那些雕刻在高纯度石灰石上的精致浮雕，上面的人物形态优雅得让人肃然起敬。浮雕上的国王充满敬意地向众神下拜，流露出深深的、永恒的虔诚。

这里的浮雕艺术堪称完美。在一些大厅里，仍可看到斑斓的色彩，它们展现了一座古埃及圣所在刚刚建成时是何等华丽、宏伟。在另一边，有一条从第二座多柱大厅通向神庙南翼（8）的走廊。这个区域最吸引人的莫过于"塞提一世纪年表"（又称"阿拜多斯王表"）。这份年表列出了从第一王朝的第一位法老纳尔迈（统治始于前3150年）到第十九王朝的第二位法老塞提一世（统治始于前1291年）之间的76位埃及国王。在这部分建筑的前方，分布着货栈（9）和王宫（10）。北部的区域虽是虚构的，但它很可能曾经存在，这个区域坐落着一些在建的货栈和一个圣湖（11）。

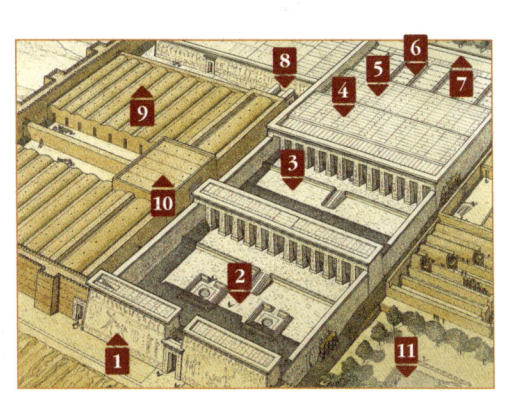

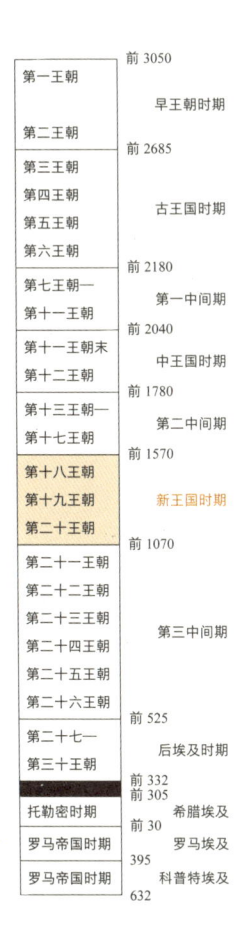

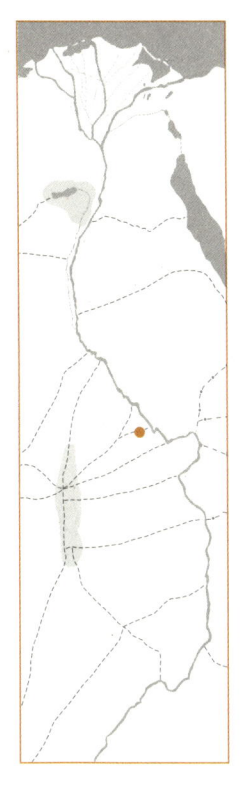

	前3050
第一王朝	早王朝时期
第二王朝	前2685
第三王朝	
第四王朝	古王国时期
第五王朝	
第六王朝	前2180
第七王朝－第十一王朝	第一中间期
	前2040
第十一王朝末－第十二王朝	中王国时期
	前1780
第十三王朝－第十七王朝	第二中间期
	前1570
第十八王朝	
第十九王朝	新王国时期
第二十王朝	前1070
第二十一王朝	
第二十二王朝	
第二十三王朝	第三中间期
第二十四王朝	
第二十五王朝	
第二十六王朝	前525
第二十七－第三十王朝	后埃及时期
	前332
托勒密时期	前305
	希腊埃及
罗马帝国时期	前30
	罗马埃及
	395
罗马帝国时期	科普特埃及
	632

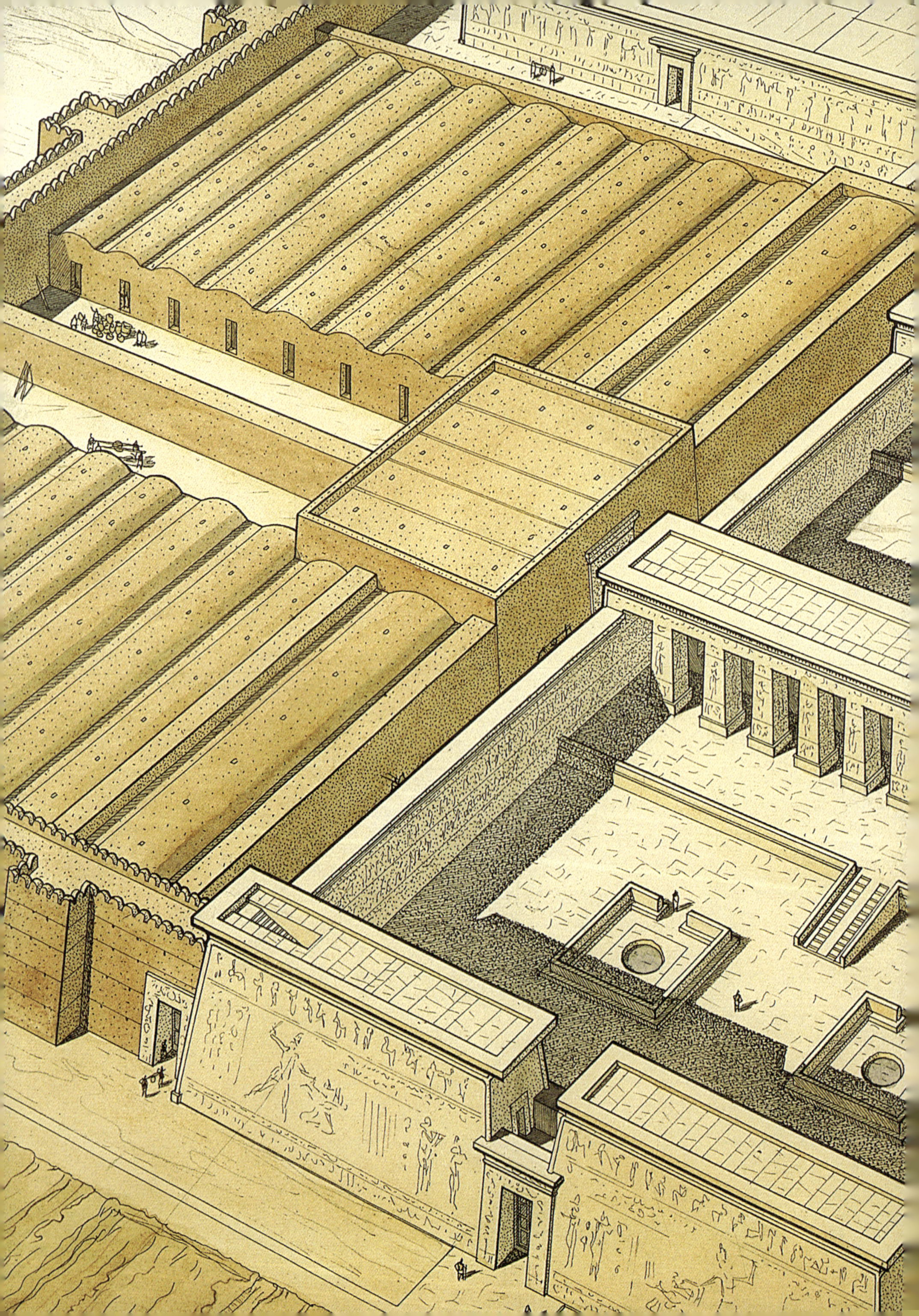

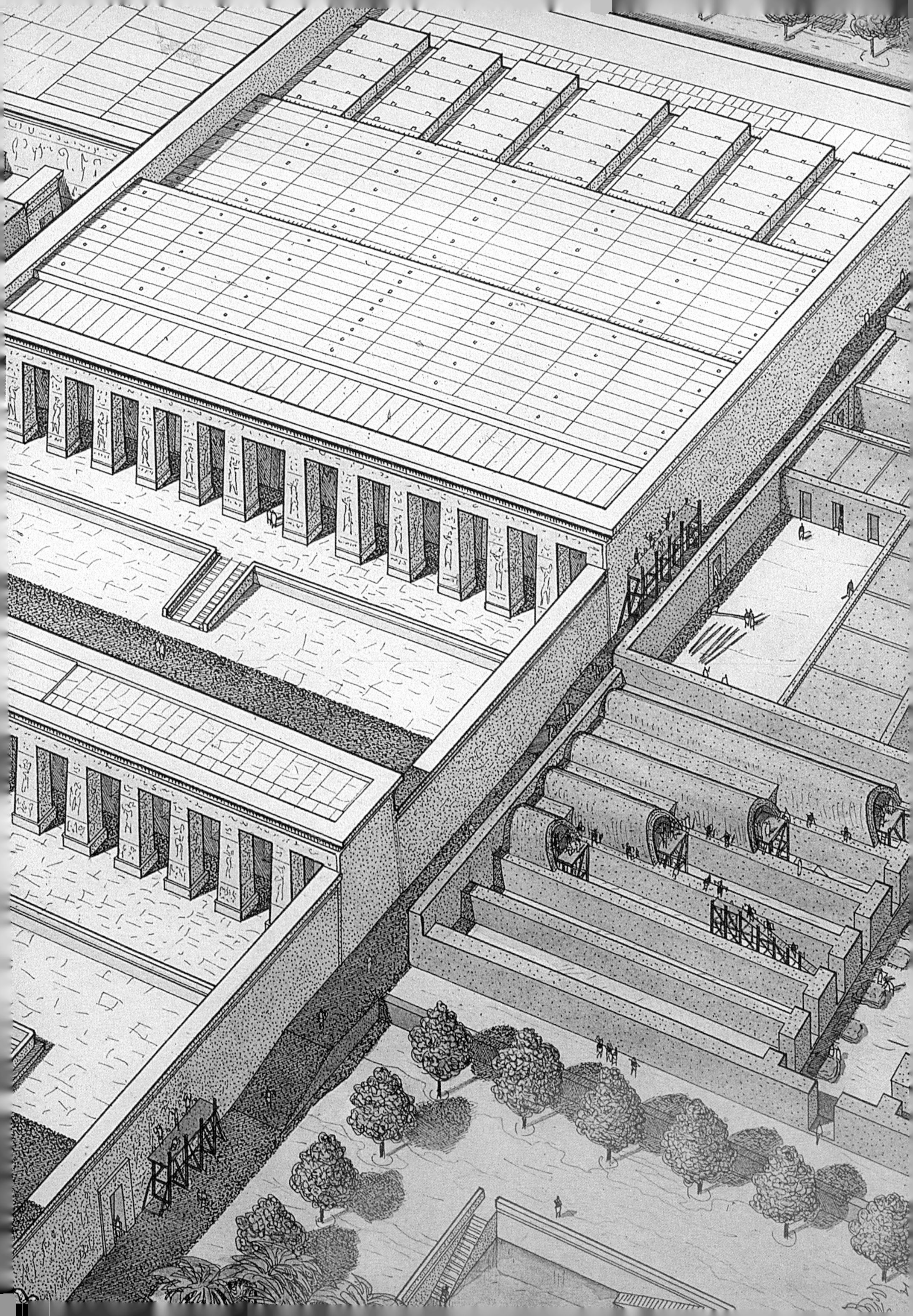

阿拜多斯对矮人贝斯的特殊崇拜

埃及万神殿里的大神旁边可以看到很多小神灵，他们的主要职责是守护人类。诚然，他们不如创世神话中的神灵那么有威力，但这并不重要。他们是人创造出来的，也是为人而创造的，人们的奇思妙想赋予他们夸张可笑的外貌。矮人贝斯是一位会向身处逆境之人伸出援手的神灵。他是留着胡须的畸形侏儒，双腿扭曲，长着一张笑脸。他是单凭长相就可以把人逗乐的矮人，主要职责是保护人不受危险动物、恶魔和邪恶生物等的伤害。他会用怪异的舞蹈和丑陋的鬼脸吓跑恶灵，让"恶之眼"望而却步。在家里，他还能守护分娩中的妇女和新生儿，保护住所。据说，当夜晚来临时，他还会在人们入睡后保护他们，帮人们驱走邪恶力量。在公元前3世纪，人们在阿拜多斯的塞提一世的圣所内为他修建了一座圣所，他会在那里降下神谕。贝斯给人带来的舒适感会吸引信徒来他的圣所中休息，然后在此为信徒解梦。

据说，一直到4世纪都有人来这里求神降示。人们在莎草纸或羊皮纸上写下的请求显示了尼罗河谷居民在日常生活中的担忧，上面以具体而详细的方式记载了他们的问题，这些问题涉及未来、工作、家庭、健康状况和旅行计划……在求神降示的人中，有的想知道自己是否会生病，有的想知道自己是否能康复，有的想知道能不能娶到老婆，有的想知道能不能一脚把老婆踢开，有的想知道是否会加官晋爵，有的则想知道会不会被开除，有的想知道上司会不会对他们发脾气，有的则想知道上司会不会检查他们的账目。其实，可以发现这些人的请求全都是一些物质层面的问题，那些求神降示的人对日常生活问题的担忧似乎大过对存在主义问题的担忧。

死而复生之神奥西里斯的秘密祭礼

阿拜多斯在宗教上的重要性可以一直追溯到埃及的早期王朝。那时，国王和高官死后会被埋葬在这里。用日晒砖修建的坟前会有一块石灰石墓碑，碑上刻着他们的名字。从古王国末期（约前2180年）起，对奥西里斯的崇拜活动开始盛行，阿拜多斯因此成为全埃及的第一个圣城。据说，奥西里斯被肢解后，他的头被保存在此地。很快，朝圣者就从四面八方蜂拥而至。他们离开阿拜多斯之前会在这里留下一块石碑，以纪念曾到访此地。如今，很多块这样的石碑出土，这些石碑帮人们回溯了"奥西里斯的秘密祭礼"，它是埃及每年最盛大的节日之一。

节日举行的时间在洪水季的末期，也就是每年的4月12日至30日。在节日圣典上，用青金石、绿松石、纯金和宝石装饰过的奥西里斯雕像会被放到一艘配有便携神龛的圣船上，这座便携神龛是用金、银、青金石、青铜、普通木材和雪松制作而成的。随后，圣船从圣所的神堂被抬出，一直送往奥西里斯墓。朝圣者聚集在河的两岸和周围的小山丘上，他们会在瞭望台上观看"秘密祭礼"。通过举行"祭礼"中的秘密仪式，奥西里斯的生命得以延续，植物得以复苏，季节得以更迭。这是一个活人和死人共同参与的大型庆典，前者会从尼罗河谷各地赶到这里来，然后在这里对这位受苦受难的神灵表示同情；后者的灵魂会神奇地走上专门为他准备的圣船。拿着祭品的仆人和旗手会跟随神圣的游行队伍，祭司会再现奥西里斯受难的故事，纪念他对敌取得的胜利，吟唱连祷文、挽歌。诵读《伊西斯和奈芙蒂斯的哀悼》是庆典最重要的一环。这一环节需要两位年轻的处女参与，"她们四肢上的毛发将被清除，她们的头上将戴上假发，她们会拿着手鼓，写在肩上的名字可以区分谁代表伊西斯、谁代表奈芙蒂斯。她们将在奥西里斯旁边唱诵书中的诗文"。在庆祝活动结束之后，这位胜利和凯旋之神会返回他的圣所。

奥西里斯：地下王国的主人

奥西里斯的巨大名声源于他的职责，这是一位无人不知无人不晓的神灵，因为时间一到，每个人都渴望前往他的王国。他是可以使所有人获得重生的神灵，是地下世界毫无争议的主人。但是，奥西里斯并不是一直都这么受欢迎，他的个性也经历了漫长的演进。在这个过程中，他吸收了很多其他神灵的个性。

最初，他是地下世界力量以及生育力的化身。随后，他成了赫里奥波里斯创世神话中的一位神灵，即大地之神盖布和天空之神努特的儿子。更重要的是，他还是盖布在地上世界的王位的合法继承者。在孟菲斯，他融入索卡里斯身上与丧葬相关的属性。在阿拜多斯，他又融入死亡之神和墓地守护神亨悌曼提乌的个性。从古王国（前2685—前2180年）末期起，奥西里斯成为地下世界的统治者，国王驾崩后在冥间会成为奥西里斯。而从第十二王朝（前1991—前1780年）开始，所有亡人都会成为奥西里斯。此外，他还从远古神话中继承了一些与天空有关的属性：他是夜空中闪亮着的猎户座，同时也是月亮，或是太阳在夜晚经过地下世界时的一种形态。由此可见，他的个性十分复杂。神学家们因此想构建一个能囊括其神性中不同方面的传说，于是就有了"奥西里斯神话"。非常遗憾的是，没有一份关于埃及的史料记载了这个传说的所有内容，人们只在零星的文字资料中看到了只言片语。其实，这个故事至今唯一完整的版本出自希腊作家普鲁塔克（50—125年）的一部名为《伊西斯与奥西里斯》的著作。

"奥西里斯神话"分为三大章：谋杀奥西里斯；荷鲁斯的诞生和童年；荷鲁斯和赛特之间为争夺地上王权的战斗。众神十分关注这个神话中的事件，因为在整个故事中，一直有与所涉及问题不直接相关的神灵出现。他们带来的纠纷还在后来掀起了不少波澜，并让故事中的主角陷入复杂的权力争斗和无休止的争吵之中。奥西里斯是盖布和努特的长子，他从父亲那里继承了地上世界的王权。作为文明之王，他向人类传授了农业技术，让埃及人"远离了贫苦和野兽般的生活"。同时，他还授予埃及人法律，教他们尊重神灵并为他们带来了文明。在这个身份下，奥西里斯被叫作"乌内纳费尔（Ounennéfer）"，意思是"永远善良的存在"。然而，他的弟弟赛特对他心生妒意，并计划通过杀害他来篡夺王位。因此，他邀请奥西里斯参加一场宴会，宴会上的42位宾客是他的帮凶。赛特将一个镶着宝石的精美箱子带到宴会上，这个箱子是按奥西里斯的身高制作的。宾客们在看到箱子后惊叹不已，赛特说，谁能刚好躺进箱子里，箱子就是谁的。其他宾客一一试过，都没能成功，在轮到奥西里斯时，他刚好能平躺在箱子里。这时，赛特的帮凶们趁机冲上去关上箱子，密封好后扔到了尼罗河里。随后，伊西斯开始了寻夫之旅，最终在比布鲁斯港找到了他。她带着奥西里斯的遗骸返回埃及，藏到了尼罗河三角洲。在那里，"魔法师"伊西斯与她已故的丈夫孕育了未来的荷鲁斯。接着，荷鲁斯秘密地出生并长大了。然而，赛特的帮凶将此事告诉了赛特。于是，赛特来到尼罗河三角洲，找到了奥西里斯的尸体。他将尸体切成碎块，扔到埃及各地。在妹妹奈芙蒂斯的帮助下，伊西斯重新开始寻找奥西里斯的尸体。据说，她最终找到了除阴茎之外的所有碎块，因为阴茎在掉入河里后被赛特变成的鸭嘴兽吞到了肚子里。伊西斯和木乃伊之神阿努比斯复原了奥西里斯的肉体，并在上面缠上布带，最终做成了第一具木乃伊。神界的司书托特让奥西里斯以一种新的存在形式获得了重生：从那以后，奥西里斯成了冥界的统治者。

这个传说显然应被当作受难神话来理解，奥西里斯在地上世界遭到了背叛和杀身之祸，但在伊西斯的关心和爱护下，他战胜了这次考验，并获得了重生。这也是每个人都想在死后成为奥西里斯的原因，因为他是唯一能给人带来永生希望的神灵。

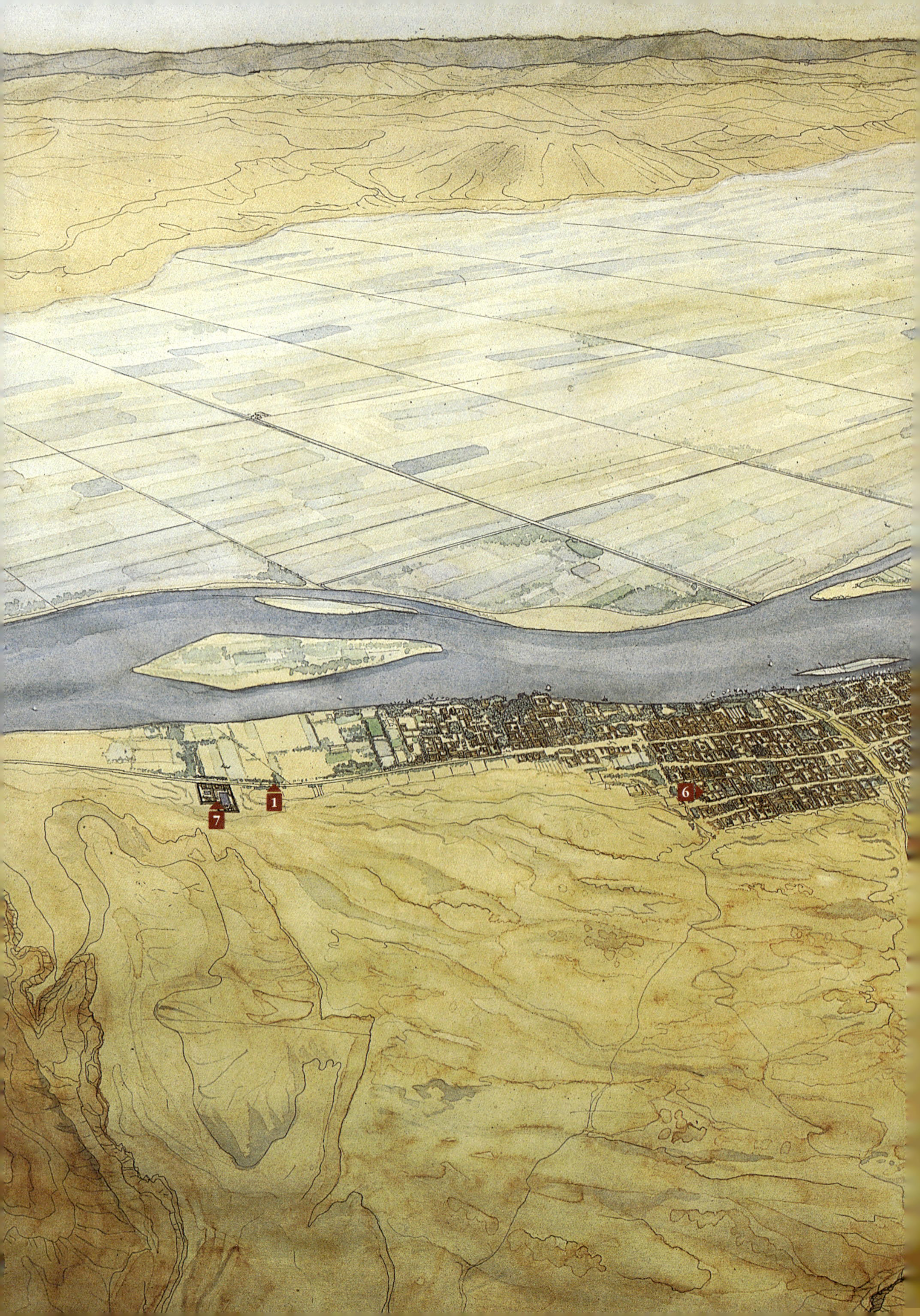
7
1
6

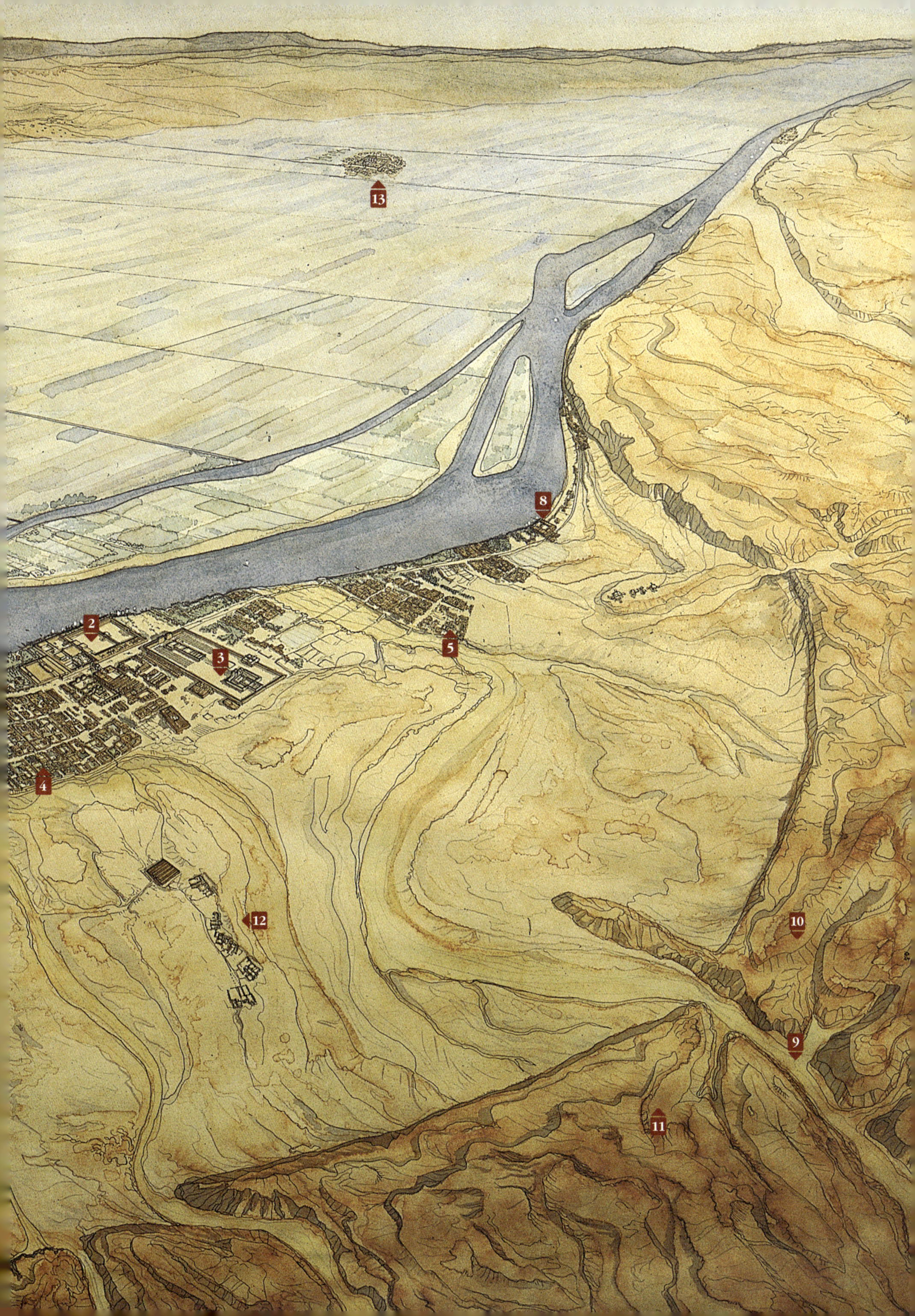
13
8
2
3
5
4
12
10
9
11

阿玛纳城堆：古代的埃赫塔吞

第一王朝	前 3050	
第二王朝		早王朝时期
	前 2685	
第三王朝		
第四王朝		古王国时期
第五王朝		
第六王朝		
	前 2180	
第七王朝— 第十一王朝		第一中间期
	前 2040	
第十一王朝末 第十二王朝		中王国时期
	前 1780	
第十三王朝 第十七王朝		第二中间期
	前 1570	
第十八王朝 第十九王朝 第二十王朝		新王国时期
	前 1070	
第二十一王朝 第二十二王朝 第二十三王朝 第二十四王朝 第二十五王朝 第二十六王朝		第三中间期
	前 525	
第二十七— 第三十王朝		后埃及时期
	前 332	
	前 305	希腊埃及
托勒密时期		
	前 30	
罗马帝国时期		罗马埃及
	395	
罗马帝国时期		科普特埃及
	632	

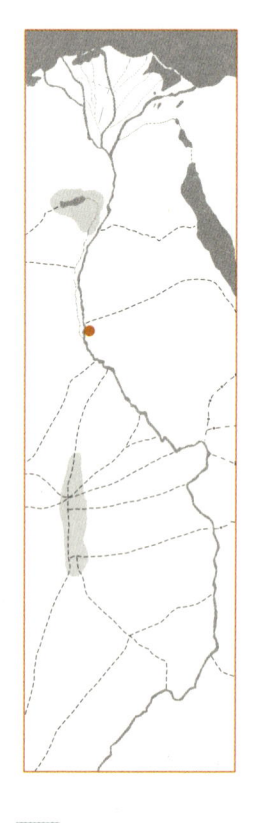

"日盘的地平线"：埃赫那吞的首都

这片沙漠在一个绵延 25 千米的天然岩石环形谷中，它是一处绝无仅有的奇特景观。人们只能依靠想象在脑中重现法老时代在这里上演的一幕又一幕。在这里，埃赫那吞决定修建新的首都——埃赫塔吞，"日盘的地平线"，也就是如今的阿玛纳城堆。在这座王城里，有几座砖头搭建的地基透露了宫殿、居住区和神庙曾经的位置，人们据此开始对这座仓促建立，又在 20 年后突然被遗弃的城市中的遗迹进行探查。

国王死后，人们重新开始崇拜阿蒙，这座城市也遭到了劫掠，它现在已经回到了城市动工建设前的样子：一片广袤、干燥、荒凉的土地。虽然如今的状态让人唏嘘，埃赫塔吞仍然是新王国时期（前 1570—前 1070 年）的城市中保存得最好的范例之一，因为它在当时被迅速遗弃，所以城市没有遭到持续占用带来的破坏。诚然，促使埃赫那吞修建这座城市的特殊原因让人无法认为它具有典型性，但对这座遗址的研究仍可以加深人们对这个时期城市规划的认知。

埃赫塔吞为修建首都选择了一块处女地，这块地被称为"阿吞的发现"。他用 14 座石碑划定了这片"神灵的土地"的界线，石碑上记录了他首次到访此地、占领此地并最终将埃赫塔吞定为日盘阿吞专属之城的事迹。除了对这些事迹的记载，碑文中还有这样一段誓言："上埃及和下埃及的国王、正义之士、两地之国的统治者、纳费尔凯普鲁拉、拉唯一的儿子、拉的正义之子、王冠的主人、拥有永恒生命的埃赫那吞在此宣誓。"法老保证永远不会越过这些石碑划定的周界，他说："在埃赫塔吞的东山南侧有一块石碑，那是我止步的地方，我永远不会从那里再往南走。西南端的石碑在埃赫塔吞的西山上，它正对着东南端的石碑。"

如上所示，碑文中列出了不同石碑的位置，在结尾部分还给出了这座城市的精确尺寸，文中写道："在对埃赫塔吞进行测量后，可以得出它从南端的石碑到北端的石碑的长度是……6 伊特鲁 1.75 赫特 4 肘，从西北端的石碑到西南端的石碑……长度刚好也是 6 伊特鲁 1.75 赫特 4 肘，这 4 座石碑之间的区域……就是埃赫塔吞。"文中所说的长度略长于 12 千米。在这个城市的周界内，住着国王、他的家人以及部分朝臣（主要的大臣、政府的高级官员以及多位建筑师、艺术家或工匠），如果推测准确，这里共有 2 万到 5 万人。

城市是沿着尼罗河东岸修建的，它在天然岩石环形谷中间。一条"王者之道"（1）连通了城市的南北两端，大道的两侧修建了不同的建筑，主要包括"大王宫"（埃赫那吞的宫殿）（2）、露天的"大神庙"（也被称为"埃赫塔吞的阿吞神庙"）（3）、行政机构以及同样献给阿吞的附属礼拜建筑（4）。从位于以上区域的"通信局"内出土了一系列刻着楔形文字（大多是近东地区的通用语阿卡德语）的泥板，它们被称为"阿玛纳泥板书信"，是这个时期埃及和其他亚洲独立强国（巴比伦、亚述、米坦尼、安纳托利亚西部的阿尔萨瓦、塞浦路斯和赫梯帝国）或同它在叙利亚、巴勒斯坦地区的附庸国之间的外交书信。这里一共出土了 350 多块泥板，这些泥板制作于阿蒙霍特普三世在位的第 30 年（前 1356 年）到图坦卡蒙在位的第 3 年（前 1332 年），但绝大多数制作于埃赫那吞在位时期。这些史料是独一无二的，其中有些记录了附庸国在被埃及敌国攻打时遇到的困难，另一些

110

则涉及政治联姻、商贸关系或贵金属的价格。

在市中心附近的北侧（5）和南侧（6）散落着官员的住所和作坊，它们的主人通常都是知名人士，比如雕塑家图特摩斯，他留下了很多精美的作品，其中有的已经完成，有的才初现雏形。其他的名人还有国王的维齐尔，纳赫特。住所没有依据固定的布局修建，市中心的布局依据的是等级标准：神灵的住所在最中央，向外依次是国王的住所、高级官员的住所和次级行政人员的住所。在这些住所里，最主要的部分是绿地和花园。每座住宅都围绕一间多柱厅（单排柱厅或双排柱厅）修建，有时多柱厅前会带凉廊，它的周围有多间卧室，卧室通常与杂物间相连。住宅外有一座花园，它的大小根据户主的级别而定，将居住区与作坊、用人房、谷仓和牲口棚分隔开来。城市的最南边修建了一座王宫，叫"玛鲁-阿吞（Marou-Aton）"（7），它包括用来居住的建筑、一个礼拜场所和一个带湖和亭子的花园。同时，遗址的北部还有另一座宫殿（8），它很可能是涅菲尔泰提的宫殿，她是这位"异教"法老的王后。埃赫塔吞为何有如此之多的王宫？人们不得而知，每一座王宫应该都有明确的特定功能，有的可能是专门为了举办某个仪式建造的，有的可能是某位王室成员的专属住所，因此它们并不能相互替换。

阿吞——日盘

在埃及，象征太阳的神灵有很多，而且这些神灵象征的更多是太阳的创造力和生命力。所有能展现太阳力量的神灵都有人或动物的形象，或者具有让人能够认出从而敬仰他们的其他特征。但是，如果人们想指的是这一天体的可见外观，或是想提及这颗发光的球体时，就会简单地称它为阿吞。它的名字曾出现在金字塔文（始于约前2375年）中，当时它还只是太阳神拉-哈拉胡提的众多表象之一，直到第十八王朝（前1570—前1293年），特别是图特摩斯四世和阿蒙霍特普三世时期，对它的崇拜才兴起。

阿蒙霍特普四世（又称"埃赫那吞"）时期，它一度被奉为王朝大神。在他统治期间，被称为"父亲的父亲和母亲的母亲"的阿吞成为宇宙神和造物神，它的光芒照亮、惠泽世界，它孕育了生命并给世界带来热量、光辉和美。当时发生这种宗教巨变的原因众说纷纭，有人猜是政治原因，有人猜是阿蒙霍特普四世的特殊性格导致的，还有人认为是因为这种宗教崇拜有了真正的宗教基础……

以人们当前所了解的情况看，这些猜测中的任意一个都没有足够的说服力，这种"异教"的产生很可能是几种不同因素共同导致的：第一，阿蒙的神职人员无处不在，他们主导当时的政局；第二，颂扬日盘（太阳最闪耀的形态）的意愿出现；第三，阿蒙霍特普四世是一位非同寻常的人物，他既是一位思想家，又是一位哲学家，还是一位狂热的神秘主义者。无论如何，在他统治的第4年到第8年，阿蒙霍特普四世与阿蒙的神职人员决裂，他放弃底比斯，迁都埃赫塔吞——"日盘的地平线"。

随后，之前的王朝大神阿蒙的名字被彻底抹去，"神灵"一词也不能以复数形式出现，因为当时只存在一位神灵——阿吞。与此同时，国王将自己的姓名阿蒙霍特普（意思是"心满意足的阿蒙"）更改为埃赫那吞（意思是"对阿吞有益的人"）。他新建了埃赫塔吞，在这座城市里，王室和朝臣只能礼拜阿吞。

理论上，这种新的宗教崇拜让所有人对神都能有一定的感知，因为礼拜阿吞只需对着太阳讲话。然而，实际上，虽然阿吞确实就在天上，但人们却不一定了解它，因为普通人看不到阿吞的真身。阿吞需要借助一种媒介才能显灵，但地上世界却没有任何代表他的宗教图像、雕像或圣兽。谁能扮演媒介的角色呢？在以下引述的内容中可以找到这个问题的答案："你在天边的地平线上平静地升起。啊，生机勃勃的阿吞，生命的创造者！只有你的儿子埃赫那吞认识你，你授予了他你的旨意和力量。"

就这样，国王成为唯一的先知和阿吞的正式代表，他也是这位神灵和他的信徒之间不可或缺的媒介。除了国王及其家人，没有人能直接敬拜阿吞。当普通人需要敬拜这位至高无上的大神时，他们则在家里敬拜一幅国王正在敬拜日盘的画。

在凿建于阿拉伯沙漠悬崖内的私人坟墓中，可以看到展现这种媒介身份的浮雕。这些坟墓中的图像主题与传统私人坟墓中的图像主题完全不同。在传统私人坟墓中通常看不到国王，无论是墓中的丧葬图像还是描绘日常生活的图像，墓主都是这些作品中的主角。但是在埃赫塔吞不一样，阿吞是那里的宇宙之神，它还取代了奥西里斯，成为亡人的统治者。在这种特殊的情况下，按照正常逻辑来讲，在私人坟墓中的墙壁上应该可以看到亡人敬拜阿吞的场景。然而，出现最多的却是国王及其家人敬拜日盘的场景，这些日盘散发着光芒，光芒的尽头是拿着生命之符"安卡（ankh）"的手，国王从"安卡"中呼吸着生命之气。可以看出，国王在这里再次充当了正式的媒介。

此外，阿玛纳城堆的坟墓还以其艺术风格著称，这种风格大胆地改变了经典艺术作品中的人物比例，取代第十八王朝初期的理想主义风格的是类似于漫画的夸张现实主义风格：凸出的后脑勺、马脸、杏仁细目、长耳、凸出的鼻子、长而尖的翘下巴、纤细的脖子、窄小的上身、修长的四肢、细腰、女性的乳房、圆鼓鼓的肚子和肥硕的臀部。

墓中图像上的国王有明显的雌雄同体的特征，但是促使他采用如此怪异的人体比例的原因至今不得而知。一些人认为这种肖像的创作灵感源于埃赫那吞可能不太寻常的体形特征，另一些人则试图从他的身上寻找"Fröhlich 综合征（肥胖生殖无能营养不良症）"的症状。然而，这似乎是一种无法让人接受的观点，因为这种疾病的一个症状是不育，但这位国王膝下却有几个女儿，还可能有一个儿子（不能完全排除图坦卡蒙是他儿子的可能）。还有人从神学的角度分析了肖像，阿吞作为造物神"既是人类的父亲，也是人类的母亲"。因此，法老作为阿吞示人时的形象应该反映出雌雄同体的矛盾性。还有一部分人解释说，法老是故意想把自己和其他人类区分开来。其实，万神殿的不同神灵一般都可以通过他们的肖像辨认，鉴于埃赫那吞是阿吞在其信徒前的代表，他最自然的做法当然是向阿吞的信徒展现一张人人都能辨认的真实自画像。

阿玛纳城堆（前 1350—前 1334 年）

1. 贯穿城市南北的"王者之道"。
2. 埃赫那吞的宫殿。
3. 主神庙"埃赫塔吞的阿吞神庙"。
4. 行政机构和附属礼拜建筑。
5. 北城。
6. 南城。
7. "玛鲁-阿吞"王宫。
8. 推测是属于王后涅菲尔泰提的北宫。
9. 通往王陵的干谷（发现于 20 世纪初，位于城市以东 12 千米，现已被严重毁坏，无法通行）。
10. 北部的私人墓地。
11. 南部的私人墓地。
12. 修建城市和墓地的雇佣工人村和墓地（包括简陋的房屋、次级礼拜场所和一座小型公墓）。
13. 赫尔摩坡里斯（位于尼罗河西岸的托特之城，距阿玛纳城堆约 20 千米）。

* 数字标号见 p.108、p.109 跨页大图。

安提诺波利斯、哈科尔和赫尔摩坡里斯

安提诺波利斯,为纪念哈德良的至爱而修建的城市

如今的小村庄谢赫伊巴达就建在曾经的安提诺波利斯古城(又称安提诺厄城)之上。这座遗址在 19 世纪被彻底毁坏,因为当时附近要修建一座制糖厂,安提诺波利斯就成了制糖厂的建材供应地。然而,在《埃及描述》(第 4 卷第 52—61 页)中的丰富记录让人们领略到了这座古城的巨大规模,其中的平面图、剖面图、立面图、总图和细节图展示了这座城市里的剧院、凯旋门、竞赛场、主干道、柱廊和浴场等。

这座城市是哈德良(117—138 年在位)为纪念他的至爱安提诺乌斯而修建的,安提诺乌斯在 130 年同国王哈德良游历埃及时在尼罗河中溺水身亡。经证实,在 2 世纪后半叶和 3 世纪,神化的安提诺乌斯成为尼罗河谷中的一位礼拜对象。根据几卷莎草纸中的文字记载,为了纪念他,埃及人还专门设立了一个名为"安提诺亚(Antinoeia)"的节日。安提诺乌斯的神化反映了一种关于溺亡人的传统,溺亡的人会被视为奥西里斯,因为奥西里斯有时会被称为"溺亡者"(赛特将奥西里斯的身体肢解后,把部分残骸扔进了尼罗河)。

考古发掘显示,这里曾有一座更古老的城市,但为了修建这座城市,之前的城市被夷为平地。虽然拉美西斯二世(前 1279—前 1212 年在位)的小神庙留存至今,但它现在只能算作一处遗迹,因为这座神庙目前只剩残破的庭院和多柱大厅。这座城市位于阿拉伯沙漠中的悬崖(1)形成的一座巨大天然岩石环形谷中,同时也位于"哈德良大道"的出口处。这条路在实地很难被发现,是哈德良的一段题词让人们知道了它的存在。据这段题词记载,他命人沿着平坦、安全的区域修建"哈德良大道",并沿路修建了蓄水池、驿站和小型堡垒。如今,人们还知道这条路的起点是安提诺波利斯,旅人们可沿着这条路由西向东穿越沙漠,抵达红海海岸,沿着海岸经过阿布舍阿尔和米奥斯·霍尔莫斯后,最终可抵达贝勒尼基,来自印度的珍贵物品会在那里上岸。

安提诺波利斯是按照罗马城市的风格修建的,其平面布局采用正交形结构,城中有一条南北走向的主干道卡尔多(cardo)和若干条东西走向的干道德古马努斯(decumani)。这些干道的交叉口处建有作为标志的四棱柱,将城市分割成不同片区。南北向干道卡尔多(2)的边上建有一条优美的柱廊,这条柱廊从一座被视为安提诺乌斯陵墓(3)的建筑开始一直延伸至剧院(4),而东西向的干道德古马努斯(5 和 6)隔开了尼罗河和东部沙漠,其中最重要的一条干道(6)一直从建有凯旋门的港口(7)通往竞赛场(8)。城市的北面、东面和南面都建有城墙,而西面则以尼罗河为界。悬崖下方是大墓地(9),它因其出土的一系列"肖像画"而闻名。

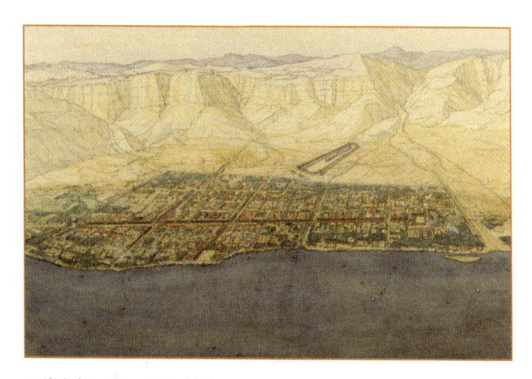

*数字标号见 p.114 大图。

第一王朝	前 3050
第二王朝	早王朝时期
	前 2685
第三王朝	
第四王朝	古王国时期
第五王朝	
第六王朝	
	前 2180
第七王朝—第十一王朝	第一中间期
	前 2040
第十一王朝末	中王国时期
第十二王朝	
	前 1780
第十三王朝—第十七王朝	第二中间期
	前 1570
第十八王朝	
第十九王朝	新王国时期
第二十王朝	
	前 1070
第二十一王朝	
第二十二王朝	
第二十三王朝	第三中间期
第二十四王朝	
第二十五王朝	
第二十六王朝	
	前 525
第二十七—第三十王朝	后埃及时期
	前 332
托勒密时期	前 305 希腊埃及
	前 30
罗马帝国时期	罗马埃及
	395
罗马帝国时期	科普特埃及
	632

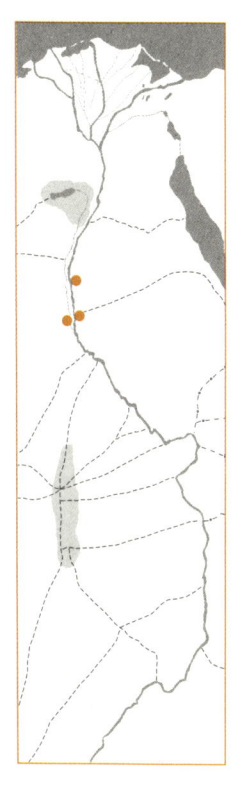

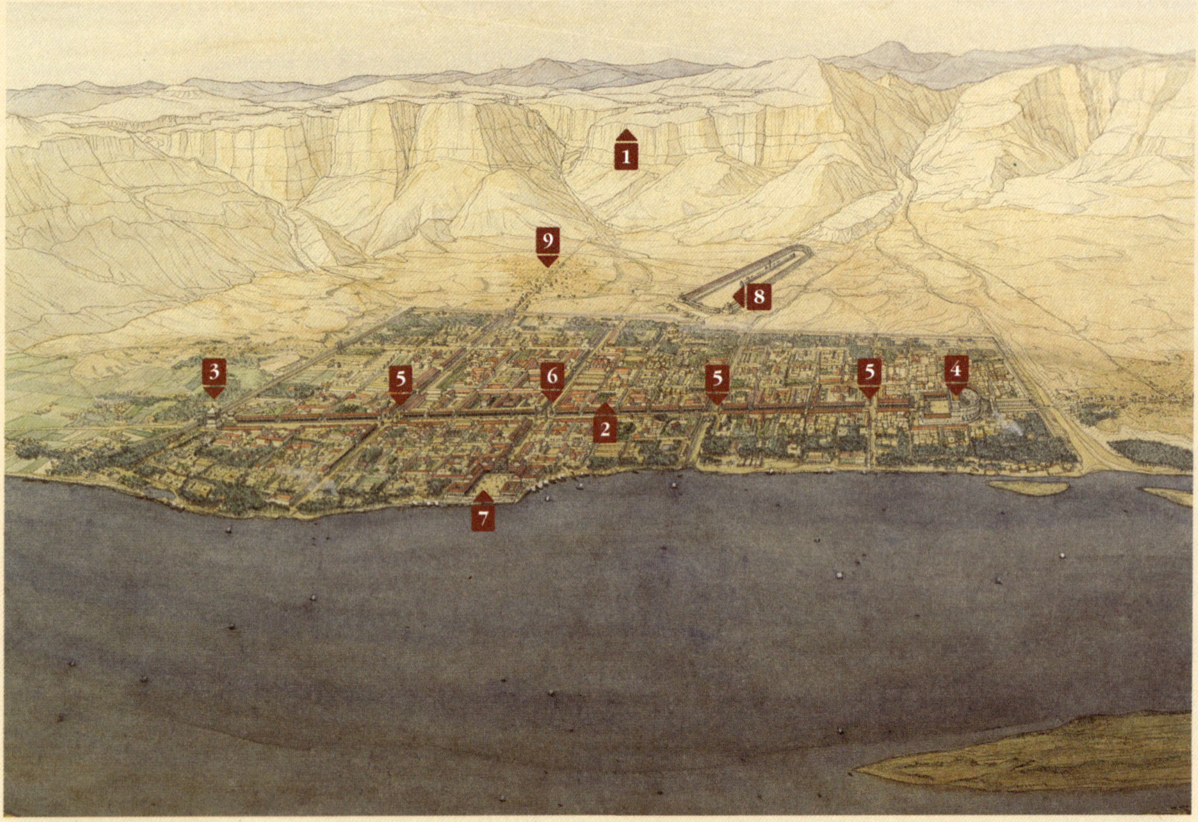
1
9
8
3
5
6
5
5
4
2
7

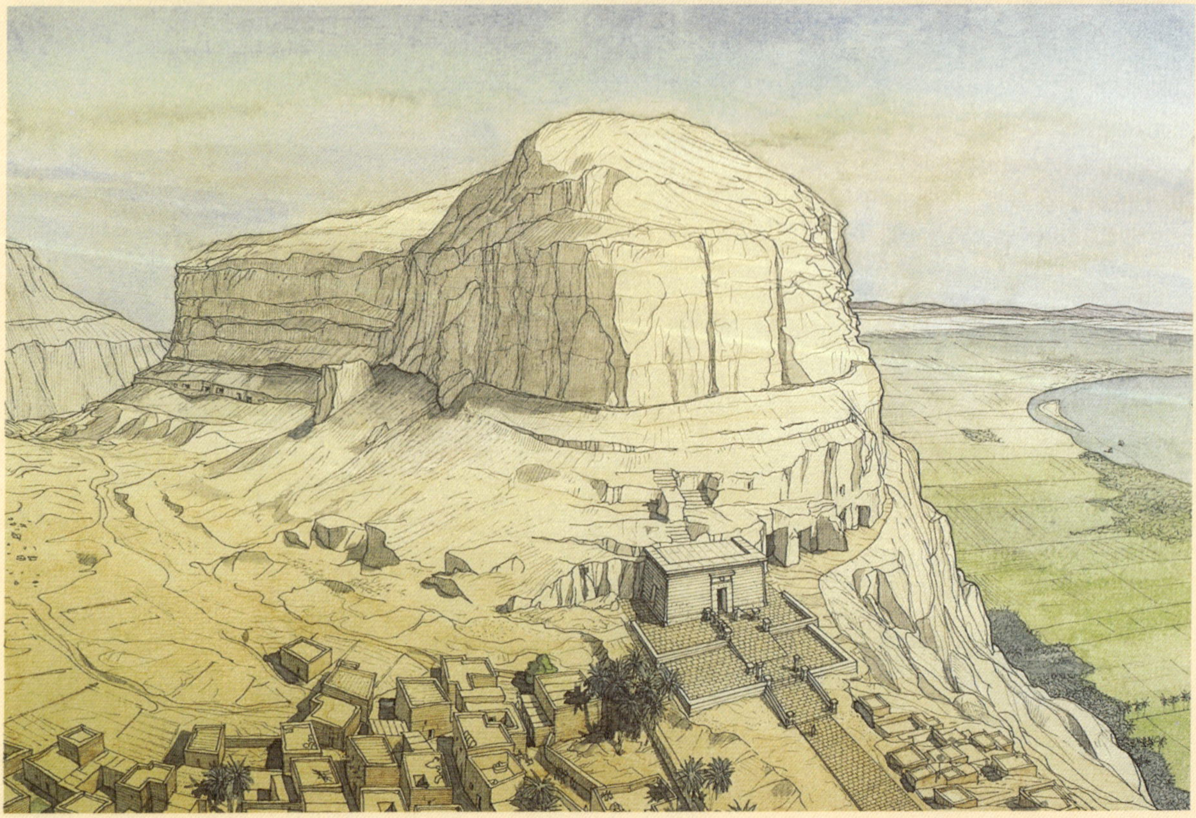

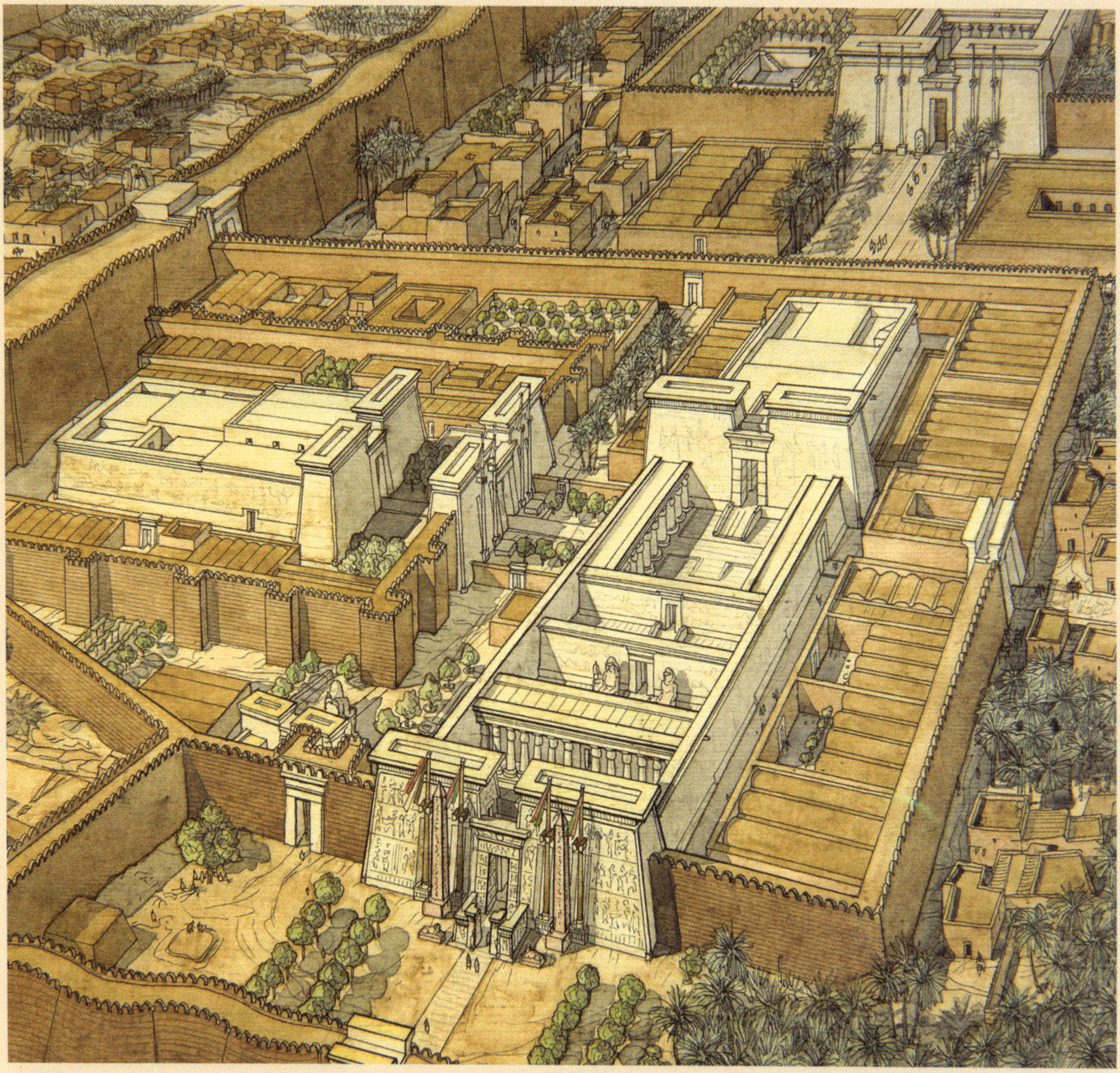

哈科尔的尼禄神庙

在一座壮观的名为"泰伊尔"（1）的岩石山嘴下方，坐落着希腊人口中的哈科尔古城。山坡上至今可见开凿和采石的痕迹，这证明此遗址曾经是一座采石场，而它现在的模样正是人类劳作的结果。通过发掘，人们确定了这座古城中一些建筑的位置，特别是那些凿建于悬崖中，可以俯视整座城市（2）的建筑。这些建筑中最有名的是献给阿蒙的尼禄（54—68年在位）神庙。它就建在卫城的中心位置，人们可以通过一条石板路（3）走到那里。这是一座半岩窟神庙，它包含两部分：一部分是筑建的，这部分对应的是一座顶部由8根立柱支撑起的多柱大厅（4）；另一部分是凿建的，这部分对应的是由4个房间构成的圣域（5）。在西边，可以看到另一座神庙（6），它只有一间房间和一个壁龛，庙中的献词记录，这是一座献给苏克霍斯的神庙。再往前走，由3个入口连接的墓穴占据了悬崖的西坡（7），这些墓修建于第三中间期（前1070—前525年）。

岩窟神庙和半岩窟神庙

这两个词代指两种特定的神庙：岩窟神庙是一种完全凿建于悬崖之中的神庙，例如阿布辛拜勒的拉美西斯二世神庙；半岩窟神庙的一部分（多柱大厅或门廊）是筑建的，另一部分（前方带礼拜堂或不带礼拜堂的至圣所）是凿建的，例如哈科尔的尼禄神庙。

赫尔摩坡里斯：从八神团到对托特的崇拜

如今，赫尔摩坡里斯城遗址上可见的残垣断壁无法让人感受到它在法老时代的宏大规模。这片区域里只有零星的石柱、残缺或坍塌的墙壁、塔门的残骸、落在地上的大石块、破碎的柱头或雕塑的碎片……这里已经看不到可以让人提起兴致的事物，但在古代，它曾是尼罗河谷最大的宗教中心之一，因为这里会举行很多礼

第三十王朝时期（前380—前343年）的赫尔摩坡里斯

1. 环绕所有宗教建筑的围墙，围墙的砖层呈波浪形，此处标出的是西门。
2. 拉美西斯时期的围墙，围墙内是新王国时期的神庙。
3. 塞提二世时期修建的阿蒙神庙（东西轴向），位于带棱堡的围墙内。
4. 中王国时期的神庙。
5. 新王国时期的托特神庙（南北轴向），由拉美西斯二世时期的塔门（被称为斯芬克斯之门，第三十王朝的内克塔内布在这座塔门上修建了新的部分）、庭院、霍伦海布时期的塔门和第十八王朝时期的圣域组成。
6. 第三十王朝时期和托勒密时期修建的托特神庙的塔门。
7. 赫尔摩坡里斯城。

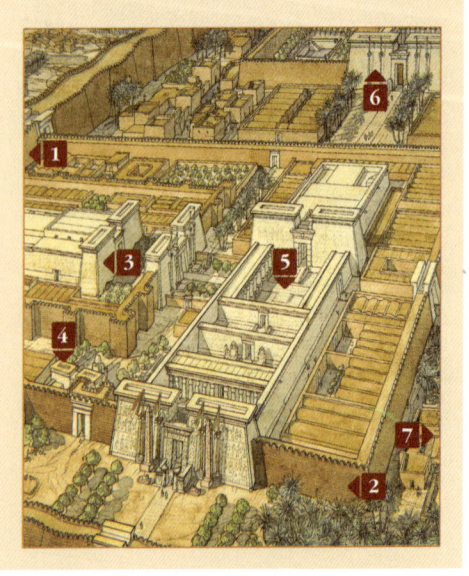

托特：科学之神

托特很早就跻身埃及万神殿中的大神之列，他是众神之王忠诚的助手，这个造物神授予的职位是对他的智慧和能力的肯定。他是卓越的科学之神，宇宙的主宰会毫不犹豫地向他讨教解决某些问题的方法。托特会先认真倾听，然后发表看法，最后再慷慨地给出建议并提出解决方案。

他的诞生至今还是一个谜，在传说中，他可能是从赛特的头颅中诞生的，也可能是从造物神悲痛的心中出生的。总之，出身低微的托特因其毋庸置疑的才能获得成功。托特工作勤勉，在管理世界方面，他的责任重大。他掌握所有科学知识，可谓无所不知、无所不晓。作为知识的拥有者，他负责传播知识。因此，他发明了一种能让科学知识一直传承的工具：文字。他是精通"神圣的话语"——埃及象形文字的无可争议的大师，也是所有著作的作者。

有些人认为人类从他那里继承了所有知识，而这些知识是从这位神灵主动遗弃在圣所中的书籍和文字资料中获取的。然而，超群的智慧和敏锐的意识让他变得烦人、自负、浮夸，他喜欢发表辞藻华丽的演讲，使用高深莫测的语言，说话带着矫揉造作的语气。简而言之，他的话只有自己会听，这让他很招人讨厌……尽管众神们非常尊重拥有无尽学识的他，但还是提醒他要注意这个问题。

作为知识无可争议的主人，托特通晓的领域众多。他是数学之神，是卓越的计算大师。据说是他主动划定了埃及各郡的边界和埃及的国界。他"创建了'两地之国'的秩序和郡的划分形式"，人们还传言是他建造了神的圣所，因为只有他知道如何绘制平面图并正确定位建筑物。所有科学知识都由他掌管、由他保护，他是所有司书、医生、天文学家、建筑师以及魔法师等的守护神。

除了处理一些地上世界的事务外，托特还承担着天界的职责，在造物神的要求下，他当上了月神。关于托特当上月神的来由还有这样一个神话：太阳神拉因为人类不断叛乱而感到疲惫，于是他决定离开大地，去往天界。他的离去搅乱了时间的秩序，从此，太阳神在白天照亮大地，夜晚来临后，他会从大地上消失，然后去照亮地下世界，在清晨时分又会重新出现。夜晚就此陷入黑暗，而星星发出的光并不足以点亮夜空。于是，月神托特会在夜间，太阳在地下世界旅行的这段时间里代替太阳发光。拉在亲自将这项任务交给托特时说道："你将在我的位置上，替代我。人们会称你为拉的替代者托特……你将代替我，让你的美和光明环绕上、下埃及的天空，月神托特就该是这样的存在。"正因承担了这项职责，他同时也成为星星和时间的主人。托特还是日历的发明者，因为他通过自己的努力区分了日、月、季节和年。此外，他还是冥界的司书、丧葬神的信使以及神和人之间的媒介。他是在亡灵抵达地下世界之门时向其发问的神灵，也是在为死者心脏称重时记录判决的神灵，还是将亡灵引入众神法庭，然后将其带到奥西里斯面前的神灵。

拜活动，特别是对八神和托特的礼拜活动。

这座城市在古代的名字叫赫姆努（Khmounou）——"八之城"。这个名字对应了8位原始守护神，即"八神团"，它们不属于创世后的宇宙，而是创世之前的混沌元素的化身。这些混沌中的力量以雌雄神的形式出现，雌性元素的形状是蛇，雄性元素的形状是蛙。这4对雌雄神分别是：代表原始水的努恩和纳乌奈特，代表永恒的哈赫和哈屋赫，代表黑暗的库克和库克特，代表空气与潜能的阿蒙和阿蒙涅特。在时间的源头，8位神灵聚集到一起，孕育出了一枚蛋（或是一朵莲花），然后放到原始之丘上。拉从这枚蛋中诞生，"上古诸神创造了地平线之神，美、善和幸福也在他们的时代被创造了出来"。在一些传说中，托特也具有造物神的身份，将那枚蛋放在原始之丘上的神灵正是托特。无论如何，托特都是上埃及第十五郡首府的主神，因为在希腊神话中，和托特具有同等属性的神被称为赫尔墨斯，所以这座城市才被命名为赫尔摩坡里斯。

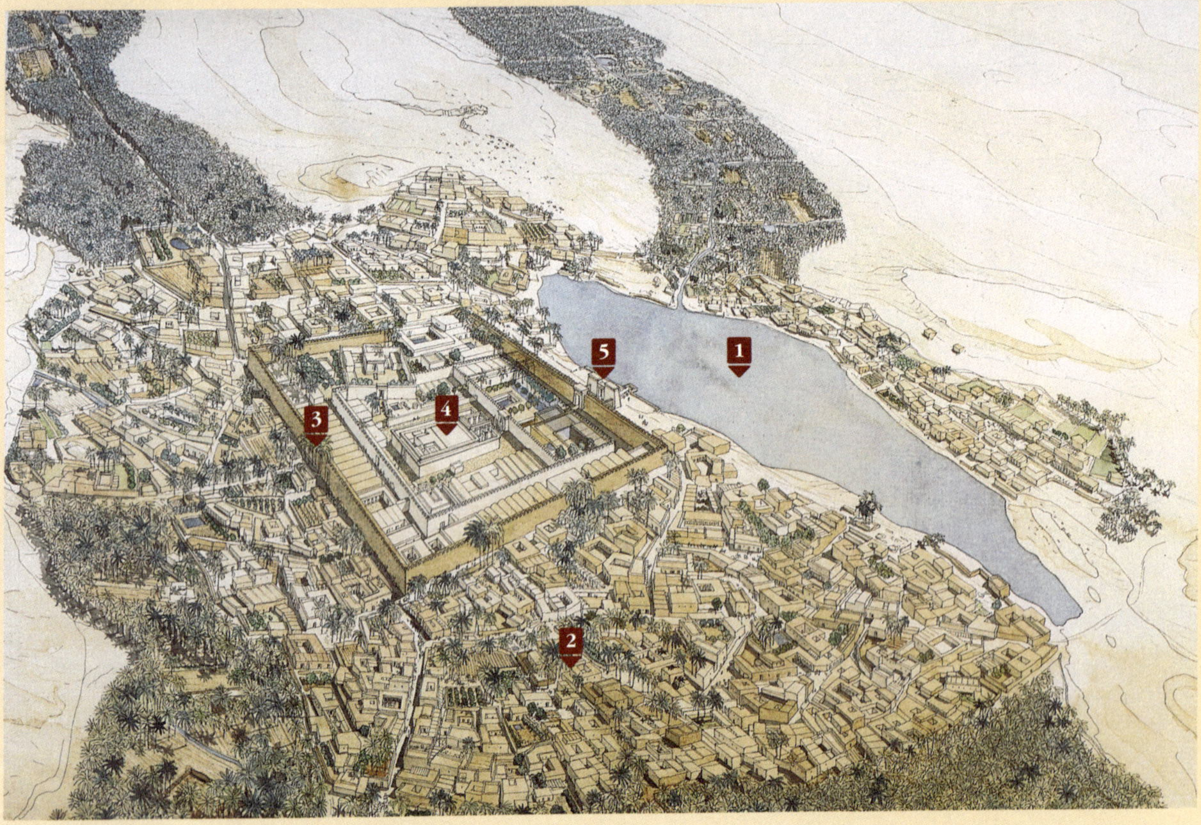
1
2
3
4
5

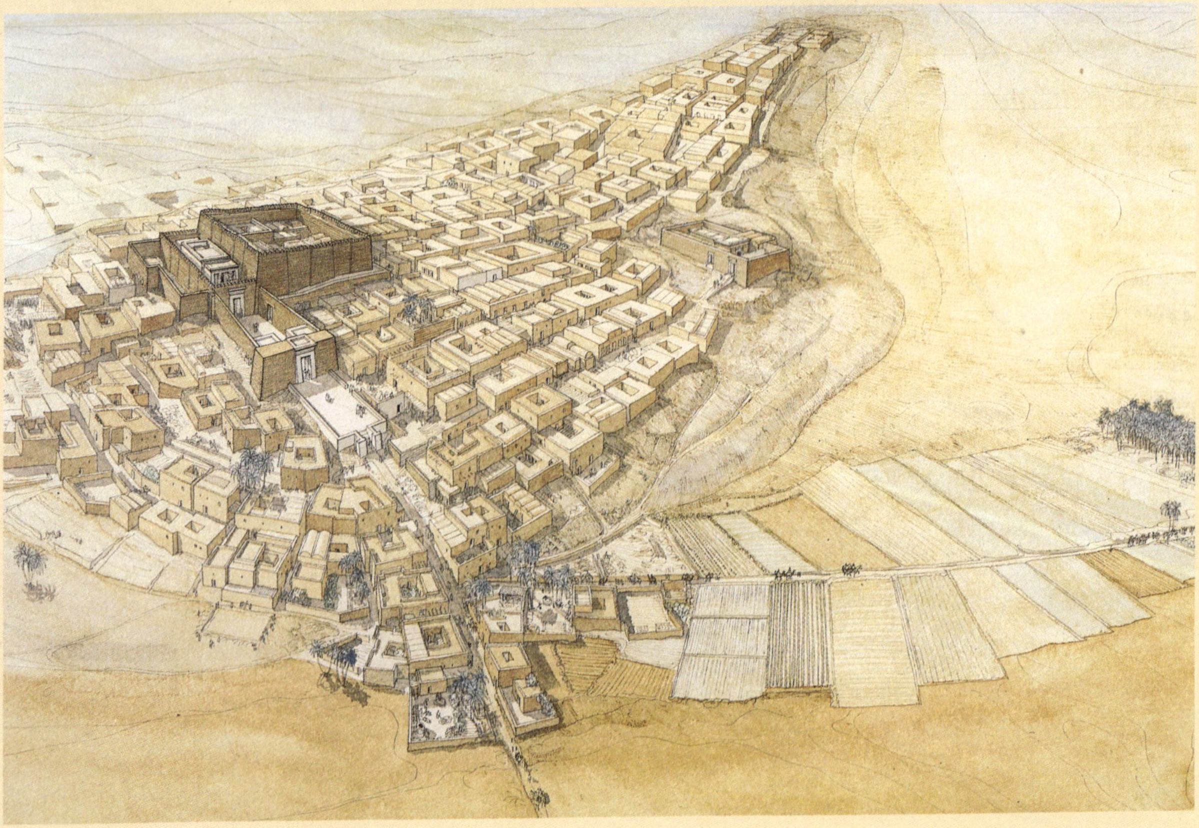

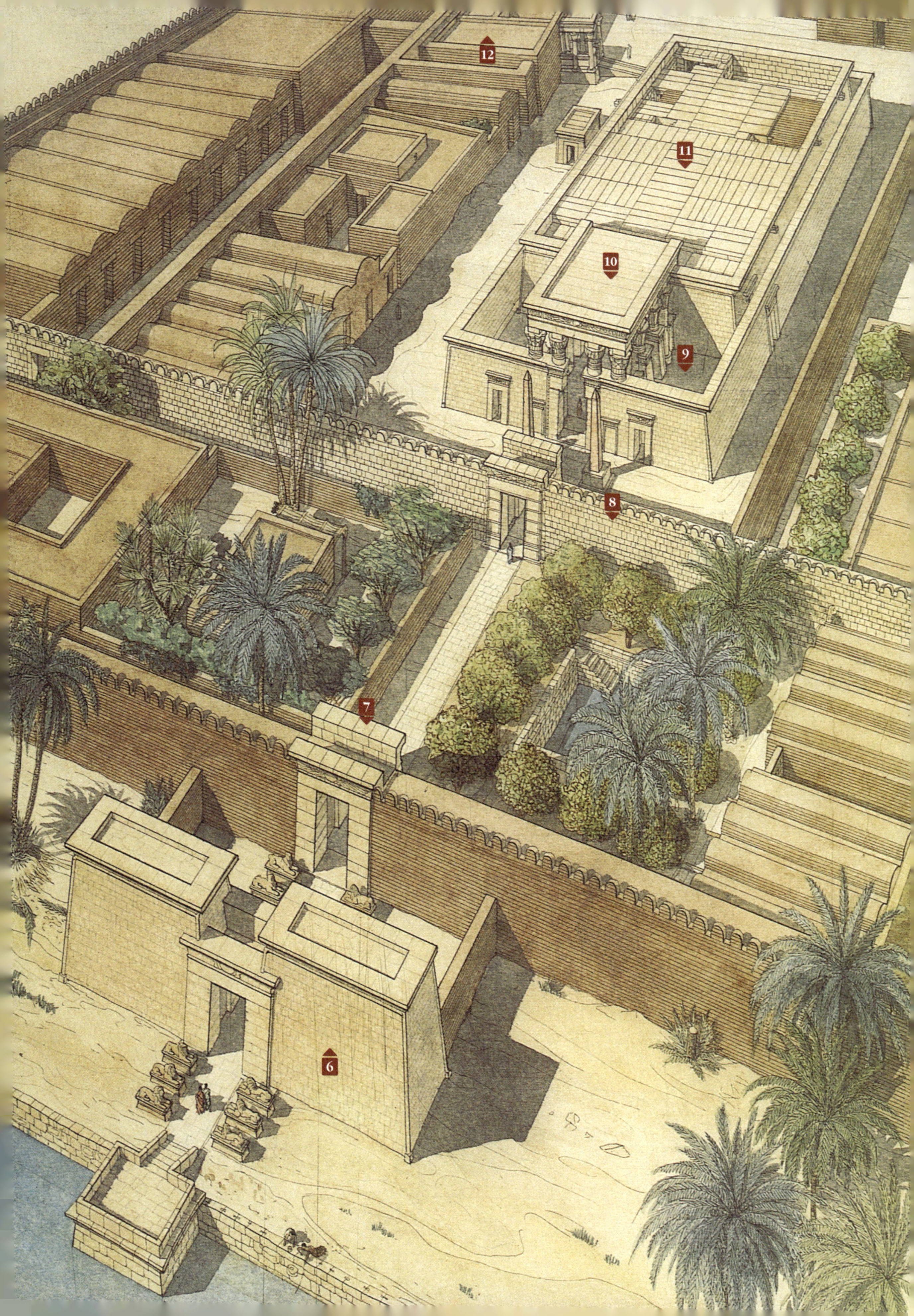

12
11
10
9
8
7
6

哈尔加绿洲中的希比斯和杜什

第一王朝	前3050	
第二王朝		早王朝时期
	前2685	
第三王朝		
第四王朝		古王国时期
第五王朝		
第六王朝		
	前2180	
第七王朝—第十一王朝		第一中间期
	前2040	
第十一王朝末		中王国时期
第十二王朝		
	前1780	
第十三王朝—第十七王朝		第二中间期
	前1570	
第十八王朝		
第十九王朝		新王国时期
第二十王朝		
	前1070	
第二十一王朝		
第二十二王朝		
第二十三王朝		第三中间期
第二十四王朝		
第二十五王朝		
第二十六王朝		
	前525	
第二十七—第三十王朝		后埃及时期
	前332	
托勒密时期	前305	希腊埃及
罗马帝国时期	前30	罗马埃及
	395	
罗马帝国时期		科普特埃及
	632	

希比斯：哈尔加绿洲的首府

希比斯是埃及撒哈拉地区最南端的绿洲哈尔加的首府，被称为"绿洲之城"，也是希罗多德口中的"有福之岛"。它的选址逻辑很好理解，这座城市处于很多条路的交会处。从这里出发，人们可以前往尼罗河谷（从艾斯尤特到埃德富之间的河岸区域），也可以去利比亚沙漠中的其他绿洲（达赫拉绿洲、法拉弗拉绿洲、巴哈里亚绿洲和遥远的锡瓦绿洲），还可前往埃及南部地区和努比亚。这座城市在古代的实际规模尚不明确，但希腊人称它为"城邦（polis）"，这个词显然不是用来称呼一个小镇的。另外，根据一份名为《希比斯水井介绍》的文献的记述，这座城市一共有86个取水点，每个取水点满足一片住宅，甚至是一个村落的用水需求。这说明这座城市不仅很大，还很重要。这座城市（2）横跨一片如今已经干涸的大湖（1），围绕一座宗教场所的围墙（3）建造，布局混乱。城中主要的圣所（4）是献给阿蒙和奥西里斯的，这是一座始建于普萨美提克二世（前595—前589年在位）时期的建筑，但可能直到安敦宁·毕尤时期（2世纪）才竣工。它的每个部分都千差万别，但这些部分最终完美地形成了一个整体。湖边修建了一座上岸码头（5），走过一条带有斯芬克斯雕像的多洛摩斯，就能抵达建于托勒密二世（前285—前246年在位）时期的一座塔门（6）和一座大门（7）。大门建于圣域的围墙上，围墙将所有宗教建筑及其附属建筑囊括在内。圣湖和一座小花园之间有一条路，此路通向第二圈围墙（8）上的大门，大门位于第二圈围墙的正中央，它修建于大流士统治时期（前521—前486年）。这条路一直通往神庙的前广场，广场上有两座可能建于内克塔内布二世时期（前360—前343年）的方尖碑，再往前走，可以接连看到所有宗教建筑都有的部分：庭院（9），院内建有一座亭庙；多柱大厅（10）；圣域（11），它与其前厅和几座礼拜堂连通。南边还有另外两座建筑（12），考古学家认为它们是献给身份不明的神灵的次级宗教场所。

* 数字标号见 p.118、p.119 大图。

西部沙漠里的绿洲

埃及人视由黑色代表的河谷和由红色代表的沙漠为对立关系。红色是与赛特相关的颜色，他是杀害奥西里斯的凶手，代表外来者、异族和侵略者。据说，魔鬼、邪恶势力和恶灵一起统治着沙漠，河谷里的人只有在被逼无奈的时候，特别是在被派遣到采石场或矿场工作的时候才会冒险到沙漠里去。不过，这片环境恶劣的沙漠里分布着一些可居住的区域，它们被称为"伊玛树（可能是一种中型灌木丛）原"，这是埃及人称呼绿洲的方式。在西部沙漠，即埃及的撒哈拉地区，有一连串与尼罗河平行的绿洲——从北向南依次是锡瓦绿洲、巴哈里亚绿洲、法拉弗拉绿洲、达赫拉绿洲以及哈尔加绿洲。这些边缘区域从史前时期就有人类居住，因其具有无可争议的优势，所以国王们最早可能从古王国初期（约前2685年）就占领了这些地方。它们所在的位置是设立交通关卡的绝佳地点，设立关卡后就可以长期管控前往利比亚或遥远的非洲地区的沙漠商队。这些绿洲中的产业繁荣且独特，它们为埃及提供了额外的资源，绿洲为尼罗河谷提供了优质的葡萄酒和小毛驴（沙漠商队的役畜）。因此，为了维系绿洲中的生活，埃及政府也会在必要的时候毫不犹豫地采取相应措施，比如钻井、开辟耕地等。被国王管辖后，绿洲居民们很快就接纳了埃及的习俗和神灵，特别是沙漠地区的统治者赛特。从后埃及时期（前525—前332年）起，他们也开始敬拜埃及帝国的阿蒙神。

杜什：哈尔加绿洲南边的重要罗马驻军点

杜什遗址，即基西斯古城，是罗马南端防御系统的组成部分之一。它建在一座山丘之上，地处连接努比亚和尼罗河谷众多道路的交会处，可以俯视周围的沙漠地区。城市是围绕一座坚固的堡垒修建起来的，这座堡垒从1世纪到5世纪都有士兵把守。图密善（81—96年在位）在紧挨堡垒的地方修建了一座献给"基西斯至高无上的神灵伊西斯和塞拉比斯"的神庙。城市的入口处有一条通向墓地的路，有近350具木乃伊从这座墓地的私人坟墓和集体坟墓中出土。

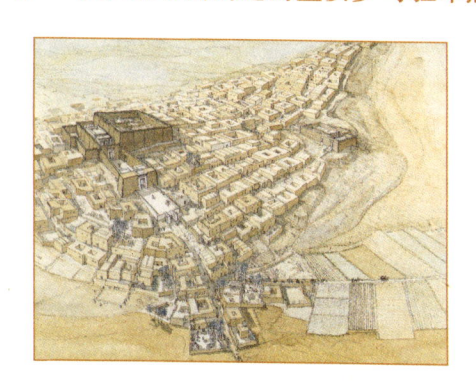

为众神服务的神庙、国王和祭司

埃及神庙这种建筑的存在和运转是为了维护宇宙的秩序和造物的永恒，如果没有神庙，一切都将回到最初的混沌状态。女神玛特象征着世界的和谐，她代表造物神在时间的源头所期许的真相、正义、秩序和平衡。正因有她，创世后的世界才可以一直保持完整。她负责管控宇宙现象的规律，并监督世人遵从社会规则。众神以玛特为食，以便维护玛特代表的和谐宇宙，同时让保护生命的自然现象回归。在每天礼拜神灵的仪式上，为玛特敬献祭品是基本活动之一。如果不这么做，混沌之力可能就会占上风，整个世界将不停地受到威胁。玛特因此变成一位不可或缺的女神，众神、国王和普通老百姓都要遵守她制定的规则。作为普遍规则的体现，玛特没有特定的礼拜场所，但在所有宗教建筑的墙壁上都可以看到她，尤其是在那些描绘日常仪式的图像中：在这些图像中，国王会为圣所的主神敬献一座玛特的小雕像。作为神灵的儿子以及神灵在地上世界的代表，法老是唯一有权在神庙里举行祭礼的人。祭司在王室授权的情况下才能举行祭礼，他们会以国王（神圣王权的唯一合法继承人）的名义完成每天的礼拜活动，但是，描绘祭礼的浮雕上只有国王一人。

神灵不满意时会一怒之下让世界陷入混乱，为了避免这种情况的发生，国王需在国土上修建圣所，并不停地往圣所里敬献祭品。随着时间的推移，圣所也跟着发生了变化，但设计思路一直没有改变。首先，圣所里都有一座至圣所，它的内部有一个石制的圣龛。至圣所中存放着神灵的雕像以及神灵的便携神龛，在举行节日和游行的时候，神像会被放在圣船里一起跟着队伍游行。至圣所周围建有次级礼拜堂或临时受邀到神庙里来的神灵的礼拜堂。其两侧还有圣器室和仓库，里面存放着礼拜所必需的布料、珠宝和其他用品。其次，在圣域的前方会接连修建一排大厅，离至圣所越远，厅就变得越大、越亮。最外面的一间叫"多柱大厅"（顶是由多根石柱支撑起来的），多柱大厅的前方是庭院，院里有雕塑、祭坛、临时停放神像的祭台和祠堂。最后，还有神庙雄伟的入口——塔门，它包括两座高高的石塔，穿过塔门后就是庭院。其他附属建筑包括圣湖、生命之屋、水井、神职人员的住所、神庙的货栈……以上的所有建筑都位于一圈日晒砖围墙之内，围墙上有多个入口，在围墙前方还有一条边上建有斯芬克斯雕像的通道，即多洛摩斯。

神灵的身体居住在神庙，同时他们还会以其他物质形式存在，神职人员的职责就是为他们服务。神灵附着在神像上，并且常常以动物的形象出现。神灵也是一种生命体，他们很脆弱，并且有和人一样的需求。因此，神职人员需要细心照顾神像，令附着在神像中的神灵保持健康，他们会给神像穿衣、保养神像，防止神像受到任何可能降低其效力的外界伤害。

诚然，维护这些部分规模巨大的神庙需要拥有不同能力的人。首先，神庙中安排了行政管理人员和辅助人员，前者在重要的神庙中人数众多，他们是负责处理神庙经济事务的普通官员，后者中的一部分人（司书、工匠、警察、侍卫、农夫和园丁等）负责维护神庙，另一部分人（歌者、乐师和舞者等）负责组织庆典。虽然两者都属于神庙的工作人员，但他们却不一定是宗教徒。其次，神庙里还有高级神职人员，因为他们行使着神圣的职责，所以是社会中占统治地位的阶级之一。高级神职人员中的大多数叫"河姆·奈特鲁"，他们被称为"神的仆人"。神庙中的最高领导者是"第一祭司"，当他在一座重要的神庙中举行祭礼时，他就是全国最有影响力的人之一。其他的高级神职人员包括"神父""虔诚的信徒""赫利希贝特"（手持卷轴者，卷轴上写有庆典的活动安排）以及"乌努伊特"（大祭司学院的成员）。低级神职人员包括所有辅助祭司，被统称为"净化者"。通常，他们只负责处理基础的事务性工作。与高级神职人员不同的是，他们并不是永久任职的。低级神职人员一共分为4个队伍，或者说4个"部族"，每一个季度就轮流为神庙服务一个月。最后，在神庙里工作的还有一些"专业人士"，他们与神庙保持着密切的联系，但可以独立活动。这些人中包括"学者""朗读祭司""钟表师"（负责确定庆典日期）"占星师"（负责确定一年中的吉日和凶日）以及"生命之屋的司书"（负责编造和抄写神话和宗教铭文、在庆典上朗诵铭文）。

祭司要履行的最严格的义务就是保持身体洁净，因为他要在"神之屋"授教。祭司必须在白天和晚上分别沐浴两次。他不能留胡子，必须剃光头发，清除体毛并受过割礼。在任职期间，祭司需要节欲，还得遵守他所在郡的食物和宗教禁令，不能吃羊肉、鸽子肉、鹈鹕肉、猪肉、鱼肉，还有蔬菜（尤其是大蒜、洋葱和蚕豆）、油、酒和盐。他只能披一块纯亚麻布，穿棕榈纤维做成的凉鞋。他的床仅仅是一张薄薄的，铺在神庙庭院里的席子。如果他娶妻了，就得遵守一夫一妻制。旅行会令他感到害怕，因为在他看来，异国他乡中存在敌对势力和混乱势力。除了要保持身体的纯净外，知晓如何行使这份神圣的职责也是不可或缺的。实际上，祭司的学识非常渊博，他们既是出色的神学家，也是优秀的建筑师，还是大家公认的数学家和成就卓著的天文学家。除此之外，他们还精通医术和魔法。

传统的神灵礼拜仪式参照所有人类的日常生活进行。黎明时分，祭司在洗净身体后会打开神庙，开始准备供奉神灵的食物。接着，"唤醒神灵"的仪式正式开始，大祭司会开启封闭的至圣所，同时背诵早间仪式的诗歌和经文。他会把供奉的食物放在神灵面前，有肉、面包、蔬菜、各种水果、啤酒和葡萄酒。然后，祭司们离开至圣所，让神灵"用餐"。在神将将这些食物中的无形物质享用完后，祭品会先被放到次级神灵的祭坛上，然后再被送到作坊，祭司们会在那里共同分享这些美食。接着举行的是梳洗仪式，神像被洗净后会穿上新衣服、戴上装饰物并抹上香料。在神庙的围墙内建有一个编织作坊，专门用于制作神灵所穿的亚麻衣服，这些衣服就存放在毗邻圣域的织物室中。宝库中存放着神灵的宝物，包括胸饰、权杖、手镯、叉铃、王冠和头饰。最后，大祭司会关上至圣所的大门，宣读仪式的口号："让邪恶之物无法进入圣所！"午间仪式则相对简单许多，这个时段不用再为神灵准备餐食，只需洒水和焚香。傍晚的仪式在日落时分开始，祭司会重复上午的仪式，神像将被重新放回至圣所，然后关上锁，一直封闭到第二天。

锡瓦：利比亚沙漠中的绿洲

位于埃及和昔兰尼加交界处的锡瓦

位于埃及、利比亚和希腊三国势力交会处的锡瓦，以极其独特的文化和历史著称。直到第二十六王朝（前664—前525年），锡瓦还是一个完全独立的地方，尽管受到尼罗河谷传统的巨大影响，锡瓦的外族君王们还是拥有自治的权利。然而，阿普里斯在位时期（前571年），埃及和利比亚之间爆发的战争直接导致锡瓦的君王们意识到西部沙漠的绿洲是埃及不可缺少的一部分。公元前7世纪，昔兰尼城在利比亚的海岸线上建成，锡瓦随之逐步发展。和所有非洲北部地区一样，昔兰尼城也有多利安殖民者定居，他们的繁荣建立在与非洲内陆地区进行贸易的基础上。锡瓦得益于它的地理位置，在货物的运输中扮演了至关重要的角色。很快，昔兰尼城和锡瓦之间的紧密关系就使希腊人和锡瓦的统治家族联系了起来。当时，哪些产品用于国际贸易？首先，昔兰尼城有一种特产叫氨草胶，它可以当香料和药使用。毫无疑问，锡瓦大大推动了这种商品的贸易。其次，昔兰尼城快速发展，城市居民迅速增加，导致食用小麦的需求越来越大。因此，昔兰尼城会从地中海盆地及法尤姆地区进口小麦，锡瓦就是运输道路上的一个中转站。最后，正因为有了锡瓦，昔兰尼城才得以打开非洲的大门：除了进行椰枣贸易外，锡瓦也出口明矾、泡碱、产自绿洲的葡萄酒和来自非洲不同地区的产品（金、银、宝石、象牙、乳香和珍禽异兽等）。

阿蒙人的绿洲

神谕神庙在一座岩石山丘上，从那里可以俯瞰下方的绿洲和周围的沙漠，它是一座保存较好的建筑，建于第二十六王朝倒数第二位法老阿玛西斯（阿赫摩斯二世，前570—前526年在位）统治时期。鉴于庙中的这道神谕自公元前7世纪中叶就在地中海地区广为流传，这座神庙可能始建于更早的时期，然而至今还没有确切的线索（考古遗迹或书面文献）可以确定这种猜想。神庙位于一座天然形成的小山丘顶上，这不由得让人联想到了卫城。这种在埃及并不常见的建筑满足了这里的防御需求：这座城市在多条利比亚人、希腊人和埃及人所走的道路的交会处。一条通向卫城的游行大道（1）连接起神谕神庙（2）、作为总督府的宫殿（3）和乌姆乌拜达神庙（4）。如今，乌姆乌拜达神庙已经遭到了严重破坏，因此无法评估它在古代的重要性。通过这座神庙仅存的一堵墙和冯·米努托利公爵（19世纪普鲁士驻埃及领事）的画作，人们才知道这是献给当地神灵阿蒙的一座神庙，它修建于埃及第三十王朝（前380—前343年）的最后一位法老内克塔内布二世统治时期。这座建有防御工事的小山丘是这座城邦的中枢，在它的两侧，可以看到成片的棕榈林和"阿蒙人之城"（5）——阿蒙人是希罗多德称呼锡瓦绿洲居民的方式。虽然配图中可以看到这座城市，但这是一幅虚构图。之所以要将它虚构出来，是因为它必然存在，因为卫城从不单独存在。

* 数字标号见 p.124 大图。

第一王朝	前3050	
		早王朝时期
第二王朝	前2685	
第三王朝		
第四王朝		
第五王朝		古王国时期
第六王朝		
	前2180	
第七王朝—第十一王朝		第一中间期
	前2040	
第十一王朝末		中王国时期
第十二王朝		
	前1780	
第十三王朝—第十七王朝		第二中间期
	前1570	
第十八王朝		
第十九王朝		新王国时期
第二十王朝		
	前1070	
第二十一王朝		
第二十二王朝		
第二十三王朝		第三中间期
第二十四王朝		
第二十五王朝		
第二十六王朝		
	前525	
第二十七—第三十王朝		后埃及时期
	前332	
	前305	希腊埃及
托勒密时期		
	前30	
罗马帝国时期		罗马埃及
	395	
罗马帝国时期		科普特埃及
	632	

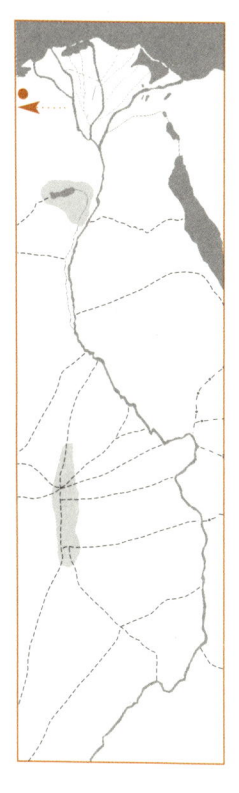

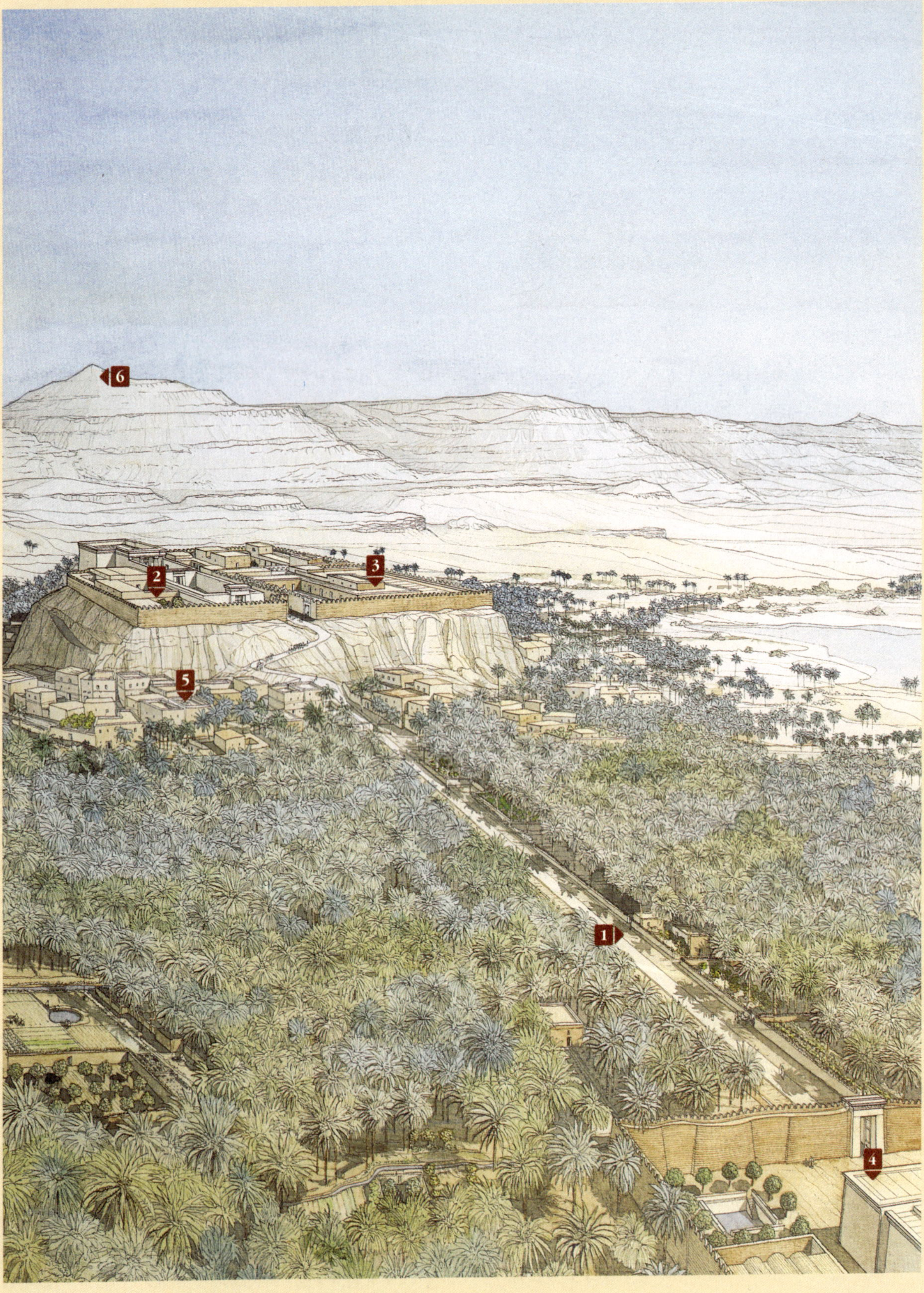
6
2
3
5
1
4

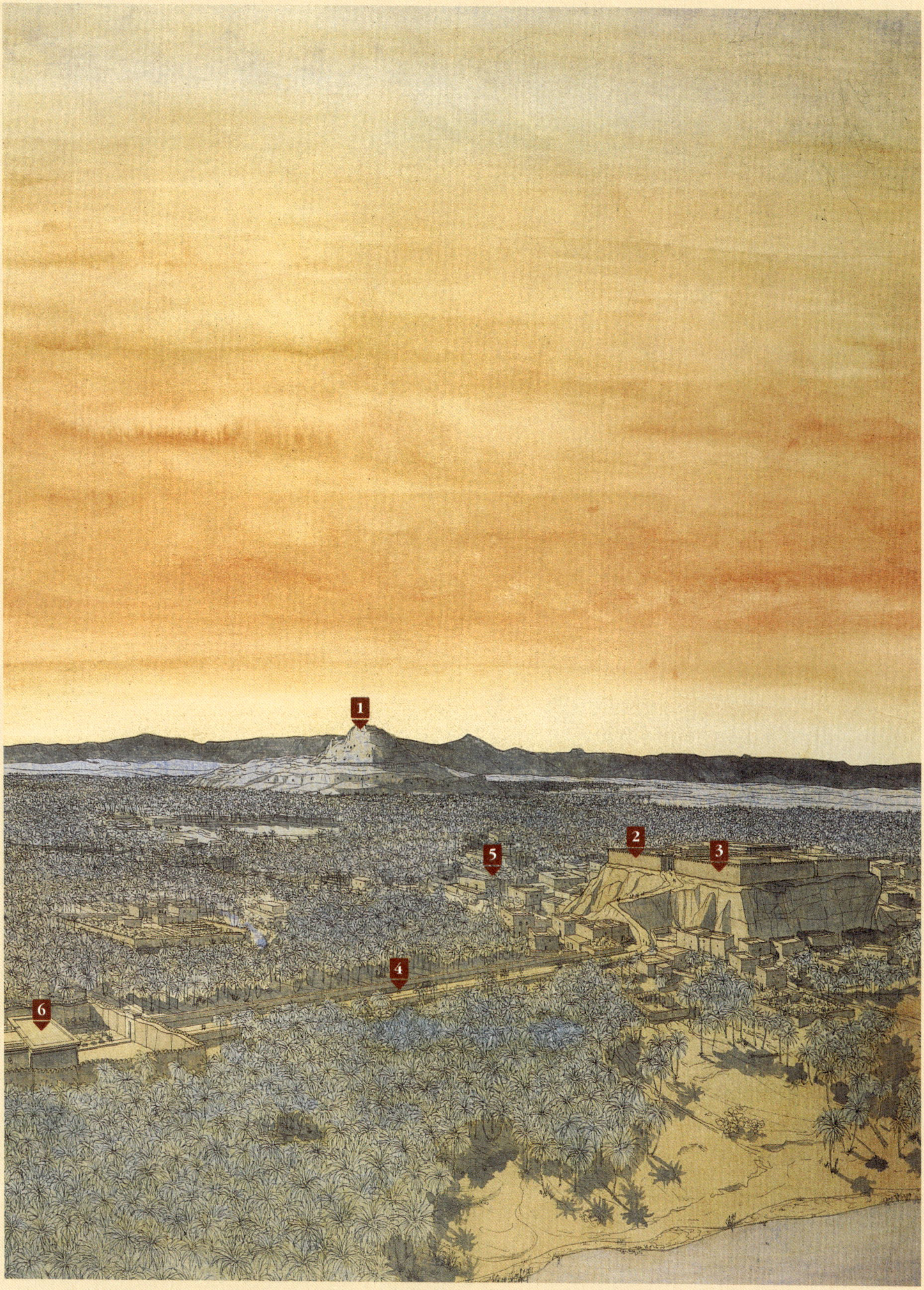

1
2
3
5
4
6

这座城市还没被发掘出来，所以很难确定它的具体位置和规模。在远方，"亡人山"穆塔（6）巍然屹立，锡瓦最重要的墓地就在那里，山坡上的地下墓穴的重要程度各不相同。其中，最古老的坟墓建于第二十六王朝，如尼佩尔帕史特墓；有的建于托勒密时期，如西阿蒙的坟墓；有的则在罗马埃及时期被重新使用，如梅素伊西斯的坟墓。

亚历山大出访锡瓦

在将波斯人驱逐出埃及后，亚历山大大帝成为埃及的主人。于是，他决定前往锡瓦咨询那道由阿蒙-宙斯所颁授的神谕，它是古代最有名的神谕之一。他这么做显然是出于政治原因：确认他的神性，从而成为公认的法老。据我们所知，这次"朝圣"发生在公元前331年，港城亚历山大刚刚动工前后。出访锡瓦的经过由亚里士多德的侄子、国王的史学家卡里斯提尼斯记录。如果他所言属实，那么亚历山大大帝就是从孟菲斯出发的，在经过拉科提斯（一座小镇，位于未来的港城亚历山大所在的位置）之后，他沿着海岸一直航行至帕里托尼姆（如今的马特鲁）。从那里开始，他继续沿着一条沙漠中的路前行，这是一条如今去锡瓦还会走的路。卡里斯提尼斯提到，一行人在沙漠中跋涉了数日后缺水，虽然一场突如其来的暴风雨解救了他们，但他们随后又遭遇了一场沙尘暴，沙尘暴过后，路被掩埋了。就在那时，天空中出现了两只乌鸦，它们带领这群沙漠中的旅人一直走到锡瓦卫城脚下。至于咨询仪式最秘密的部分，人们一无所知。亚历山大可能咨询了他的事业走向。但无论如何，阿蒙-宙斯都正式向亚历山大宣布，他就是"神之子"，就是"宇宙的主宰"。

咨询神谕的两大理由

在失去儿子之后的两年里，克罗伊斯陷入深深的痛苦之中。但是，在奇阿克萨之子阿塔塞克西的帝国被冈比西斯之子居鲁士推翻后，波斯势力逐步发展壮大起来，这使他从哀伤中走了出来。在波斯人变得过于强大之前，他需要找到扼制他们发展的方法。为此，他决定立刻去检验位于希腊和利比亚的两道神谕……于是，克罗伊斯让人咨询了位于希腊的神谕，还派人到比利亚去咨询了锡瓦绿洲里的阿蒙神谕。这样做的目的是检验神谕到底有多灵，如果神谕说的是真的，那么他将再次去咨询这些神谕，看看他是否该和波斯人开战。

如刚才所言，一个故事确定了我对埃及疆域的看法，住在埃及境内阿派斯城的人和住在利比亚境内马雷亚城（位于港城亚历山大附近的马雷奥提斯湖南边的城市）的人都认为他们是利比亚人，而不是埃及人。他们认为埃及的宗教规定让人厌烦，并且不愿禁食牛肉（在埃及，母牛不能用来献祭，因为它是献给女神伊西斯的动物）。于是，他们派人去咨询了阿蒙的神谕，并且声称自己和埃及人没有任何共同点——他们住在三角洲外，不遵守埃及人的习俗，有享用一切食物的权利。但是神灵驳斥了他们在这个问题上的看法，并宣布埃及拥有尼罗河浇灌的所有土地，而埃及人是居住在象岛下游区域、喝尼罗河水的所有人。这就是神谕的答复。

希罗多德（公元前5世纪）

神谕神庙

古代的人们进入神谕神庙的方式目前尚不明确，但可以想到的方法有两种：第一种方法，如图所示，人们可以从南边经由倾斜的第一庭院进入神谕神庙，庭院在神庙的中轴线上，院内有低矮的台阶；第二种方法是通过庭院东墙上开的一扇门进入神庙。无论如何进入，建筑的内部结构都不会改变。穿过庭院，能够看到这座建筑的室内部分，包括大厅（大厅前方有一座大门，门的两侧各有一根多利安式柱子）、前厅和圣域。圣域分为3个不同的部分，右边是一间地下室，中间是至圣所，左边是附属房间，其具体功能尚未确定。至圣所是整座神庙的中枢，这里是举行咨询神谕仪式的地方，在仪式进行过程中，咨询神谕的人和阿蒙的祭司都在里面。这是唯一一间有装饰和铭文的大厅，呈长方形。它有两层木质天花板，两层天花板之间的空间可供人藏身，在咨询神谕仪式开始之前，祭司会通过一条贴着神谕厅（至圣所）东北角的"L"形通道登上假天花板，并在空隙处藏好。

卡里斯提尼斯曾这样引述斯特拉波的话："与德尔斐的神谕或布朗什德先知族（狄底梅的神谕）给出答案的方式不同，（锡瓦的）神谕通过点头、摇头或头部的其他动作给出答案，而非使用语言。"他还说，"但是这次（为了亚历山大大帝），先知开口对他说：'你，亚历山大，就是宙斯之子。'"在至圣所的右边建有一座内有3个壁龛的小型地下室，这里可能是用于存放仪式用品的仓库。这间地下室也有可能会在举行仪式时发挥部分功能，但没有证据能够证明这一点。

多多纳神谕（德尔斐神谕）和锡瓦神谕的起源

关于那两道分别位于希腊和利比亚的神谕，埃及人是这么说的。据底比斯的宙斯神谕神庙的祭司说，一天，腓尼基人从底比斯携走了两名献给神灵的女人，她们中的一位被卖到了利比亚，另一位被卖到了希腊。他们说，最早将神谕带给利比亚人和希腊人的是这两名女人。我问为何如此确信，他们告诉我，人们非常仔细地搜寻这两个女人，但还是找不到她们。后来，人们获得了这两人的消息，也就是他们和我分享的上述信息。

这就是我从底比斯的祭司那里听到的故事，以下则是多多纳的女先知们讲的故事。从埃及的底比斯飞出两只黑色的鸽子，一只飞到了利比亚，另一只飞到了希腊。飞到希腊的那只鸽子停在橡树上，并用人的声音说："必须在这个地方修建一座宙斯神谕神庙。"多多纳人认为这是来自神灵的命令，于是他们照做了。据说，飞到利比亚的鸽子命令利比亚人修建一座阿蒙神谕神庙，其实也可算作宙斯神谕神庙。这个故事是多多纳的女祭司们讲给我听的，她们中年长的一位叫普罗梅奈亚，另一位叫蒂玛雷泰，神庙中的其他多多纳仆人都赞同她们的说法。

希罗多德（公元前5世纪）

阿古尔米卫城

1. 环绕绿洲的利比亚沙漠：周围的部分山脉被用作墓地（如穆塔山），部分则被用作采石场（如达赫鲁尔山）。
2. 神谕神庙。
3. 作为总督府的宫殿（假定存在）。
4. 连接卫城和乌姆乌拜达神庙的游行大道（假定存在）。
5. "阿蒙人之城（假定存在）"和绿洲。
6. 乌姆乌拜达神庙。

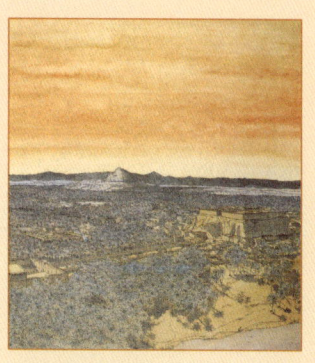

* 数字标号见 p.125 大图。

神谕神庙是怎样运行的

1. 配有木质天花板的附属房间（功能不明）。
2. 举行咨询神谕仪式的至圣所（神谕祭司会藏在木质天花板和假天花板之间）。
3. "L"形通道，建在神谕厅（即至圣所）的一侧（分解图说明了在举行咨询神谕仪式时，祭司是如何登上假天花板的）。
4. 地下室（存放仪式用品的地方）。

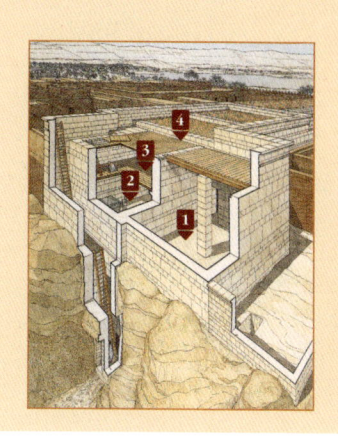

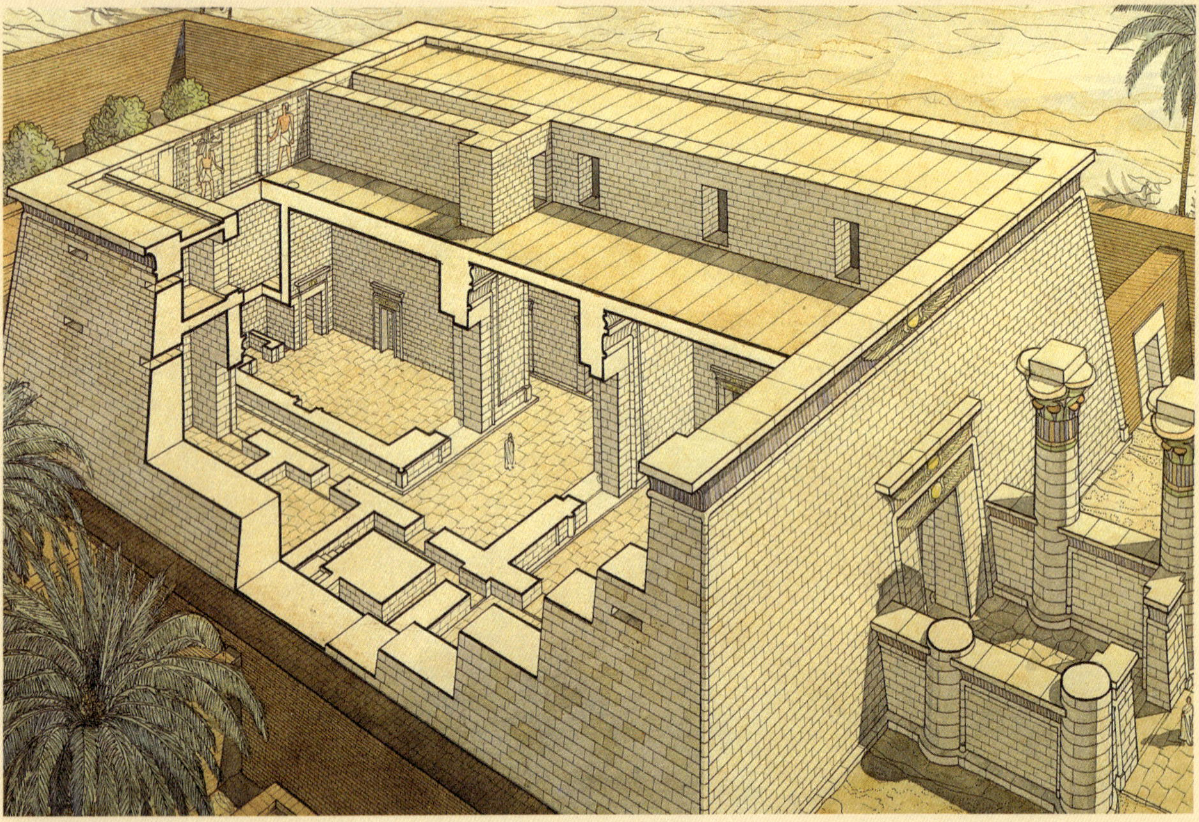

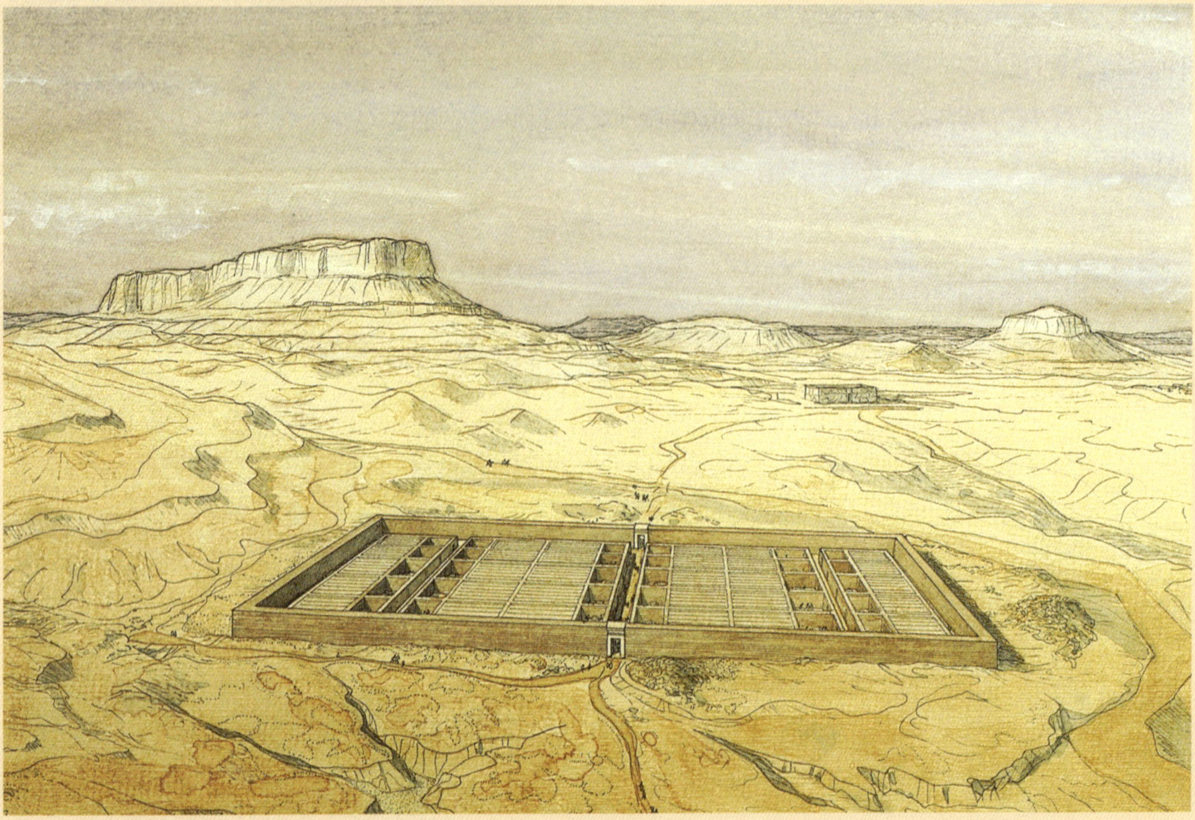

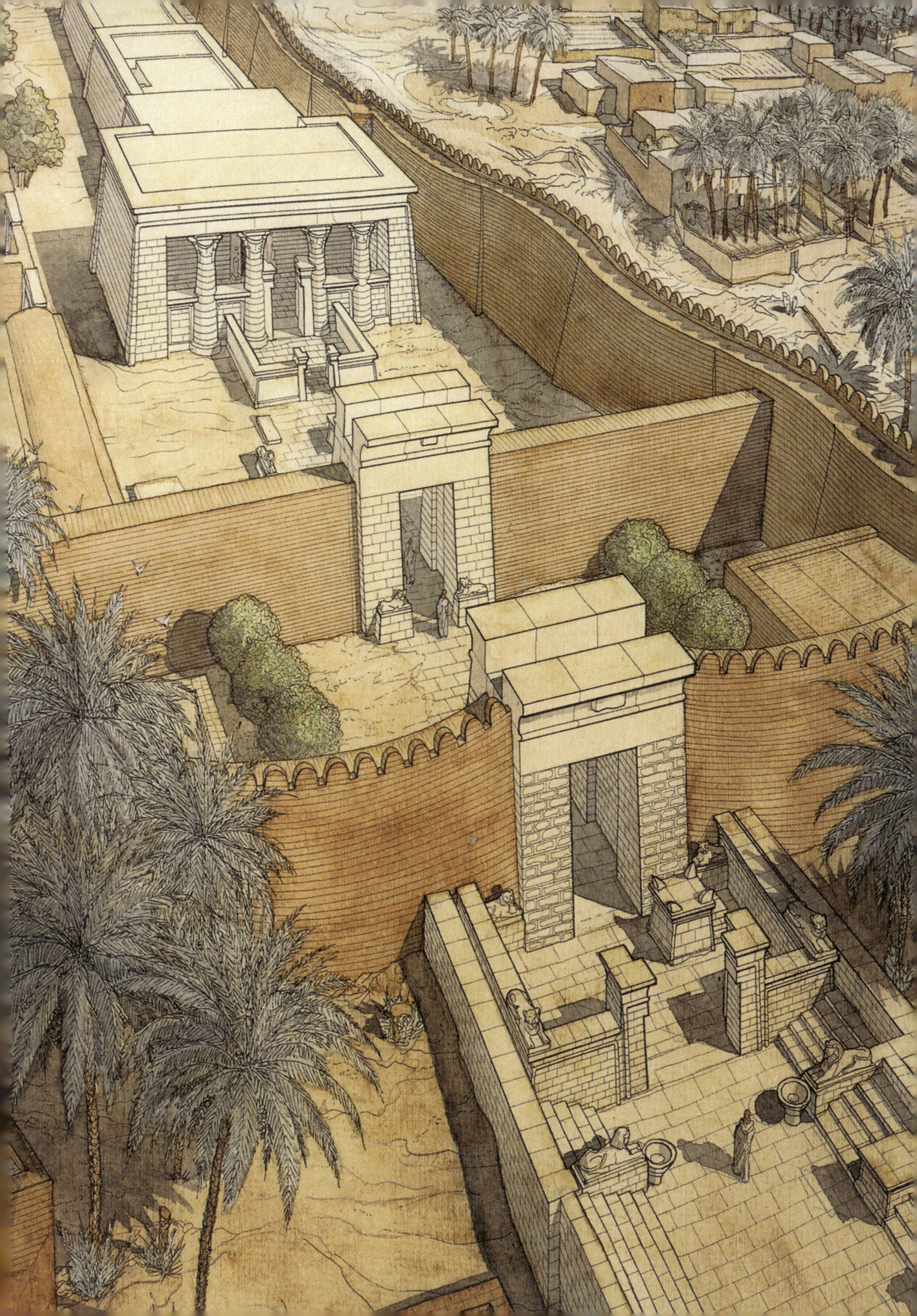

尼罗河和沙漠之间的法尤姆洼地

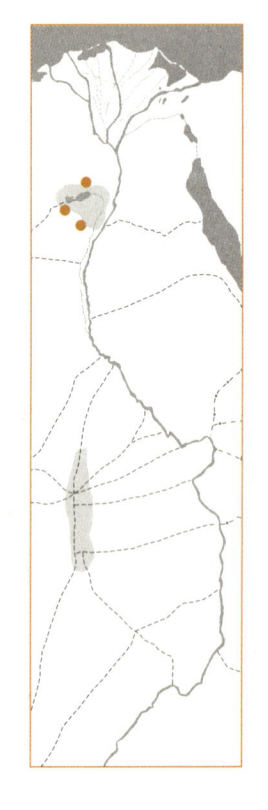

萨加堡

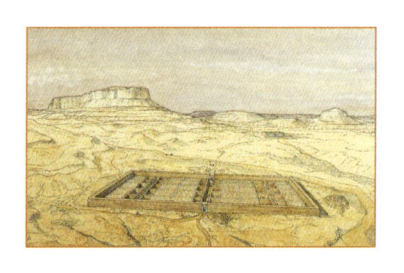

萨加堡位于法尤姆（利比亚沙漠的一个地区）北部，这是一座由第十二王朝（前1991—前1780年）的国王们修建的城市。来自锡瓦绿洲和其他西部沙漠绿洲的商队（特别是来自巴哈里亚绿洲的商队）都会经过萨加堡，所以该城市的布局充分考虑了其作为中转站应满足的需求。萨加堡修建在利比亚沙漠边缘，四周建有长方形城墙，城墙内包括4个居住区：中间的两个居住区各由两排毗连的住宅组成，每排5栋，两排住宅都面向街道；两侧的居住区靠城墙而建，每个居住区仅有一排住宅。根据居住区的结构划分可以估计出这座城市约有30户人家。所有的住宅结构都一样：长15米，宽13米，宅内有一个庭院，庭院通往5间纵向排列的房间。进入城区的大门有两座，分别位于城墙的南北两侧。举行礼拜活动的神庙位于城外，这座神庙不大，内部结构简单。神庙只有一间大厅，通往另外两间附属房间和7间壁龛。萨加堡的居民崇拜的神灵的雕像之前就放在壁龛之中。但这里的神像都已消失，墙壁上也没有文字或符号，因此很难还原曾在这里居住的埃及人和努比亚人的信仰。这些居民被称为"麦德查"，他们是沙漠中监控流动人口的警察。

卡伦堡

在拿破仑远征埃及的过程中，没有几处法尤姆的遗址能吸引到随军学者们的注意。卡伦堡遗迹是个别受到关注的遗迹之一，《埃及描述》中还有一幅关于它的美丽水彩画（第4卷第69页）。在法尤姆的最西端，同时离卡伦湖（古时候的莫里斯湖）岸边不远的地方，坐落着狄奥尼西亚古城，它建于两条路的交会处：一条是从北边的巴哈里亚沙漠的盖斯尔镇通往南边的尼罗河谷的道路，另一条是从法尤姆通往纳吞干谷的道路。这座位于绿洲边缘的城市建造时期较晚，很可能建于后埃及时期或托勒密王朝初期（公元前4世纪）。当时，这座城里有一座神庙，神庙的周围是居民区和行政机构。戴克里先在位时期（284—305年），狄奥尼西亚古城增建了一座堡垒，用以抵御入侵法尤姆的马尔马利克的柏柏尔部族。这座神庙供奉的是索贝克在当地的一种形态。这是一座很特别的单体建筑，人们通过神庙中轴线上的一扇门进入内部，内部有14间大厅（12间位于神庙的两侧，2间位于神庙的中央），它们分布于通向至圣所（包含3间小礼拜堂）的走廊两侧。这座宏伟的建筑还有另一个特点：它共有两层，第二层被分成若干间屋子，这是埃及神庙中不常看到的结构。神庙中的墙壁上还有国王敬拜索贝克的图像，索贝克是一位有着鳄鱼头人身的神灵。朝北远望，可以看到狄奥尼西亚城一直延伸至利比亚沙漠。

130

位于法尤姆西南部的美迪奈特·马地（希腊人口中的纳姆迪斯）

图片展示的是献给索贝克及其妻子列涅努忒（守护肥沃的绿洲的丰收女神）的纳姆迪斯神庙，始建于中王国（前2040—前1780年）阿蒙涅姆赫特三世和阿蒙涅姆赫特四世在位时期。这两位国王率先开垦了这片属于法尤姆的环境恶劣的区域。这座神庙在第十八和第十九王朝（前1570—前1185年）得到修缮，并在希腊埃及时期（前305—前30年）扩建。神庙包括：**1.** 通向神庙入口、两侧饰有人首斯芬克斯的多洛摩斯。**2.** 第一条通廊（通廊前方是一座两侧各有一只狮首斯芬克斯的前门）。**3.** 第二条通廊（与第一条通廊之间隔着一个庭院）。**4.** 庭院（内有建在神庙中轴线上的火坛，敬拜神像的宗教活动会在这里举行）。**5.** 两间门廊（第一间门廊通过一面柱廊墙向外敞开，它的前方有一座前门；经由第二间门廊，信徒能够进入神庙最神圣的部分）。**6.** 多柱大厅（它的内墙封住了中王国时期修建的圣所）。**7.** 中王国时期修建的圣所（它由一座礼拜堂和一座通向3间壁龛的祠堂组成。壁龛里供奉着3座雕像，很可能分别是伊西斯-塞缪斯女神，即希腊神话中的列涅努忒女神；神化的阿蒙涅姆赫特三世；阿蒙涅姆赫特三世之父塞索斯特里斯三世）。**8.** 日晒砖围墙（从中王国时期修建的圣所到第一条通廊的所有宗教建筑都在围墙内）。

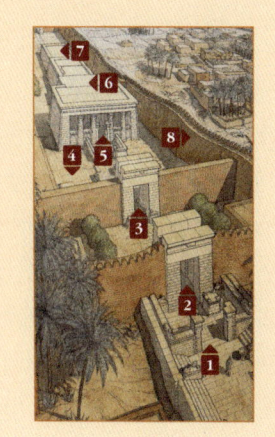

紧挨尼罗河谷的绿洲

虽然法尤姆位于利比亚沙漠的中心，但距尼罗河谷只有30多千米。所以古埃及人对法尤姆所在郡的全部地区都产生了浓厚的兴趣，毕竟在那个时代，距离带来的障碍要比今天大得多。法尤姆绿洲面积宽广，水资源丰富，是一片富饶之地。它呈直径60千米的圆形，并通过尤素福运河（或称约瑟夫河）与尼罗河连通。这条小河从代鲁特城（阿玛纳城堆以南）开始与伊勃拉喜姆运河分道而流，与尼罗河保持平行，一直流淌至贝尼苏韦夫。在那之后，河流会朝西流淌，逐渐流入法尤姆。从这时起，这条河流就失去了活力：它开始分为几条支流，水流也越来越小，最终彻底消失在周围的土地中。约瑟夫河只有两条支流汇入卡伦湖（古莫里斯湖）所在的洼地底部。有这样一个关于卡伦湖起源的传说：它可能是法老莫埃里斯命人挖出来的，中央修建了两座顶上有王室巨像的金字塔。造湖过程中挖出的土被扔进了尼罗河，然后被河水带到了不同的地方。科学家们已经证实此湖是天然形成的，但在古代这个被"遗失"在沙漠中的"内海"会引发传说实属正常。卡伦湖逐渐干涸，如今已经位于海平面下44米处。它现在的面积刚好是法尤姆面积的五分之一，而在古代，它的面积肯定更大，应该占据了大部分绿洲。据希罗多德所说，"它的周长等于3600斯塔狄，即60司科伊诺斯或640千米，这相当于埃及海岸线的长度，它南北较长，最深的地方有50奥尔基（89米）"。这就是埃及人把这片土地叫作"涂-彻"（To-Ché，意为"湖之国"），科普特人称之为"费涌"（Phiom，意为"湖"）的原因。

自法老时代开始，尼罗河谷的居民就对这片土地产生了兴趣。这里同西部沙漠的其他绿洲一样，是一片盛产原材料和农产品的沃土。但直到中王国时期，国王们才真正开始发掘法尤姆的价值。阿蒙涅姆赫特三世（前1842—前1797年在位）可能是希罗多德笔下的法老莫埃里斯，他在统治时期下令兴修了不少用于灌溉的运河、调节水位的大坝和防洪堤坝。第十八王朝（前1570—前1293年）的国王们遗弃了法尤姆，但在拉美西斯二世时期（前1279—前1212年），它又得以重新发展。当时，拉美西斯二世在这里安置了农民、劳工和来自努比亚及亚洲的工人。

然而，法尤姆是在希腊人到来之后才真正开始飞速发展的。托勒密王朝（前305—前30年）的国王们将希腊和马其顿的殖民者派到法尤姆管理农田，他们希望通过这项大型开发计划获得丰厚的收益。他们获得了成功，到访此地的希腊人见证了他们取得的成就：他们因农产品（柑橘类水果、杧果、蔬菜、谷物、橄榄和各种花卉等）的巨大产量和丰富的种类而惊叹连连。据有关法尤姆的记载显示，希腊殖民者很好地融入了当地生活。在不到50年的时间里，希腊的神灵、语言和习俗就从这片绿洲中消失了，它们让位于直接从法老时代流传下来的文化——这里的所有人都奉奥西里斯为死神，索贝克在这里得到众人的崇拜，每个人都穿着埃及风格的服饰。很快，这里就没人记得第一批殖民者身上流着希腊人的血了。

鳄鱼神索贝克

索贝克是被视为"水域之主"的鳄鱼神，希腊人称他为苏克霍斯。他掌管着沼泽、湖泊、河流和人工运河，所以他的主要礼拜场所在尼罗河边（康翁波）或水源丰富的地方（尼罗河三角洲和法尤姆绿洲）。人们普遍相信他具有旺盛的生殖力，可以使土壤变得肥沃。因此有传言说，河岸上的鳄鱼越多，洪水就越充沛，人们自然就会迎来丰收。随着时间的推移，他与太阳神联系在了一起，从而成为宇宙神和造物神——索贝克-拉。

每天早晨，人们都会这样问候他："您好，鳄鱼神索贝克、拉、荷鲁斯、强大的神灵。您好，鳄鱼神索贝克。您好，您已从原始之水中站起身来，埃及的统治者荷鲁斯，公牛中的公牛，伟大的男性，浮岛的主人。"

在舍易斯，他被视为奈特之子，"让河岸上的植物生长"的神灵。在埃及南部的翁波城（如今的康翁波），他受到狂热崇拜，翁波城有一座献给他和"老荷鲁斯"哈罗埃里斯的神庙。同时，翁波城的居民还有每年庆祝洪水来临的习俗。在法尤姆地区，无论是在鳄鱼之城还是在莫里斯湖附近，都有很多座献给索贝克的圣所。他还有其他名字，这些名字大都带有地理内涵：在法尤姆北部和西部的提亚·德尔斐和卡拉尼斯，他被称为内弗罗斯（意为"拥有美丽面庞的他"）；在法尤姆北部的索克诺佩奥尼斯，他被称为索克诺帕伊奥斯（意为"岛屿的主人索贝克"）；在法尤姆的南部，他被称为索克内布图尼斯（意为"泰卜图尼斯的主人索贝克"）……但所有称呼指的都是同一位神灵，即鳄鱼神索贝克，这些称呼体现了当地居民对索贝克在当地形态的强烈崇拜。在法尤姆以及埃及一些其他献给索贝克的圣所里，他都会以动物的形象出现在信徒面前。

希罗多德对这种风俗做了以下描述："在底比斯和莫里斯湖周围，人们都认为鳄鱼具有神圣的特性，每个地区都会选一条鳄鱼喂养。在鳄鱼被驯服后，人们会为它戴上用脱蜡铸造技法制作的金耳坠，给它的前爪戴上手镯，用特殊的食物供养，并向它献祭牲畜。人们会在它的有生之年无微不至地照顾它。它死后，人们会用防腐香料处理尸体，将它安葬在一座神圣的墓地中。"

对此，斯特拉波做了补充："沿着河岸继续前行约10斯塔狄后，我们到达了阿尔西诺伊城，这座城市曾被叫作鳄鱼之城，因为在整个郡，鳄鱼都备受尊敬。它被视为神兽，单独饲养在一个湖里，祭司们会将它驯服。它被称为苏克霍斯，这里的人用面包、肉和葡萄酒喂养它，外来的访客也会给它带来这些食物。接待我们的是一位显赫之士，他为我们解开了这里的一个个谜团。我们随他来到湖边，他从我们的剩菜中拿出一块蛋糕、一块熟肉和一瓶蜂蜜酒。鳄鱼正趴在湖边，祭司们走到它旁边，其中几位祭司先将鳄鱼的嘴扒开，另一位祭司把蛋糕和肉扔到它的嘴里，接着再灌入蜂蜜酒。在这之后，鳄鱼跃入湖中，飞快地游到了对岸。这时一位新的访客带来了初收的农畜产品，准备敬献给鳄鱼。祭司收下祭品，然后绕着湖跑到对岸。他们抓住鳄鱼，用同样的方式让它吞下了这些祭品。"

梅杜姆、拉宏和利希特的墓地

中王国时期（前2040—前1780年）[1]的金字塔

阿蒙涅姆赫特一世在位时期，国家的行政首都设在法尤姆的伊梯·托威（如今的利希特城附近）。这座城市及其附近地区（哈瓦拉、拉宏、达赫舒尔和马斯古纳）修建了第十二王朝（前1991—前1780年）历代阿蒙涅姆赫特国王和历代塞索斯特里斯国王的墓地。虽然那时候人们还在兴建金字塔，但金字塔的建造方式已经完全改变了。当时的金字塔由日晒砖建造（或者外部用石头搭建，内部用沙子、瓦砾和砖块等多种填料填充），建好后用料石在日晒砖上做一层贴面，使建筑的外观看起来像一座真正的金字塔。金字塔内部，房间的布局方式则变得更复杂，陷阱丛生、困难重重的内部环境让盗墓者很难轻易得手。同时，金字塔的入口也不再统一设在北面，而是可以设在金字塔的任意一面。

金字塔城

通常，在离金字塔建筑群不远的地方会有一座特殊的城市——金字塔城。这座城市里住着负责建造或装饰王室丧葬建筑的劳工和匠人、监督施工的官员。虽然所有建造金字塔的高地上都有一座这样的城市，但被发掘的金字塔城非常少。至今被保存得最好的这类城市是于1889年被弗林德斯·皮特里（Flinders Petrie）在法尤姆周边发现的卡洪城。之前它被称为"霍特普-意努斯瑞特"（意为"满意的塞索斯特里斯"），建造塞索斯特里斯二世（第十二王朝的第四位法老）的丧葬建筑群的劳工就住在这里。虽然遗址（尤其是城市的东南部）没有被充分发掘，但是已获得的信息足够让人精确地绘制出一幅这类居住区的平面图。这座城市的四周修建了日晒砖围墙，围墙上开了两扇边长为350米的正方形大门

利希特的塞索斯特里斯一世
（前1971—前1926年在位）金字塔建筑群

1. 第十二王朝第二位国王塞索斯特里斯一世时期修建的金字塔（底座的四角坐落在四个方位基点上，向东看是观看这座金字塔的最佳角度，古埃及人认为东边是太阳和亡人的重生之地）。
2. 君主的"卡"金字塔（"卡"是每个人的"分身"，它是生命能量的表现，既保守又富有创造性，可以在人的肉体死亡后继续存活。人们会向"卡"敬献丧葬祭品并对它念悼词，因为"卡"是让亡人在冥间继续存活的元素）。
3. 王室的卫星金字塔。
4. 建筑群的围墙（内侧由石头修建，外侧由日晒砖修建）。

---

[1] 原书此处为前2040—前1782年，但与时间轴中中王国时期为前2040—前1780年冲突，故中文版以时间轴为准，将前1782改为前1780。

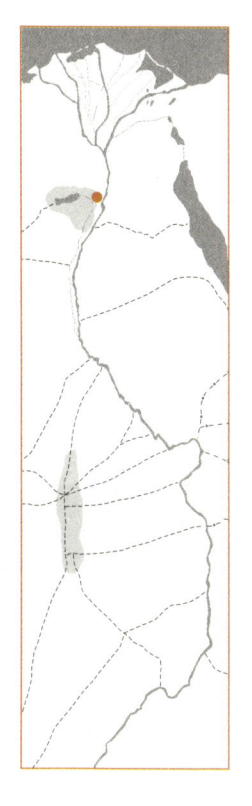

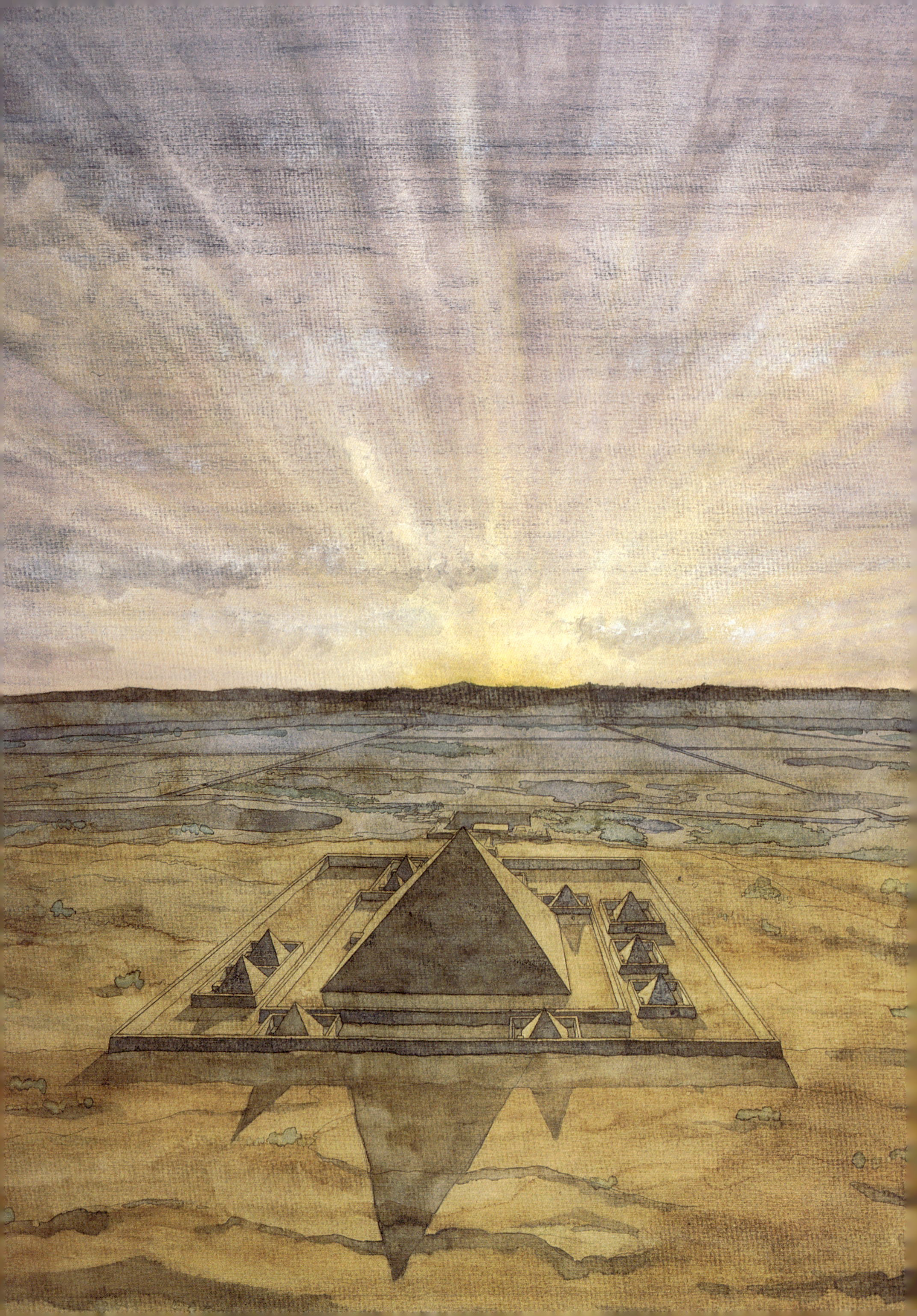

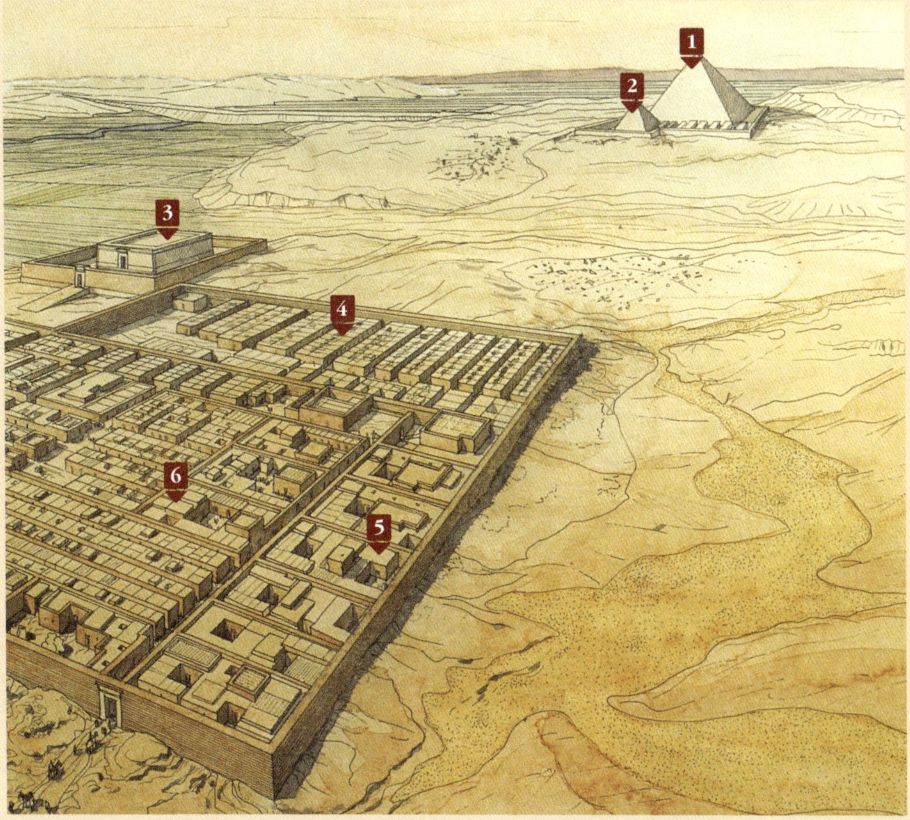
1
2
3
4
6
5

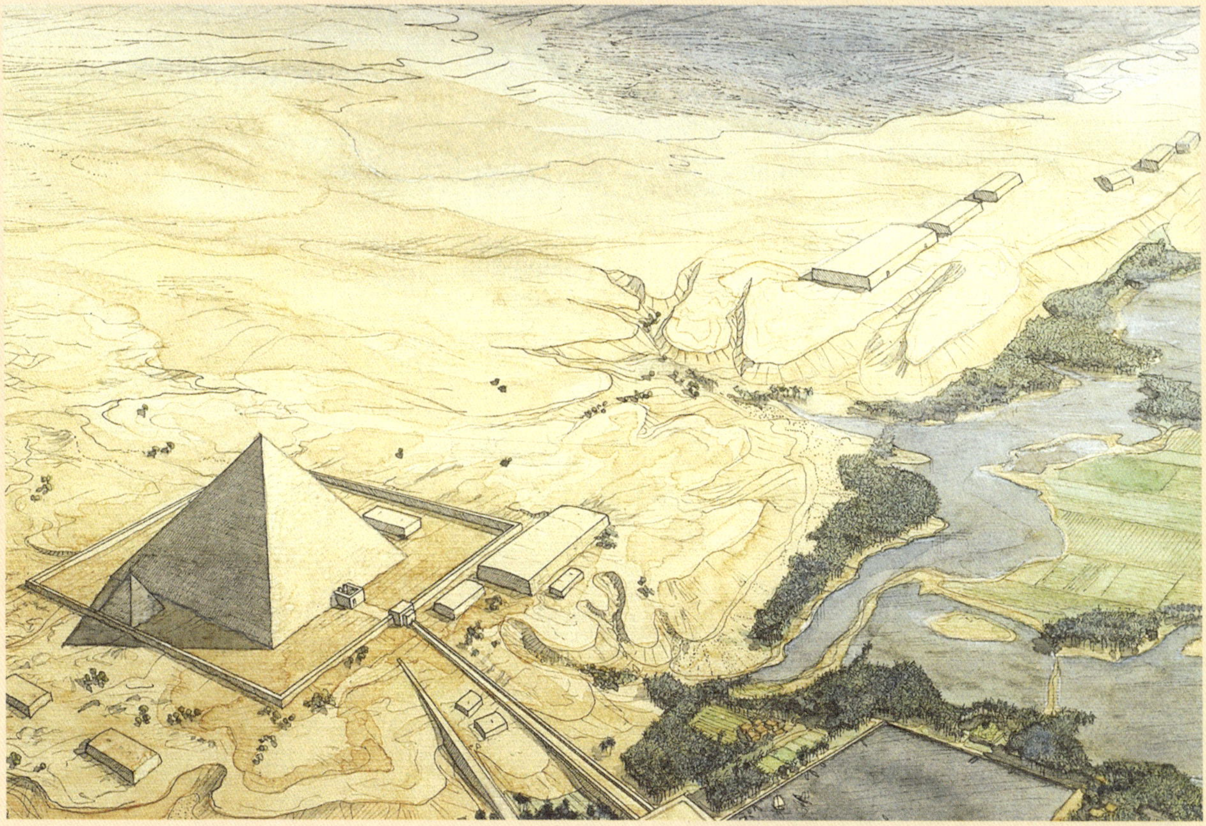

作为城市的入口。城中有 3 个大居民区，第一个在西边（4），它与其他几个居民区之间隔了一堵厚厚的墙。该居民区沿着一条中央大道修建，这条中央大道与好几条小路垂直相交。此区内的住宅由 4—12 间毗连的屋子构成，里面住着劳工。第二个居民区在东边（5），里面建了十几套非常宽敞的住宅（有的面积可达 2400 平方米，有 70 间房间），它们是高官们的府邸，分布于一条长长的大道的两侧。房间围绕在拥有标志性主庭院的接待处的周围，庭院里有一条作为装饰的柱廊。穿过官邸的前厅可以进入内宅，包括四柱接待大厅、小客厅、带壁龛的卧房、中央建有石柱的客厅、附属房间、浴室、附属设施、货栈等。最后一个居民区（6）是最不为人知的一个，由比较简陋的建筑组成，垂直相交的街道组成的网络将它们分隔开来。除卡洪城外，题铭学文献也被发掘了出来，这就是"卡洪的莎草纸卷"。这些文献包括信件、行政文件、账本、医学或兽医学论文、文学作品等，它们再次揭示了这类城市的运行方式以及城市居民的日常活动。

拉宏的塞索斯特里斯二世丧葬建筑群（前 1897—前 1878 年）

1. 第十二王朝的国王塞索斯特里斯二世的金字塔（由日晒砖建成，表面原有一层石制贴面，但如今贴面已完全消失）。
2. 王室建筑区内的建筑（东边矗立着一座王后的金字塔、几座属于不同墓地官员或第十三王朝国王的马斯塔巴；1913 年，皮特里在南边金字塔附近的一个小峡谷里发掘出 4 座竖坑式马斯塔巴，其中包括拥有王室血统的塞塔托留尼特公主的陵墓，从中找到一套非常精美的梳妆用品和珠宝）。
3. 塞索斯特里斯二世的河谷神庙。
4. 金字塔城西区：劳工和工匠的居住区。
5. 金字塔城东区：高官们的居住区。
6. 金字塔城中功能不明的区域（发掘工作尚未完成的区域）。

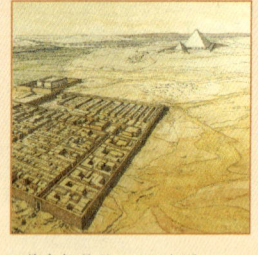

*数字标号见 p.135 大图。

梅杜姆：第四王朝初期（约前 2613 年）的墓地

1. 第三王朝最后一位法老胡尼的金字塔，这座金字塔由他的儿子斯尼夫鲁修建完成（它是一座介于阶梯金字塔和真正的金字塔之间的金字塔，这座金字塔共有 8 级阶台，因其表面有一层贴面，所以看起来像一座有光滑斜坡的金字塔；如今，这座金字塔的贴面已经脱落，正面和较低的阶台也已坍塌，能看到的只剩金字塔的第 5、第 6 和第 7 级阶台）。
2. 为国王丧葬仪式而建的高台神庙（毗邻金字塔的东面，大小不超过一座礼拜堂，神庙中有两间房，它们都朝向一座小庭院，庭院中有两座石碑和一张祭品桌）。
3. 上升堤道和码头（堤道将王室丧葬建筑群的围墙与沙漠边缘的码头连接起来，图中的水池通过一条运河与尼罗河相连）。
4. 拉霍特普（可能是斯尼夫鲁的儿子）和其王妃诺芙蕾特的马斯塔巴，该建筑以其内部的两座雕塑闻名。
5. 平民墓地（延伸至金字塔北面和东面，埋葬着第四王朝初期斯尼夫鲁统治时期的高官，珍藏于开罗埃及博物馆中的《梅杜姆群雁图》就出自这片平民墓地中最雄伟壮观的马斯塔巴——奈费尔玛亚特的马斯塔巴）。

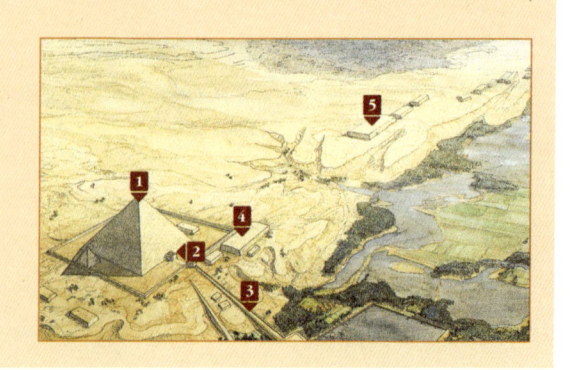

一个激动人心的发现：梅杜姆的拉霍特普和诺芙蕾特的雕塑

王室金字塔北面有一座很大的马斯塔巴。它属于斯尼夫鲁（前2613—前2589年在位）家族的两位人物：拉霍特普王子和他的王妃诺芙蕾特。据说，1871年，一位来自亚历山大的商人在梅杜姆寻找动物尸骨时偶然发现了这座马斯塔巴。这座建筑是由日晒砖建造而成的，这种材料经不起岁月的侵蚀，所以建筑现在已残破不堪，对游人来说也已失去了吸引力。然而，被奥古斯特·马里埃特（Auguste Mariette，1858—1881年任埃及文物保护部主任）派遣到梅杜姆进行发掘工作的达尼诺斯（Daninos），从这座陵墓中发掘出两尊做工精美、保存完好的雕塑，这两尊雕塑现藏于开罗埃及博物馆中。两座雕塑出土15年后，达尼诺斯给加斯顿·马斯佩罗（1881—1914年任埃及文物保护部主任）写了一封信，信中写道："幸好在我的建议下，碎石工人敲碎了最后两块大石头，并把它们扔到了坟墓外。他和我说，碎石时，他在石块后方感到一股让人无法忍受的热气。我们递给他一支蜡烛，他又消失在地道中。几分钟后，面带恐惧的他再次出现，慌忙从梯子上下来。他告诉我，他在地道尽头看到了两个活物的头，头上的眼睛盯着他，他非常害怕，甚至一度以为自己再也回不来了。为了弄清到底是什么把他吓成这样，我爬上梯子，亲自进入地道。接着，我惊讶地发现了两尊做工精湛的头部雕像，雕像的眼睛在被我手持的光源照亮后闪烁着异常生动的光，看上去真的会让人毛骨悚然。雕像有青铜制成的睫毛，睫毛下镶嵌着白色石英制成的眼球，眼球上还带着栩栩如生的天然'血丝'，它的中央还有一块表面略微鼓起的水晶石——'瞳孔'。水晶石下面装了一块闪烁的宝石，它充当眼睛的视觉点，这颗宝石发出的光让人不由得相信永生的存在。这时，我终于明白到底是什么东西吓坏了我的碎石工人。随后，我又向下看了看，发现这两尊头像是两座彩色石灰石雕塑的一部分，雕塑几乎是按人的实际大小制作的，而且都保存得非常完好。此时，极大的满足感充斥了我的心。"

一个至今仍备受喜爱的传奇故事：埃及人西努赫的史诗

西努赫是阿蒙涅姆赫特一世时期的后宫官员，国王被谋杀后，继位问题引发了政治风波，社会动荡。西努赫怕受到牵连，于是逃出埃及。他向东走，穿越了尼罗河三角洲地区，跨越苏伊士地峡后抵达叙利亚的沙漠地区。他疲惫不堪，又饿又渴。贝都因人收留了他。于是他在那里安顿下来，组建家庭，尽力适应新生活，最终成为受人爱戴的部族领袖。但他还是无法割舍遥远的埃及。所以，西努赫请求埃及的新君塞索斯特里斯一世赦免他，塞索斯特里斯一世同意了。西努赫甚至收到了国王写的信，请他重回宫廷，信中写道："回埃及来吧！你将再次看到你年少时的居所，你将（再次）叩拜在（宫殿的）双开大门，你将重新与你的朋友团聚。如今，你已步入晚年，年轻时的男子气概已经不在。想想你下葬的时候吧，若你回来，你仍会受人敬仰！……在你重归大地的那一天，我们将为你安排一支送葬队伍，（我们将为你制作）一副金棺材……漂泊的日子已经过去，想想会如期而至的疾病对你的侵蚀，还是回来吧！"西努赫接受了国王的邀请，回复说："陛下，您是征服者荷鲁斯，您的双臂征服了所有土地。愿陛下您能下令让来自塔丹姆的梅基、来自肯特克舒的亨提乌依乌什和来自腓尼基国的梅努斯来到您身边。他们都是名副其实的君王，成长过程中一直对您敬爱有加。我不会再跟您提起雷切奴（Retenou）这个地方，因为它属于您，就像您的家犬（属于您）一样。至于（您的）仆人的出逃，这不是一次有预谋的行动，也并非我本意……神灵曾命我逃出埃及，现在又将我拉回故土……事实上，无论我是在王宫里，还是在此地，您都笼罩着这片天际，因为太阳会照您的意愿发光，您可以在任何想喝水的时候喝到河水，只要一张口，您就可以吸入天空中的微风。"在故事的结尾，西努赫返回埃及，国王迎接了他，对他恩宠有加，还为他准备了一座美丽的墓。"当大地在清晨被点亮时，有人唤醒了我。然后，10个男人带我去了王宫。我在斯芬克斯像中间用额头轻叩地面，王室子嗣们正站在王宫入口旁迎接我。我的朋友们已被提前带到多柱大厅，见到我后，他们送我进入朝堂。我看到了陛下，他就（坐）在纯金门廊下的巨大王座上。我俯伏在他的面前，然后就失去了知觉。这位神君用朋友的口吻和我说起话来，但我好像被黑暗攫走了，我的'巴'离开了我，我的四肢开始颤抖，我的心已不在我的体内，我分不清自己是死是活。"

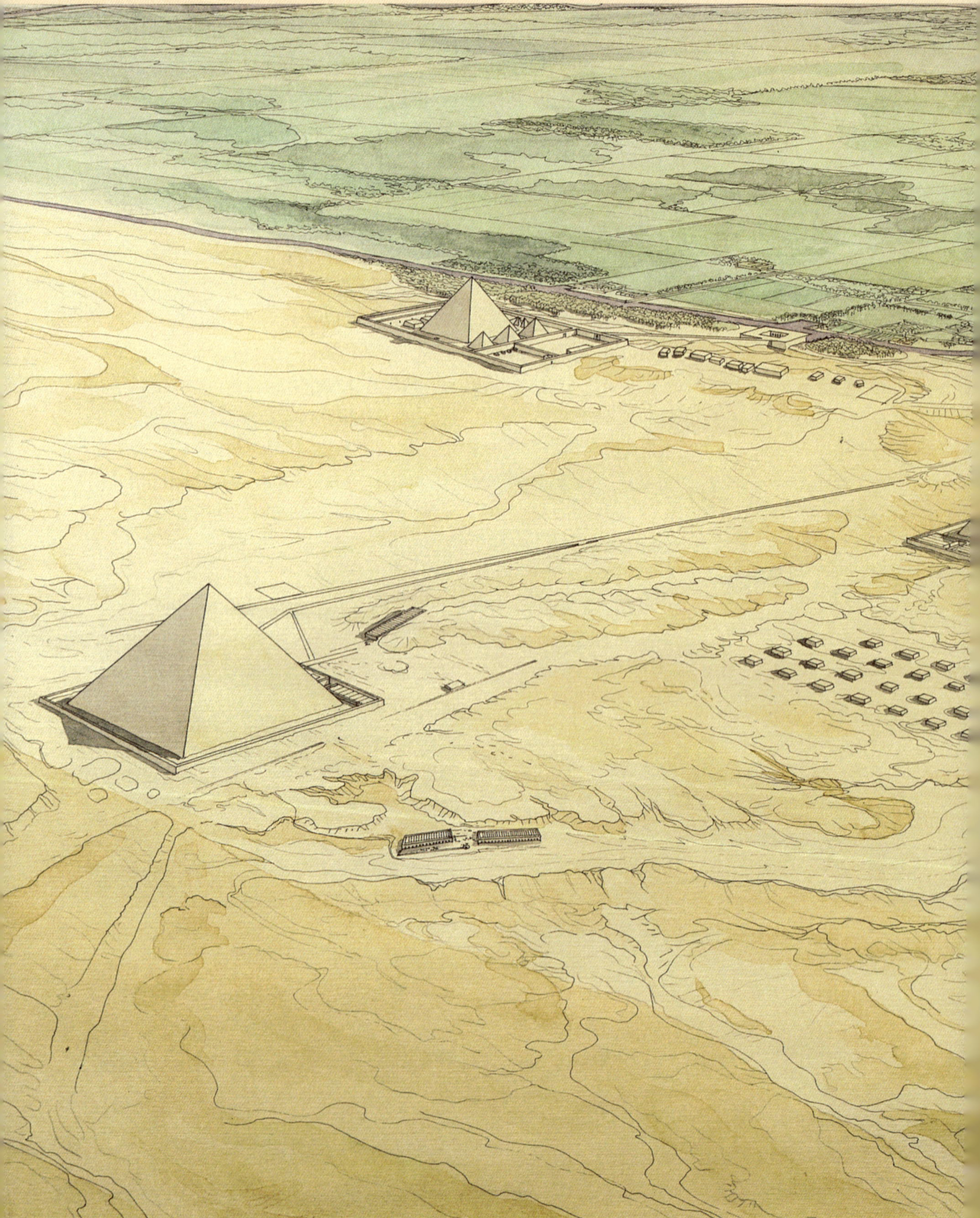

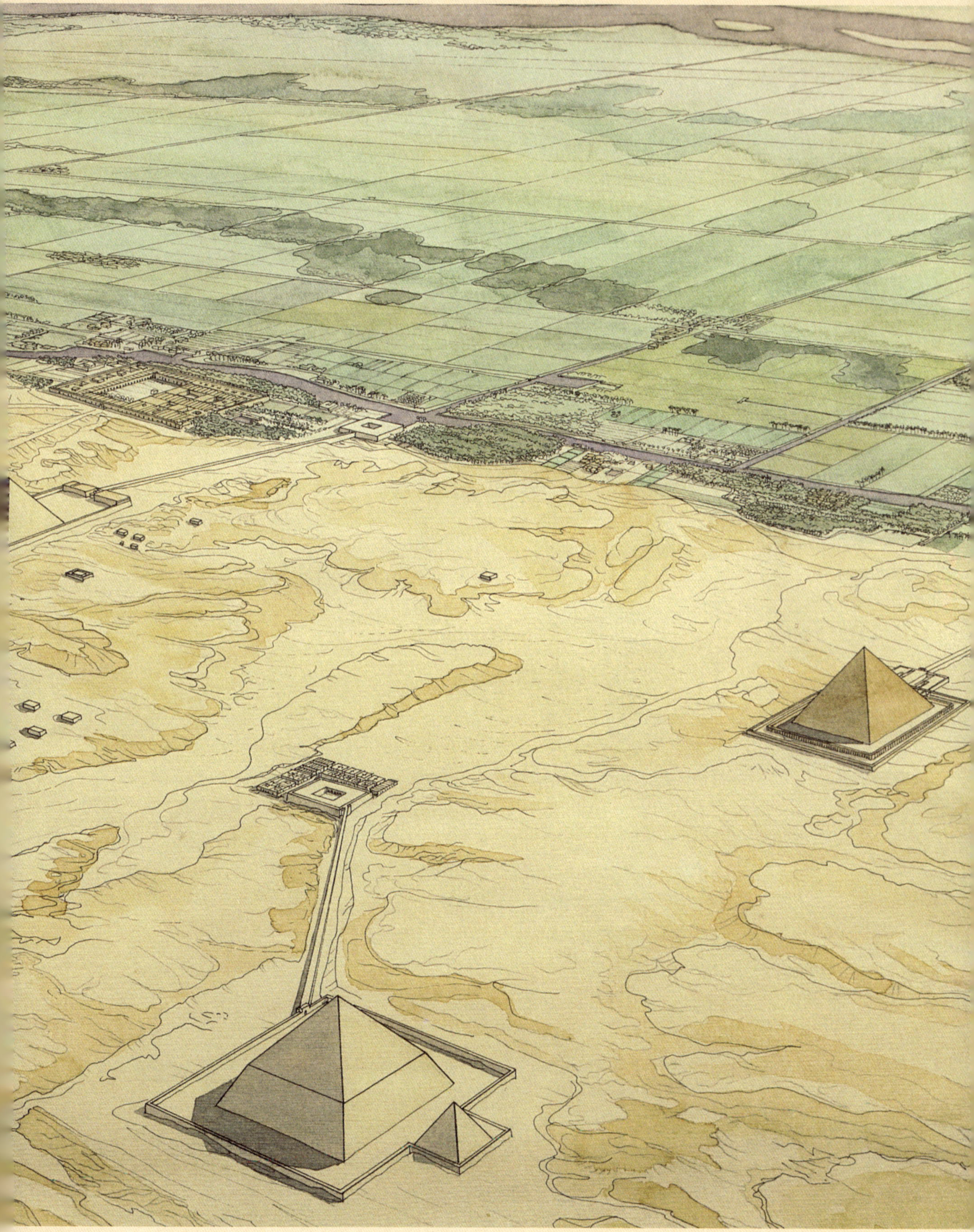

从第四王朝到第十二王朝的达赫舒尔

王朝	时期	年代
第一王朝	早王朝时期	前3050
第二王朝		前2685
第三王朝		
第四王朝	古王国时期	
第五王朝		
第六王朝		前2180
第七王朝— 第十一王朝	第一中间期	前2040
第十一王朝末 第十二王朝	中王国时期	前1780
第十三王朝— 第十七王朝	第二中间期	前1570
第十八王朝 第十九王朝 第二十王朝	新王国时期	前1070
第二十一王朝 第二十二王朝 第二十三王朝 第二十四王朝 第二十五王朝 第二十六王朝	第三中间期	前525
第二十七— 第三十王朝	后埃及时期	前332 前305
托勒密时期	希腊埃及	前30
罗马帝国时期	罗马埃及	395
罗马帝国时期	科普特埃及	632

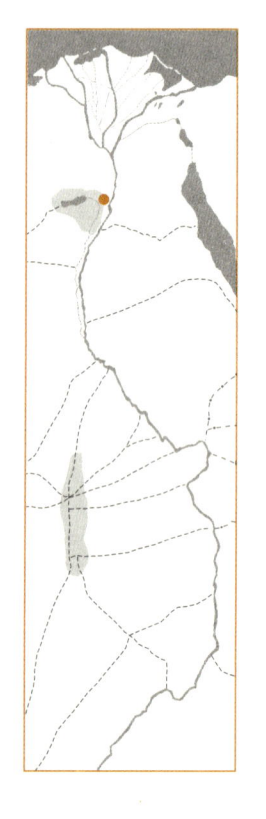

从阶梯金字塔到真正的金字塔：对完美的追求

第四王朝的创立者斯尼夫鲁国王（前2613—前2589年在位）共有三座金字塔：一座在梅杜姆，另外两座在达赫舒尔。其中历史最悠久的梅杜姆金字塔的具体修建时间至今仍未能确定。通常来说，这座金字塔应该属于斯尼夫鲁，但他已在达赫舒尔拥有两座金字塔，一人拥有三座金字塔的可能性很小。所以，更合理的解释是，这座金字塔是斯尼夫鲁国王的父亲胡尼国王下令修建的，在前者统治期间完工。无论如何，在金字塔陵墓的演化过程中，人们对金字塔的新要求在这座被戏称为"假金字塔"的建筑上有所体现：建筑需要更高，坡面需要更陡。当时的工程主管很想建一座真正的金字塔，但他们很清楚他们的经验还太少。因此，他们选择修建一种介于左赛尔（前2668—前2649年在位）的阶梯金字塔和胡夫（前2589—前2566年在位）金字塔之间的一种金字塔。最初的计划是修建一个7层建筑，而内部有6级阶台。后来，计划又改为建造一座高92米且有8级阶台的金字塔，外部用图拉石灰岩做贴面，使其具有一座真正的金字塔的外形。

这座建筑当时有没有按计划建成，人们不得而知，因为如今它的顶端部分已经看不见了。显然，设计和建造中的一些缺陷导致这座金字塔部分坍塌，使它成为如今这副只有第5、第6、第7级阶台的模样。考古学家对坍塌时间的看法不一：一些人认为这座建筑在竣工前就因贴面太重坍塌了，另一些人则根据附近区域发现的一些壁画推测它是竣工后很久［很可能是在第十八王朝（约前1570—前1293年）］才坍塌的。

达赫舒尔的两座金字塔是金字塔式建筑过渡到新阶段的标志。其中较古老的一座建在这片高地的西南边，因其倾斜的外形而被称为"弯曲金字塔"。在这座金字塔一半高的地方，出现了超过10°的坡面倾斜度差（下面部分的坡面倾斜度是54°30′，上面部分是43°20′），目前很难解释倾斜角度中途改变的原因。有人认为，国王过早死亡，建筑工人加快了建造速度，以便将斯尼夫鲁安葬在他的金字塔中，因为这是唯一一座肯定属于他的金字塔。但计算表明这一举措减少的工作量极其有限，因为它基本没有改变建筑最终的体积，所以时间并不是主要影响因素。也有人认为梅杜姆金字塔的坍塌导致建筑工人意识到他们的经验不足以修建一座真正的金字塔，所以他们放弃修建，避免事故发生。这种猜测也很难让人信服，因为根据相关题铭学资料来看，梅杜姆金字塔似乎不是在建造过程中坍塌的，而是在新王国时期坍塌的。还有另一些人提出了可能更接近现实的猜测，他们认为在建造有叠涩拱屋顶的高厅时出现了问题，导致金字塔的坡面弯曲。直到今天，考古证据和文字资料还远远不足以让人们给这个问题下定论。

最终，通过建造位于高地西北部的"红色金字塔"，埃及的工程主管们实现了建造一座真正的金字塔（即一座拥有四个完全相同坡面的金字塔）的愿望。但对其尺寸进行的详细分析表明，修建"红色金字塔"的建筑工人没能突破一些技术上的限制。它的坡面倾斜度比位于吉萨的胡夫金字塔小（前者的坡面倾斜度为43°22′，后者为51°50′）。与此同时，虽然边长基本相同（斯尼夫鲁的"红色金字塔"边长为220米，胡夫金字塔的边长为230米），但"红色金字塔"的高度只有104米，比胡夫金字塔矮约40米。所以，这座建筑看上去更加稳固。相比之下，它的"身形"没那么"苗条"，而是更加"粗壮"。

达赫舒尔的中王国时期的金字塔

巍然屹立在高地中央的斯尼夫鲁金字塔旁边的是第十二王朝（前1991—前1780年）时期的金字塔。这些损毁严重、部分已完全毁坏的金字塔不一定能吸引游客的目光。按照传统，当时的国王会被安葬在法尤姆地区（包括利希特、拉宏和哈瓦拉），为什么一些国王选择在达赫舒尔修建自己的陵墓呢？由于当时第一中间期（前2180—前2040年）的动荡局势难以遏制，这些国王想与埃及辉煌的过去联系在一起，恢复声望。

中王国时期的金字塔就建在耕地边缘，位于这片遗址的东部。在南边，被称为"黑色金字塔"的建筑是阿蒙涅姆赫特三世的衣冠冢，他埋葬在哈瓦拉的金字塔中。如今，这座古建筑的石灰石贴面已经消失，只剩一堆曾被贴面覆盖的尼罗河黑泥砖。在远处，几块散落在地上的石头暗示那里曾有一座建筑，这些石头来自阿蒙涅姆赫特二世金字塔的整平层。北边矗立着另一座高30多米的泥砖金字塔，属于塞索斯特里斯三世。在以上两座古建筑之间，雅克·德·摩根（Jacques de Morgan）发掘出了中王国时期公主和王后的陵墓。从这些陵墓里的几座墓中［特别是从塞索斯特里斯三世的妻子梅丽丽特（Méréret）和阿蒙涅姆赫特二世的女儿克努梅特（Khnoumet）的墓中］，出土了一些珐琅、黄金和硬石首饰，现在这些文物都藏于开罗埃及博物馆中。

古王国时期被法老统治的埃及的运行方式

在埃及古王国时期（前2685—前2180年），社会制度的特点体现为中央集权的加强。这时，"神王"（国王）的家务事与朝廷政事之间的界限并不分明。在中央，国王会任命一位维齐尔，作为名副其实的最高行政长官，他的职责涉及方方面面。维齐尔共管理4个部门：财政部（管理各经济部门和税务）、农业部（管理畜牧业和种植业）、皇家档案馆（用于保存财产证明、公民身份证明、合同、遗嘱、法令、公证原件以及各种判决和法律文本）和司法部（负责执法）。在地方，埃及分为很多郡（又称省），这些具有经济价值的地方行政单位由郡长领导，有时他们也被称为"河渠挖掘者"。郡长负责发展地方经济、维护灌溉系统、做土地监管工作。在古王国末期，38个郡的世袭侯国最终瓦解了因王权衰弱而遭受重创的中央政权。土地成为地方政权的基础，而土地的拥有者试图获得王室土地附带的特权：以各自的名义独立收税。为应对这种局面，中王国时期（前2040—前1780年）的国王虽然维持了这种行政区划，但设立了更多的郡，并将这些郡划归到一些由中央政权管辖的大型地方行政区域中。

这个时期最重要的两个领域是农业生产和建筑工程（修建皇家丧葬建筑和神庙）。建筑工程需要大量材料，特别是石头、宝石和半宝石。因此，国王组织了不少探险队对邻国的矿山和采石场进行勘探和开采。国王保留了征召农村人口来建设这些大型工程的权力，被征召的劳工会收到以实物形式发放的酬劳：衣服、住房和食物。在社会上，工匠和司书两种职业兴起。虽然受到严格管控，司书与工匠团体中还有每个人都必须遵守的森严的等级制度，但是他们因代表一小部分王权而享有很多好处，非常受人尊重。他们能把坟墓建在王室金字塔旁边，这证明了他们的重要性。

金字塔的建造，一个未解之谜

"劳工们随身携带写满魔法文字的树叶，粗切并加工好一块石头后，劳工会在石块上放一片这样的树叶，然后在树叶上敲一下，石块就可以移动100沙奈（26千米），如此反复，直到石块抵达金字塔所在的高地。"艾哈迈德·阿尔-马克里齐（1360—1442年）发挥极大的想象力写下这段文字，只为了给出一个建造金字塔的确切方式。从搬运石块到最后给建筑贴面，金字塔的建造方式一直是一个巨大的谜。无论是在史料中，还是从纯逻辑的角度出发，没有任何一种已提出的假说可以完全让人信服。但是鉴于当时已知和常用的技术，一些假设可能比另一些假设更可信、更容易实现。对金字塔的结构分析表明，当时的建筑工人已完美掌握建筑技术和施工方法。

目前，被认为可信的主要理论是，修建金字塔的过程没用到木头（埃及木材贫乏，所以无法大规模使用），也没用到铁（当时的埃及人还不知道铁这种材质，或至少还没开始使用铁），更没用到轮子（直到公元前1750年，轮子才由喜克索斯人引入埃及）。鉴于以上因素以及沙化的土地，绳索、圆木、滑车、机器（摇篮形摆动升降器、三角起重架和吊杆……）、带轮的马车都可以被排除在外。那还剩下什么可以用呢？最常见的假设是泥砖坡道，这是一种在埃及每个时期都会使用的技术，对坡道形式的假设有三种：整体型坡道、单一型坡道和环绕型坡道。

第一种假设的可能性最低。整体型坡道即在建筑周围搭建的一个坡道系统。劳工们先建好第一层阶台，用泥砖在金字塔的四面各造一道缓坡，然后用拖车沿缓坡将石块运到第二层。接着，他们会在坡道上再添加一层泥砖，并保证增厚的坡道与原坡道倾斜度相同。随后，劳工们会将用于修建第三层阶台的石块运上去。如此往复，一直修建到金字塔的塔顶。假设让劳工能够长距离拖运石块的合理坡度为6%（有些人认为是10%），这么做会使整个金字塔所在的高地都堆满泥砖。如果用这种方式修建胡夫金字塔，它将被覆盖在长度超过2440米的泥砖坡道下。

第二种假设与第一种类似，但耗材稍少。单一型坡道，即只在金字塔一侧修建的坡道，坡道会随着工程的推进变得越来越长。这种方法与前一种方法带来的问题一样——如果遵循坡度为6%的原则，建造坡道需要的泥砖量几乎无法想象。

最后一种假设是修建环绕金字塔的坡道，它与金字塔同步升高。使用这种方法，劳工能够轻松地磨刷金字塔的表面，这是第二种方法不能解决的问题。如果采用这种方法，劳工将最后一块石头放到金字塔的顶端后，就需要接着将这座用泥砖搭建的"脚手架"拆掉。拆的顺序和搭的顺序正好相反，是从高到低进行的。劳工们可以一边慢慢清除石块外的泥砖层一边整修建筑。然而这种环绕型坡道仍然很不方便，如果它太窄的话，留给劳工的操作空间就不会太大，特别是在建筑拐角的地方。为避免给劳工造成不便或带来危险，估计坡道的宽度需要达到14米，这会带来大量额外的工作。如果用这种方法修建胡夫金字塔，建造一条它所需的环绕型坡道的泥砖体积应该是396881立方米。

第十二王朝末期的达赫舒尔（前1800年）

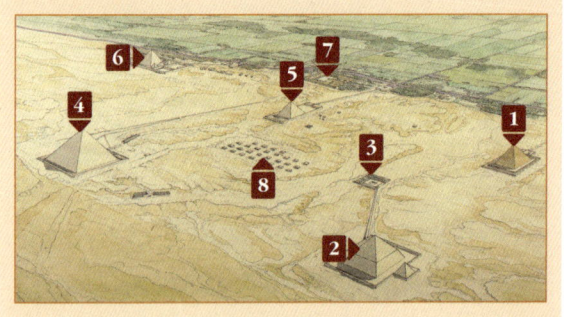

1. 阿蒙涅姆赫特三世的金字塔。**2.** "弯曲金字塔"/斯尼夫鲁的南方金字塔。**3.** 斯尼夫鲁的陵庙。**4.** "红色金字塔"/斯尼夫鲁的北方金字塔。**5.** 阿蒙涅姆赫特二世的金字塔。**6.** 塞索斯特里斯三世的金字塔。**7.** 金字塔城，里面居住着为斯尼夫鲁的丧葬祭礼服务的祭司家庭。**8.** 平民墓地（包括第四王朝官员的坟墓）。

古王国时期的萨卡拉

萨卡拉的左赛尔丧葬建筑群

古埃及人把尼罗河西岸视为亡人之岸，他们在位于西岸的萨卡拉高地上建造了一片第三王朝第二位国王左赛尔（前2668—前2649年在位）的丧葬建筑群。1926年起，让-菲利普·劳尔负责该建筑群内部建筑的发掘和分析工作，这项工作复原了这片巨大建筑群的不同组成部分，该建筑群标志着古王国时期（前2685—前2180年）在建筑设计上的一次根本性的转折。

在一个带围墙的广场中央，国王的建筑师伊姆霍特普设计了一座阶梯金字塔，它的周围分布着让灵魂进入冥间必需的建筑：庭院、大厅、礼拜堂、存放雕像和祭品的仓库以及仪式建筑等。这里的一切都是为让国王在死后继续存在而建造的，高高的围墙（1）用细石灰石修建，墙内的面积约15公顷。围墙上的棱堡和凸角堡是仿照"白墙"城（古王国时期，国王们把孟菲斯定为首都，称其为"白墙"）中的相同建筑修建的。为完成召唤，围墙上还修建了14道假门（2），但此外另有一道门是进入左赛尔丧葬建筑群内部的真正入口。这座大门在围墙的东南角，从这里可以进入一条由束状柱支撑的精美柱廊（3）。柱廊通向巨大的庭院（4），庭院中央有两座礼拜时用的祭坛。南边是一座通常被称为南墓（5）的建筑，人们可以通过一条陡坡进入南墓。与金字塔的设计相似，这道陡坡也通往南墓中一连串被蓝陶和王室浮雕装饰的墓室。南墓很可能是埋葬卡诺卜坛的地方。但最重要的是，它是左赛尔的第二座坟墓，确立了其"两地之国"的国王地位——南墓和北墓（金字塔）分别代表上埃及和下埃及。北边矗立的金字塔（6）完全用石灰石修建，它的建造并非一气呵成。

这是建筑风格突然变化，对新风格进行探索时必然产生的结果。起初，伊姆霍特普想建造的是一座巨大的马斯塔巴（上部结构呈长方形），内部有一条井道通往墓穴。后来，为容纳其他王室成员的遗体，这座墓朝东扩建，它的上方接着修建了一座有4级阶台的建筑。据说，为使这座建筑更加显眼，又在顶部新增了2级阶台，这让建筑最终有了金字塔的外观，其高度也达到61米。金字塔的内部结构由许多竖井和走廊组成，它们就建在左赛尔的地宫（包括墓室及毗邻的房间，一条大井道可直通墓室）周围。地宫与王后和

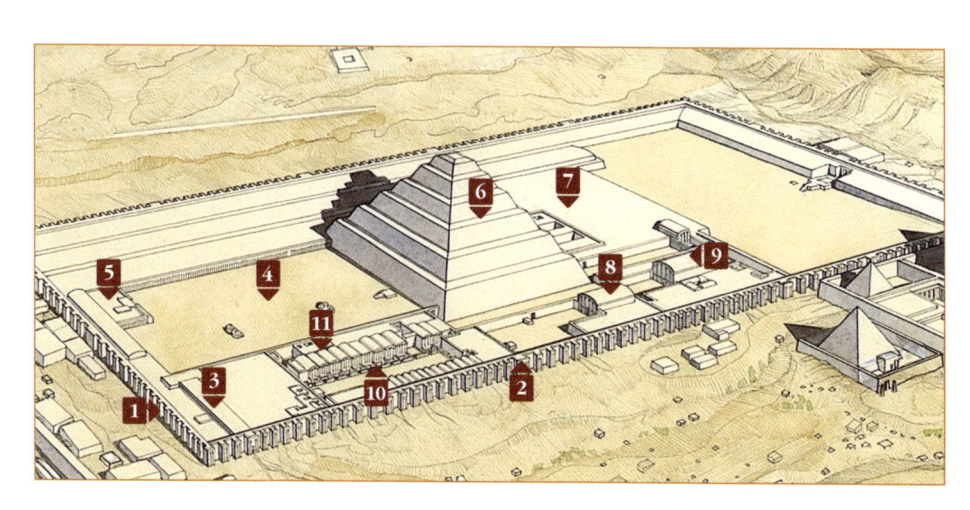

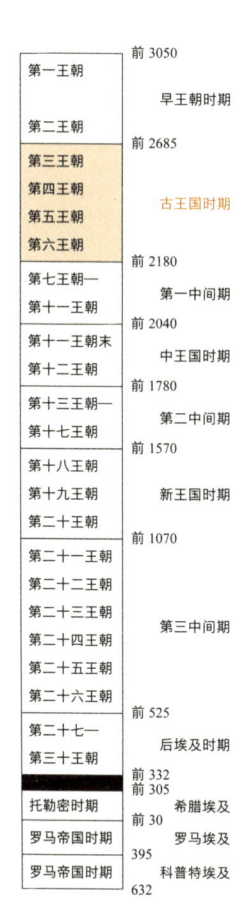

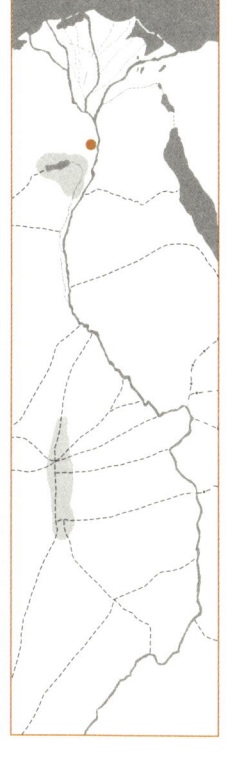

第一王朝	前3050	
第二王朝		早王朝时期
	前2685	
第三王朝		
第四王朝		古王国时期
第五王朝		
第六王朝		
	前2180	
第七王朝— 第十一王朝		第一中间期
	前2040	
第十一王朝末 第十二王朝		中王国时期
	前1780	
第十三王朝— 第十七王朝		第二中间期
	前1570	
第十八王朝 第十九王朝 第二十王朝		新王国时期
	前1070	
第二十一王朝 第二十二王朝 第二十三王朝 第二十四王朝 第二十五王朝 第二十六王朝		第三中间期
	前525	
第二十七— 第三十王朝		后埃及时期
	前332	
托勒密时期	前305	希腊埃及
罗马帝国时期	前30	罗马埃及
罗马帝国时期	395	科普特埃及
	632	

143

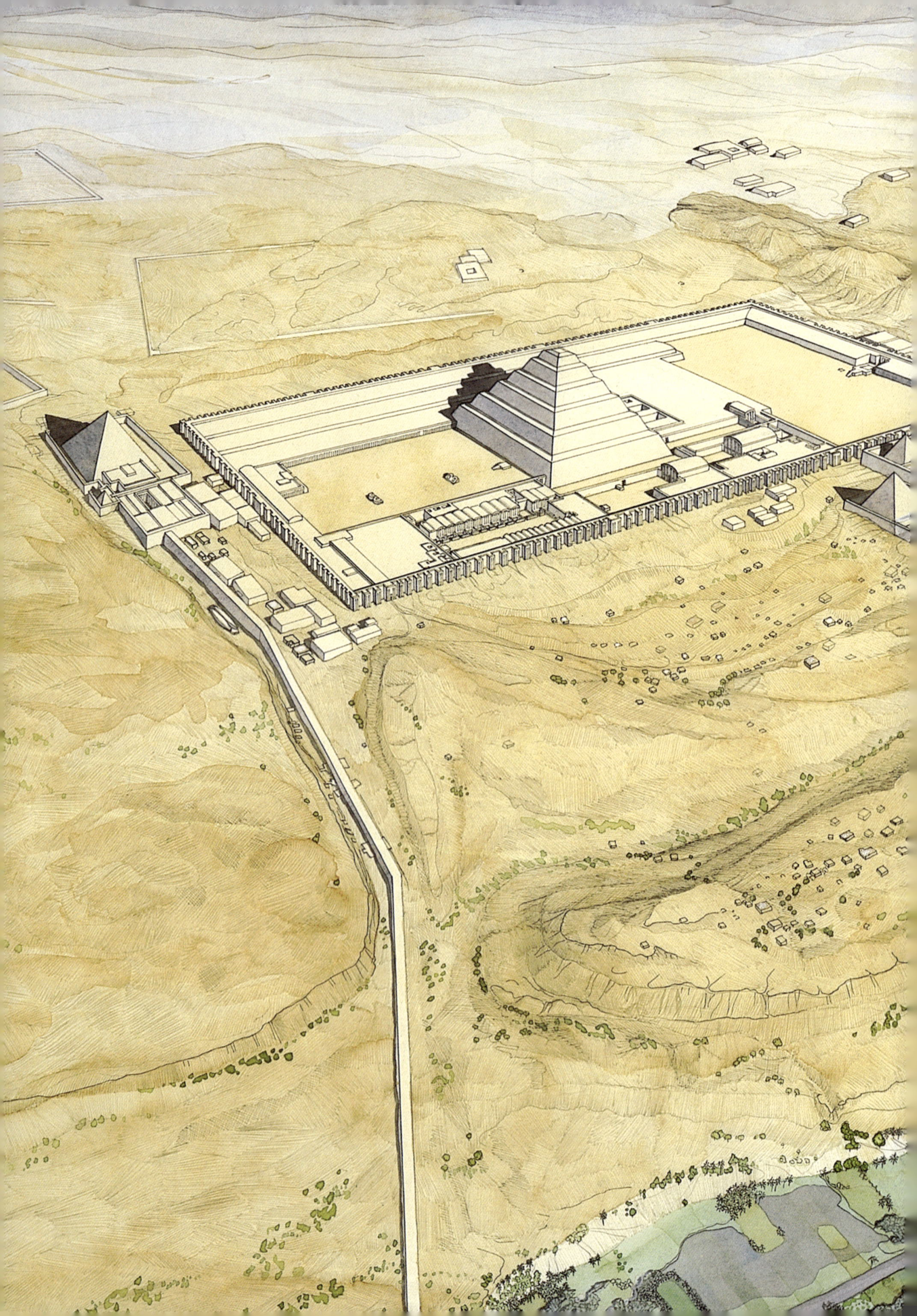

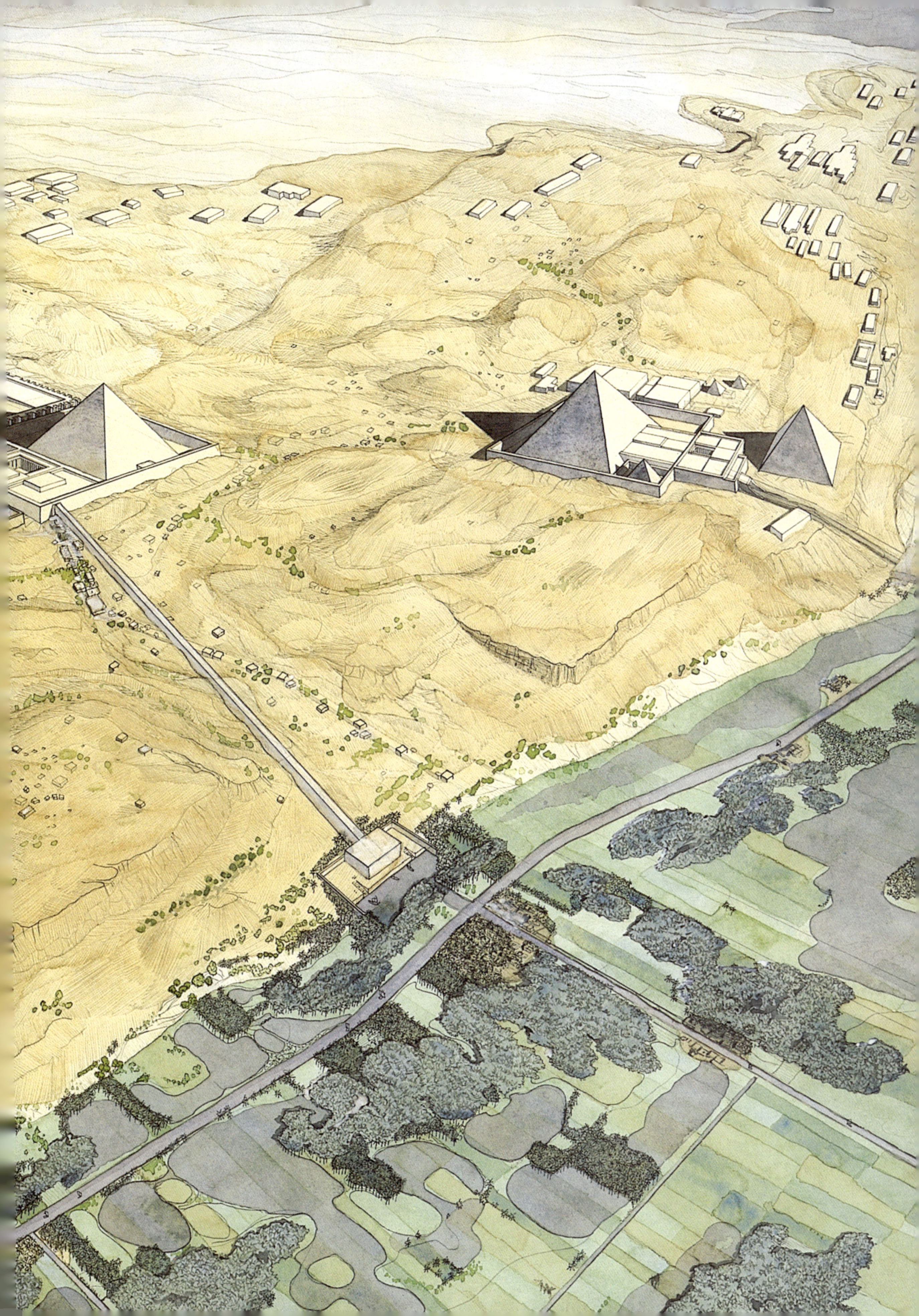

王室子女的墓穴相连，在这些墓穴中出土了雪花石膏制成的石棺和数千个石制花瓶。

石龛（serdab）和陵庙（7）这些直接附属于金字塔的建筑沿其北面修建，它们的功能密切相关。全封闭的石龛里存放着左赛尔的"卡"雕像，在与雕像眼睛同高的位置有两个圆孔与外部连通。这座雕像如今收藏在开罗埃及博物馆，现场放的只是一座模型。借助这座雕像，国王可以永远尽情享用敬献在他陵庙中的祭品。

金字塔的东边有一座"北宫"（8）和一座"南宫"（9），这是两座颇具神秘色彩的建筑物，对整个丧葬建筑群来说，它们无疑非常重要。显然，南、北两宫也分别代表上、下埃及，但时至今日，还没有任何切实的证据可以确定它们真正的用途。

远处坐落着一座敞开着的塞德节庭院（10），已故国王从永远敞开的、象征性的门走入一座又一座建筑，借此重历塞德节的不同庆祝环节。庭院的两侧很长，每一侧边上都建有礼拜堂。西侧的礼拜堂风格典雅，顶是拱形的，正面还立着三根精美的凹槽柱。东侧的礼拜堂稍小一些，屋脊呈曲线形，正面没有柱子。和这个区域的其他建筑一样，这些礼拜堂也是假的，它们由一个巨大的实心体构成，实心体的底座部分有一间很小的房间。在庭院及其附属建筑的后面，我们可以看到一座圣所（11），这座圣所通常被叫作"T 神庙"或者是"三槽柱神庙"。这座建筑的损坏程度让人无法确定它的真正用途，甚至不知道它是不是一座圣所，也不知道是不是与旁边的塞德节庭院有关。

法老的陵墓：从马斯塔巴到金字塔

埃及前两个王朝（前 3150—前 2685 年）的王陵，即马斯塔巴，位于阿拜多斯和萨卡拉。这种建筑的上部是一个生砖建造的长方形台基，有时用所谓的"宫殿贴面"装饰。部分陵墓挖得很深，其内部有一条通向不同房间（墓室及其附属房间）的楼梯。有些马斯塔巴规模庞大，比如，位于萨卡拉的杰特王（也被称为瓦吉、"蛇王"）的陵墓差不多有 50 米长、15 米宽。无论这些陵墓是大是小，它们都是用生砖按照马斯塔巴的传统结构修建的。在古王国初期（约前 2685 年），新的宗教标准推翻了旧的传统，丧葬建筑开始采用金字塔的形状。同时，人们不再使用生砖，改用料石。金字塔起源于埃及早王朝时期埋葬居民尸体的沙堆，然而，将这种坟墓改进为王陵的想法则来自左赛尔（前 2668—前 2649 年在位）和他的天才建筑师伊姆霍特普，在后埃及时期（前 525—前 332 年），后者被神化为医疗之神。

在古王国初期，神学家们就将造物神——太阳神拉定为首要礼拜对象。宗教的发展使得国王变为凡人中的神。他死后可以靠人们对其丧葬建筑的"照料"而继续"活"着。平民只是希望在坟墓中重获第二次生命，国王却渴望成为太阳。国王死后会与父亲太阳重聚，并与其融为一体。金字塔文中提到了若干通往天界的方式，其中提到了天梯和阳光。因此，金字塔可以被解读为一排通往太阳的象征性阶梯，这种理论似乎可被某些丧葬文证实，"它为我而建，是我见到神灵的阶梯"。因此，阶梯金字塔代表的是天梯，而真正的金字塔象征的是石化的阳光。无论国王选择了哪一种陵墓，它们都能够让国王往返于天地之间，以便享用敬献在他陵庙中的祭品。

金字塔文

"会飞的，终将起飞，
他将飞向远离你们人类的地方！
他不再属于大地，
他属于天空。
您是他城池里的神灵，他的'卡'就在您身旁。
他像一只苍鹭，直冲云霄，
他像一只隼，拥抱天际，
他像一只蚱蜢，一跃而上，直至苍穹。"

埃及第五王朝最后一位国王乌纳斯统治时期（前 2375—前 2345 年），刻在墓穴墙壁上的宗教铭文——金字塔文出现了。在此之前，王室的陵墓里没有铭文，只有某些地方有匆忙画上的涂鸦或是墓主的王名圈。从乌纳斯开始，至少一直到第六王朝末期（约前 2180 年），所有的金字塔里都或多或少地刻着金字塔文，它们是一连串相互独立且丰富多样的咒语。在金字塔中刻这些文字，旨在使灵魂顺利进入冥界，确保死者

"复活",保证死者可以成为被神灵选中的幸运者。文字分为几个章节,刻在一个个排列紧凑的柱形文本框里。这些咒语是重生的保证,因而被涂上显眼的绿色或蓝色。其内容有魔咒、仪式元素以及颂歌,能满足让死者在冥间(下层世界)继续"存活"、净化灵魂和克服障碍的需求。这些文字具有巨大的力量,有时写得非常诗意。只有在葬礼当天背诵咒语并在墓穴和陵墓前厅的墙壁上雕刻这些文字,力量才能通过语言和文字的魔力得到施展。目前共发现了近400条咒语,但是没有任何一座金字塔里刻着所有咒语,一些金字塔中刻着的咒语在另一些金字塔中并不存在。在第五王朝和第六王朝时期,金字塔文专属于王室成员。随着时间的推移,这些文字不断演进,内容也不断丰富。中王国时期(前2040—前1780年)的平民继承并修改了金字塔文,给它取名为"石棺文"。新王国时期(前1570—前1070年),这些文字被汇编为《亡灵书》,它的详尽程度在这类宗教汇编中是最高的。

第六王朝末期(约前2180年)的萨卡拉

1. 塞汉赫特(第三王朝时期,卒于约前2643年)的丧葬建筑群。
2. 乌纳斯(第五王朝时期,卒于约前2345年)的丧葬建筑群。
3. 赫努特和奈贝特(第五王朝乌纳斯法老的两位王后)的马斯塔巴。
4. 伊杜特公主和维齐尔梅胡(第六王朝时期)的马斯塔巴。
5. 左赛尔(第三王朝时期,卒于约前2649年)的丧葬建筑群。
6. 埃赫托特普和普塔霍特普(第五王朝乌纳斯在位时期)的马斯塔巴。
7. 悌伊(第五王朝纽塞拉和杰德卡拉在位时期)的马斯塔巴。
8. 乌瑟卡夫(第五王朝时期,卒于约前2491年)的丧葬建筑群。
9. 疑似王后尼斐尔海特普斯的金字塔(来历不明)。
10. 特悌(第六王朝时期,卒于约前2333年)的丧葬建筑群。
11. 伊普特和卡乌伊特(第六王朝法老特悌的两位王后)的金字塔。
12. 疑似美里卡拉(第九王朝时期,可能卒于约前2100年)的金字塔。
13. 美列卢卡(第六王朝特悌在位时期)的马斯塔巴。
14. 卡盖姆尼(第六王朝特悌在位时期)的马斯塔巴。
15. 第一王朝(前3050—前2890年)的墓地。
16. 赫西拉(第三王朝左赛尔在位时期)的马斯塔巴。

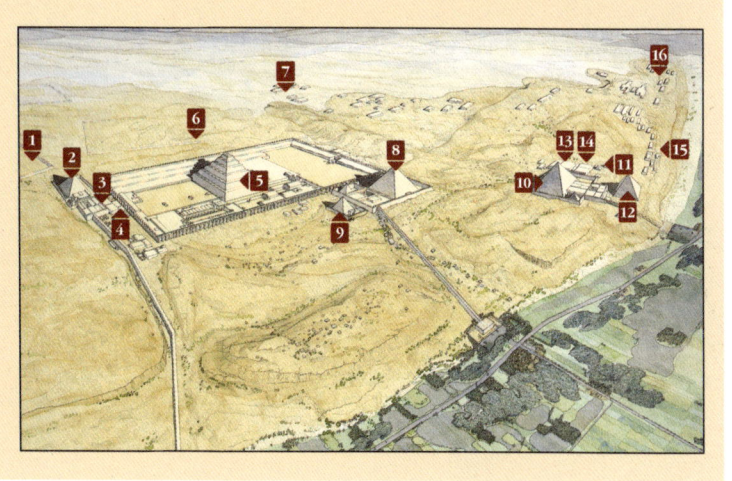

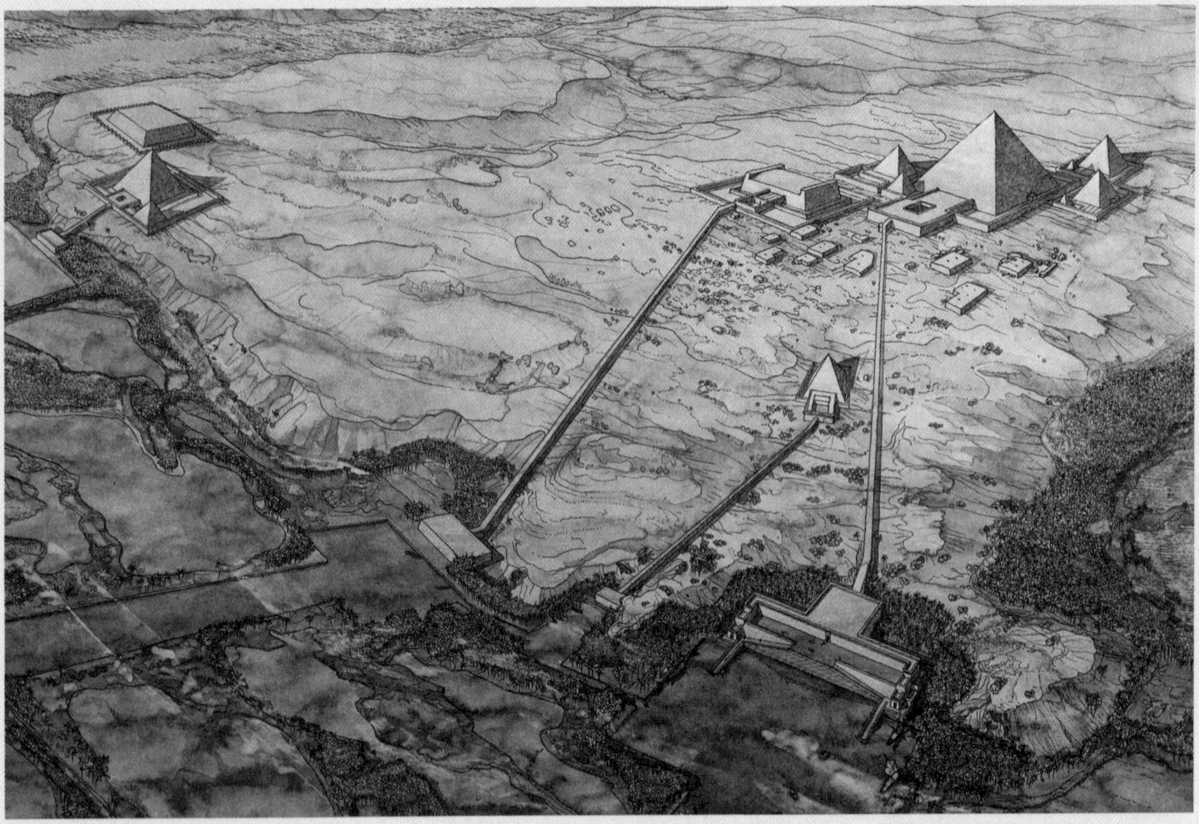

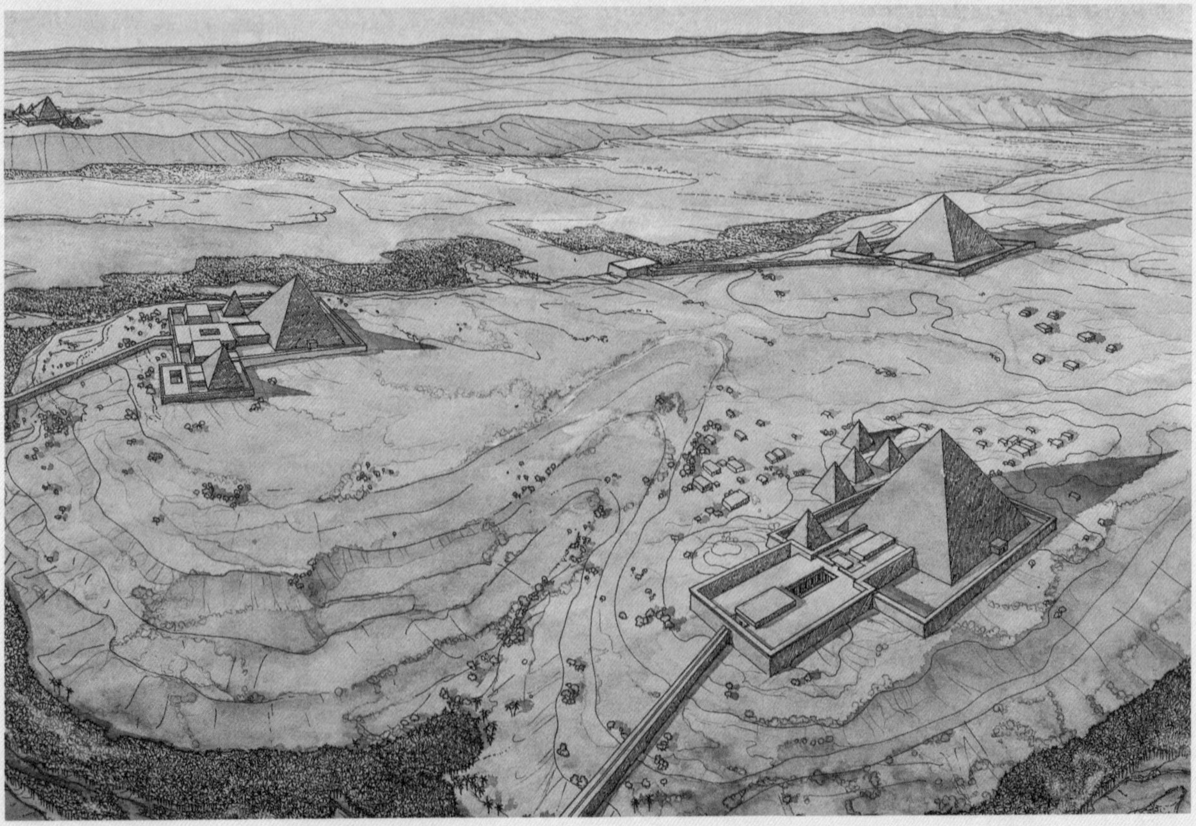

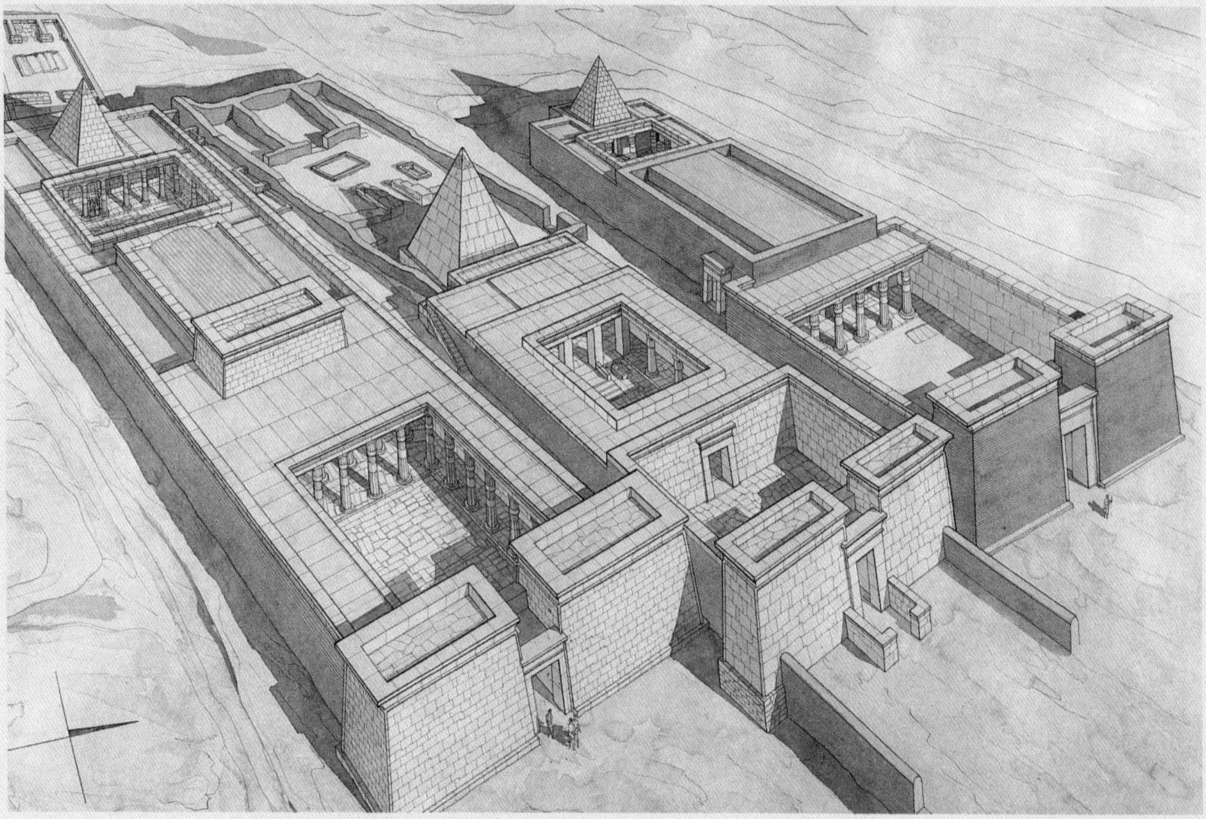

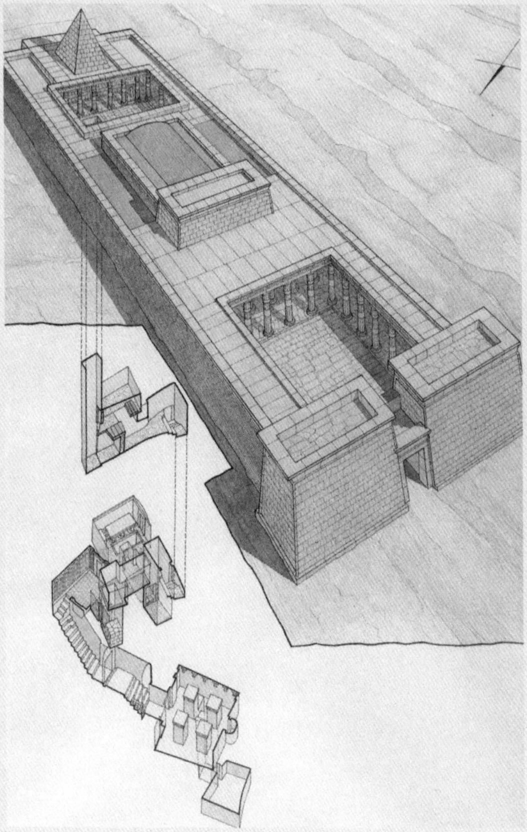

南萨卡拉的墓群

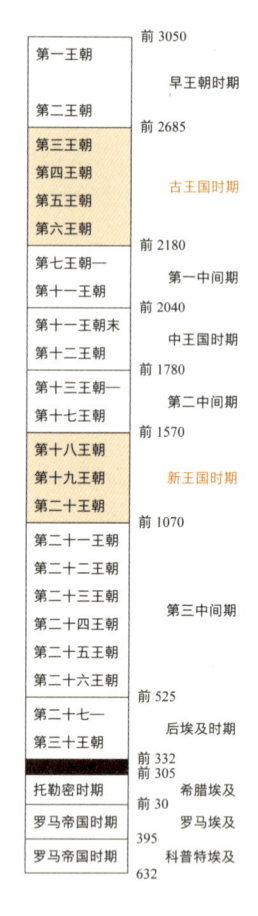

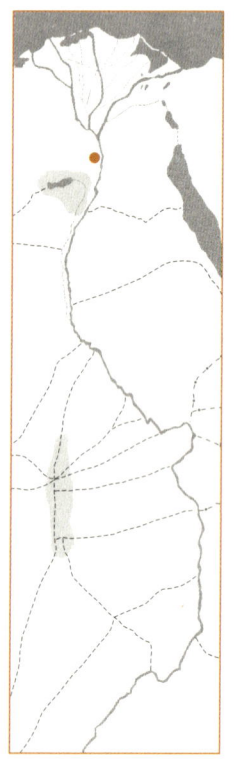

第一王朝	前 3050	
第二王朝		早王朝时期
	前 2685	
第三王朝		
第四王朝		古王国时期
第五王朝		
第六王朝		
	前 2180	
第七王朝— 第十一王朝		第一中间期
	前 2040	
第十一王朝末 第十二王朝		中王国时期
	前 1780	
第十三王朝— 第十七王朝		第二中间期
	前 1570	
第十八王朝 第十九王朝 第二十王朝		新王国时期
	前 1070	
第二十一王朝 第二十二王朝 第二十三王朝 第二十四王朝 第二十五王朝 第二十六王朝		第三中间期
	前 525	
第二十七— 第三十一王朝		后埃及时期
	前 332	
托勒密时期	前 305	希腊埃及
	前 30	
罗马帝国时期	395	罗马埃及
罗马帝国时期	632	科普特埃及

珀辟一世的王后们至今谜团重重

自 1966 年起，在萨卡拉的法国考古队一直在发掘珀辟一世的大型丧葬建筑群，它被称为"珀辟的完美恒久不变"。自法老时代以来，这片遗址因开发采石场而被严重损毁，如今只有寥寥数个遗迹得以保存下来。尽管如此，考古队还是找出了一些以前被忽视的建筑，主要是沿着围墙南侧修建的王后们的金字塔。仅凭观测无法发现这些建筑，因为它们已完全变成平地了，考古队通过电磁和电阻勘探找到了它们，并将它们交由考古学家研究。这些建筑中至少有三座各边约 20 米长的金字塔和一座马斯塔巴，最前面的金字塔属于尼布奈特王后，其陵庙中的立柱上有她的雕像和名字。中间的金字塔是伊内尼克-茵缇王后的金字塔，金字塔前一座方尖碑上的碑文可以确定墓主的身份。最后一座金字塔属于一位无名王后，在一座方尖碑的碑文里，她被称为"国王最年长的姊妹"。马斯塔巴的主人叫荷尔-泰里-赫特，据说是玛哈王后的儿子。这是不是意味着还有另一座珀辟一世的王后的金字塔尚未被发现呢？与此同时，一块在废墟中发现的花岗岩石碑提到了一位叫梅瑞提特斯的王后，这是不是也意味着还有另一座金字塔尚待发掘？此外，珀辟一世还有两位为人熟知的妻子，她们是一位阿拜多斯显贵所生的两姐妹，名字都叫安赫内斯梅里拉，分别为珀辟一世诞下了麦然拉和珀辟二世。人们至今没有发现她们在这片遗址上留下的痕迹，她们真的葬在国王旁边吗？没有任何文献可以让研究者对此下定论。至多可知，珀辟一世在经历了一场后宫谋反后，选择与这两姐妹政治联姻。有人认为，这次谋反让国王觉得必须获得埃及南部的政治支持，所以才娶了这两位来自阿拜多斯权贵家庭的女人。

南萨卡拉的北墓群

1. 南萨卡拉的南墓群，可以看到珀辟二世的丧葬建筑群。
2. 第五王朝时期杰德卡拉（前 2414—前 2375 年在位）的丧葬建筑群。
3. 第六王朝时期麦然拉（前 2283—前 2278 年在位）的丧葬建筑群。
4. 第六王朝时期珀辟一世（前 2332—前 2283 年在位）的丧葬建筑群，包括一条上行堤道和一座陵庙、围墙内的金字塔和卫星金字塔、围墙外的王后金字塔群和马斯塔巴。

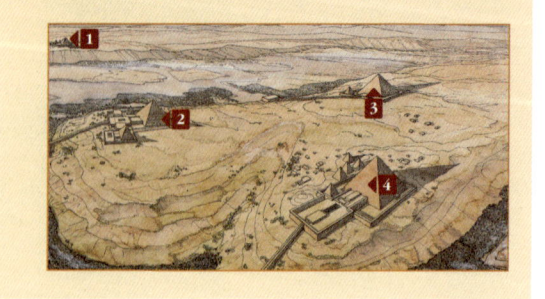

珀辟二世，一位个性强势的少年

很多历史文献、自传、探险报告或关于战争的故事流传至今，它们被刻在陵墓或神庙的墙壁上，零零碎碎地展示了埃及历史中的一个个篇章。古王国时期（前 2685—前 2180 年），埃及通过管控沙漠商队所走的道路和西部绿洲施行向努比亚扩张的政策。为此，象岛的地方长官霍尔胡夫三度前往"亚姆国"——努比亚。在一次旅行中，他带回了一个矮人。年仅10岁的国王因这个非同寻常的收获而兴奋不已。他给霍尔胡夫写了一封信［在他位于阿斯旺库贝特哈瓦（Qoubbet el-Hawa）的陵墓中刻有一份这封信的副本］："你说在东边的地平线上生活着一群人，你从他们的国度里带回一个矮人，他会表演神之舞。神君杰德卡拉在位时期，财政长官乌尔杰德巴从庞特国带回一个类似的矮人。你对我说，此前从没有任何人从亚姆国带回同样的矮人……为了让他表演神之舞，为了让上、下埃及的国王尼斐尔卡拉的内心充满欢乐，为了让国王获得永生，离开其他人，将那个生活在地平线上的国度里的矮人安然无恙地带回来。他和你上船后，务必安排一些得力助手站在船的两侧看着他，以防他跳下水。他晚上睡觉的时候，务必安排一些人到他的船舱里看着他，每夜检查10次。与庞特的采石场出产的物品相比，我更想看到这个矮人。如果你到达王宫时这个矮人还安然无恙地活着，我将赐你比乌尔杰德巴从杰德卡拉那里获得的赏赐更大的奖赏。"

南萨卡拉的南墓群

1. 第六王朝时期珀辟二世（前2278—前2184年在位）的丧葬建筑群，包括迎灵神庙、堤道和祭葬神庙、围墙内的金字塔和卫星金字塔、围墙外的王后金字塔群（右边的是伊普特的金字塔和奈特的金字塔，左边的是威杰布吞的金字塔）。
2. 第八王朝时期卡凯拉·伊比（卒于约前2160年）的丧葬建筑群。
3. 第五王朝时期谢普塞斯卡弗（前2504—前2500年在位）的马斯塔巴，它同时也被称为"法老的长凳"。
4. 第十三王朝时期汗杰（卒于约前1747年）的丧葬建筑群。
5. 一位未知国王的陵墓。

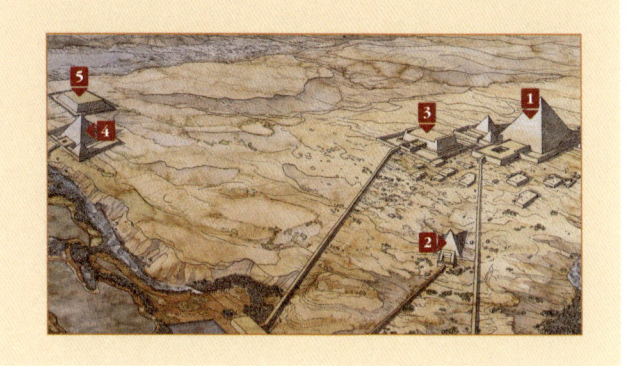

新王国时期的萨卡拉

萨卡拉：从发现霍伦海布的陵墓到发现阿普尔-埃尔的陵墓

对于很多游人来说，萨卡拉高地与古王国时期（前2685—前2180年）的埃及关系密切，因为左赛尔的庞大丧葬建筑群是其最主要的建筑群。但这片遗址的真正价值不止于此，除了金字塔和马斯塔巴群（平民墓地）之外，这片遗址上还有其他非常独特的建筑，其中最古老的建筑可追溯至第一王朝时期（前3050—前2890年），而最近的则建于科普特埃及时期（5—6世纪）。

同时，萨卡拉在第十八王朝和第十九王朝（前1570—前1185年）的重要性常常被忽视。诚然，考古学家对这个时期的古建筑产生兴趣的时间并不长，但是自相关考古研究从1970年开始以来，已经发现了很多这个时期的建筑，它们让人们对新王国时期的孟菲斯地区和萨卡拉的历史有了更清晰的了解。发掘的陵墓主要修建于从图坦卡蒙（前1334—前1325年在位）到拉美西斯二世（前1279—前1212年在位）统治的这段时期。年轻的图坦卡蒙在成为国王后就放弃了位于中埃及的阿玛纳王宫，并决定将王宫迁至孟菲斯。因此，萨卡拉——孟菲斯人的墓地，成了权贵们青睐的埋骨之地，这种情况一直延续到拉美西斯二世将国家中心迁至培-拉美西斯（尼罗河三角洲东部的城市）。

这个时期的所有陵墓都展现了无与伦比的工艺，它们的风格相对一致，且带着独特的美感。墓区主要有两个：第一个墓区是迄今被记录的墓区中最大的一个，这个墓区的南边以一条通向乌纳斯金字塔的堤道为界，东边以圣耶利米修道院为界，西边则以塞汉赫特的丧葬建筑群为界；第二个墓区在遗址的北边，靠近特悌金字塔。

第一个墓区中有一些很有趣的坟墓，它们的下部是墓室和凿在峭壁中的通道，上部是一座礼拜堂，礼拜堂里有通常刻在纯石灰石上的精美浮雕。在德国考古学家理查德·莱普修斯于19世纪发现这些坟墓后，其中的一部分被切下并分藏于西方的不同博物馆中或成为私人收藏品。这些坟墓则被遗弃在沙漠中，被人们遗忘。

1975年，埃及勘探协会和莱顿博物馆组成的联合工作组在研究了散落在不同博物馆中的墙壁切块后，开始挖掘萨卡拉高地上的墓区。工作组发掘了消失的坟墓，其中主要有拉美西斯二世的姐夫提阿的坟墓（靠右），还有两位与图坦卡蒙同时代人物的坟墓——玛雅（国王的司库和建筑师，其坟墓位于中间）以及霍伦海布（埃及军队的总司令，后成为埃及的国王，其坟墓靠左）。第二个墓区则没有那么壮观，这里的坟墓做工较差，规模也小。然而，遗址的东边，在布巴斯提斯的法国考古队发掘了几位生活在阿蒙霍特普三世和埃赫那吞在位时期（前1350—前1334年）的人物的地下坟墓。

起初，这些坟墓相互独立，且都按经典结构修建。后来，墓与墓之间的墙壁被凿穿了，似乎是为了让它们彼此连通。在古埃及晚期，这些墓被再次使用，它们在当时成为附近的布巴斯提斯（献给巴斯特女神的神庙）的木乃伊猫的地下墓穴。它们中最有名的是阿普尔-埃尔的坟墓，他是阿蒙霍特普三世的维齐尔。同时，我们还可以看到大臣内赫西和麦利拉的坟墓、粮仓总管梅里塞赫梅特的坟墓……以及其他很多墓主身份不明的坟墓。

霍伦海布的两座墓地：在萨卡拉的平民坟墓与在底比斯的王室陵墓

当人们参观萨卡拉在新王国时期的墓地时，他们可能会因那里的一座霍伦海布（第十八王朝的最后一位法老，前1321—前1293年在位）的坟墓而感到惊讶，因为作为埃及的国王，他已有一座在帝王谷的地下陵墓。那么，这种情况该如何解释呢？快速浏览一下他的生平就能了解将墓地分置两地的原因。霍伦海布来自中埃及地区，他在埃赫那吞时期崭露头角，当时他还只是一位王室的司书。之后，他很快就成为埃及军队的总司令和王室总管，并定居孟菲斯。在图坦卡蒙时期，他被授予高于维齐尔的"亲王"头衔，成为埃及最有影响力的人物之一。正是在这个时候，他在萨卡拉为自己建造了一座巨大的丧葬建筑。他娶了穆特诺吉美公主，而这位公主很可能是涅菲尔泰提的姊妹，霍伦海布因此成为统治王朝的成员之一。年轻的图坦卡蒙死后，由于没有男性继承人，王权落到了"神之父"阿伊的手里。阿伊统治埃及4年之后，霍伦海布取而代之。在一次奥佩佩特节期间，他在卡纳克完成加冕典礼。"我被尊为国王，（神灵）低下了头，（我们）在整个大地前面向对方，这是在卡纳克听到的来自上天的旨意。"成为法老后，霍伦海布遗弃在孟菲斯的墓地，在帝王谷为自己修建了一座地下陵墓（57号墓），这是底比斯大墓地里最精美的陵墓之一。

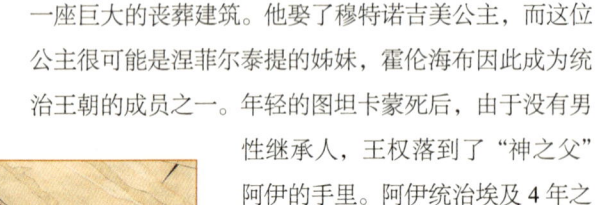

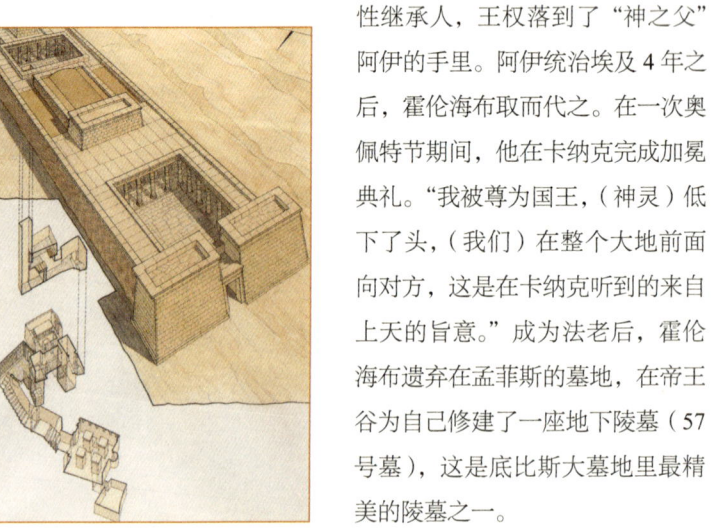

古埃及晚期的萨卡拉

"圣兽"崇拜

埃及的神灵会以不同的形象出现在信徒面前。礼拜时所用的雕像一直是展示神灵形象的传统媒介，据说神灵就住在雕像里。然而，神灵也可能以特定的动物形象出现，这些特定的动物被视为不同形态的神力的容器。例如，隼是荷鲁斯的化身，朱鹭是托特的化身，鳄鱼是索贝克的化身……这些动物都是其所代表的神灵的可见形象。因此，人们产生了在神庙中供养、敬拜这些动物的想法。这些动物就是著名的"圣兽"，古代旅行家们提到，这种在埃及无处不在的特殊崇拜让他们感到非常震惊。虽然对这些"圣兽"的崇拜可以追溯至非常遥远的时期，但这一风俗直到后埃及时期（前525—前332年）才得以蓬勃发展。当时，神庙里有负责饲养数千只"圣兽"的饲养员，为了满足崇拜活动的需求，他们担负着让这些动物繁衍的责任。同时，这个时期出现了很多用于下葬大量不同动物木乃伊的墓地。对于埃及人来说，饲养和照顾这些"圣兽"是他们应尽的义务，任何伤害这些动物的行为都会受到惩罚。对此，希罗多德解释道："若有人有意将'圣兽'杀害，此人将被处死，若他无意间杀害了'圣兽'，此人将交由祭司定罪；但如果他杀死的是朱鹭或者隼，无论有意无意，都将被判处死刑。"一段文字资料证实了他所说的这番话，这段文字讲述了一位罗马市民因杀死一只猫而被众人私刑处死的故事。

这些"圣兽"的地位不尽相同：有的一辈子都享有"圣兽"的身份，有的则只在规定的时间段里拥有"圣兽"的身份；有的是单个挑选的，有的则是成群挑选的。实际上，根据负责礼拜的神职人员所定的标准，"圣兽"的挑选规则和动物们作为"圣兽"的时间在每个神庙中各不相同。差异主要体现在两种不同的"圣兽"上：阿派斯公牛和荷鲁斯隼。阿派斯公牛至死是神灵的化身，被选中的公牛需要具备一些十分具体的特征。据希罗多德所说，"假如要获得阿派斯的名字，一头公牛必须具有以下特征：它必须是黑色的，前额上必须有一块白色的三角形图案，背上必须有鹰形标记，尾巴上的毛必须分成两股，舌下方必须有圣甲虫形状的标记"。因此，一头阿派斯公牛死后，普塔的神职人员会在全国各地寻找符合这些特征的小牛犊。找到后，神职人员会将它带回孟菲斯，这头牛在死前都一直享有"圣兽"的身份。人们会为它找来许多母牛作为配偶，还会专门安排一位神职人员不分昼夜地照看它，保证它能安逸地生活。它死后将被制作成木乃伊，还会受到丧葬崇拜。圣隼则需要神灵和神职人员一起挑选。人们会专门举办一场仪式，把神庙中供养的所有备选圣隼都带到一个地方。接着，神灵通过神像以一个动作指明被选中的圣隼是哪只。加冕后，圣隼"陛下"（在登基之日，圣隼会获得自己的名字）会在一年内同时成为荷鲁斯神和法老（被视为荷鲁斯在地上世界的代表）的化身。这只圣隼在结束任期后会有什么样的命运，是会回到圣隼群里还是会被拿去献祭？目前没有任何文字资料能够解答这个问题。在某些神庙中，神职人员似乎觉得不必非得从一群动物中选出特定的一只。如果是这样，这群动物都会受到"圣兽"享有的优待。

奥古斯特·马里埃特征服埃及的沙漠

他在那里度过了三年，这是他生命中非常重要的三年，是既艰苦又糟糕的三年，但

第一王朝	前3050	
第二王朝		早王朝时期
第三王朝	前2685	
第四王朝		古王国时期
第五王朝		
第六王朝	前2180	
第七王朝—第十一王朝		第一中间期
	前2040	
第十一王朝末		中王国时期
第十二王朝	前1780	
第十三王朝—第十七王朝		第二中间期
	前1570	
第十八王朝		
第十九王朝		新王国时期
第二十王朝	前1070	
第二十一王朝		
第二十二王朝		
第二十三王朝		第三中间期
第二十四王朝		
第二十五王朝		
第二十六王朝	前525	
第二十七—第三十王朝		后埃及时期
	前332	
托勒密时期	前305	希腊埃及
	前30	
罗马帝国时期		罗马埃及
	395	
罗马帝国时期		科普特埃及
	632	

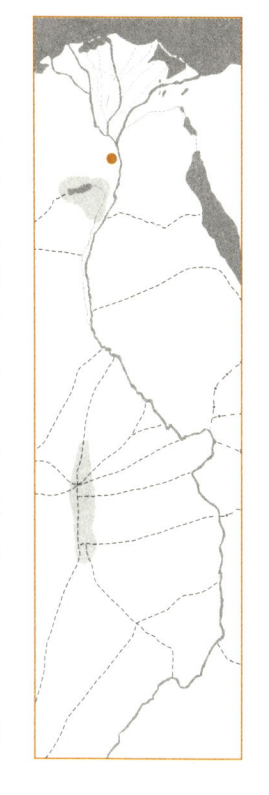

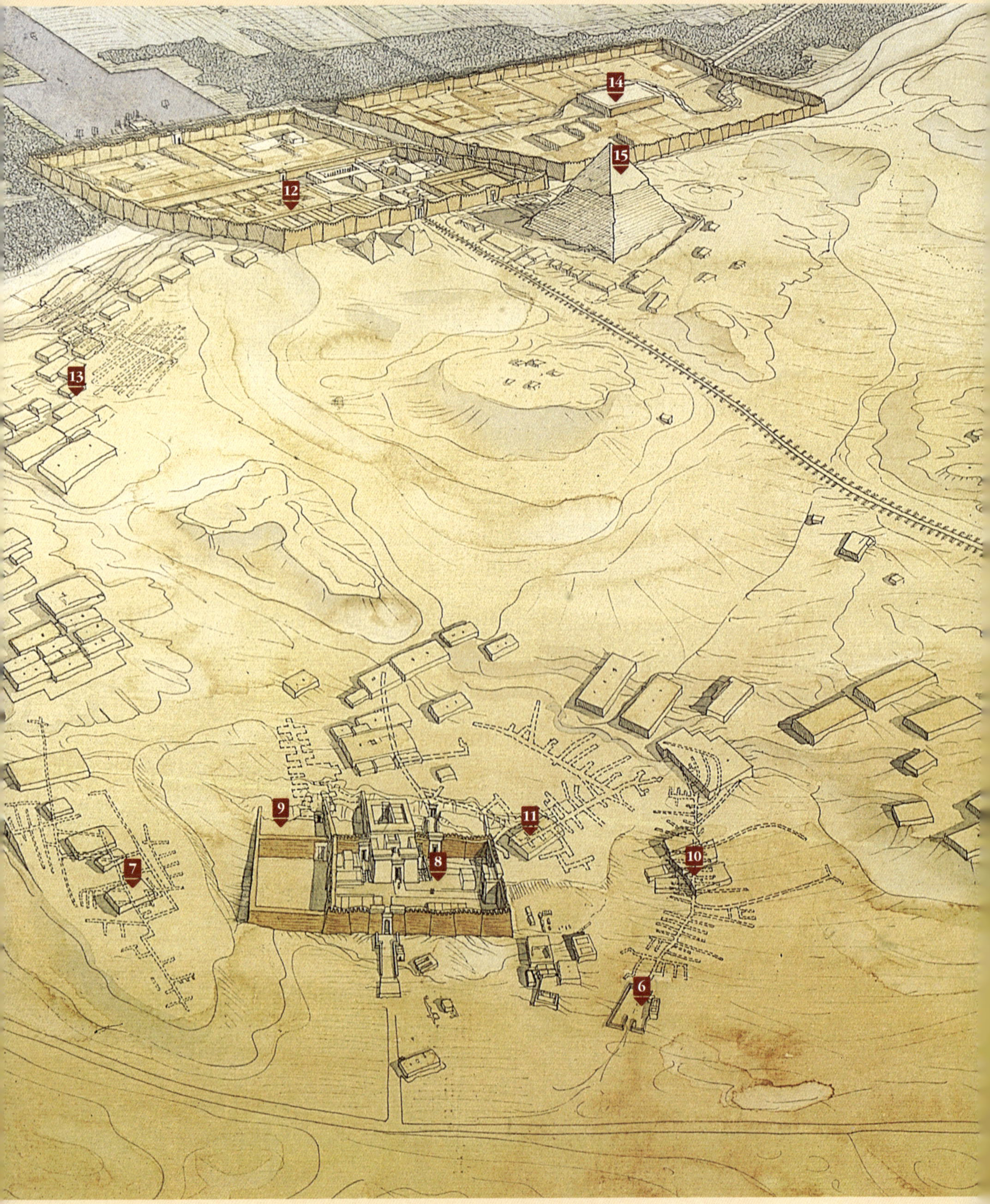
14
15
12
13
9
11
8
10
7
6

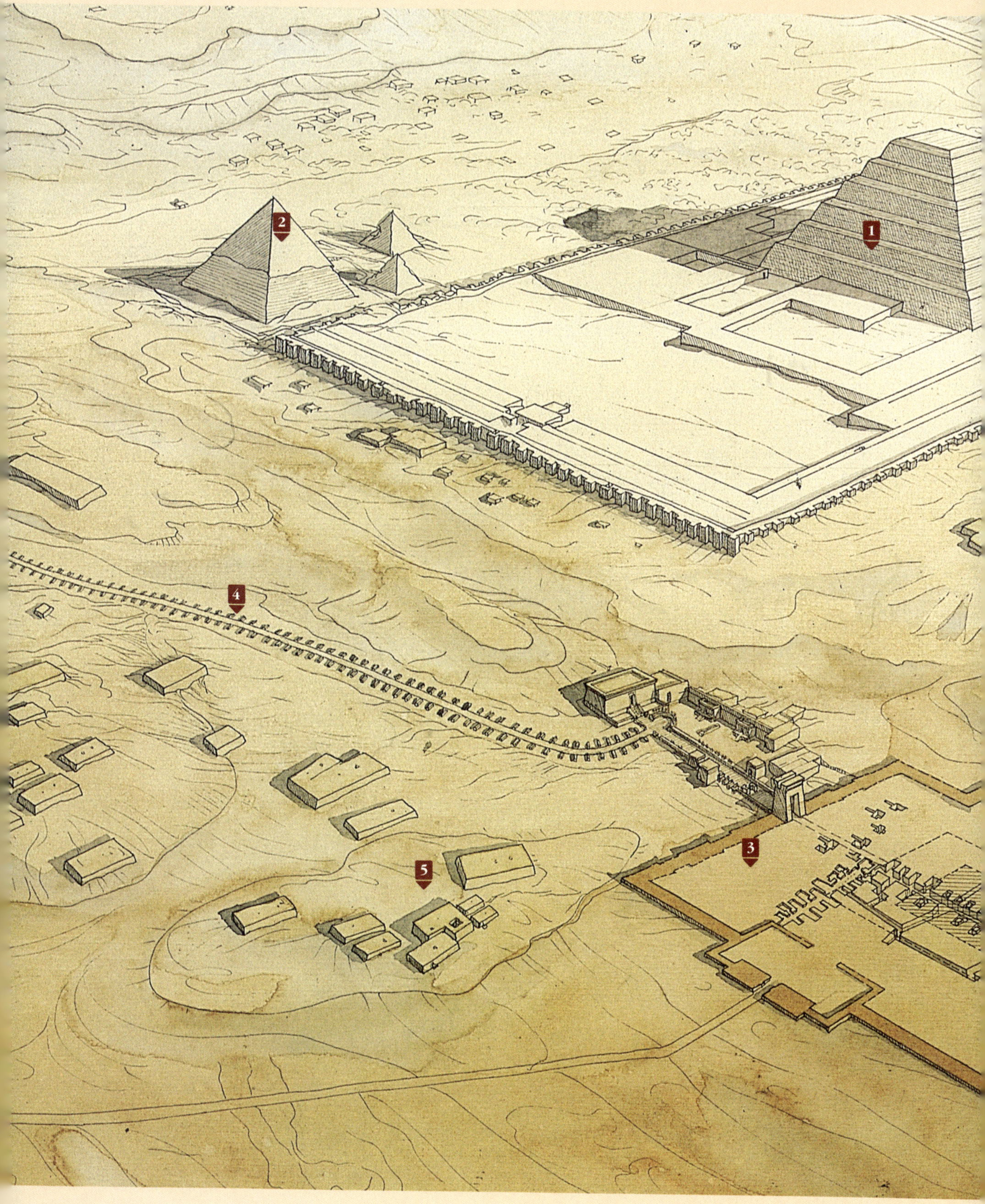
2
1
4
3
5

后来却成为他记忆中幸运而又灿烂的三年。这是每个有所作为的人在奋斗中必经的危机时期，是他使用自己那永恒力量的时刻。克里斯托弗·哥伦布在巴罗斯港和圣萨尔瓦多之间经历了三个月的痛苦，而这样的痛苦马里埃特却整整忍受了两年——他在如海洋一般的沙漠中寻觅着他的世界，本就模糊的道路一次次被坎辛风（埃及的一种干热南风）卷起的层层沙浪掩埋。一切似乎都在暗中和他作对：环境、沙漠、人、疾病，尤其是在埃及患上的眼炎。这位勘探员的双眼本已因阅读埃及象形文字而疲惫不堪，而眼炎好几次差点让他失明。这些苦难让他无法前行，但却不算什么。因为他还遭受着精神上的痛苦，不停地迷失前进的方向。他在斯芬克斯之路上迷路，本已模糊的目标离他越来越远。他开始怀疑自己的测算和想法，这让他感到恐惧，甚至做起在到达港口前就死去的噩梦，对这些折磨又该做何评价呢？除了可以证明这个最终的胜利者拥有难以言喻的意志和品质外，别的不必多言。这个关于苦难，同样也关于胜利的故事需要他亲口告诉世人。1851 年 11 月 12 日夜里，一扇掩盖在沙漠之下的门被打开，阿拉伯人的火把突然点亮通道的深处和一副副巨大的石棺，这些石棺位于刻满历史篇章的礼拜堂中。这位独自探索萨卡拉的考古学者觉得如在梦境之中，他颤抖着在这个吞噬着火光的冰冷、漆黑的世界中摸索。2000 年前，最后一位朝圣者离开塞拉匹姆，他是自那之后第一个再次在此地留下足迹的人。马里埃特很少能顺利讲完这个故事，讲着讲着，他的声音就变得低沉起来，开始哽咽，仿佛被某种东西掐住喉咙。在这次伟大的胜利之后，这片沙漠正式被征服了，藏在其中的坟墓也被发掘出来。招魂卜卦的巫师到过萨卡拉高地，就像以西结预言的异象一样：一群死人在巫师的命令下站了起来，他们从地下墓穴走出并高声呼喊他们的国王。现在，这位科学的先知也可以这样说了："我曾站在这堆枯骨上预言，然后它们站了起来，无数尸骨站了起来（此处'站了起来'指被发掘出来）。"

欧仁-梅尔基奥尔·德·沃古埃（1848—1910 年）

塞拉匹姆：阿派斯公牛的墓地

孟菲斯的圣牛阿派斯是一位起源可以追溯至埃及文明初期的神灵。它的个性随着时间的推移和王朝的变迁而发生改变，也因融入了埃及万神殿中大神的特质而变得丰富起来。起初，阿派斯代表生育力，也是具有极强生殖能力的动物的化身。后来，它与法老以及其他不同的神灵联系到一起，正式成为孟菲斯造物神普塔的代表和化身，它还与拉和奥西里斯合为一体，因此获得了太阳神和丧葬神的属性。从那以后，对它的崇拜在埃及飞速发展，因为它象征神掌管的三个重要方面：造物（普塔）、生命（拉）和死亡（奥西里斯）。它的主要居所位于孟菲斯，普塔神庙的南边就是阿派斯的领地。在希罗多德提到的一种普遍信仰中，阿派斯"由一头母牛所生，这头母牛在诞下它后便不能再生育小牛。据埃及人说，一道从天而降的闪电让这头母牛受孕，随后，阿派斯就这样来到了世间"。因此，作为神力的产物，阿派斯在埃及受到普遍崇拜。它死后，人们会为它举办豪华的葬礼，据古代旅行家记载，葬礼非常壮观，因此特别引人垂涎。它的葬礼与人类的葬礼非常相似。人们会用 70 天时间，以同样的方式对阿派斯公牛的身体和内脏进行防腐处理，将它们分开保存。处理完，它的遗骸会先被送到位于尼罗河岸边的河谷神庙中，然后再被送到墓地旁边的陵庙，最后下葬。

圣牛的墓都在萨卡拉的一片名为塞拉匹姆的墓地里。位于孟菲斯的塞拉匹姆由法国考古学家奥古斯特·马里埃特于 1851 年发现，里面建有一系列通往不同墓室的地下通道，这些墓室里有用来放"圣兽"木乃伊的花岗岩石棺和玄武岩石棺。这片墓地包括三组坟墓，分别对应三个不同的埋葬时期。独自伫立在南边的墓群在阿蒙霍特普三世在位时期（约前 1386 年）到拉美西斯二世在位第三十年（前 1250 年）用来下葬阿派斯公牛；中间的小型地下墓群（petits souterrains）里有拉美西斯二世在位第三十年到第二十六王朝首位国王普萨美提克一世在位第二十年（前 645 年）之间埋葬的阿派斯公牛；北边的大型地下墓群（grands souterrains）中则有普萨美提克一世在位第五十二年（前 613 年）到希腊埃及末期（前 30 年）之间阿派斯公牛的坟墓。这片墓地只有一部分对公众开放。新王国时期零散的坟墓已消失在黄沙之下，小型地下墓群从被发现的那天起就封闭了，而大型地下墓群中最古老的坟墓也已禁止参观。能看到的只剩那些最晚修建的地下墓穴。

坟墓中有一条长 198 米的通道，它的两侧建有与其相连的墓室，这些墓室里放着尺寸惊人（长 4 米、宽 2.5 米、高 3 米）的黑色花岗岩石棺。这样的石棺在塞拉匹姆的地下墓穴中共有 24 座，这些精美的石棺于第二十六王朝第五位国王阿玛西斯在位的第二十三年（前 548 年）下葬阿派斯公牛时首次出现。在之前的时代里，它们可能都被葬在了木制的棺材中，很不幸的是，这些木制棺材无法抵御时间的侵蚀。不过，在墓地周围发现的许多物品（泥像、石碑、石雕像、巫沙布提俑……）让人能够切实体会从阿蒙霍特普三世在位时期开始，这种对阿派斯公牛的崇拜有多重要。

"圣兽"和神灵

羚羊	萨提斯	瞪羚	阿努奇斯
狒狒	哈碧	青蛙	海奎特
	托特	河马	塔沃里特
山羊	阿蒙	朱鹭	托特
	克努姆	雄狮	舒
	拉	母狮	塞赫麦特
豺狼	阿努比斯		泰芙努特
	杜米特夫	圣甲虫	凯布利
猫	巴斯特	蝎子	塞尔凯特
狗	赛特	蛇	阿波菲斯
眼镜蛇	瓦吉特	斯芬克斯	哈马克希斯
鳄鱼	索贝克		胡伦
隼	哈罗埃里斯	公牛	阿派斯
	哈拉胡提		布奇斯
	荷鲁斯	母牛	哈托尔
	蒙图		努特
	奎本汉穆夫	秃鹫	穆特
	索卡里斯		涅赫贝特

第三十王朝时期（前 380—前 343 年）的萨卡拉

1. 国王左赛尔（第三王朝，卒于约前 2649 年）的丧葬建筑群。
2. 国王乌瑟卡夫（第五王朝，卒于约前 2491 年）的丧葬建筑群。
3. 塞拉匹姆（它的地下通道通往葬着阿派斯公牛的不同墓室，穿过大门可以看到地下墓穴，右边是小型地下墓穴，正对大门的是沿直线排列的大型地下墓穴）。
4. 多洛摩斯（连接塞拉匹姆和阿努比昂，立有人首斯芬克斯的小道）。
5. 工程总管悌伊（第五王朝的纽塞拉统治时期到杰德卡拉统治时期任职，卒于约前 2375 年）的马斯塔巴。
6. 圣朱鹭的南墓地。
7. 圣朱鹭的北墓地。
8. "阿派斯之母伊西斯的安息之所"（它分为两个不同的部分，右边是献给阿派斯的母亲们的神庙，修建于公元前 4 世纪的内克塔内布二世时期，包括第一塔门、庭院、亭庙、第二塔门和至圣所；左边是与母牛墓地相连的圣域，墓地里埋葬着阿派斯公牛的母亲们，它们受到的礼遇和阿派斯公牛所享受的一样）。
9. 母牛的墓地。
10. 狒狒的墓地。
11. 隼的墓地。
12. 阿努比昂——献给木乃伊之神阿努比斯的神庙。
13. 狗的墓地。
14. 布巴斯提斯——献给猫神巴斯特的神庙，她在萨卡拉被视作孟菲斯的造物神普塔的妻子以及墓地的保护者。
15. 国王特悌（第六王朝，卒于约前 2333 年）的金字塔。

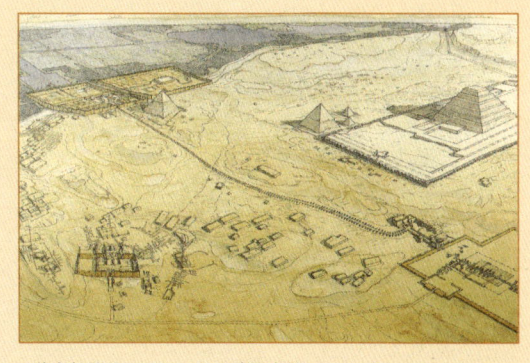

* 数字标号见 p.154、p.155 跨页大图。

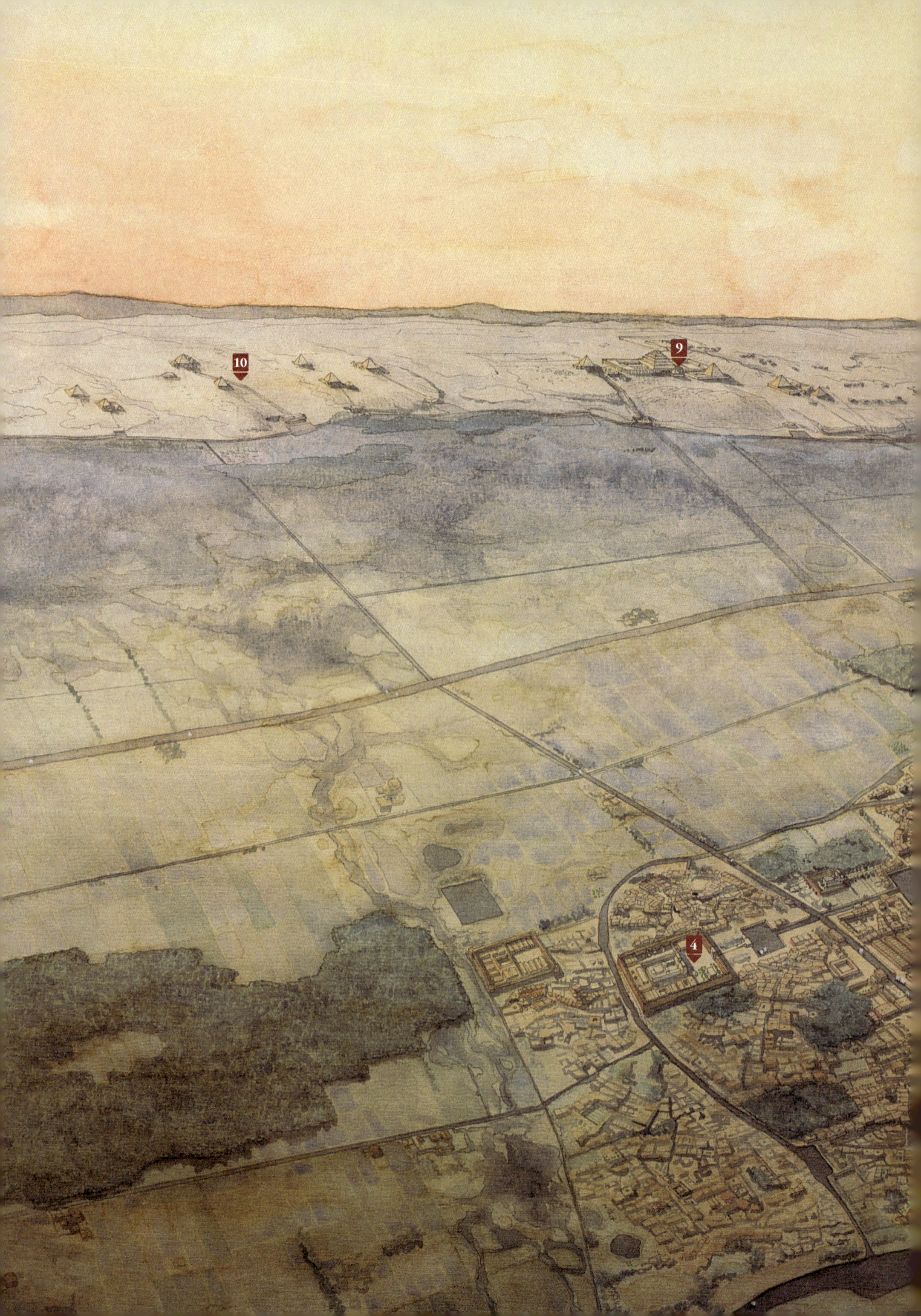
10
9
4

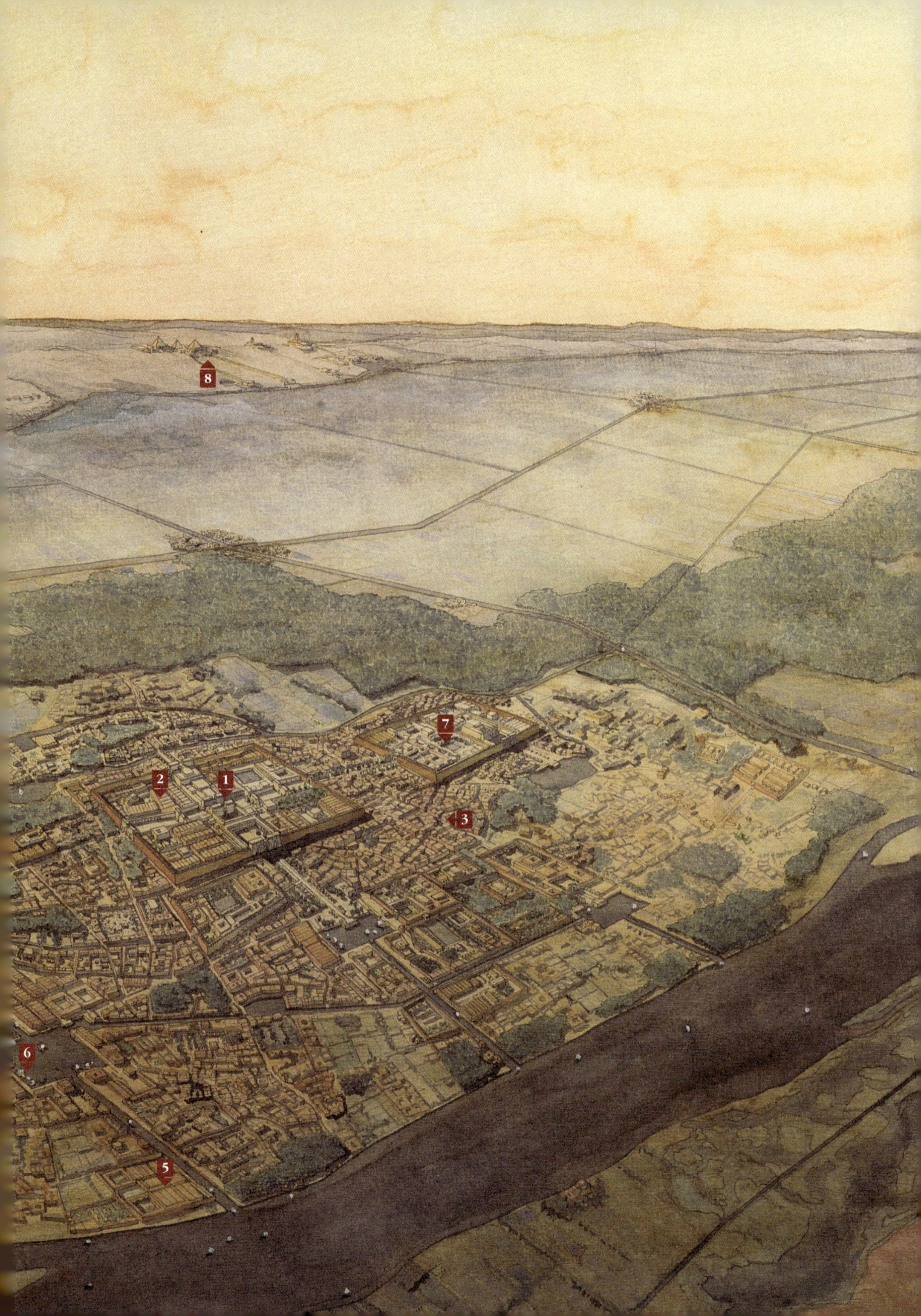
8
7
2
1
3
6
5

孟菲斯，绵延三千载

王朝	时期	年代
第一王朝	早王朝时期	前 3050
第二王朝		前 2685
第三王朝	古王国时期	
第四王朝		
第五王朝		
第六王朝		前 2180
第七王朝— 第十一王朝	第一中间期	前 2040
第十一王朝末 第十二王朝	中王国时期	前 1780
第十三王朝— 第十七王朝	第二中间期	前 1570
第十八王朝 第十九王朝 第二十王朝	新王国时期	前 1070
第二十一王朝 第二十二王朝 第二十三王朝 第二十四王朝 第二十五王朝 第二十六王朝	第三中间期	前 525
第二十七— 第三十王朝	后埃及时期	前 332
托勒密时期	希腊埃及	前 305 前 30
罗马帝国时期	罗马埃及	395
罗马帝国时期	科普特埃及	632

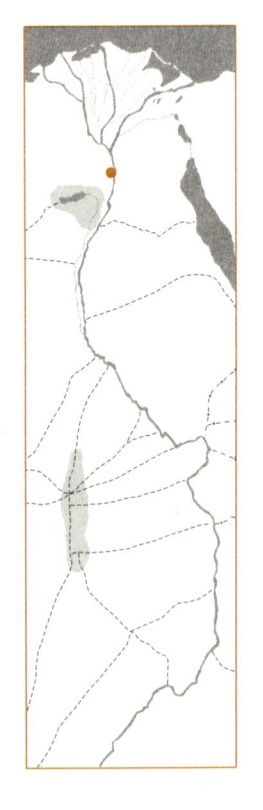

孟菲斯，一座大型历史名城

"祭司们说，把之前的河床变成坚实的土地之后，埃及的第一位国王敏（美尼斯）在那里建立了名为孟菲斯的城市……最后，他在这座城市里修建了赫菲斯托斯（普塔）神庙，这是一座特别值得一提的大型神庙。"

如果希罗多德以上所言属实，那么可以说孟菲斯的历史与埃及一样悠久，因为这座城市是在埃及第一王朝（前 3050—前 2890 年）的缔造者美尼斯在位时期修建的。在古代，这座城市被称为"荫奈布-海杰"，意为"白墙"，在希腊埃及时期改名为孟菲斯——该名由珀辟一世的金字塔"孟尼菲尔"简化而来。

这座城市拥有璀璨而悠久的历史，这主要得益于它优越的地理位置：孟菲斯建于尼罗河三角洲的南端之下，位于上、下埃及的交界处，在这里可以管控所有埃及人的生活。这也使它获得了"麦克哈特-陶乌伊（Mekhat-Taouy）"的称号，意为"两边国土之秤"。

埃及的第一、第二王朝时期（前 3050—前 2685 年），国王都来自南部阿拜多斯附近的提尼斯，孟菲斯则是当时管理国家北部新攻占土地的行政中心。不过，这座城市的战略重要性很快就促使国王们将主要住所迁于此地：从第三王朝初期（约前 2685 年）起，孟菲斯成为埃及统一后的首都。中王国时期（前 2040—前 1780 年），国王偏爱位于法尤姆的利希特，因此将首都迁出孟菲斯。新王国时期（前 1570—前 1070 年），埃及扩大了在近东地区的领土，孟菲斯的重要性重新得到确认。尽管这个时期的首都一开始设在底比斯，然后又设在培-拉美西斯，但国王在孟菲斯一直设有行宫，且经常会来这里暂住。

这种状态一直延续到希腊埃及末期（约前 30 年）。当时，国王们会根据政局动荡的情况不时前往这个拥有悠久历史的地方，加冕典礼也在这里举行。因此，孟菲斯是政权在意识形态上被赋予合法性的中心。

孟菲斯是一座历史名城，是王室烙下深刻印记的地方，但它最要紧的身份是经济和行政首府。这座城市以手工业和金属加工业为重心，普塔和索卡里斯是这两个行业的守护神。新王国时期，国王推动了这座城市的发展，在其南部新增建了一个兵工厂和一个造船车间。同时，在现有设施的基础上，又新建大型港口"培鲁-尼斐尔（Pérou-néfer）"。这些项目吸引了一大批外国劳工，孟菲斯很快就成了埃及国际化程度最高的城市之一，这里汇集了赫梯人、亚洲人、胡里安人、腓尼基人、卡里亚人、阿拉米人、希腊人和努比亚人……他们有的来这里经商，有的在这里的码头或工地上干活。同时，在远离锻造声和车间噪声的地方，一群知识分子也在为孟菲斯效力。这群人中有伏案于专门的办公室和图书馆内的司书和官员，他们在那里编写着与工艺、文字和建筑施工相关的手册和论文，并谨慎地将其保存。这群人中还有虔诚地崇拜着孟菲斯众神（孟菲斯三柱神：普塔、塞赫麦特、涅斐尔图姆，以及墓地守护神索卡里斯、"无花果树女神"哈托尔和圣牛阿派斯等）的祭司。

160

曾经辉煌的孟菲斯还剩下什么？

如今，古城孟菲斯只剩下一片棕榈林和几处零星遗迹。在现在的密特-拉希纳村附近，石块和一座置于保护设施之中的拉美西斯二世巨像揭示了"在城墙南边的"普塔神庙的位置，它是埃及最大的宗教中心之一。不规则的四边形围墙围起了这群宗教建筑，墙内建有主神庙（1）及其附属建筑（次级礼拜堂、圣湖、仓库、货栈和祭司的居所），还有"阿派斯的木乃伊之家"（2）——在此发现的8张在制作圣牛木乃伊仪式上使用的桌子明确了它的用途。围墙的四周坐落着孟菲斯城（3）里的民宅、宫殿和次级神庙，这些建筑在运河纵横、码头林立的土地上依地势修建。手工业区（5）和培鲁-尼斐尔港（6）位于距女神哈托尔的神庙（4）不远的城市南部，不同行业的工匠、不同族裔的外国劳工在此居住。城市北部主要由另一个围墙内的区域（7）构成，其实际功能至今不明。在这个区域的废墟中，弗

* 数字标号见 p.158、p.159 跨页大图。

林德斯·皮特里辨认出一座被他称为"阿普里斯宫殿"的建筑，可能是祭祀奈特女神的神殿。在远处，可以看到连成一片的孟菲斯大墓地，其中包括阿布古罗布与阿布西尔（8）、北萨卡拉的公墓（9）和南萨卡拉的公墓（10）。

典型的创世神话

为了解释万物的起源，各大神学流派创建了不同的创世神话体系。这些体系中有造物神和城市守护神，比如孟菲斯的普塔、赫里奥波里斯的拉以及赫尔摩坡里斯的托特……相关文字资料中的创世神话体系多种多样，各不相同。一些创世神话因过于特殊而无法普及，包含更具影响力的神灵的创世神话更加重要。尽管创世神话种类繁多，但还是可以从中归纳出创世的典型模式，这种模式在多种神话传说中都有体现。在世界的源头，即"在天空存在之前，在大地存在之前，在人类存在之前，在死亡存在之前"，努恩自然而然地出现了。它是一片广大且静止的水，一种无序的混沌，黑暗中的无尽空间。它代表的是一种空无、一种混沌、一切先于万物存在的不存在。但它蕴藏着万物的本质，蕴藏着一切存在的可能，它的无所不能促使其造物。特别值得一提的是，它的内部蕴藏着一股力量，这股力量形成了一个无意识的存在：创世神（démiurge），它无端地感到体内有生命在萌动。这种变化使它离开努恩，成为单独的个体。它做的第一件事就是给自己塑造一个身体。创世神是自己的创造者，根据相关文字记载，它既没有母亲，也没有父亲，"它自己生出了自己"。有了自己的身体之后，它便开始潜心于一项浩大的任务，即创造一个有序的世界。以上就是被广泛接受的创世神话模式，不同创世神话体系间的差异主要体现在创世神在造物过程中所使用的方法和工具上。

孟菲斯的创世神话

只有一份写成于较晚时期的文献提到了孟菲斯的创世神话，这份文献在孟菲斯的普塔神庙被发现，是一块于埃及第二十五王朝（前747—前656年）第二位法老沙巴卡在位时期雕刻的花岗岩石板。据其前言部分介绍，这份文献是一份更古老的莎草纸卷的副本，它原本被保存在这座神庙的档案室中，但已完全毁损。前言中写道："陛下再一次将这段文字敬献给他父亲的神庙，即'在城墙南边的'普塔神庙。陛下发现这是一部先祖之作，但它遭到了虫蚀，因此人们已不能（完全）从头到尾地理解它的意思。于是，陛下决定（复制）一个比原版更完美的版本，并将其重新敬献给普塔……这就是拉之子沙巴卡为他父亲普塔-塔特嫩所做的事情。"

这份文献的原本很可能作于古王国末期（约前2180年），但它已完全消失。第二十五王朝的版本一定被普塔的祭司修改更新过，里面存在一些缺漏，因为这块石碑曾在阿拉伯时代和近代被磨坊当磨石使用。因此，不可能清晰地复原出石碑上所记载的各项内容。

孟菲斯的创世神话可能是埃及有史以来最能体现"精神论"的创世神话，它结合了赫里奥波里斯和赫尔摩坡里斯的部分创世神话，但在这个神话中，当地神灵普塔被赋予了造物神的角色。"据阿图姆说，他创造自己后，又创造了九柱神……是他创造众神和城市，建立了郡。是他给众神安排圣所，并让人们源源不断地为他们敬献祭品，是他为众神建立礼拜堂，并按他们的心愿为他们塑造了身体……"他在造物时先构想出要创造的事物，然后再用舌说出构想，有序世界中的万事万物就能随之产生。在孟菲斯神学中，"心是每个身体最重要的部分，而舌是每张嘴最重要的部分。由此可见，心和舌对所有事物来说都是至高无上的"。归根结底，造物靠言语完成，普塔"通过眼睛创造了视觉，通过耳朵创造了听觉，通过鼻子创造了呼吸。然后，这些机能（将获得的感觉）上交给心，心中产生认知，舌表达心的想法……一切神圣的规则通过心想那事和舌头命令而真正发生"。心是思想所处之地，为心所构想的事物命名，就能让这些事物成为真实的存在，也就是说万物有了名字才会存在。"由心构想，由舌命令并不断塑造万物的意义，百行百业、万千工匠，能动的双手、能走的双腿和每一个肢体动作都照此而来。"

赫里奥波里斯的创世神话

太阳城赫里奥波里斯的创世神话体系没有连贯的文字记载，但因为不同的丧葬文（金字塔文、石棺文、《亡灵书》）多次间接提及这个体系，所以它很容易被还原出来。赫里奥波里斯神学以造物神凯布利-拉-阿图姆（名字的三部分分别象征升起的太阳、正午的太阳和落山的太阳）以及九位原始神，即赫里奥波里斯的九柱神为中心。埃及人通常把从努恩中出现的第一个存在称为阿图姆。从一段出自《亡灵书》中的文字可以看出，这位创世神兼具不同的身份："当我独自在努恩内部时，我是阿图姆，（但）当拉出现并且开始管理他所创造的一切时，我就成为拉。"所以，阿图姆应被理解为一种代表造物潜能的本原，而拉则象征实现造物的驱动力。创世神意识到蕴藏在体内的生命力后便先为自己塑造了一个躯体，然后开始创造万物。据说，他以这个躯体的形象出现在了赫里奥波里斯城中一块金字塔形的石头上，即奔奔石，它暗指一缕石化的阳光。在太阳神庙中，特别是在阿布西尔的太阳神庙中，一座截短的、被放在平台上的方尖碑代表奔奔石，受到人们的敬拜。

太阳神终于开始造物了："（然后），我的心开始发挥效力，造物的计划出现在我的面前，我独自随心所欲地造物。我在心中构思，然后创造了一种新的存在形式。"《布莱纳-莱茵德莎草纸卷》(*Papyrus Bremner-Rhind*)中的这段文字揭示造物在很大程度上应被视为创世神的精神行为。然而，造物既是一种精神行为，也是一种生理行为，两者是不可分割的整体。相关文字资料中的细节性描述证明，生理行为产生万物。以上文献还记载了创世神诞下第一对夫妻神——舒（生命之气的化身，男性的本源）和泰芙努特（热的化身，女性的本源）的过程："我用紧握的手给自己带来兴奋之感，我的欲望通过我的手得到满足，种子从我的口中坠落，我与我的身体结合在一起，他们随后从我的体内生出。"第一对夫妻神是造物神通过其精神和行为创造的，而随后出现的两代神灵则完全通过自然生殖过程产生，包括舒和泰芙努特的子女盖布（大地的化身，男性的本源）和努特（天空的化身，女性的本源），还有盖布和努特的子女奥西里斯、伊西斯、老荷鲁斯、赛特和奈芙蒂斯。

第五王朝时期的阿布西尔和阿布古罗布

阿布西尔的金字塔和庙宇

包含参观阿布西尔的旅行线路少之又少——与吉萨金字塔和萨卡拉金字塔相比，第五王朝时期的金字塔相形见绌。大多数第五王朝时期的金字塔都已因结构不牢固而坍塌，而且没有左赛尔金字塔和胡夫金字塔的雄伟气势。不过，人们来这里是为欣赏金字塔的附属建筑，而非领略金字塔本身的风采，因为其附属建筑的优雅程度远胜所有之前的建筑。它们的独特之处在于多种材料的使用，同一个建筑上汇集了黑色的玄武岩、灰色或粉色的花岗岩、白色的石灰石或雪花石……同时，这片遗址上仍矗立着断壁残垣、有纸莎草或棕榈叶形状柱头的立柱、雕塑的碎块和带装饰物或刻有象形文字的石块，它们都是第五王朝工匠们精湛技艺的证明。为了保护文物，人们把其中最美的一批存放到了不同的博物馆，尤其是开罗的博物馆，比如记录在萨胡拉（Sahourê）狩猎和游行的浮雕、哈托尔女神给国王哺乳的浮雕……

阿布西尔档案

一百多年来，通过非法途径获得的资料和科学考古发掘的资料拼凑出了一份较完整的内弗尔卡拉陵庙中的莎草纸卷，都是些简单的工作文件，里面记录了大量关于陵庙内日常生活及其运作方式的信息，包括人员名册、动产和不动产的清单、账簿、礼拜用品清单及各类信件。这些文件还对一些其他事项进行了详细记录，这些事项包括祭品桌上食物的供应、布料或成衣的运送、宗教用品的损坏和修复以及宗教节日活动的后续事项等。这些文字资料有助于理解陵庙的管理、需求以及陵庙管理者操心的事。显然，这类建筑里应该都存放着这种档案（布拉格大学在兰尼弗雷夫陵庙中发现了同类文件）。然而，至今只有内弗尔卡拉陵庙的档案足够丰富，对研究具有指导意义。

阿布古罗布的太阳神庙

古王国（前 2685—前 2180 年）末期，国王们对太阳的崇拜与日俱增，第五王朝时期特有的建筑证明了这一点。这些建筑是神庙而非陵墓，但它们却是按金字塔建筑群的模式

王衔

I. 荷鲁斯衔：此王衔代表国王是鹰隼荷鲁斯的化身。

II. 两女神衔：此王衔将国王置于南埃及守护女神涅赫贝特和北埃及守护女神瓦吉特的保护之下。

III. 金荷鲁斯衔：此王衔代表荷鲁斯具有"金刚不坏之躯"，进而也确认法老的躯体具有同等特性，因为法老是荷鲁斯的化身。

IV. 上、下埃及之王衔：它是国王的"名"，宣告法老是埃及两个王国的国王（此王衔会刻在王名圈中）。

V. 拉之子衔：此王衔确认国王是太阳神的后裔，赋予国王神的血统（此王衔会刻在王名圈中）。

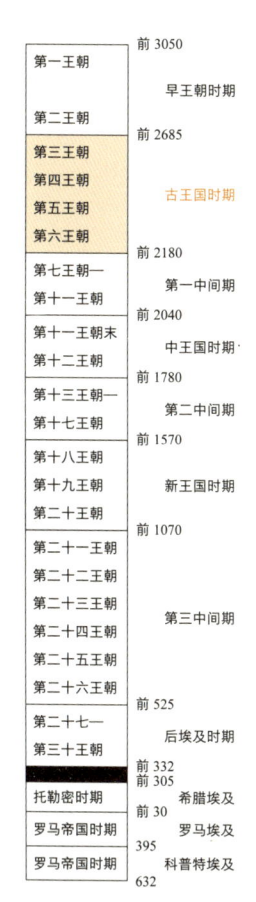

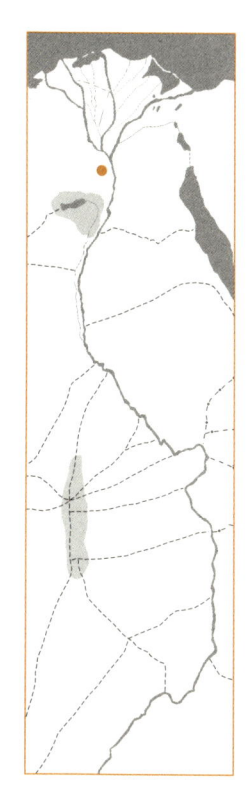

王朝	年代	时期
第一王朝	前 3050	早王朝时期
第二王朝	前 2685	
第三王朝		古王国时期
第四王朝		
第五王朝		
第六王朝	前 2180	
第七王朝—第十一王朝	前 2040	第一中间期
第十一王朝末 第十二王朝	前 1780	中王国时期
第十三王朝—第十七王朝	前 1570	第二中间期
第十八王朝 第十九王朝 第二十王朝	前 1070	新王国时期
第二十一王朝 第二十二王朝 第二十三王朝 第二十四王朝 第二十五王朝 第二十六王朝	前 525	第三中间期
第二十七—第三十王朝	前 332	后埃及时期
托勒密时期	前 305 前 30	希腊埃及
罗马帝国时期	395	罗马埃及
罗马帝国时期	632	科普特埃及

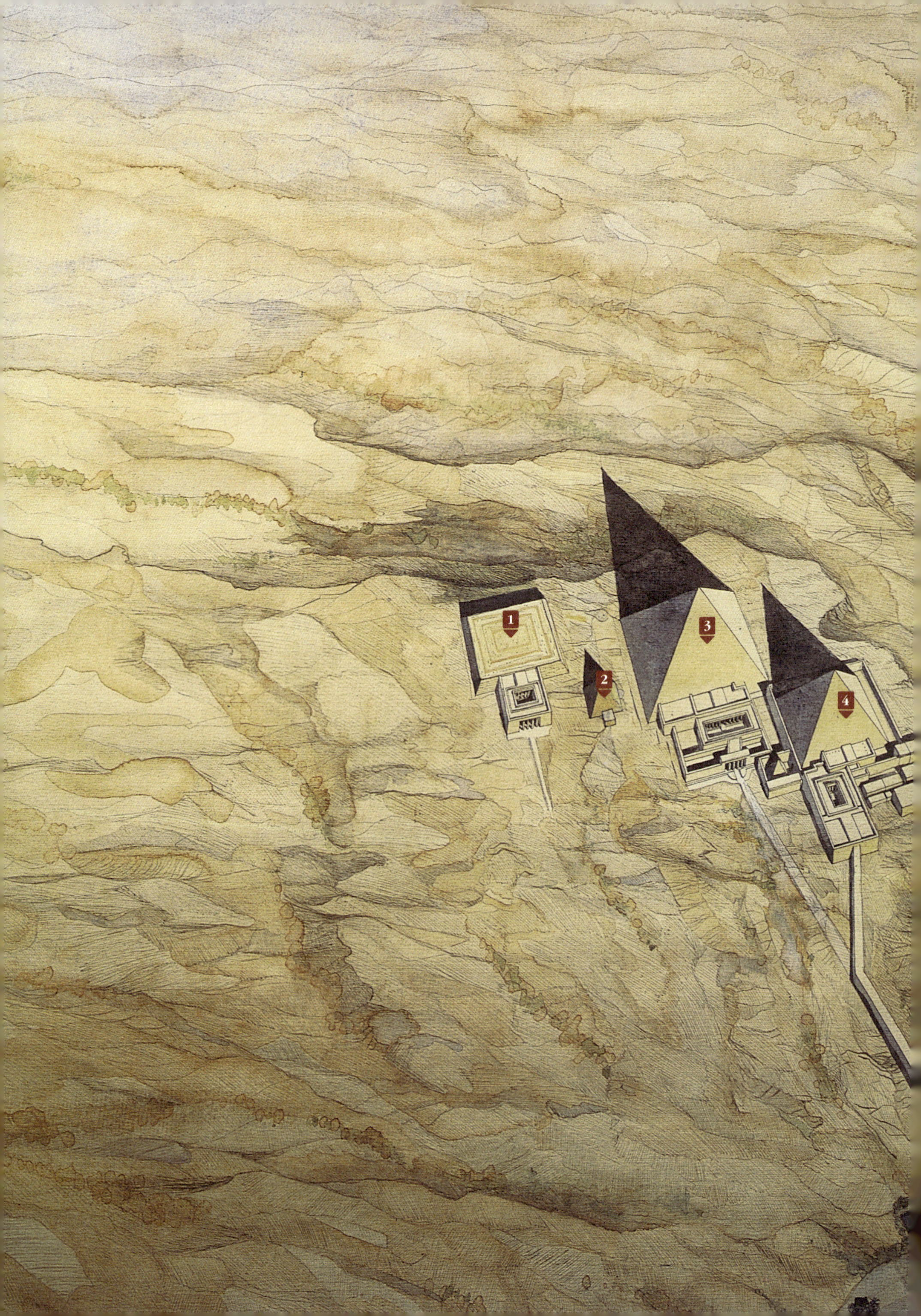
1
2
3
4

9

8

7

6

5

设计的，建筑包括太阳船、尼罗河边的河谷神庙、上行堤道、建在围墙之中的高台神庙和围墙边的货栈。进入神庙后可以看到一个露天大庭院，院里有一个祭坛、多个雪花石膏修建的大水池和一座代表奔奔石的建筑。在赫里奥波里斯城（拉在这座城市被视为创世神）的信仰中，"奔奔石"指竖立的石头，它被视为造物神太阳的化身。在这个地方，代表奔奔石的是由一座巨大的马斯塔巴（下方）和一座半截方尖碑（上方）构成的组合建筑，建筑由统一修整过的石头有序搭建而成。这个庭院是露天举行礼拜的地方。在此之后，所有已知的太阳神庙都沿用这种方式礼拜，特别是第十八王朝埃赫那吞（前1350—前1334年在位）时期修建的太阳神庙。阿布古罗布的神庙极有可能只是赫里奥波里斯城中拉的大神庙的复制品。如今，拉的大神庙仅余一点遗迹可循，阿布古罗布的神庙已永远消失，开罗城市发展的浪潮已将它们吞没。如今，只有乌瑟卡夫和纽塞拉的太阳神庙被发现，但是埃及的相关文献还提到了另外4座同类神庙的名字，它们还有待发掘。

第五王朝的国王神圣临世

　　珍藏于柏林博物馆中的《韦斯特卡尔莎草纸卷》（*Papyrus Westcar*）讲述了拉的大祭司乌塞拉的妻子卢德戴特生下第五王朝（前2498—前2345年）的前三位国王（乌瑟卡夫、萨胡拉和内弗尔卡拉）的过程。这次生产非同小可，人们因此向以下几位神灵求援：女神伊西斯、奈芙蒂斯、梅斯赫奈特和海奎特以及公羊神克努姆（在某些传说中，克努姆在陶轮上塑造了人类）。这是埃及历史中第一次出现人神结合，在这个传说中，国王是神灵拉和赫里奥波里斯的祭司乌塞拉之妻交合的结晶。当然，故事作者创作的灵感来源肯定是三位国王真正的生母——王后肯特卡维斯。这种故事旨在传播一种观点，即国王绝不能与凡夫俗子混为一谈，因为他是神裔，是神之子，也是神。后来，特别是在新王国时期（前1570—前1070年），人神结合的故事越来越多，其中涉及的国王有哈特谢普苏特、阿蒙霍特普三世……通常，这些故事会被篡权者和没有明确拥有王权的人使用，以使自己登上王座变得合法。

　　"一天，卢德戴特疼痛难忍，她难产了。拉神陛下对伊西斯、奈芙蒂斯、梅斯赫奈特、海奎特和克努姆说：'快去帮卢德戴特生下她腹中的三个孩子吧，他们将在全埃及履行非凡而又高尚的职责，他们必为你们的城邑建造庙宇，为你们献上祭坛，丰富你们供桌上的供品，为你们敬献更多神圣的祭品。'女神们听后变成舞女，接着便出发了。同行人还有克努姆，他负责拿行李。到达乌塞拉家后，他们发现他的腰带乱七八糟，随即用身上的梅纳特项链（Menat，护身链）和叉铃为他献上了一段乐曲。乌塞拉对她们说：'尊贵的女神们，我的妻子正在遭受难产带来的痛苦。'她们对他说：'让我们看看她吧，我们有帮她分娩的方法。'他应允道：'去吧！'于是她们来到卢德戴特的身边，关上她所在房间的门。伊西斯站在卢德戴特的面前，奈芙蒂斯站在她的身后，海奎特帮她分娩。伊西斯念道：'以你乌瑟卡夫的名义，请在她的体内收了你的神通吧！'一个婴儿立刻滑到伊西斯手上，他身长一肘，骨骼坚硬，四肢裹金，头发是纯正的青金石色。切断他的脐带之后，她们为他清洗身体，然后把他放到一块亚麻布垫子上。这时，梅斯赫奈特走到婴儿旁边说：'他将成为在全国行使王权的国王。'接着，克努姆使他的四肢变得强壮。"然后，他们用同样的方式帮卢德戴特诞下了另外两个孩子（萨胡拉和内弗尔卡拉）。"在帮卢德戴特生下三个孩子后，女神们走了出来，她们对乌塞拉说：'希望你的心能感到幸福，乌塞拉，你的三个孩子都已出生。'他听后说：'我尊贵的女神们啊，我能为你们做些什么呢？让为你们拿行李的神带上这袋大麦吧，这样你们就可以酿造啤酒了。'克努姆听后带上了这袋大麦。"

　　在接下来的故事中，神灵们因没能为未来的国王送上一些"神奇的礼物"而感到十分懊恼，所以她们决定制作王冠并将它们放到装大麦的袋子里。她们返回乌塞拉家中，并让他在她们再次回来之前妥善保管这个袋子。一天，卢德戴特的大麦用完了，于是她决定借用神灵的那袋大麦，并打算一有新大麦就补上。"女仆急匆匆地打开房门，然后她听到里面的喧闹声，有人在称颂，有人在歌唱，有人在跳舞，有人在欢呼，这一切都是属于国王的礼遇。"她感到很害怕，便呼唤她的女主人。卢德戴特立刻明白这些声音是从袋子里传出来的。"乌塞拉从乡间回来后,卢德戴特给他讲了这个故事。听后,乌塞拉满心欢喜。在这个开心的日子后,他们过上了轻松的生活。"

第五王朝时期(前2498—前2345年)的阿布西尔和阿布古罗布

1. 第五王朝第五位国王兰尼弗雷夫(前2460—前2453年在位)的金字塔(这座金字塔已经被严重损坏,因此不能确认墓主的身份,但基于相关古文字资料中提到的一些内容,它很可能属于这位国王)。

2. 肯特卡维斯王后(约卒于前2500年)的金字塔,她是第五王朝前三位法老的母亲,且可能是谢普塞斯卡弗的妻子。她启发作者创作了《韦斯特卡尔莎草纸卷》中有关第五王朝的三位国王降临世间的神圣故事(这座金字塔在内弗尔卡拉时期动工,谢普塞斯卡弗想在自己的丧葬建筑群中为她举行崇拜活动,但金字塔似乎是由杰德卡拉修建完成的)。

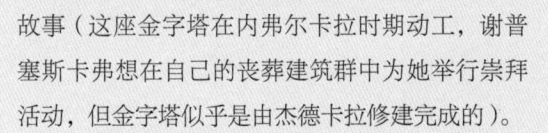

3. 第五王朝第三位国王内弗尔卡拉(前2477—前2467年在位)的丧葬建筑群(内弗尔卡拉去世时还未竣工,很可能是兰尼弗雷夫完成了整个建筑群的修建,尤其是挨着金字塔的陵庙;此陵庙依照一种较为简化的模型设计,是一种用日晒砖和木头柱子搭建的建筑,纽塞拉统治时期,它的周围增建了祭司的专属用房和住房)。

4. 第五王朝第六位国王纽塞拉(前2453—前2422年在位)的丧葬建筑群(为利用上任国王的迎灵神庙和上行堤道,纽塞拉的金字塔位于内弗尔卡拉金字塔的东北部;因此,他下令从他的陵庙修建一条倾斜的堤道与内弗尔卡拉的堤道连到一起)。

5. 普塔舍普塞斯(纽塞拉统治时期的维齐尔)的马斯塔巴(这座建筑的结构和尺寸使其更像金字塔建筑群的一部分,而不是一座单纯的马斯塔巴。建筑的内部构造考究,其中包含多间墓室、通道、附属建筑和仓库。保存下来的建筑装饰中有很多原始的场景,比如制作陶器和啤酒的场景)。

* 数字标号见 p.164、p.165 跨页大图。

6. 第五王朝第二位国王萨胡拉(前2491—前2477年在位)的丧葬建筑群(这是阿布西尔遗址上最美丽的建筑群,尽管金字塔已部分坍塌。陵庙的建筑结构和浮雕真实地展现了第五王朝艺术家们的才能)。

7. 第五王朝第四位法老舍普塞斯卡拉(前2467—前2460年在位)的金字塔(舍普塞斯卡拉是金字塔假定的墓主,因为建筑只留存下了基座部分)。

8. 第五王朝第一位国王乌瑟卡夫(前2498—前2491年在位)的太阳神庙(和纽塞拉的太阳神庙一样,这座神庙也是按丧葬建筑群的形式设计的,即由河谷神庙、堤道和高台神庙构成,神庙的最高处有一座组合建筑,这座组合建筑包括一座宽大的马斯塔巴和矗立在它上方的方尖碑,方尖碑是太阳最典型的象征)。

9. 纽塞拉的太阳神庙(与乌瑟卡夫的太阳神庙相似,但更完整,保存状态也更好)。

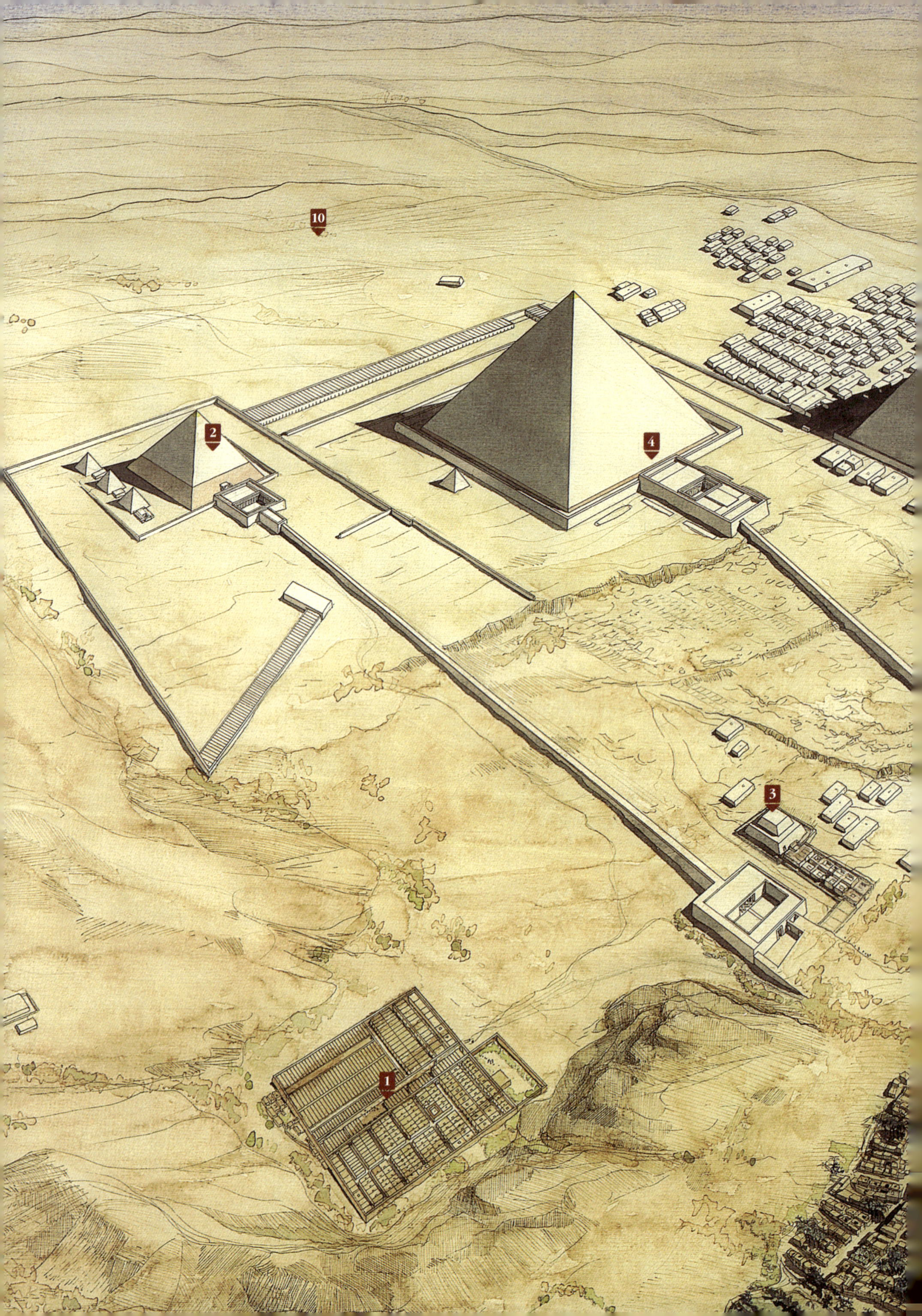
10
2
4
3
1

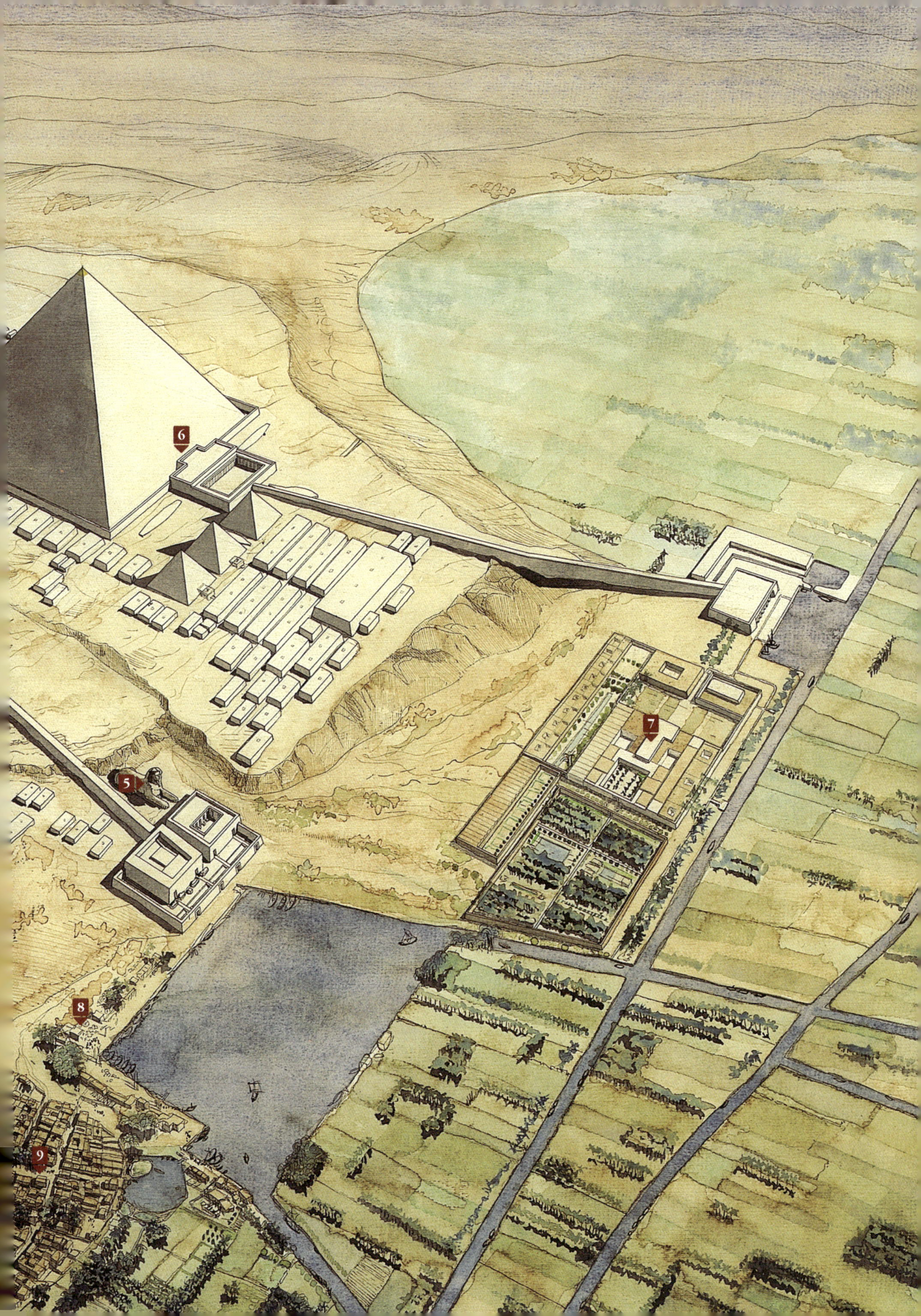
6
7
5
8
9

吉萨的胡夫金字塔、哈夫拉金字塔和孟考拉金字塔

第一王朝	前3050
第二王朝	早王朝时期
	前2685
第三王朝	
第四王朝	古王国时期
第五王朝	
第六王朝	
	前2180
第七王朝— 第十一王朝	第一中间期
	前2040
第十一王朝末 第十二王朝	中王国时期
	前1780
第十三王朝— 第十七王朝	第二中间期
	前1570
第十八王朝 第十九王朝 第二十王朝	新王国时期
	前1070
第二十一王朝 第二十二王朝 第二十三王朝 第二十四王朝 第二十五王朝 第二十六王朝	第三中间期
	前525
第二十七— 第三十王朝	后埃及时期
	前332
托勒密时期	希腊埃及
	前305 前30
罗马帝国时期	罗马埃及
	395
罗马帝国时期	科普特埃及
	632

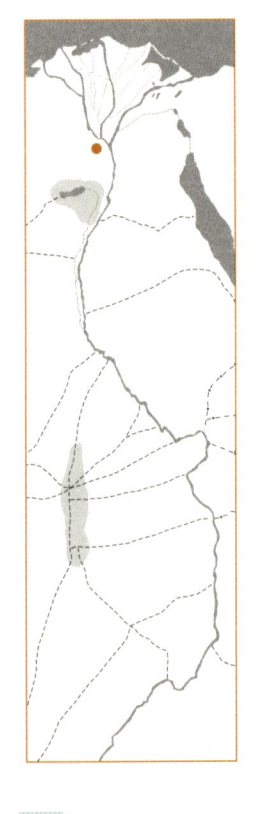

吉萨高地

在中世纪，吉萨是福斯塔特（开罗在古代的称呼）对面的一个小镇。如今，随着埃及首都向四周的扩展，这个小村庄已完全被这座特大城市吞并，成为开罗一片富裕的郊区。在雄伟、坚固的现代建筑群后面，矗立着第四王朝（前2613—前2498年）国王的金字塔。它们建于一片自利比亚山脉向尼罗河谷延伸的石灰石高地上，俯视着周围的平原。遗址如今的模样是天然地貌与人类建造金字塔活动（特别是多年采石及建筑废物堆积）共同产生的结果。这片高地平均比尼罗河谷的水平面高40米（比海平面高60米），东西长约2000米，南北长约1500米。在高地中部，王室金字塔从东北到西南按修建时间和大小的顺序排成一列：胡夫的北金字塔是最古老、最大的金字塔，中间的是哈夫拉金字塔，最小的是孟考拉金字塔。这些金字塔周围分布着不同的建筑，它们处在高地中心，如卫星金字塔、高台神庙（或称为陵庙）以及马斯塔巴群（里面葬着高官和与王室亲近的人物）。东边有很多位于高地下方的建筑，它们在沙漠和耕地的边界上，其中一些是三座金字塔的附属建筑，主要有河谷神庙、大墓地的守护者狮身人面像，而另一些则用于满足大墓地的日常运行需求，主要包括港口设施和劳工村。

胡夫（前2589—前2566年在位）的丧葬建筑群

胡夫是国王斯尼夫鲁和王后赫特普赫瑞斯的儿子，也是第四王朝的第二位法老。他声名远扬，人们却几乎对他一无所知。除了希罗多德那些有时显荒诞的故事和8厘米高的胡夫象牙小雕像外，至今还没有一份重要且可靠的史料能够厘清胡夫的生平。目前人们对他的了解仅限于他在统治时期沿吉萨高地北部为自己修建的那片壮丽的墓地。根据其父在达赫舒尔提出的构想，该丧葬建筑群由4个核心构成：墓穴（金字塔），从它的东面开始分别是一座陵庙、一条上行堤道和一座河谷神庙。这些不同建筑的两侧分布着多个葬船坑、王后们的金字塔和王国高官或王室成员的墓地。金字塔的周围有三片平民墓地：东边的墓地专门给胡夫统治时期的要人使用，墓地中葬着他的子女、王后和高官们等；西边的墓地是吉萨高地上最雄伟的墓地，里面有数百座不同社会阶级人士的马斯塔巴；南边的墓地仅有9座马斯塔巴，它们的墓主大多身份不明。

大金字塔

位于吉萨高地的胡夫金字塔是全埃及最大的金字塔，它被古人视为古代世界的第一大奇迹。它的底边长230米，最高处有137米，四个角分别精确地指向四个方位基点。最初，一层用产自图拉的石灰石做的贴面使其高度达到146米。这层贴面在阿拉伯诸王朝统治埃及时期被拆了下来，只有一小部分残存在金字塔基底。建造这座金字塔共使用了230万块石头，每块石头大约1立方米。它的占地面积达到5.3万平方米，据说可以放得下罗马圣彼得大教堂或威斯敏斯特教堂。高超的技术体现在金字塔各面倾斜度都达到了51°50′，而前任国王在达赫舒尔修建的"红色金字塔"的斜面倾斜度只有43°22′。这种倾斜度使金字塔的尖顶看起来直达天空，这正是金字塔建造者追寻的目标。

葬船坑

葬船坑用于存放国王的船只。大小各异的船队或是单独的小船经常出现在丧葬建筑群中,它们的真正用途或象征意义目前不得而知。有些人认为这些船将法老与太阳神拉联系在一起,它们也可能与拉在白天的航行有关;另一些人认为它们是国王在地下世界出行或前往圣地时使用的交通工具;还有人认为它们的存在是为了让葬礼一直延续下去。无论如何,于1954年在胡夫陵庙两侧的船坑中发现的丧葬船在体积和美感上都超越了至今在埃及出土的所有同类船只。由于一些修复问题至今尚未解决,目前只有南边的葬船坑对外开放。此葬船坑长31米,表面铺了41块石灰岩石板,坑中放着一艘用黎巴嫩雪松制造的木船。船太大,坑的大小不够放下整艘船,所以船被拆开放在坑中。这艘被拆成650块的船一共有1224个木制零件,花费14年造成。船上没有钉子,也没有销,靠细茎针茅制成的绳子组装而成。如今,这艘王室的船被珍藏于金字塔东南边一座专门为它而设的博物馆中,它长43米,宽5.9米,船上一共配备了12支桨(船尾1对,船舱前5对),桨的长度从6.5米到8.5米不等。

王后们的金字塔

大金字塔东边矗立着三座卫星金字塔,它们的东面各有一座丧葬礼拜堂。这几座金字塔属于胡夫的王后们,其中有些人也是国王同父异母的姐妹。唯一一座可以确认墓主身份的是位于南边的海努特森的金字塔,北边的金字塔可能属于梅里特提丝。中间的金字塔主人身份不明,但希罗多德所述的一个故事提到了这座金字塔。据他说,胡夫的女儿这样修建了这座金字塔:"据说,胡夫是个无耻之徒,他甚至因为缺钱而把自己的女儿送到一处荒淫之地,命令她挣一笔钱(多少钱呢?这

第四王朝时期(前2613—前2498年)的吉萨高地

1. "金字塔城"。
2. 孟考拉的丧葬建筑群。
3. 肯特卡维斯(第四王朝最后一位国王谢普塞斯卡弗的王后,可能是他同父异母的姊妹)的陵墓。
4. 哈夫拉的丧葬建筑群。
5. 吉萨的斯芬克斯像。
6. 胡夫的丧葬建筑群。
7. 假定是胡夫的宫殿的区域。
8. 港口设施。
9. 居住区。
10. 吉萨高地。

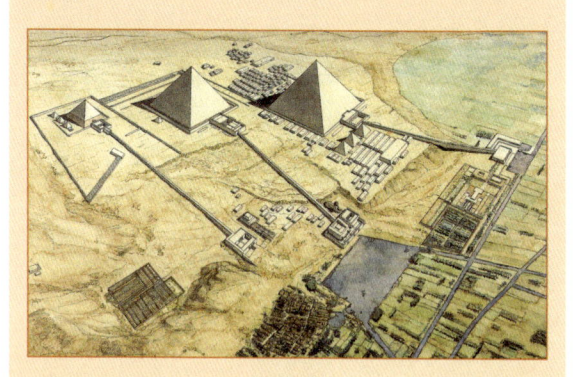

* 数字标号见 p.168、p.169 跨页大图。

一点我并不清楚)回来。女儿听从了父亲的命令,但也想留下一座纪念自己的建筑,于是她请求每一位访客送她一块石头作为礼物。人们告诉我,三座金字塔中,位于中央的那一座是用她所得的石头修建的。这座金字塔就在大金字塔前方,它的底边长为1.5普勒戎。"如果故事对金字塔尺寸的记述是准确的话,那么其真实性很值得怀疑,因为1.5普勒戎相当于44.4米。

公元前5世纪的希腊旅行家眼中的吉萨国王们

祭司们对我说,直到拉姆普西尼特(希腊人对拉美西斯三世的称呼)统治时期,埃及都是一个有序且繁荣的国家,但他的继任者胡夫却置埃及百姓于水深火热之中。他关闭所有的神庙,禁止埃及人举行献祭活动。然后,把所有人都变成他的苦力……据埃及人说,胡夫共统治埃及50年。他的兄弟哈夫拉在他死后继承王位。据说,这位国王在各方面效仿胡夫,也为自己修建了一座金字塔……有人告诉我,哈夫拉做了56年国王,埃及人共忍受苦难106年……人们对这两位国王恨之入骨,所以坚决不愿叫他们的名字……我还听说,哈

夫拉死后,胡夫的儿子孟考拉统治了埃及。他不认同父亲胡夫的做法,重新开放神庙,让深陷苦难的子民们恢复正常生活……这位国王还伸张正义……因为据说他的判决非常公正,倘若有人对此不满,他还会拿自己的财物来平息别人的怒气。

希罗多德(公元前 5 世纪)

哈夫拉(前 2558—前 2532 年在位)和孟考拉(前 2532—前 2504 年在位)

埃及第四王朝第四位国王哈夫拉的金字塔矗立在吉萨高地中央,它比胡夫金字塔略矮,但视觉上更高,因为它建在地势更高的地方。与胡夫金字塔不同,哈夫拉金字塔的顶部留有部分石灰石贴面,因此它的高度达到了 136 米,几乎与胡夫金字塔高度相当,这也使它看起来高于胡夫金字塔。它的南边有一座如今已完全损毁的小型次级金字塔,这座金字塔被认为是国王的"分身"("卡")的坟墓。陵庙在金字塔东边,周围有葬船坑。河谷神庙位于高地边缘的耕地附近,一条上行堤道直接连通河谷神庙与陵庙。在金字塔西边,弗林德斯·皮特里发掘出一排小屋子,共 91 间,每间长 26 米、宽 3 米,很可能是修建国王丧葬建筑群的劳工的住所。

吉萨三大金字塔中最小的一座属于孟考拉,他是第四王朝的第五位法老。如今,这座建筑高 62 米,底边长 105 米。金字塔的东面有他的陵庙,一条上行堤道连通陵庙与河谷神庙。它的南边有三座小型卫星金字塔,这三座金字塔可能属于孟考拉的王后们,但具体的墓主身份都不确定。东边最大的金字塔的主人身份存在很大争议:一些人认为它是王后卡蒙若内比梯二世的陵墓,另一些人认为这是专为国王的"卡"修建的坟墓。此丧葬建筑群的地上部分外有围墙,围墙的东段其实是一排狭长的小屋子,它们应该是修建孟考拉金字塔的劳工的临时住所。

吉萨的狮身人面像、马斯塔巴和附属神庙

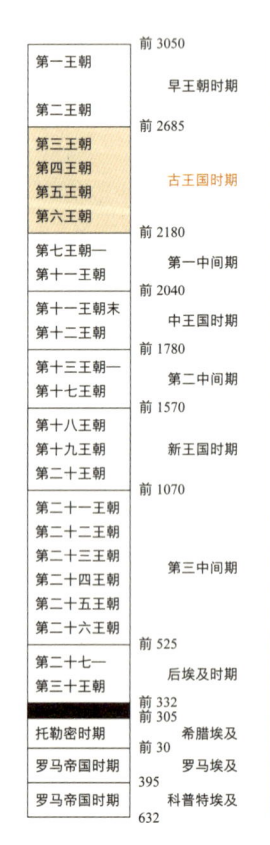

第一王朝	前 3050 早王朝时期
第二王朝	前 2685
第三王朝 第四王朝 第五王朝 第六王朝	古王国时期
	前 2180
第七王朝— 第十一王朝	第一中间期
	前 2040
第十一王朝末 第十二王朝	中王国时期
	前 1780
第十三王朝— 第十七王朝	第二中间期
	前 1570
第十八王朝 第十九王朝 第二十王朝	新王国时期
	前 1070
第二十一王朝 第二十二王朝 第二十三王朝 第二十四王朝 第二十五王朝 第二十六王朝	第三中间期
	前 525
第二十七— 第三十王朝	后埃及时期
	前 332
托勒密时期	前 305 希腊埃及
罗马帝国时期	前 30 罗马埃及
	395
罗马帝国时期	科普特埃及
	632

吉萨的胡夫
(前 2589—前 2566 年在位)高台神庙

1. 上行堤道的终点。
2. 带柱廊的庭院,地面铺有黑色玄武岩石板(通常,逝者的雕像会背靠在立柱上,然而在这座胡夫的陵庙中却没有发现他的雕像)。
3. 通往露台的楼梯(位于庭院的西南角)。
4. 露台(雨水通过整齐排列的檐槽喷口排出)。
5. 后方神殿的室内部分(通过与露台齐平的天窗采光)。
6. 后方神殿的露天部分(背靠金字塔东面,通常这里会放置一张祭品桌和两座石碑,不能确定这座祭葬神庙中是否有这类物品)。
7. 胡夫金字塔底部。
8. 梅里特提丝王后(假定)的金字塔底部。

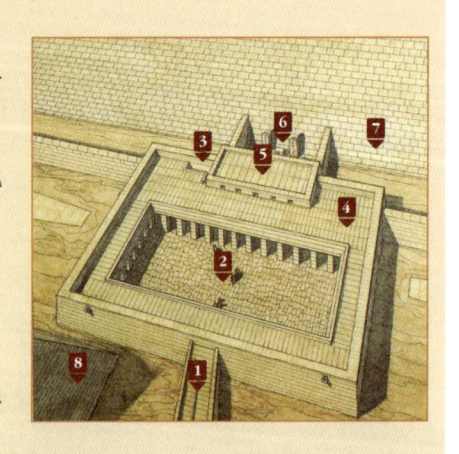

一个堪称典范的丧葬建筑群

埃及的首个王室丧葬建筑群出现在第三王朝（前2685—前2613年）的国王左赛尔在位时期。厚厚的石头围墙内坐落着金字塔形墓穴，墓穴周围有不同的宗教建筑和象征性建筑。左赛尔之后的几位国王都沿袭了这种建筑群的布局模式。到了第四王朝，其建立者斯尼夫鲁开创了一种全然不同的布局模式。在他之后，古王国时期的金字塔建造者，特别是吉萨的国王们都采用了这种新的模式。如今，吉萨的三个王室丧葬建筑群已破败不堪：一些建筑几乎看不到了，另一些则彻底消失。只有哈夫拉的丧葬建筑群还能体现原有的布局模式。

在尼罗河畔，靠近建在沙漠和耕地交界处的小港口的地方，可以看到河谷神庙，人们会在举行葬礼时把亡人送到河谷神庙，它是亡人去往永恒居所的必经之地。踏入河谷神庙的门后，可以看到一个庭院，庭院边上建有礼拜堂和货栈，这是一个净化、迎接亡人的地方，也是亡人的重生之地：在制作木乃伊的过程中会举办相应的仪式，亡人通过仪式借助这座神庙中供奉的雕像获得永生。

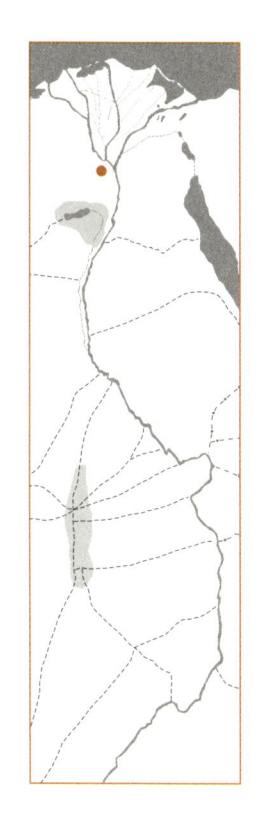

一条带顶的上行堤道通往位于金字塔东面的高台神庙（或称陵庙），它分为两部分：用于礼拜雕像的前厅和庭院、用于敬献食物的后方神殿。高台神庙后方矗立着丧葬建筑群的核心部分——金字塔，它就是亡人长眠的墓穴。放置着丧葬船的葬船坑位于金字塔脚下和高台神庙的周围，对其象征意义的解读至今存在很大争议。王室建筑的两边还有几排相互紧靠的马斯塔巴，即古王国时期的平民坟墓。平民们将重生的希望寄托于坟墓，所以他们将坟墓建在离王室丧葬建筑很近的地方，试图通过这种方式与国王一起成为太阳。身世最显赫的人可以长眠在金字塔周围，而身份低微的人死后则被弃置在沙漠边缘，社会阶级在人们死后依旧没有改变。

古代作家笔下金字塔的建造方式

它（胡夫金字塔）由难以切割的坚硬石块筑成，不易损坏。事实上，这些石块已保持原样一千年（有人认为是三千或四千年）了。据说，它们产自遥远的阿拉伯地区。当时还没发明机器，工人们借助一级级的平台将这些石头放到它们目前的位置。令人震惊的是，这座金字塔建在沙漠中，但周围看不到任何搭建平台和开凿石头的痕迹。它似乎并非人造建筑，而是某位神灵在沙海之中的创作。几位埃及人对这一奇迹的解释是，平台由盐和硝石构成，不需人为干预，它们碰到尼罗河水就会溶解消失。但我认为建造平台和拆毁平台的是同一批人。

西西里的狄奥多罗斯（公元前1世纪）

（胡夫）金字塔是使用逐步升高的阶梯搭建的，这种阶梯有时被称为"克罗塞"（krossai，也许是凸台），有时被称为"博密德斯"（bomides，也许是低平台）。劳工们先修建阶梯，然后用短木材做成的机械把石块拉升到第一级阶台上，每级阶台上都有机械，石块被它拉着逐层攀升。这样看来，有多少级阶台就需要多少台机器，或只有一台机器，但卸下石块后这台机器必须能很方便地从一级阶台挪到另一级阶台（以上就是传说中建造金字塔的两种方式）。因此，应该是金字塔的顶端最先完工，然后是下面的阶台，最后才是基底。

希罗多德（公元前5世纪）

修建金字塔面临的难题是如何把建材搬到那么高的地方。一些人认为，石块是随着金字塔的修建进程通过硝石和盐堆成的平台搬上去的。竣工后，尼罗河水将

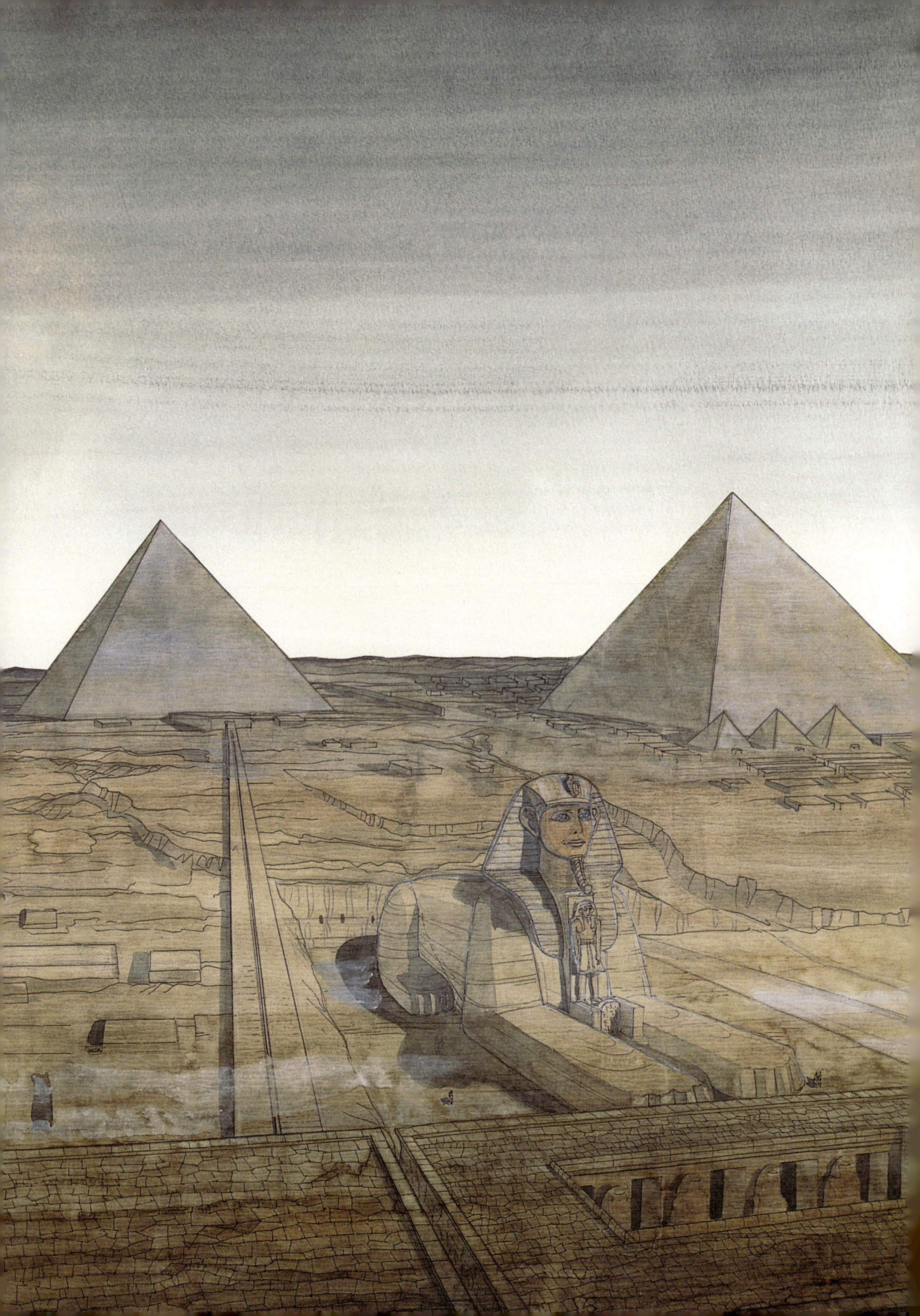

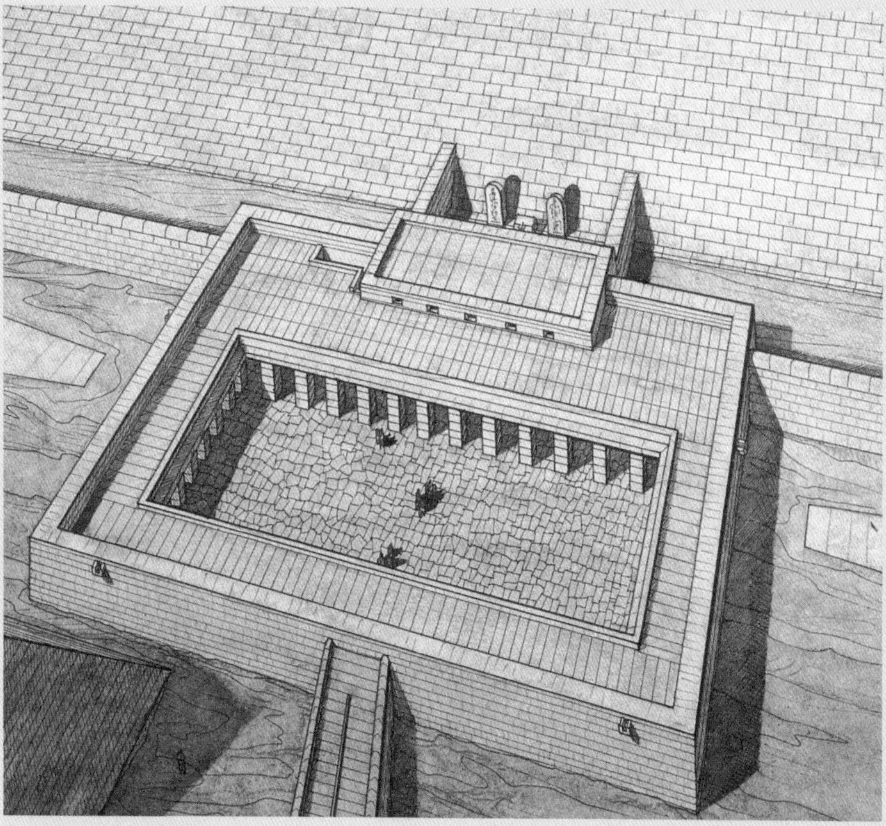

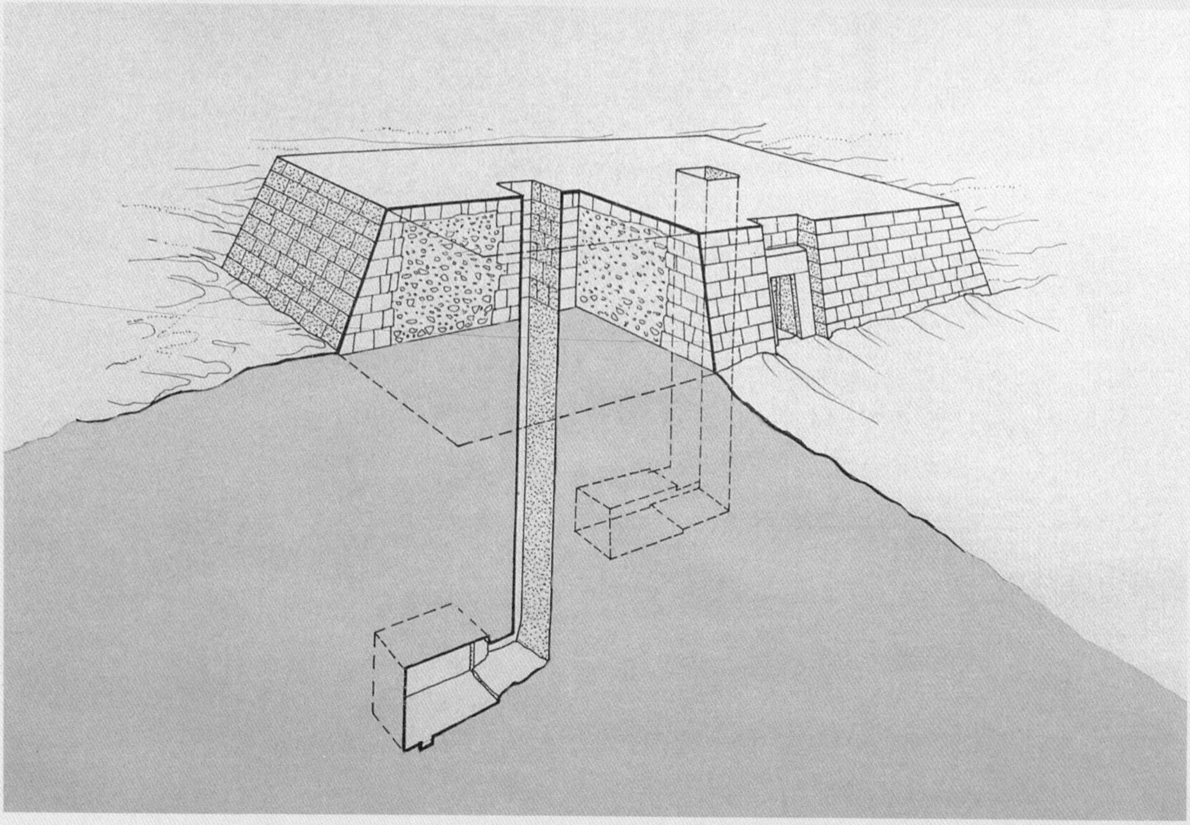

平台溶解。另一些人则认为，石块是借助用日晒砖搭建的桥搬上去的。竣工后，筑桥的日晒砖被用来建造不同的私人住宅。持这一观点的人指出，尼罗河的水位低于吉萨高地，因此无法引水过来。

普林尼（1世纪）

穿越历史长河的吉萨狮身人面像

吉萨高地东边有一座哈马克希斯（地平线上的荷鲁斯）的雕像，这是一座用岩石雕刻的巨型狮身人面像，它高20米、长度超过70米，是尼罗河西岸——太阳与亡人从世间消失之地的守护者。按传统说法，这座雕像是哈夫拉统治时期的建筑，但有些人认为它的历史更悠久。无论如何，它在古王国时期都是吉萨大墓地的守护者。在第十八王朝（前1570—前1293年）时期，它与太阳融合，被视为赫里奥波里斯的造物神凯布利-拉-阿图姆。狮身人面像前爪之间的一块石碑证实了这一点。碑文讲述了图特摩斯四世的梦，这个梦使他有了登上王位的合理理由。

据碑文记载，有一天，在沙漠中狩猎之后，年轻的王子来到狮身人面像下休息乘凉，随之而来的倦意让他进入梦乡，神灵出现在他的梦中，对他说："我的儿子图特摩斯啊，看看我，我是你的父亲，地平线上的荷鲁斯——凯布利-拉-阿图姆。"之后，由于狮身人面像被掩埋在黄沙下，所以神灵要求他的"守护者"和"追随者"图特摩斯把它从令人窒息的黄沙中解救出来。

作为交换，神灵许诺："我会授予你地上世界的王权，让你成为世人的领袖，你将戴着红白双冠坐上（众神之）王盖布的王座。你将拥有世间的每一寸土地、宇宙之王用明亮的双眼点亮的一切、'两地之国'的所有食物和他国敬献的贵重贡品，你还将长命百岁。"

之后，对吉萨狮身人面像的特殊崇拜形成并发展起来。图特摩斯四世为它修建的神庙越来越大，神庙里的砖墙也越修越多，庙中有数百座还愿石碑。不久后，迦南人在下埃及建立殖民地，将对胡伦的崇拜引入埃及，狮身人面像因此有了胡伦的新身份，继续受到崇拜。虽然胡伦因具有对抗邪恶的特殊能力而闻名，但在埃及，他在与哈马克希斯合为一体后才获得一定威望。

从第十八王朝末期开始，一些司书甚至用胡伦-哈马克希斯的名字来称呼吉萨的狮身人面像，这也是两位神灵紧密关系的体现。随着时间的推移，越来越多的礼拜堂出现在最初的神庙周围，很多朝圣者专门前往吉萨礼拜这头趴着的巨狮。国王们对它不吝敬意，一个源自图特摩斯四世梦境的传统就此产生：新王在登基时都要帮狮身人面像清除淤沙。

这种做法具有很强的象征意义，罗马埃及时代的尼禄皇帝（54—68年在位）在登基时就曾决定帮狮身人面像清除淤沙。但这神秘的雕像未能免受灾祸，14世纪，一位伊斯兰教徒破坏了它的头部：他用一颗炮弹永远地抹去了这座美丽雕像上过于完美的异教微笑。

平民坟墓：马斯塔巴

王室金字塔的脚下是由几百座马斯塔巴构成的巨大墓地。在阿拉伯语中，"马斯塔巴"意为"长凳"，该词在古王国时期被用来指代平民坟墓。埃及帝国的显贵、王室的司书、祭司和官员等按等级顺序葬在这片巨大的墓地中。马斯塔巴由地上建筑、丧葬礼拜堂、石龛、基础设施、竖井和墓室构成。逝者的亲友们在丧葬礼拜堂内敬献祭品，举行奠水礼，焚香，逝者则可以通过石碑代表的假门与阳间永远保持联系。壁画展示了逝者生前的日常生活，因为在古王国时期通行的信仰中，人在死后还会延续人间的生活。因此，这些具有创造性和美感的图像可以让逝者在冥间的生活与他在人间的生活一致。作为丧葬礼拜堂的一部分，石龛没有装饰，完全封闭，用于存放死者的雕像（"卡"的雕像），仅靠一个与雕像的视线高度齐平的缝隙与礼拜堂连通。这使逝者能够聆听为其所念的祷告，并享用为其敬献的祭品。为了避免墓穴被盗，竖井一般很深。它直通墓室，墓室里有放死者木乃伊的石棺以及陪葬品。葬礼结束后，这间墓室会被一扇很重的花岗岩狼牙闸门封堵，而竖井则会被碎石和泥土填满。

第四王朝时期（前 2613—前 2498 年）的一座马斯塔巴的剖面图

1. 建筑外部（一个由石块搭建的长方体，每一层石块都会比上一层石块略微向内收，整座马斯塔巴呈梯形）。
2. 建筑主体（由沙子、泥土、碎石和瓦砾混合压缩后制成的填料构成）。
3. 丧葬礼拜堂的入口，后方是安放"卡"的雕像的石龛。
4. 竖井（竖井从露台直通墓室，竖井的入口设置在马斯塔巴上方）。
5. 墓室（于岩石之中凿建，有时在地下很深的地方）。

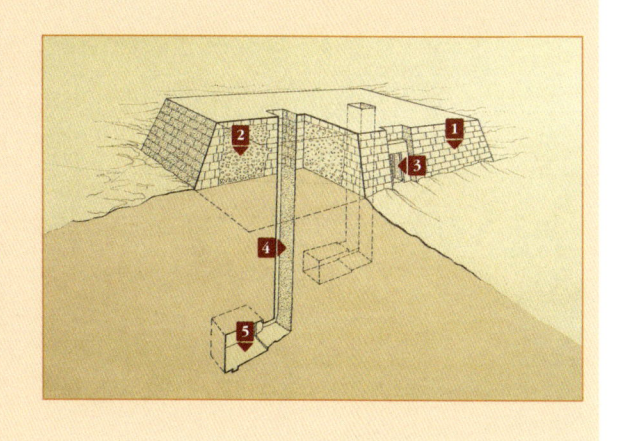

西奈半岛中心的塞拉毕特·卡迪姆

"绿松石矿场"：女神哈托尔的领地

在位于阿拜多斯的陵墓中，埃及第一王朝（前 3050—前 2890 年）的第二位国王哲尔的双臂上戴着用黄金和绿松石制成的精美手镯。这一发现使人们有理由相信，在西奈半岛上开发矿场的历史可以追溯至埃及历史初期。但时至今日，还没有任何书面证据可以对此下定论。

但是，早在第三王朝（前 2685—前 2613 年），岩壁上的铭文就证明国王的勘探队曾到过此地，他们为寻找铜和绿松石而来。这是两种关系紧密的物质，因为绿松石的颜色来自铜的氧化物。西奈半岛上已知的采矿区有 4 个，最古老的产铜和绿松石的矿区叫马格哈拉干河。古王国时期（前 2685—前 2180 年），国王们在这个矿区的过度开采导致矿石资源迅速枯竭。因此，中王国时期（前 2040—前 1780 年），采矿的中心迁移至西北边的塞拉毕特·卡迪姆：人们在塞拉毕特·卡迪姆开采绿松石，在奈斯布干河和卡里格干河开采铜。当然也存在一些例外情况：人们发现第四王朝（古王国时期）的创立者斯尼夫鲁国王曾派矿工到塞拉毕特·卡迪姆采矿；据一些铭文资料记载，第十二王朝（中王国）时期，即便马格哈拉干河的矿脉已经枯竭，人们仍偶尔到那里采矿。

在这些遗址中，塞拉毕特·卡迪姆因保存有众多完好的采矿痕迹而最为知名。此遗址坐落在一片可俯瞰周围的干河的高地上，其核心部分是一座献给"绿松石女神"哈托尔的神庙。南边分布着一些采矿设施：矿场和采石场，作坊和加工台，设防的营地和岗楼，居住区和次级礼拜场所……矿场分布在通向主河谷的若干道路两旁，入口处通常带有以下标语："平硐（的名称）：'瞻仰哈托尔之美'。开凿者：神的大臣、司库、下埃及总督。"有时，官员们会特别标注开凿平硐的时间在第几王朝哪位国王的统治时期，有时还会标明是在国王统治的第几年。对这些文献的研究表明，中王国时期的勘探队曾前往塞拉毕特·卡迪姆约 50 次，新王国时期（前 1570—前 1070 年），勘探队到访此地的次数可能更多。采矿区四周留有勘探队居住的痕迹。勘探队成员的住所是一些用干石砌成的圆形棚屋，房屋的好坏依据成员的等级来定。小屋附近有时可以看到四边形建筑和一

王朝	时期
第一王朝	前 3050
第二王朝	早王朝时期
	前 2685
第三王朝	
第四王朝	古王国时期
第五王朝	
第六王朝	
	前 2180
第七王朝— 第十一王朝	第一中间期
	前 2040
第十一王朝末 第十二王朝	中王国时期
	前 1780
第十三王朝— 第十七王朝	第二中间期
	前 1570
第十八王朝 第十九王朝 第二十王朝	新王国时期
	前 1070
第二十一王朝 第二十二王朝 第二十三王朝 第二十四王朝 第二十五王朝 第二十六王朝	第三中间期
	前 525
第二十七— 第三十王朝	后埃及时期
	前 332
	前 305
托勒密时期	希腊埃及
	前 30
罗马帝国时期	罗马埃及
	395
罗马帝国时期	科普特埃及
	632

177

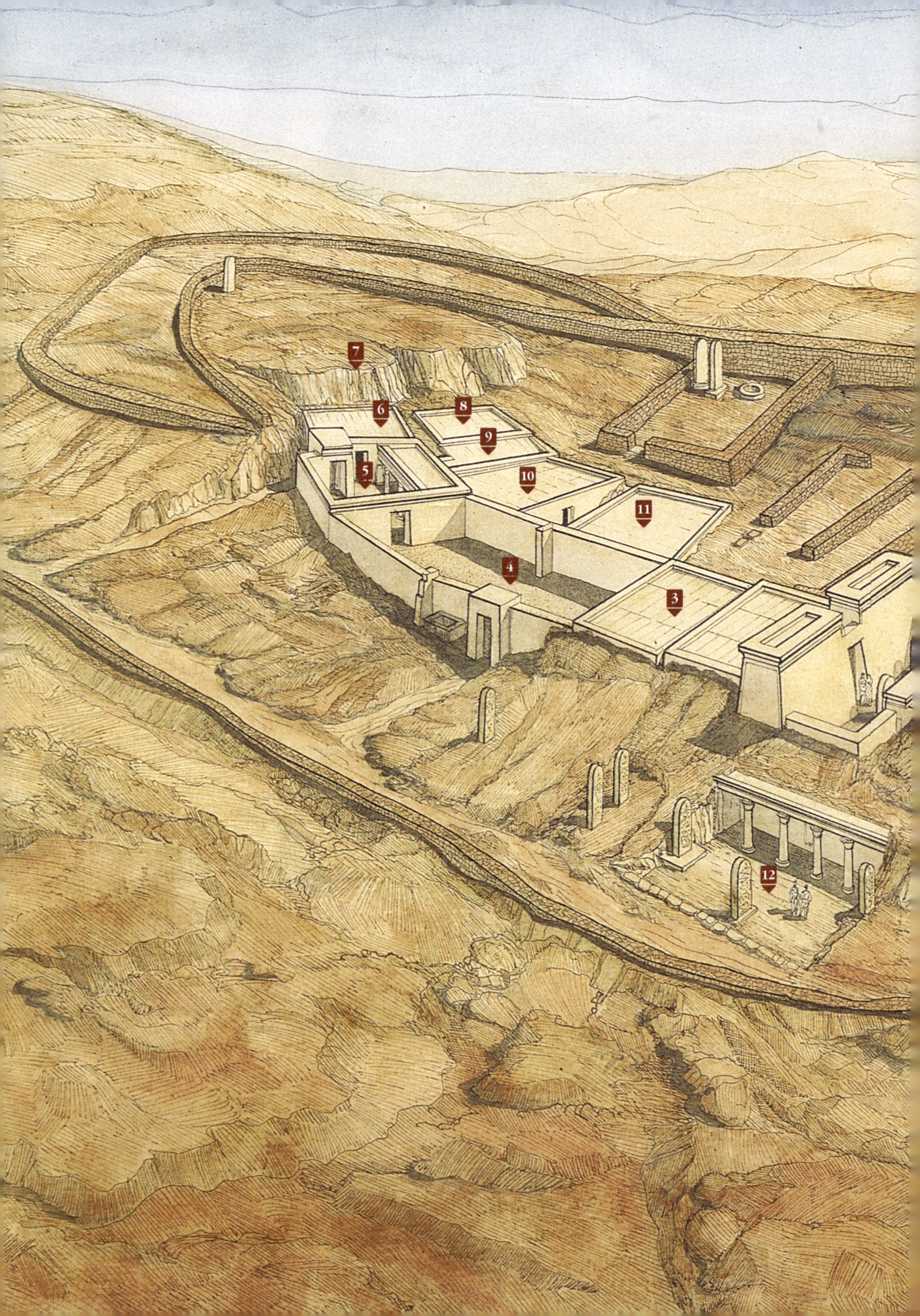
7
6
8
9
5
10
11
4
3
12

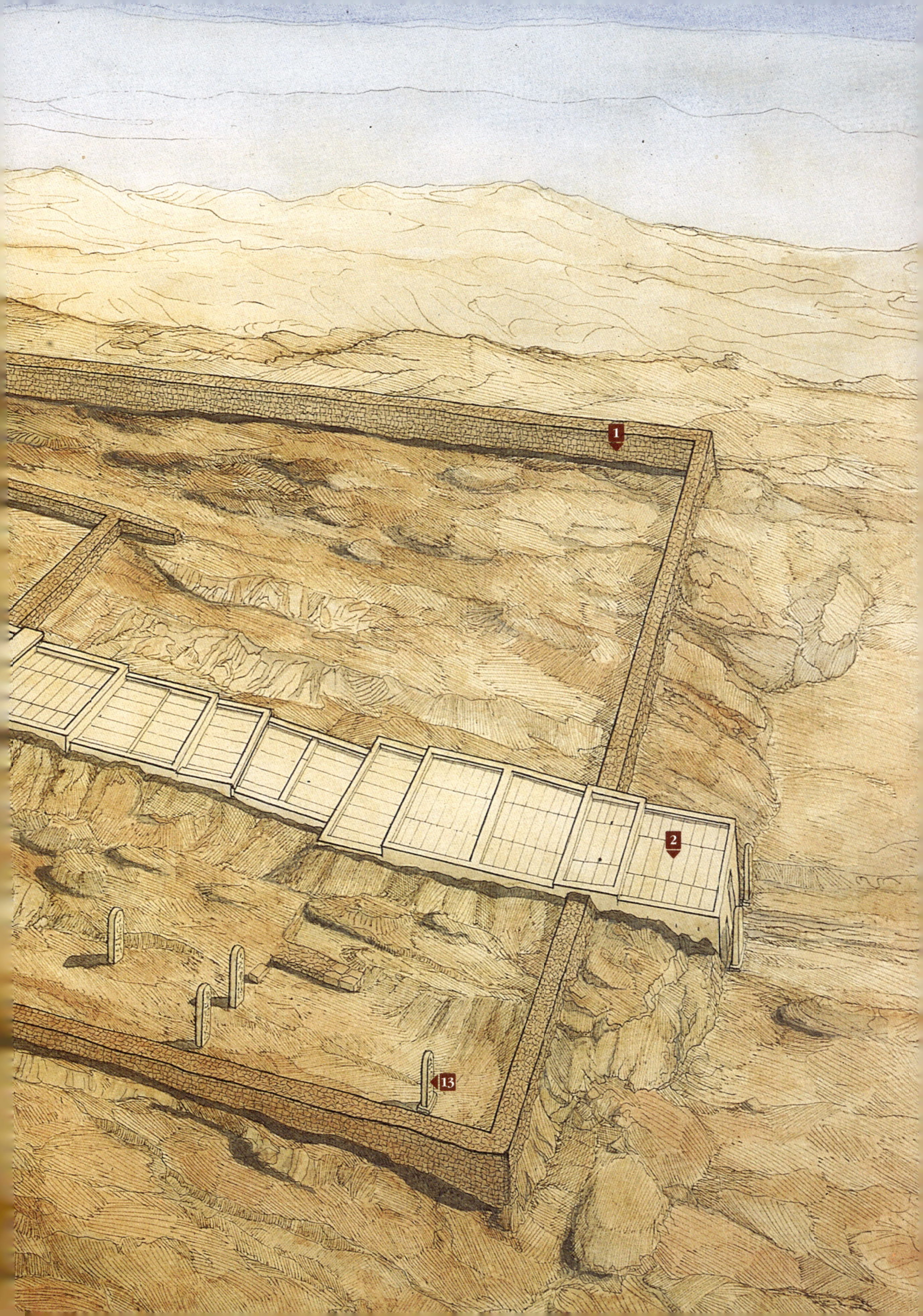
1
2
13

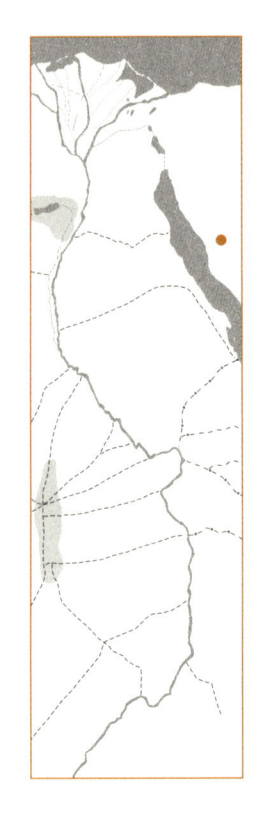

些实用性设施。不远处的岗楼俯瞰着整个矿场和所有通往高地的小路，岗楼上的哨兵负责守卫勘探队成员的安全、阻止外人进入矿场。采石场在哈托尔的神庙附近，出产的石料被用于建造礼拜场所、修筑竖立在遗址上的多座石碑。一些采石场已被改造成蓄水池。这里还零星分布着一些小型私人礼拜场所的遗迹：在祭品桌旁的石碑，建在壁龛中的礼拜堂及环形建筑，等等。

组织勘探队去西奈半岛

"神王陛下派神的大臣（司库）……将宝石带回给他，我带回了命我带回的部分。"就这样，在国王的命令下，精心选拔出的人带领勘探队到西奈半岛，根据事先定好的数量带回所需的物产，有时他们还需完成在近东地区的其他任务。队中领导通常是埃及政府的高官，他们有能力出众的帮手协助。勘探队的最高领导叫"神的大臣"，他那些能令人回想起的荣誉头衔还有"首席司库""下埃及总督""财长""宫廷总督""国王的工程总指挥"……他全权管理勘探事宜，包括筹备、招募勘探队员、采矿、执行委托任务、关注队员的健康……此外，他还得完成当地的其他工程：筑建纪念石碑、修建神庙内的建筑或设施、在采矿地点附近雕刻铭文……

他身边的人从事不同工作，部分相关史料记录了勘探队的确切人数，部分花名册上记录了队员的技能。塞拉毕特·卡迪姆有一块为纪念阿蒙涅姆赫特三世在位第四年（前1839年）勘探的石碑，上面记载了很多勘探队人员的具体构成信息。当时勘探队的领导者——"神的大臣"，由财政部司书、下埃及总督和由领队、副领队构成的小团队协助，2位领队共同指挥10位"分队长"，每支分队由10人组成。此外，队伍中还有各种专业人员：搬运工、园丁、农民、泥瓦匠、陶工……这支勘探队共有267名成员。

部分相关史料还会提到驴的数量，偶尔可达600头，从驴的数量也可看出勘探队人员的数量。目前，勘探具体在哪个季节进行尚不明确。这个很少被提及的细节出现在了荷胡拉的石碑上。在阿蒙涅姆赫特三世在位第六年（前1837年）组织的勘探队中，他被任命为"神的大臣、司库"。他认为这是至关重要的细节，所以特地在石碑上刻下这段文字："在我看来，夏季的沙漠很炎热，很难找到外观（美丽的绿松石），矿山变得滚烫，（石头的）外表会发白。"绿松石的确是一种脆弱的石头，过高的温度会让它的鲜蓝色消失。因此，他决定在冬季的第三个月和夏季的第一个月来这里采矿，以开采出质量最好的石头。不过，即便他说已经修改了采矿的时间，并吹嘘自己知道什么时候是开采绿松石最理想的时间，还是很难凭他的一家之言就断定这种说法即是事实。

哈托尔的神庙

这座位于塞拉毕特·卡迪姆的神庙的布局受若干因素限制，这些因素与其地理位置和功能有关。与其他沿尼罗河谷修建的礼拜场所不同，一年之中，这座礼拜场所只有采矿勘探队在这里的那几个月才被启用。在一年中的其他时间里，它都处于弃置的状态。因此，这座神庙的维护和扩建面临一些问题：勘探队每年住在这里的时间不长；这个地方异常偏僻，水和材料的供应问题不可避免；人们来这里的首要目的是开采绿松石矿，而修建礼拜场所是次要的。

占领这片土地并开始建造神庙的时间可追溯至第十二王朝第二位国王塞索斯特里斯一世（前1971—前1926年）统治时期，他用长70米、宽37米的石头围墙（1）划定了神庙的范围。这说明他有意在这里修建一座雄伟的建筑。

最初，神庙只是一座在岩壁中凿建的礼拜堂，它的前方有一条柱廊和一座庭院。在勘探过程中，这座神庙被不断扩建，在第二十王朝（前1185—前1070年）的国王的统治时期，它已发展成一座独特的建筑，即一座东西向的岩窟神庙，里面同时供奉着多位神灵。

进入神庙需经过一系列（共14个）通道、房间、庭院（2—3），这些建筑修建于哈特谢普苏特女王时期（前1498—前1485年）到拉美西斯时期末（前1070年），可能与某种朝圣活动有关。在这之后，神庙沿中轴一分为二：北翼献给"绿松石女神"哈托尔，东南翼则献给了阿蒙、哈托尔、（或许还有）索普杜。进入献给哈托尔女神的神庙北翼需经过一座很大的露天庭院（4），庭院的北面有一道侧门，侧门前方是一座蓄水池，这道侧门可能是为举办日常仪式而设置的后勤用门。再往里走就是专门用于多种献祭仪式的节日庭院（5），院内有多座纪念石碑作为装饰物。节日庭院通往后方的一座双排柱廊（6），从柱廊一直往前走就是哈托尔的至圣所（7）。

这座岩窟神庙被翻修过很多次，阿蒙涅姆赫特三世（前1842—前1797年）统治时期，它的外观才最终确定下来。这是一间完全凿建于岩石中的小厅（2.9米×4.6米），厅的中央有一根装饰着哈托尔女神的柱子，画中的她正在让国王从"安卡"中呼吸生命之气，那是权力和稳定的象征物。在它的旁边，人们可以看到一座嵌在长方形坑中的祭坛以及三个供奉着礼拜雕像的壁龛，三个壁龛分别位于神庙的中轴线上、南侧和东北角。

在阿蒙涅姆赫特三世时期，他萌生了在哈托尔岩窟神庙的南边修建另一座礼拜场所的想法。于是在其统治时期的第二十三年，他新建了一座同样凿建于岩石之中的神庙（8），并把它献给了孟菲斯的大神普塔。相比之下，这座神庙小得多，里面只有一个在中轴线上的壁龛用于供奉神像。哈特谢普苏特在位时期对该部分做了改动。女王将献给普塔的还愿石碑移到哈托尔的柱廊前，并将这座岩窟神庙重新献给两位大神：阿蒙和哈托尔。人们有时认为这座圣所中还供奉着第三位神灵，因为他的名字在附近区域出现了两次，这位神灵就

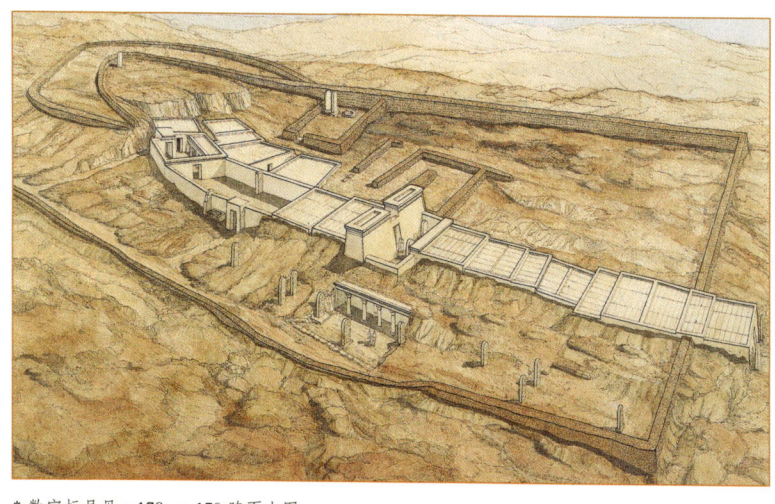

* 数字标号见 p.178、p.179 跨页大图。

是"沙漠之主"索普杜。女王在至圣所前修建了一条柱廊（9），柱廊的前厅与哈托尔岩窟神庙中的节日庭院连通。前厅还通向另外两座大厅（10和11），它们之间隔着一条通道。这两座大厅内有立柱，厅的中央有水池，起到供祭司和朝圣者进行净身礼的"沐浴之泉"的作用。

神庙中轴线的北侧有一个功能特殊的建筑物："国王的礼拜堂"（12）。在那里，人们必须礼拜那些命人到绿松石矿场勘探的国王，简而言之，这是一处专为王室崇拜而设的场所。这个建筑是阿蒙涅姆赫特二世在位的第十一年（前1919年）修建的。当时，埃及人在砂岩中凿出了这座礼拜堂，里面遍布铭文牌。

其中的一块铭文牌介绍了这座礼拜堂入口前的三座王室雕像：一座是塞索斯特里斯一世（阿蒙涅姆赫特二世的父亲）的雕像，另外两座是阿蒙涅姆赫特一世（阿蒙涅姆赫特二世的祖父）的雕像。阿蒙涅姆赫特三世在位的第四十五年，对这座建筑进行了翻新、扩建，还新增了一条双排柱廊。阿蒙涅姆赫特四世（前1798—前1786年）时期，这座礼拜堂进一步扩大，它向东延伸，面积翻了一倍，新旧两个部分之间修建了隔墙。在这些建筑（主神庙和"国王的礼拜堂"）的两侧可以看到很多勘探队首领为纪念到塞拉毕特·卡迪姆勘探而筑起的石碑，上面刻着筑建石碑的日期和所处的统治时期。这里约有40座官方石碑，但其中的一些石碑已因严重侵蚀而无法解读。无论如何，在这片遗址的入口处，荷胡拉的石碑（13）仍然矗立在十分显眼的地方。

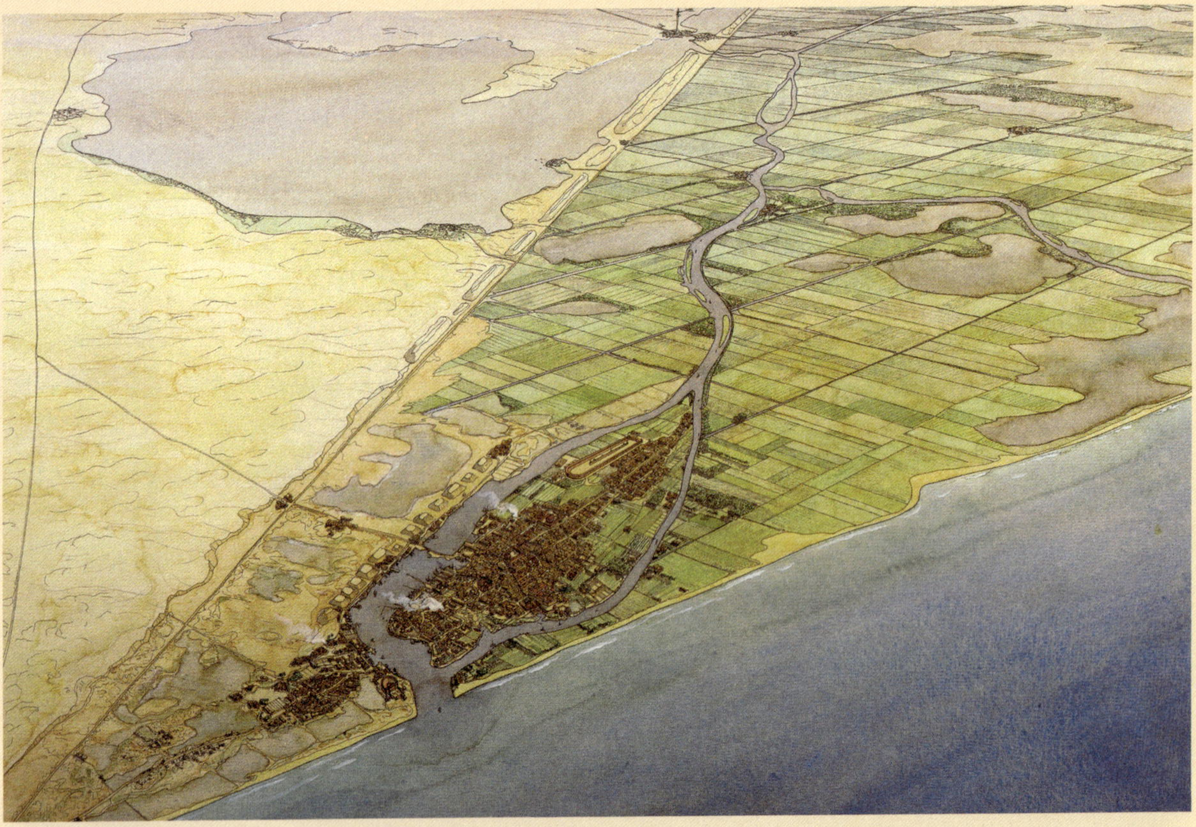

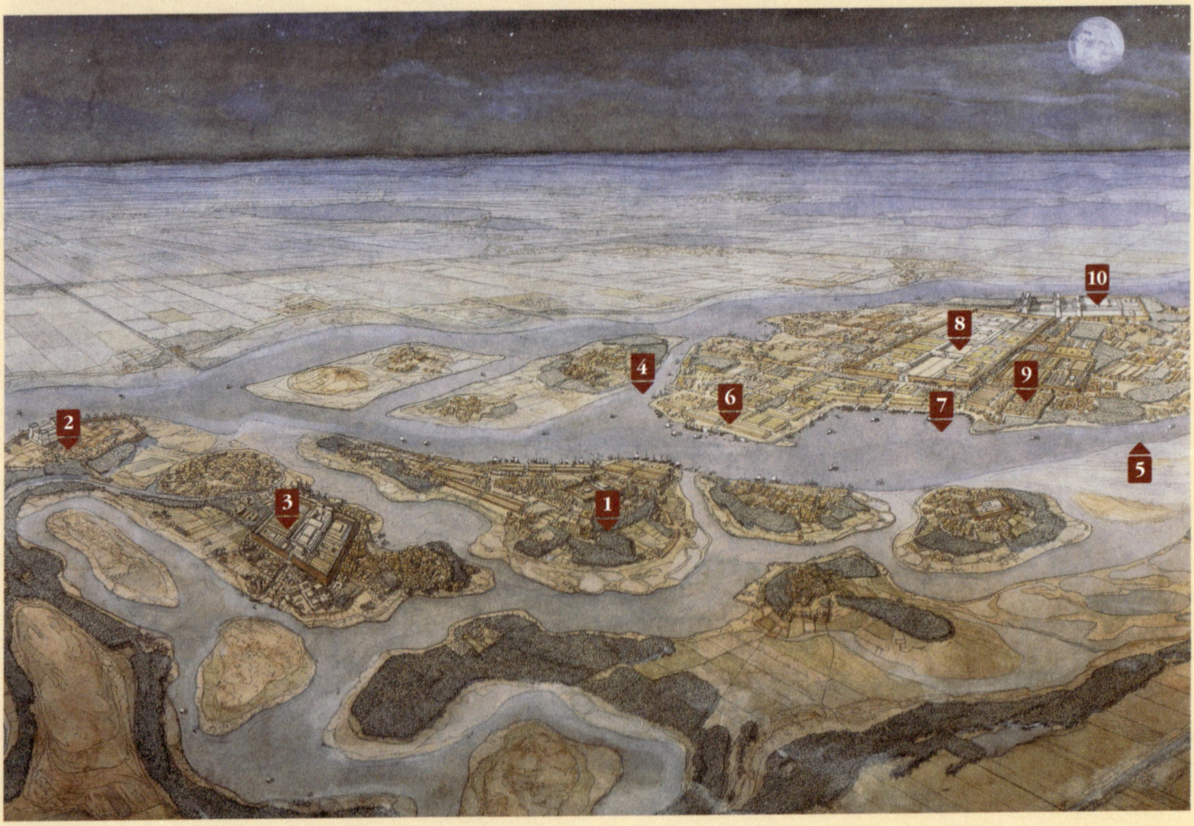
10
8
4
6
7
9
2
5
3
1

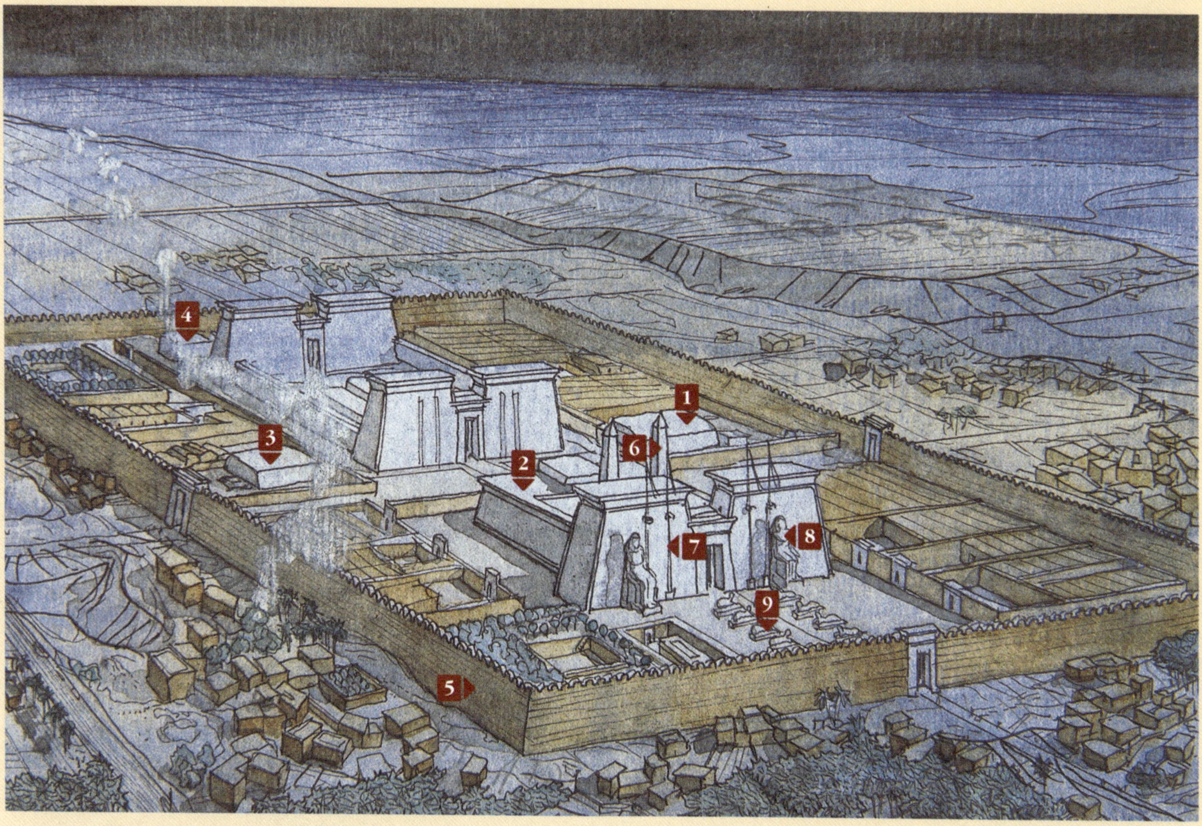
1
2
3
4
5
6
7
8
9

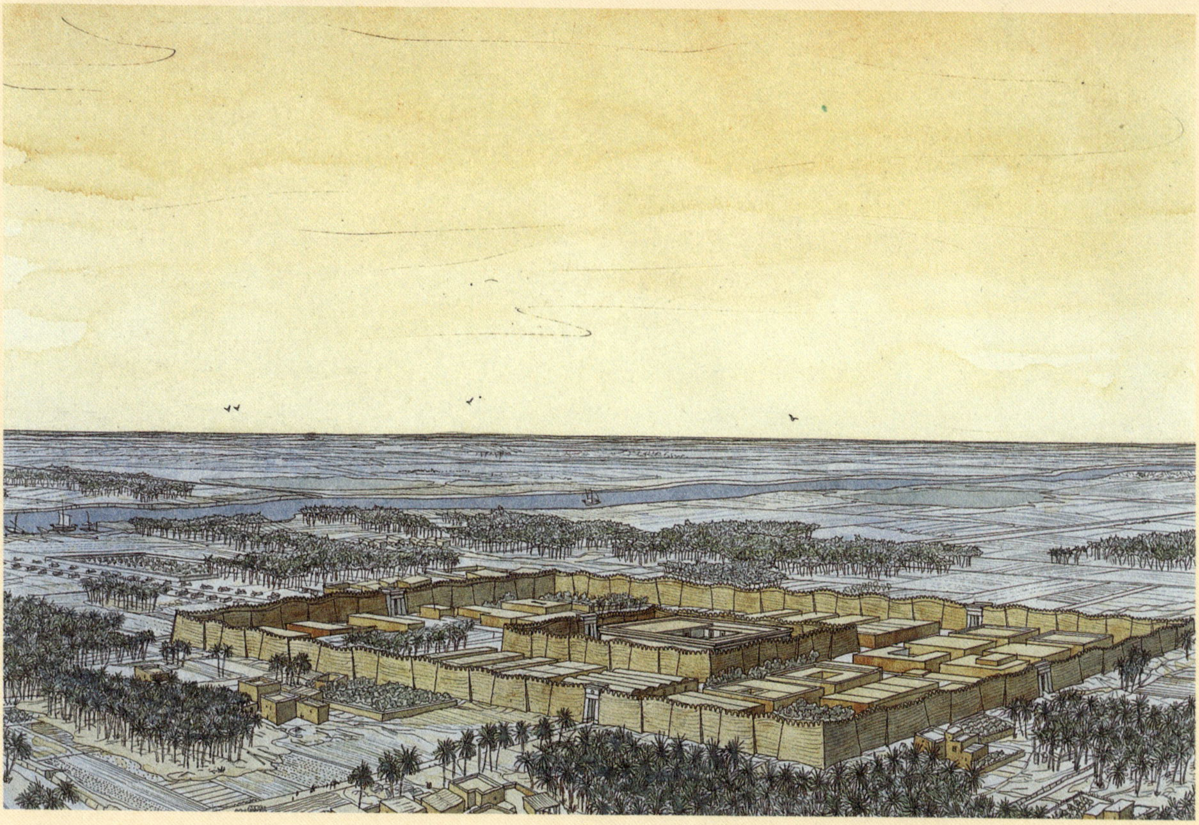

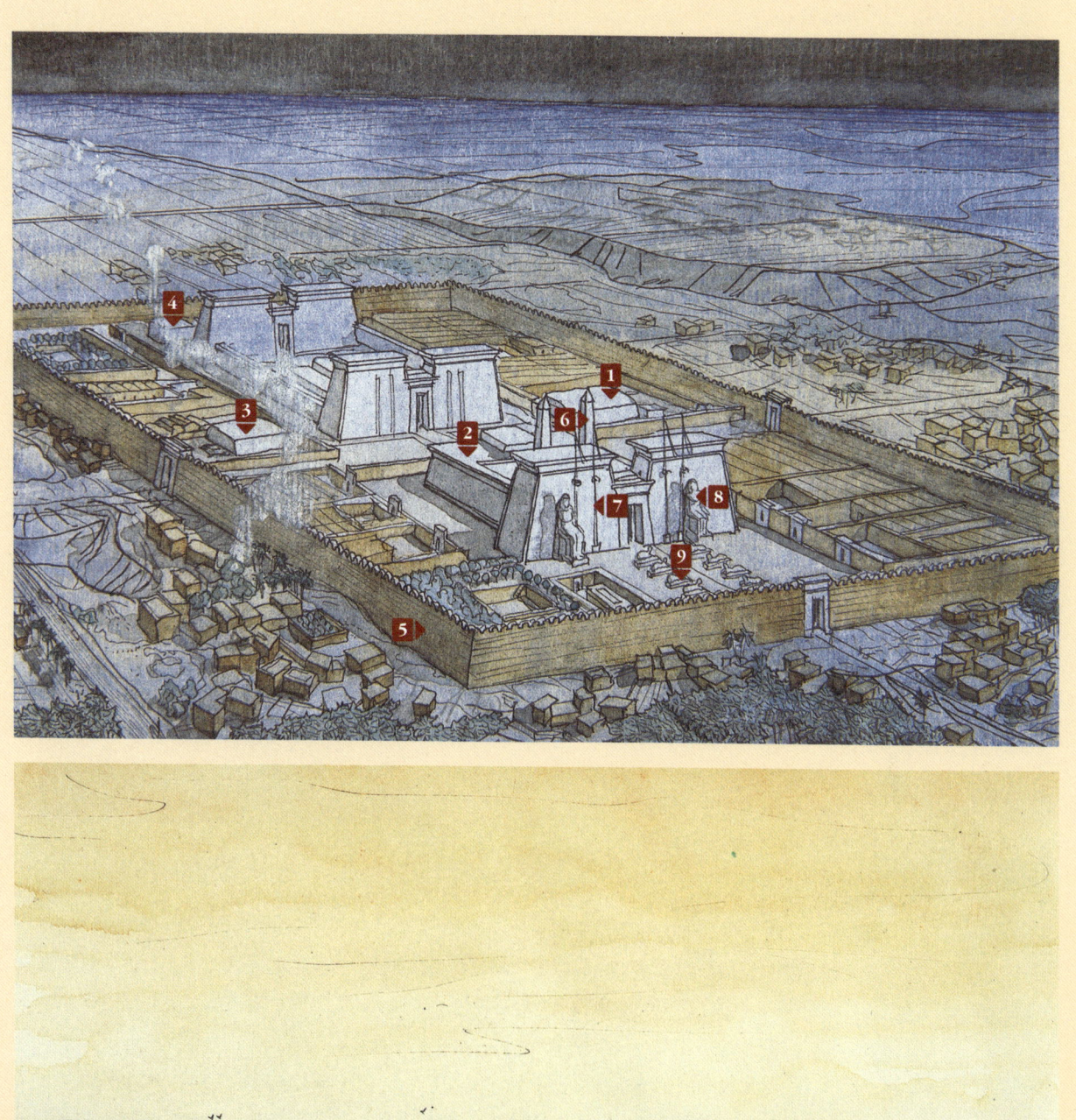

西奈半岛西部和尼罗河三角洲的遗址

第一王朝	前3050	
第二王朝		早王朝时期
	前2685	
第三王朝		
第四王朝		古王国时期
第五王朝		
第六王朝		
	前2180	
第七王朝— 第十一王朝		第一中间期
	前2040	
第十一王朝末 第十二王朝		中王国时期
	前1780	
第十三王朝— 第十七王朝		第二中间期
	前1570	
第十八王朝		
第十九王朝		新王国时期
第二十王朝		
	前1070	
第二十一王朝		
第二十二王朝		
第二十三王朝		第三中间期
第二十四王朝		
第二十五王朝		
第二十六王朝		
	前525	
第二十七王朝— 第三十王朝		后埃及时期
	前332	
	前305	
托勒密时期		希腊埃及
	前30	
罗马帝国时期		罗马埃及
	395	
罗马帝国时期		科普特埃及
	632	

法拉玛城堆：古代的贝鲁西亚

"被北风搅动的海面波涛汹涌。我们的右后方是绵延的沙漠，我们的左后方是运河，是布满芦苇的巨大沼泽，依稀能够瞥见贝鲁西亚遗址的影子。数千只白得发亮的朱鹮排成列，用身躯勾勒出古迹的轮廓，这雄伟的建筑第一次映入我的眼帘。成群的水鸟站在平坦的沼泽上，一场可怕的暴风雨刚刚席卷了这片荒僻之地。从苏伊士的海岸被卷到这里的巨量泥沙填满了沼泽和运河，贝鲁西亚的立柱和法拉玛（庞培的葬身之地）的断壁残垣几乎被完全掩埋。"从福尔班伯爵的这段文字看，贝鲁西亚在19世纪初已是一片废墟。然而，在希腊和罗马统治埃及的时期（前3—4世纪），它曾是埃及最重要的设防港口之一。贝鲁西亚位于尼罗河东部支流的出海口处，优越的地理位置使其能够管控从亚洲进入埃及的路上和水上交通。对此，斯特拉波曾写道："因此，从东边的腓尼基、犹地亚以及与埃及接壤的纳巴泰人掌管的阿拉伯地区进入埃及也非常困难。然而，通往埃及的道路必然经过这些地区。尼罗河和阿拉伯湾之间是阿拉伯地区，贝鲁西亚就坐落在这片土地的一端，但这整片土地荒无人烟，军队无法从这里通行。"在这片遗址上建有占地约8公顷的军事和民用设施：带岗楼的罗马堡垒遗迹、伊斯兰时期改建的蓄水池、公共浴场、于130年至131年被哈德良修复的宙斯·卡西奥斯神庙以及其他城市建筑……

培-拉美西斯："伟大胜利者拉美西斯之家"

"国王陛下下令在加希（叙利亚）和图-梅里（埃及）之间修建名为'伟大胜利者'的城市，在此建立王宫，这座城市壮美无双，其奢华程度可以媲美底比斯。它是一处舒适的住所，太阳在这里的地平线上升起、落下，子民们纷纷从他们所在的城市搬到这里。附近的乡村里都是好东西，而且盛产食物。城里的池塘中，有鱼和鸟；城里的草地上，绿草丛生。那里湿润的土壤让花草长到了一肘半高，让角豆的味道如蜜般甘甜。粮仓里的燕麦和大麦堆高得直抵苍穹。这里有洋葱、韭菜、生菜、石榴、苹果、橄榄，果园中的无花果和产自卡凯梅（Kakémé）的葡萄酒比蜜还甜。"

以上文字记述了拉美西斯二世（前1279—前1212年在位）时期"绿松石之城"培-拉美西斯的盛景。但是，踏足这片遗址，人们却很难领略到这座城市曾有的辉煌。因为从表面看，拉美西斯的王宫、设施等都没留存下来。因为这座城市中的建筑被拆成建材修建塔尼斯，它是第二十一、第二十二王

* 数字标号见p.182大图。

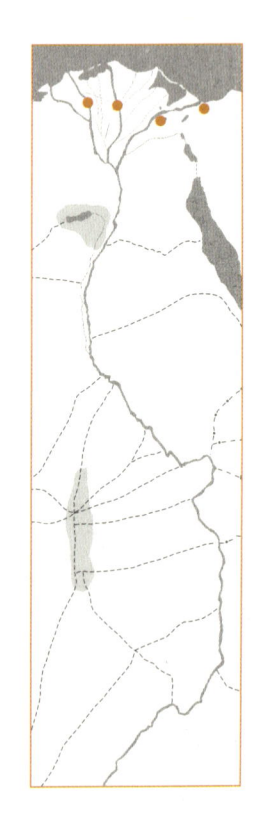

朝（前1070—前712年）的国王建立的首都，位于培-拉美西斯以北约20千米的地方。因此，要复原古代的培-拉美西斯，需要参考史料和考古研究成果。

这个地区的历史始于中王国（前2040—前1780年）的阿蒙涅姆赫特一世统治时期，他当时在如今的康迪尔（培-拉美西斯）和达巴城堆（阿瓦里斯）之间修建了一座城市（1）。后来，迦南人殖民了这座城市。第二中间期（前1780—前1570年），喜克索斯侵略者在占领埃及后将这个地区确立为他们的权力中心。他们朝南扩建了城市（2），这座城市从此被称为阿瓦里斯，以一座赛特神庙（3）为中心向四周发展。后来，尼罗河三角洲东部军人出身的塞提一世（前1291—前1278年）在这里修建王宫，其子拉美西斯二世将其改造成一座王城，名为培-拉美西斯，又称"胜利大帝拉美西斯之家"。

这座新城的中心偏北，位于尼罗河两条支流"拉神之水"（4）和"阿瓦里斯之水"（5）之间，贯穿"王宫之湖"（7）的港口设施（6）就在两条支流交汇处，后方是壮美的拉美西斯王宫——"阿蒙的至爱"（8）。人们无法得知王宫的原貌，但可以肯定，其建筑结构应与马勒卡塔的阿蒙霍特普三世王宫或是阿玛纳的埃赫那吞王宫类似。因此，王宫中轴线的两侧应修建了寝宫、附属建筑、礼拜场所、仆人的居所、庭院、花园……在宫墙外，城市向四周铺陈开来。

迄今为止，考古学家只在王宫外发现了两处大型建筑：马厩（9）和阿蒙神庙（10）。但是，据相关文字资料记载，王宫四周还应有大果园、营房、仓库、王侯们的府邸及居住区。此外，文字资料中还提到了几座宗教场所和王室建筑，它们很可能建在阿蒙神庙的围墙外，这些建筑分别是：一座拉神庙——可能是城中最重要的建筑；一座普塔神庙，神庙中有一座献给母狮女神塞赫麦特的附属建筑；一座国王第一次举行塞德节时修建的纪念性建筑。

寻找舍易斯

舍易斯是狩猎女神奈特守护着的城市，经文和图像资料均证明它在提尼斯时代初（前3150年）即已存在。然而，这座城市直到第二十四王朝（前727—前715年）才开始真正登上政治舞台。当时，泰夫那克特（Tefnakht）和博克霍里斯（Bocchoris）两位王子成功统一尼罗河三角洲西部各郡，建立了唯一政权，而埃及的其他地方还处于分裂状态。赶走舍易斯的国王后，那帕达的国王掌权并建立埃及第二十五王朝。之后，舍易斯的国王在亚述人的支持下终结了努比亚人的统治。

公元前664年，亚述国王亚述巴尼拔（Assourbanipal）承认普萨美提克一世为埃及国王，后者得以统一埃及，创立第二十六王朝（前664—前525年）。之后，埃及进入和平、经济繁荣和宗教学科复兴的时期，在吸纳外部艺术潮流的同时，古王国和中王国时期的文化传统也在"赛特文艺复兴"中得以恢复。如希罗多德所说："据说，埃及在阿玛西斯统治时期迎来了空前盛世。当时，河流让土地变得无比肥沃，肥沃的土地让人口和城市的数量节节攀升，人口稠密的城市高达2万座。"

然而，这座声名斐然的城市什么都没遗留下来，唯有博物馆中收藏的文物（石碑、雕塑、石棺等）能够证明舍易斯人曾经存在。19世纪旅行家（尤其是莱普修斯和商博良）及古代作家的记录对了解该地来说必不可少。希罗多德的故事是关于这个时期最详细的文献之一，他在约公元前450年（第二十六王朝刚结束不到1个世纪）沿尼罗河谷旅行，因此他的故事更详细有趣。他所写的多为历史事件，但字里行间能够搜集到关于舍易斯布局和圣所的信息。

在详细介绍第二十六王朝第四位君主阿普里斯和其继任者阿玛西斯之间的权力争斗之后，希罗多德说：

* 数字标号见 p.183 大图。

"勒死他（阿普里斯）之后，埃及人将他葬在其祖先的陵墓中（1）。这座陵墓在雅典娜（奈特）神庙中，靠近圣域（2），在通过入口后的左侧。所有出身舍易斯的国王都葬在这座神庙中。虽然相对阿普里斯及其祖先的陵墓来说，阿玛西斯的陵墓（3）离圣域更远，但它也位于神庙的院内。此陵墓是一座石头修建的大亭子，富丽堂皇的亭内有柱头是棕榈叶形的立柱。它有两扇大门，门之间放着石棺。那位神祇（奥西里斯，虔诚的信仰让我无法直呼其名）的坟墓（4）也在舍易斯的雅典娜神庙中，这座墓位于神庙后方，背靠整面墙壁。围墙（5）内矗立着石制的大型方尖碑（6）。"

在几个段落后，他接着写道："他（阿玛西斯）在舍易斯为雅典娜修建了一条极其美丽的柱廊（7），它的高度、体积及所选石材的大小和质量都远超每一位先王所建的同类建筑；另外，他还在这里修建了巨大的雕像（8）和狮身人面像（9）。为修复神庙，他还让人运来巨大的石块，一些石块来自孟菲斯周边的采石场，另一些更大的石块来自到舍易斯需航行整整20天的象岛。"

希罗多德还提到一座由一整块石头凿建的独石神堂，它位于神庙的入口处，高9.5米，宽3.6米，进深6.2米。他说："搬运这块巨石花了3年时间，动用了2000名男工和所有船夫。"虽然至今未发现任何痕迹，但这座独石神堂很可能存在。

拜赫贝特埃尔-哈格的伊西姆

距离第三十王朝（前380—前343年）国王们的家乡塞边尼图斯不远的拜赫贝特埃尔-哈格遗址因伊西姆而闻名于世，在尼罗河谷中，伊西姆无疑是专门供奉伊西斯的神庙中最大的一座，昭示了这位"万神的女王"在古埃及末期享有的声望。拜赫贝特这一名字在很大程度上效法了国王的名号"佩尔·赫比特"（Pr Hbyt，意为"节日之家"）。阿拉伯王朝统治埃及时期，在词尾加上"哈格"（意为"石头"）是指这片遗址曾是当地居民的采石场，如塔尼斯被称为桑-哈加尔（San El-Hagar），舍易斯被称为萨-哈加尔（Sa El-Hagar）。

有关舍易斯的文献体现了伊西斯崇拜在公元前8世纪的重要性，但拜赫贝特对伊西斯的大规模崇拜却一直到内克塔内布一世登基后才开始。在这片位于尼罗河三角洲中心的土地上，第三十王朝和托勒密时代早期的国王们用灰色和粉色的花岗岩修建了一座宏伟的圣所。不幸的是，这座圣所已经坍塌，如今展现在人们面前的是一大堆雕刻着托勒密时期浮雕的石块，这些备受瞩目的浮雕十分精美，可见雕刻工艺非常精湛。长期以来，人们一直认为是一场地震使得这里一片狼藉，但随着时间的推移，真正的原因浮出水面：坍塌是采石造成的。这座圣所已极度破败，人们无法为其绘制出一幅清晰的平面图。参看《埃及描述》第五卷第30页，宗教建筑群四周有长80米、宽55米的围墙，在这圈围墙内有另一圈围墙，里面坐落着伊西斯的神庙。这座圣所的运行方式和所有宗教建筑的运行方式一样，所以它的内部还应建有仓库、货栈、祭司专用场所，或许还有第三十王朝国王的陵墓。

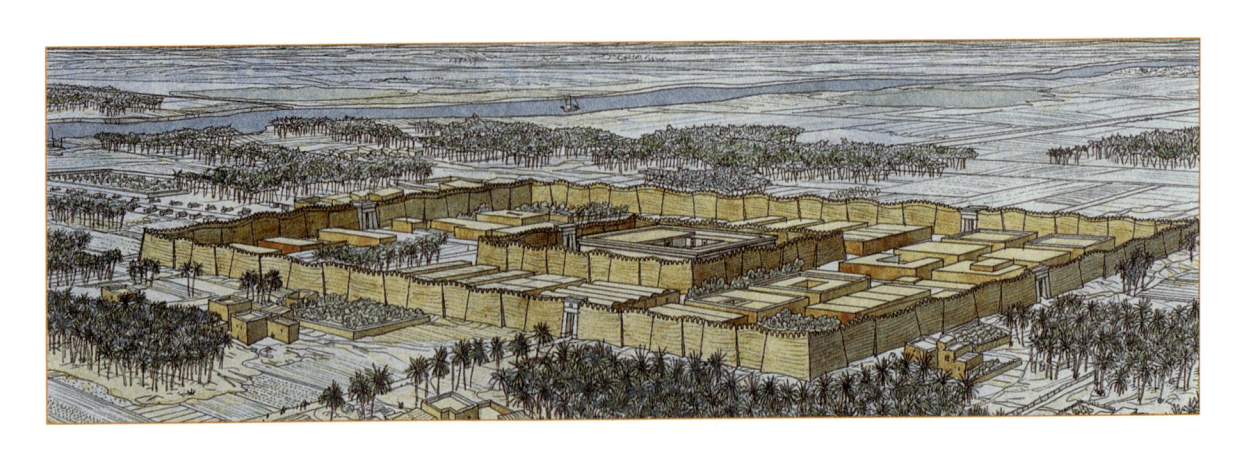

塔尼斯：北方的底比斯

阿蒙的大神庙：使用了千年，建造了千年

位于尼罗河三角洲东北部的塔尼斯就是《圣经》中的琐安（Zo'an），其历史始于第三中间初期（约前 1070 年），更确切地说是第二十一王朝。那段时期有两个政权共存：以底比斯为首都的上埃及由阿蒙的大祭司统治，国王统治的下埃及以塔尼斯，即古埃及人口中的贾奈特（Djanet）为首都。普撒塞尼斯一世和其继任者在这里精心修建了一座献给底比斯三柱神（阿蒙、穆特和孔苏）的神庙。

然而，大部分构成神庙地基的花岗岩遗迹却源自拉美西斯时代，建材取自距塔尼斯南部 20 多千米处的阿瓦里斯和培－拉美西斯。神庙由石灰石搭建，拜占庭时期（5—6 世纪），遗址上的石灰岩建筑遭到石灰制造商的破坏，因此几乎没有留下痕迹。

参观者在神庙的不同地基中间漫步，观赏遗址两侧一层层厚厚的建筑残骸似乎很奇怪。尽管经过了法国考古队大规模的考古工作，确定这座神庙的结构仍很困难。

从西侧经过一座舍顺克三世（前 825—前 773 年）时期修建的宏伟大门可以进入神庙。这座大门被发现时已变成一堆石块。皮埃尔·蒙特把它重新搭建了起来，上面的装饰也被复原。

穿过大门能够进入一座前院。从地上的残骸看，四座由整块花岗岩凿建的立柱构成了前院中的一条柱廊，此外还有几口石灰石井，这些可能是古埃及晚期的建筑。神庙中可能有三座塔门，每一座塔门前方都矗立着方尖碑。它们通往至圣所，内克塔内布一世（前 380—前 362 年）在位时为整座神庙修筑了一圈石灰石围墙，至圣所的墙壁是围墙的一部分。

阿蒙神庙中轴线的北侧有一个圣湖和一座献给孔苏（底比斯三柱神中阿蒙和穆特的儿子）的小神庙，神庙南部建有王陵。普撒塞尼斯一世（前 1039—前 991 年）时期，以上建筑区域外又建起一圈厚 27 米的日晒砖围墙。东神庙和荷鲁斯神庙是这圈围墙外的主要建筑，第三十王朝或托勒密时代初期（公元前 4 世纪）修筑的另一圈围墙最终将这两座建筑纳入这一宗教建筑群。最后这圈围墙的四面都有入口，普撒塞尼斯时期所筑的围墙向东、西两个方向延伸，扩大了建筑群的面积。这产生了惊人的效果：这圈形状大致为四边形的宽大围墙长近 420 米，宽近 320 米。

很明显，这座神庙始建于第二十一王朝（前 1070—前 945 年），其中很多设施是在第二十二王朝（前 945—前 712 年）建造的，但如今已很难找到这些建筑的痕迹。国王们在第三十王朝（前 380—前 343 年）和托勒密时期（前 305—前 30 年）所修建的建筑物使塔尼斯原本的面貌更加模糊，因为这片遗址在当时经历了彻底的改造：或修建了新的祭祀场所，或根据新的宗教需求改建了已有的建筑。

	前 3050	
第一王朝		早王朝时期
第二王朝	前 2685	
第三王朝		
第四王朝		古王国时期
第五王朝		
第六王朝	前 2180	
第七王朝— 第十一王朝		第一中间期
	前 2040	
第十一王朝末 第十二王朝		中王国时期
	前 1780	
第十三王朝— 第十七王朝		第二中间期
	前 1570	
第十八王朝 第十九王朝 第二十王朝		新王国时期
	前 1070	
第二十一王朝 第二十二王朝 第二十三王朝 第二十四王朝 第二十五王朝 第二十六王朝		第三中间期
	前 525	
第二十七— 第三十王朝		后埃及时期
	前 332	
	前 305	希腊埃及
托勒密时期	前 30	
罗马帝国时期		罗马埃及
	395	
罗马帝国时期		科普特埃及
	632	

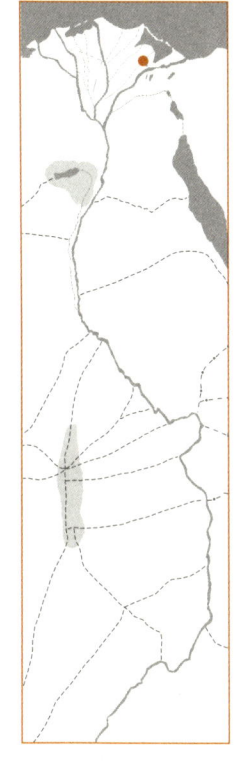

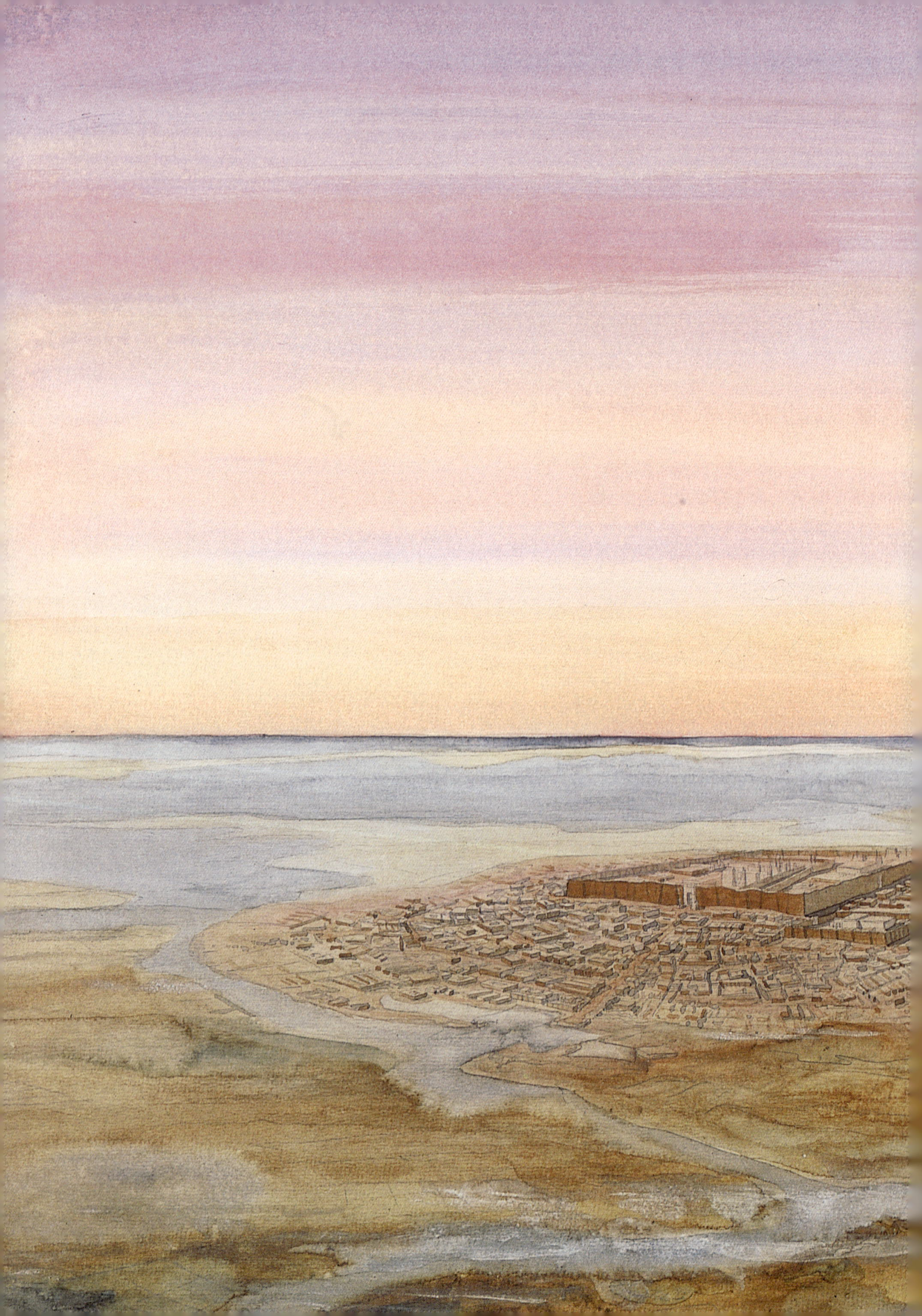

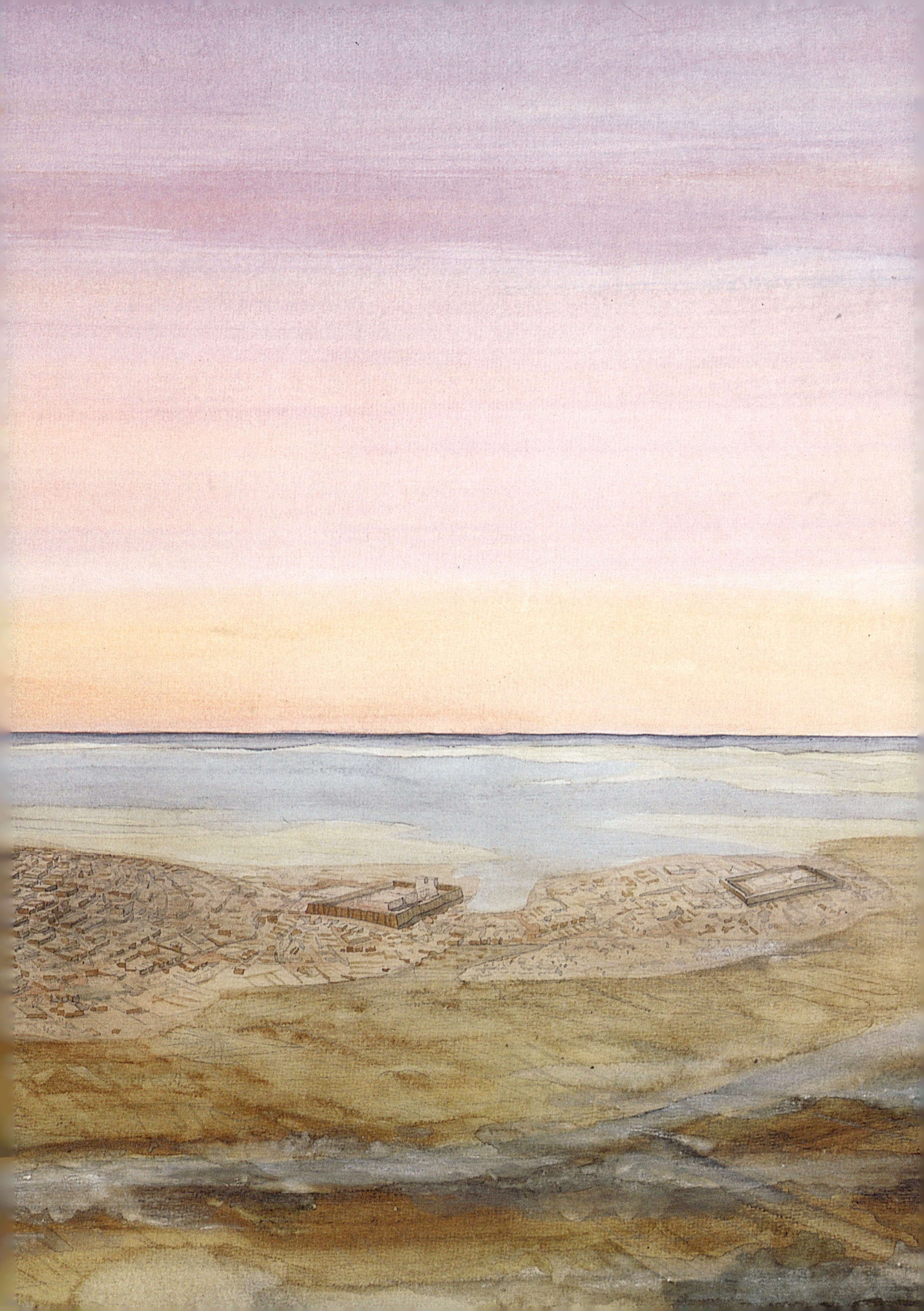

终结塔尼斯的拉美西斯谜团

每一位被桑-哈格（塔尼斯）的庞大规模震撼到的游客都会在俯身寻找刻着铭文的王名圈时困惑不已。游客会暗忖：塔尼斯不是第二十一王朝和第二十二王朝国王设立的首都吗？虽然他对埃及象形文字的学习还处于起步阶段，但他至少能认出一个在埃及随处可见的名字：拉美西斯二世。难道他误会了，这块石头只是偶然出现而已？他心存怀疑，继续看下去，一块又一块石头上都只有一个名字——"受阿蒙宠爱的拉美西斯"。失望的游客原以为自己能看到历代普撒塞尼斯国王的名字、历代舍顺克国王的名字或是历代奥索尔孔国王的名字。这片表面看来应该归属拉美西斯时代的废墟为何被划归到其他历史时期？大多数可见的遗迹都是第十九王朝时期（前1293—前1185年）修建的。既然如此，为什么塔尼斯会被视为一座始建于第三中间初期（约前1070年）的城市呢？详细研究当地建筑的结构、发掘遗址就能得到这个问题的答案。如今，现场完成的考古工作只得出了一种可接受的推论：塔尼斯只是塔尼斯，它是第二十一王朝的首都。

19世纪和20世纪的专业或非专业的文献给出了很多其他解读。在《埃及描述》的第二十三章中，路易·科迪尔被城北在当时仍然可见的宽大日晒砖围墙震撼，并因此认定塔尼斯就是摩西施展多个奇迹的地方，也是希伯来人被囚禁之所。后来，奥古斯特·马里埃特在1860年至1864年期间展开考古工作，得出塔尼斯、培-拉美西斯和阿瓦里斯就是一个地方的结论。

当时的研究人员是如何得出这种结论的？他们从古代留下的证据中得知拉美西斯二世（前1279—前1212年）在尼罗河三角洲东部创建了名为培-拉美西斯（又名"伟大胜利者拉美西斯之家"）的首都。据相关文字资料记载，这座城市建在第二中间期（前1780—前1570年）埃及的统治者——喜克索斯王朝的军事基地阿瓦里斯的废墟之上。

然而，19世纪末期，这两座城市还没被发掘，而塔尼斯位于建造这两座城市的合理范围内。这座遗址庞大的规模、大量刻有拉美西斯二世名字的碎片都构成了支撑这种理论（塔尼斯就是培-拉美西斯，因此也是阿瓦里斯）的铁证。1929年，皮埃尔·蒙特在桑·哈格展开发掘工作，他不仅沿袭了前人的想法，还忽略了在法古斯地区（离桑-哈格20多千米）的发现。实际上，1928年进行的考古工作证明康提尔和达巴城堆附近存在法老时代的建筑。

起初，出土的少量文物——几片可能来自拉美西斯王宫的彩陶砖和带着拉美西斯二世名字的圣甲虫模具——并不能让人确定它们的来历。后来，证据越来越多，比如府邸的门框和刻有王室成员、拉美西斯二世的大臣和士兵的名字的石碑。在经过30多年的考古工作和勘探后，人们终于得出了非常明确的结论：培-拉美西斯和阿瓦里斯分别是康提尔和离它数百米的达巴城堆。没有在实地发现的证据能够证明塔尼斯是拉美西斯建造的——数千吨刻有拉美西斯大帝名字的花岗岩并不足以建造一座属于拉美西斯的城市。

从埃及人那令人钦佩的将前人的建筑拆解成建材的能力看，这些石头很可能来自其他地方。桑-哈格的情况就是如此，此处的任意一块拉美西斯时代的石头都不源自当地。这些材料来自附近的培-拉美西斯，它是塔尼斯建造者的"采石场"。

为何如此确定呢？一方面，至今没有任何与文字和装饰相关联的石块堆出土；另一方面，对建材的研究显示其中大多数都有重新使用的痕迹。此地从未发现过新王国时期的考古层，也没有发现过新王国时期的陶器。从法国考古队完成的工作看，塔尼斯地质砂层之上的首个地质层的形成日期在第二十王朝到第二十一王朝的过渡时期（约前1300年）。

一个分析所有建筑后得到的有趣发现可以作为补充证据：直到拜占庭时期为止共1500年时间内，一直有人居住在塔尼斯。其晚期建筑的日晒砖中有陶瓷制品碎片、石灰石碎片或骨头碎片等杂质。显然，原材料应取自已开发或有人居住过的区域。相反，第三中间期的砖块，特别是用来建造这座城市的地基和围墙的砖块都由高纯度稠泥烧制。可见这一时期的砖块是使用尼罗河冲积平原的土制作的，这种情况应出现在处于开发初期、没在某个时代被大量人口当作聚居地的城市。

一座神庙的发现：这是"塔尼斯的卢克索神庙"吗？

在桑-哈格，"戴尔"（Tell，指古代平顶土堆）是一片长3000米、宽1500米、高31米，俯瞰着周围的尼罗河三角洲地区的狭长土地。面对如此广阔的一片土地，考古学家们必然要做出选择。他们致力于研究这片遗址北边的部分，因为这片区域囊括了多位神灵（阿蒙、穆特、荷鲁斯、孔苏）的神庙以及东神庙，还有皮埃尔·蒙特于1939年发现的第二十一和第二十二王朝的王陵。

近年来，研究了考古学家自19世纪以来提供的考古文献后，人们提出了一个假设：塔尼斯是不是"北方的底比斯"？底比斯的城市布局非常清晰，卡纳克神庙是底比斯三柱神的主神庙，卢克索神庙主要用于庆祝奥佩特节，但塔尼斯的情况并非如此。照此说法，"戴尔"北部的阿蒙大神庙对应的是卡纳克神庙，那"塔尼斯的卢克索神庙"又在哪里呢？

为找出这个问题的答案，法国考古队于1987年以两条线索为基础展开了勘探工作。第一条线索由逻辑推理得来：从底比斯的地理特征判断，该建筑必然在阿蒙大神庙南部2千米或3千米的地方。第二条线索由观察地形得来：地表存在瓦砾和坚石碎块密度很高的区域，这些区域下面应有一座建筑。

此外，地球物理学勘探结果证明"戴尔"的最南端存在电磁异常，研究人员因此在电磁仪划定的范围内展开了发掘工作。就这样，他们找到了朝向与阿蒙大神庙相同、四周筑有一圈宽大日晒砖围墙的雄伟建筑群。

令人吃惊的是，在第三十王朝末期或托勒密王朝初期（公元前4世纪），它似乎被人有意地夷为平地，希腊人随后在上面建造了居所。到了罗马埃及时代（1—4世纪），希腊人的居所成为废墟，于是人们在之前神庙占据的区域挖了一个巨大的坑，似乎是为了找回什么，当时的人们似乎对神庙的布局仍保有清晰的记忆，尽管表面上已看不到什么东西了。

后人无法确定当时的人们要找的是什么。在没有被那个大坑破坏的地层里，考古学家发掘了很多雕像的碎块。它们对这座建筑的最终解读具有决定性意义，因为大多数碎块上都带有"奥佩特阿蒙"（也称为"新年的阿蒙"或"住在卢克索的阿蒙"）的字样。

位于埃及边陲的亚历山大

游亚历山大（前59年）

当他决定在埃及建立一个伟大的城市时，他让一些人留在埃及，命令他们在湖和海之间建造一座雄伟的城市。他命人丈量土地，按惯例划分出不同的城区，然后用自己的名字"亚历山大"为这座城市命名。

亚历山大地理位置十分优越，靠近法罗斯港，地中海季风经由国王亲自设计的布局精妙的街道吹过这座城市。这种季风会吹过广阔的海域，让亚历山大港的空气变得凉爽。可以说，是国王为亚历山大的居民带来了令人健康的温和气候。

他还在这里筑起规模宏大、坚固的城墙。亚历山大位于马雷奥提斯湖和地中海之间，进城的陆路只有两条，狭窄且易守。亚历山大的形状就像马其顿的长披风，一条大道从靠近城市中央的位置穿过，如奇迹般宽阔美丽。这条大道连接了两座城门，它长40斯塔狄（7千米），宽1普勒戎（30米），路旁点缀着富丽堂皇的建筑，有住宅也有神庙。

亚历山大大帝还下令修建了一座宫殿，这一工程也堪称奇迹。自亚历山大大帝起，几乎所有埃及国王至今都未停止在这座宫殿里新建华丽的建筑。这座城市被扩建得越来越大，很多人都将其认定为世界第一城。确实，从美感、大小、公共收入和生活乐趣的任意一个方面看，它都远胜其他城市。亚历山大的居民数量也远超其他城市。我们到达埃及时，登记人口的官吏声称这里有30多万自由人，国王从埃及获得的收入超过了6000塔兰同（talents，古代中东和希腊使用的货币单位）。

西西里的狄奥多罗斯（公元前1世纪）

第一王朝	前3050	
第二王朝		早王朝时期
	前2685	
第三王朝 第四王朝 第五王朝 第六王朝		古王国时期
	前2180	
第七王朝— 第十一王朝		第一中间期
	前2040	
第十一王朝末 第十二王朝		中王国时期
	前1780	
第十三王朝— 第十七王朝		第二中间期
	前1570	
第十八王朝 第十九王朝 第二十王朝		新王国时期
	前1070	
第二十一王朝 第二十二王朝 第二十三王朝 第二十四王朝 第二十五王朝 第二十六王朝		第三中间期
	前525	
第二十七— 第三十王朝		后埃及时期
	前332	
托勒密时期	前305	希腊埃及
	前30	
罗马帝国时期		罗马埃及
	395	
罗马帝国时期		科普特埃及
	632	

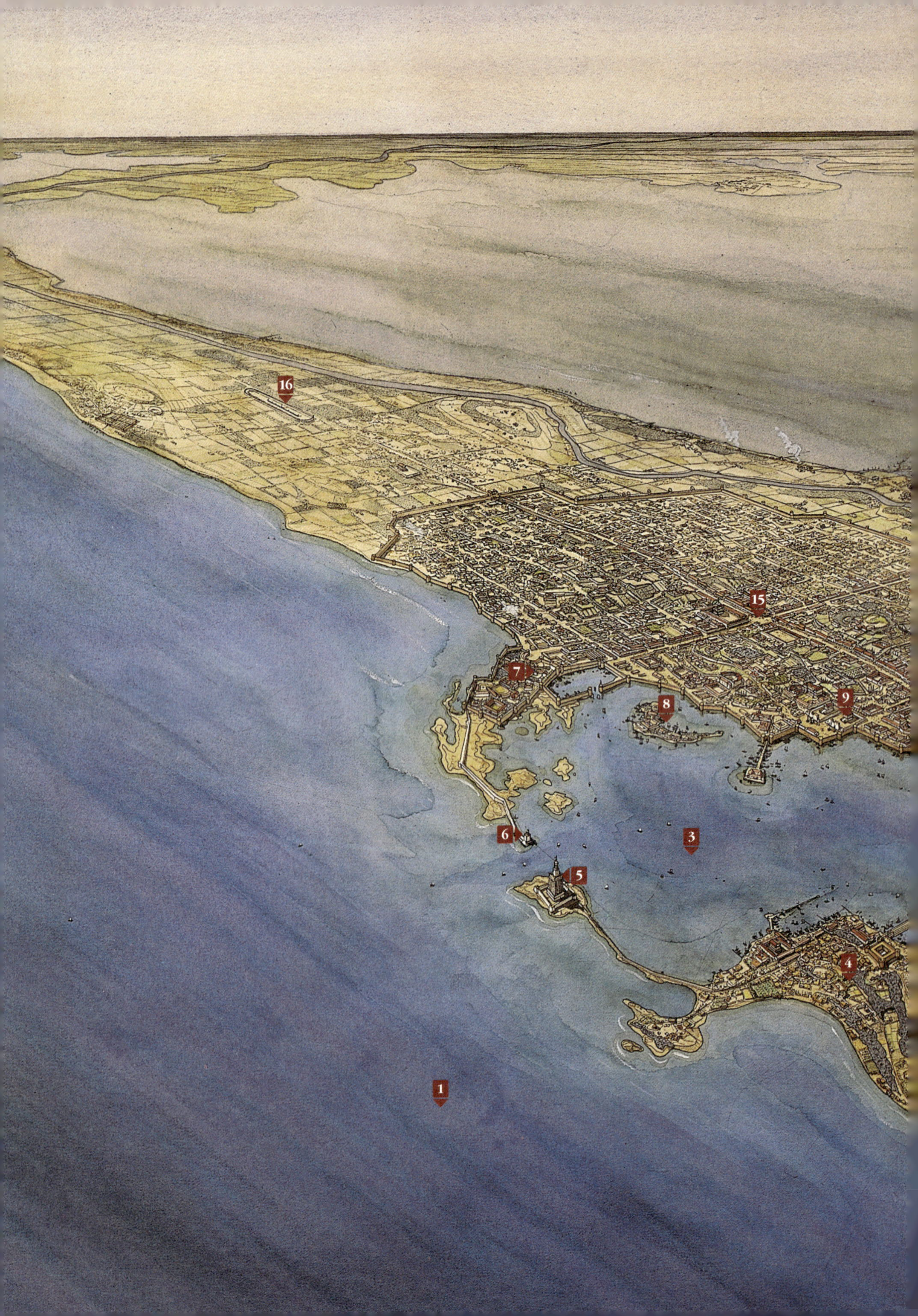
16
15
7
8
9
6
3
5
4
1

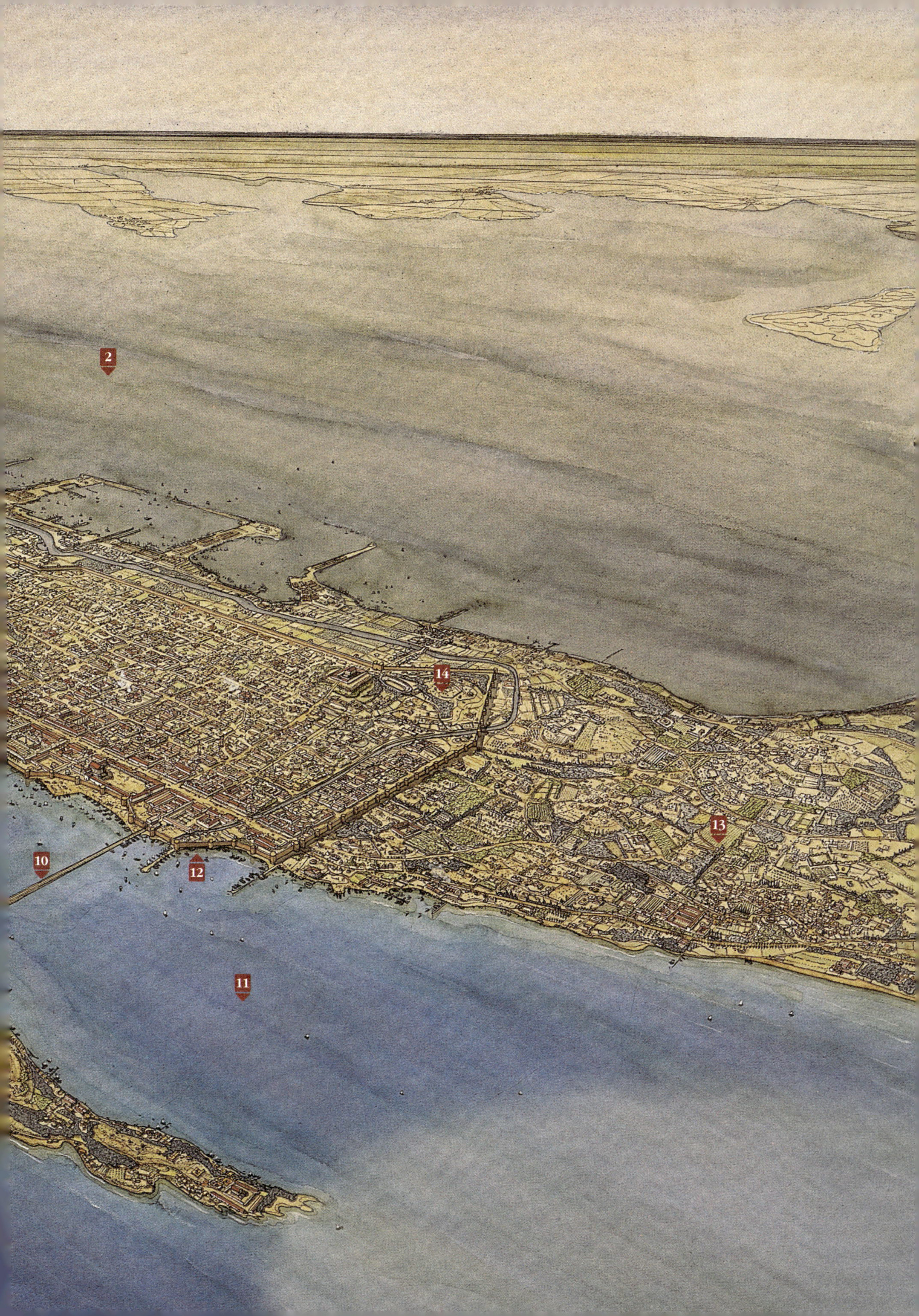
2
14
13
10
12
11

寻找亚历山大

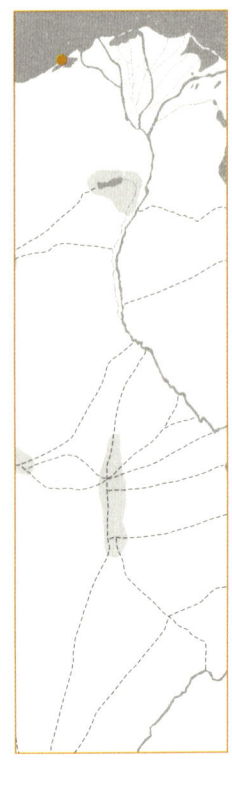

对港城亚历山大港最好的描述可以在斯特拉波的《地理学》(Géographie)中找到。斯特拉波是一位历史学家，在约公元前25年时曾在这座城市居住。《地理学》是对这座希腊城市进行详细描述的唯一现存文献。

这座城市由罗得岛的狄诺克拉底设计，形状犹如马其顿的长披风。其北面有大海（1）作为天然边界，南边坐落着马雷奥提斯湖（2）。城市布局借鉴希腊城市模型，城中的街道彼此垂直，形成一个规则的城市交通网络。所有街道设计都是为了让城市暴露在北风之下，它能在夏天让城市变得凉爽。城中的交通干道十分宽阔，车马可以在其间随意通行，"其中有两条尤为宽阔，宽度超过了1普勒戎（30米），并且彼此垂直相交"。

城中还有不少非常美丽的公共花园，以及"占了整座城市面积四分之一，甚至是三分之一"的王宫。当人们从大港口（3）抵达这座城市时，"右边是法罗斯岛（4）和亚历山大灯塔（5），左边是礁石和洛察斯岬，还有一座王室建筑（6）"。

穿过洛察斯岬就能抵达王宫（7）。这里的王宫和王室花园曾不断被改造、扩建，附近还有研究学问的殿堂，包括"王者之墓和亚历山大大帝之墓"的庙宇（Sôma）、"王室专属的人工封闭港"以及亚历山大图书馆。修建图书馆的想法来自法勒鲁姆的德米特里。他的构想是在城中修建一座建筑，使各个领域的学者（语法学家、语史学家、诗人、地理学家、医生、物理学家或天文学家）都能在里面开展研究并授课。馆中有全希腊世界集合而来的70万册图书供学者参阅。图书馆与安提罗得岛（8）相对，这是一座"位于人造港前方的岛屿，在岛上有一座王宫和一个小港口，它的名字像是在告诉人们，它是为抗衡罗得岛而存在的（安提，即anti，这是一个表示'对立'的词语前缀）"。

斯特拉波接着在书中一带而过地介绍了很多不同的建筑和圣所，这些建筑构成了城市的中枢（9），包括剧场、波塞冬神庙、恺撒神庙、海关大楼、仓库和造船厂等。它们后方的艾普台斯塔维雍大突堤（10）连通了法罗斯岛与陆地。西边有另一个名为乌诺斯托的港口（11），那里有一个叫基博多斯的人造锚地（12）。锚地旁设有海军兵工厂，它与马雷奥提斯湖之间连着一条运河，船只可在这条运河里航行。

城市最远端的住宅区后坐落着郊区墓地（13），"那里有大量的花园，坟墓和专门将亡人制作成木乃伊的场所"。在运河的一头矗立着献给塞拉比斯的萨拉皮翁神庙（14），他是亚历山大港和托勒密王朝的守护神，萨拉皮翁神庙旁还有"其他非常古老的圣所"。

城市的中央坐落着法院、花园和体育场，体育场里修建了多条"长超过1斯塔狄（177米）"的柱廊。这里还筑建了潘神庙和"潘神之丘"，这是"一座松果形人造山丘，山丘上岩石丛生，人们可以通过一条螺旋式的坡道登上潘神庙。站在山丘顶部可以一览全城风貌，亚历山大港就在人们脚下向四周铺展开来"。一条边上建有优美柱廊的主干道贯穿城市东西，从墓地起一直延伸至克诺珀斯门（15）。

在更远的地方，可以看到战车竞技场（16），有一整片郊区是以"伊普德宏"（Hippodrome，意为"战车竞技场"）来命名的，这片郊区的街道相互平行，一直延伸至克诺珀斯运河。

如今，亚历山大中这些存在于罗马埃及时代的奇观和设施还剩下些什么呢？显然，那些建在这座古城上的阿拉伯城市和当代的城市已经摧毁了希腊埃及、罗马埃及时期的亚历山大。在修建于萨拉皮翁神庙周围的宗教中心里，留存至今的只有所谓的庞培之柱、一些雕像的碎片和考姆舒加法（Kom el-Shugafa）地下陵墓。

考姆舒加法地下陵墓是1世纪和2世纪的杰出墓群，墓室中可以看到混合埃及和希腊艺术风格的装饰画。古城的中心曾有广场、法院、剧场、公共浴场、议事厅、体育场等大型公共设施。如今只有罗马埃及时代的考姆迪克剧场及公共浴场成功抵御了时间的侵蚀。

王宫没有留存下来，亚历山大大帝之墓、研究学问的殿堂、图书馆同样已消失不见。图书馆因恺撒的

塞拉比斯：希腊王权的守护神

希腊作家普鲁塔克讲过的神话证明了塞拉比斯在埃及出现的合理性。故事讲述了（救主）托勒密一世（前305—前282年）的梦，他在梦中看到了一座巨大的神灵雕像。这位神秘的神灵住在黑海之滨的锡诺帕城，他让托勒密一世将他的雕像带到港城亚历山大，托勒密一世照做了。祭司和贤人在他到达时立刻认出这是一座普路托（冥王）的雕像。于是，埃及人给它起了一个名字：塞拉比斯。因为"对于埃及人来说，塞拉比斯相当于地狱之神普路托"。

不必纠结这个故事的真实性，因为它其实是在讲述使希腊神灵合理地被纳入埃及万神殿的方式。其实，塞拉比斯不是外来神灵，在托勒密王朝的国王为新政权的利益而将其创造出来之前，它并不存在。塞拉比斯的形象来源于宙斯，仅有几个小细节体现了埃及传统。

一般情况下他都威严地坐着，身披丘尼卡（一种筒形长袍），脚上穿着凉鞋。他留着长发，蓄着胡须，头上戴着一种名为"卡拉索斯"（calathos，希腊语名词，一种称量谷物的容器）的花瓶状礼帽或奥西里斯的阿特夫（atef）王冠（装饰着两根羽毛的白色头冠，有时还饰以日盘、牛角、羊角或眼镜蛇）。有时他高举权杖或丰饶之角，有时小哈波奎迪斯或地狱看门狗刻耳柏洛斯会伴他左右。无论他的形象如何变化，都带着希腊神灵的特征。

文字资料中找不到对塞拉比斯的明确定义，他在埃及万神殿中到底代表什么呢？必须考虑的是，在他出现前，埃及已存在各种各样的神灵。要受到埃及人的崇拜，他必须拥有与当地神灵不冲突的独特个性。对此，普鲁塔克直接引用了祭司们的话："他们说，奥西里斯和阿派斯已混为一体。"塞拉比斯的真名"奥索尔-哈比（Osor-Hapi）"似乎由奥西里斯和阿派斯的名字结合而来。最终，塞拉比斯拥有了多位神灵的个性。

他是一位丧葬神，但埃及的亡人自古以来都由奥西里斯掌管。因此，他在扮演这个角色时只不过是伟大的奥西里斯在希腊语中的"复制品"。丰饶之角和卡拉索斯礼帽证明塞拉比斯是一位与土地肥力（埃及万神殿中经常涉及的主题）有关的神灵，他所降下的神谕深得人心，他会帮助农民预测收成、给予农耕方面的建议。此外，塞拉比斯还是一位医疗之神，这是他最出众的身份。在埃及，这个身份并不属于一位特定的神灵，穆特、塞赫麦特、塞尔凯特和伊姆霍特普等神都有治愈能力。在这个领域，塞拉比斯是无可争议的大师。

传说，在离亚历山大几千米远的克诺珀斯城，他曾多次展现神奇的治愈能力。塞拉比斯还被视为托勒密王朝和亚历山大的守护神。他还与埃及最受欢迎的女神伊西斯及其子哈波奎迪斯联系在一起，组成守护王室的三柱神。

军事行动而受损，后又被安东尼修缮，4世纪时遭到洗劫，最终于642年被一场大火烧为灰烬。郊外的墓地于1997年出土，其中的坟墓由很多个在岩壁中凿建的墓穴构成，有时一个坟墓中有200个墓穴。

至于亚历山大灯塔，人们在盖特贝伊要塞下方展开水下发掘工作，在那里发现了一座由2000多块石头构成的遗址，其中包括柱头、雕塑、斯芬克斯雕像、立柱、石头及方尖碑等的碎块。这难道就是亚历山大灯塔吗？这不无可能，但在找到它的献词之前还不能下定论。艾普台斯塔维雍大突堤也已不复存在。法罗斯岛成为一个半岛，因为长堤被改造成了一块土地，上面还修建了阿拉伯风格的城市。

* 数字标号见 p.192、p.193 跨页大图。

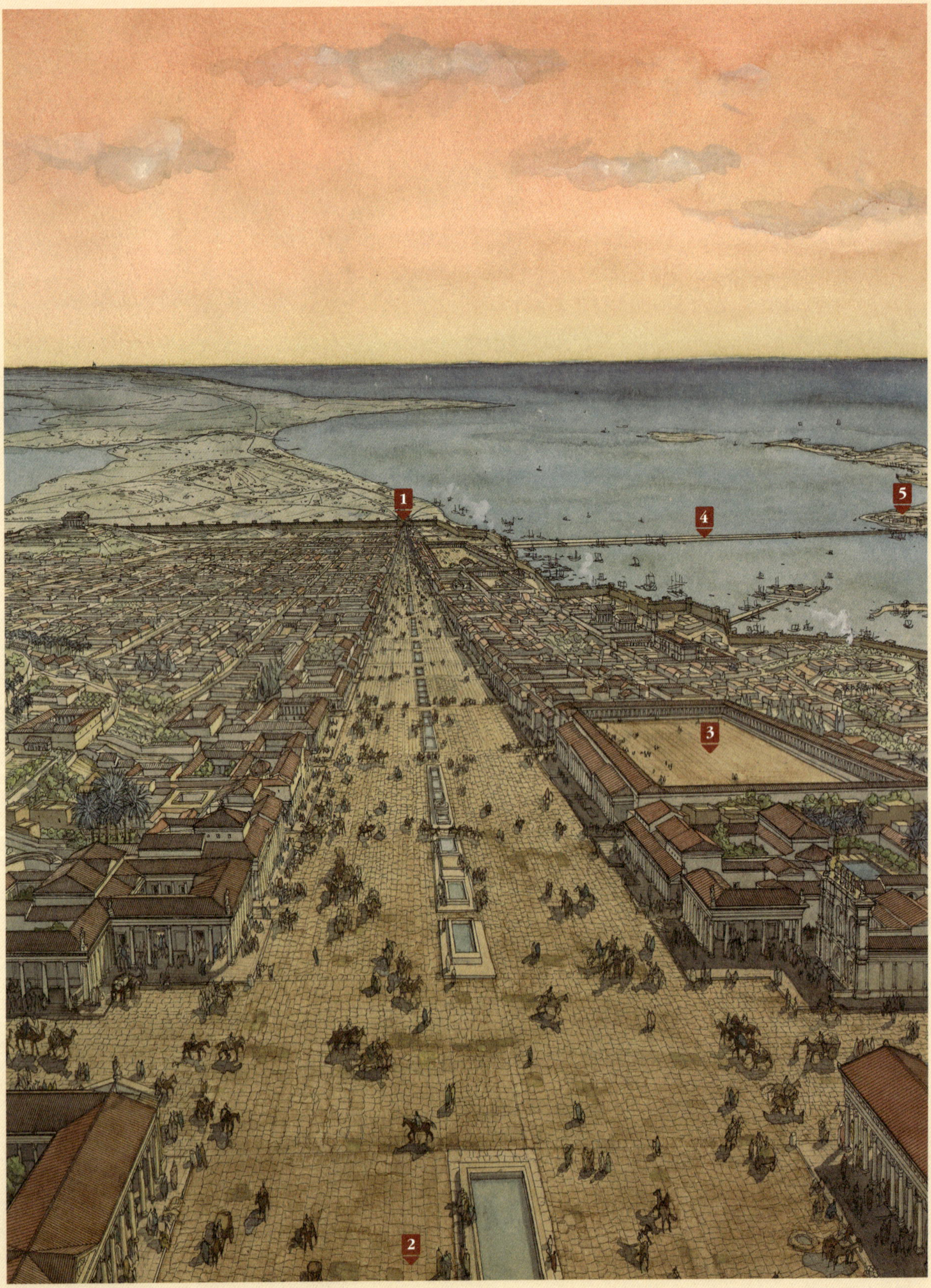
1
4
5
3
2

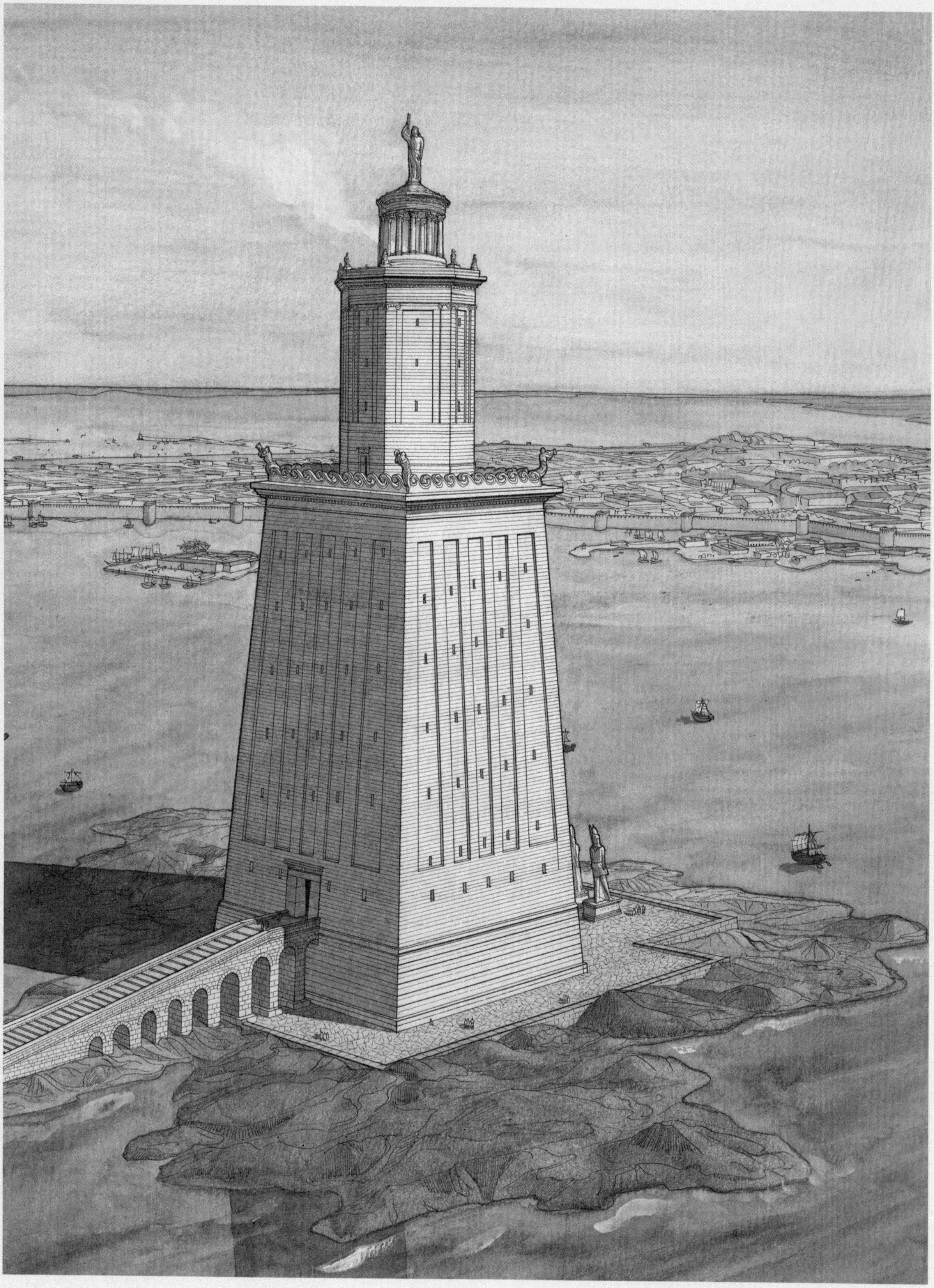

建立亚历山大的传说

很多作家都说亚历山大大帝当年亲自主持了亚历山大港的动工仪式。据说，城市的规划不是用粉笔勾勒的，而是用面粉。斯特拉波写道："作家们提过一个在画建筑地基边线时出现的意外，这个意外预示好运将一直与这座城市相伴。当时，建筑师正在用白土标记围墙的边线，白土突然用完了。国王正好到了现场，他的总管们拿出一部分为制作劳工餐食而准备的面粉。建筑师便使用面粉画出了更多条街道。据说，这件事被视作祥瑞之兆。"普鲁塔克接着补充道："突然，一大群形形色色的鸟从河里和潟湖中飞来，降落到这片土地上，它们吃完了所有面粉。亚历山大大帝对此感到不安，但占卜师让他放心，因为这件事说明这座城市将拥有能够养活各国子民的丰富资源。"

亚历山大大帝建立的港城亚历山大

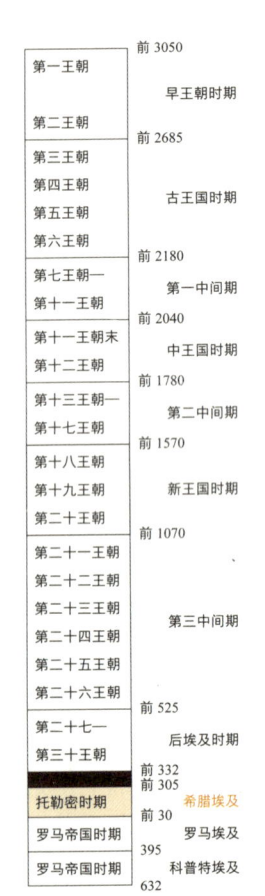

第一王朝	前3050
第二王朝	早王朝时期
	前2685
第三王朝	
第四王朝	古王国时期
第五王朝	
第六王朝	
	前2180
第七王朝— 第十一王朝	第一中间期
	前2040
第十一王朝末 第十二王朝	中王国时期
	前1780
第十三王朝— 第十七王朝	第二中间期
	前1570
第十八王朝 第十九王朝 第二十王朝	新王国时期
	前1070
第二十一王朝 第二十二王朝 第二十三王朝 第二十四王朝 第二十五王朝 第二十六王朝	第三中间期
	前525
第二十七— 第三十王朝	后埃及时期
	前332
托勒密时期	希腊埃及
	前305
罗马帝国时期	前30 罗马埃及
	395
罗马帝国时期	科普特埃及
	632

克诺珀斯大道

亚历山大有两条贯穿城市的主干道：第一条东西向的主干道连通了克诺珀斯大门（1）和墓区（2），克诺珀斯大门的名字脱胎于亚历山大以东的克诺珀斯市；第二条南北向的主干道从海边的王室专属的封闭人工港一直延伸至马雷奥提斯湖沿岸的设施。斯特拉波说这两条主干道宽30米，但19世纪在亚历山大工作过的埃及考古学家穆罕默德·法拉奇认为，它们的宽度不可能超过14米。和大多数地中海东部城市一样，这座城市的两条主干道边也修建了柱廊，阿喀琉斯·塔提奥斯在2世纪所写的一本小说中确认了这一点。书中的一位人物"去了一座叫亚历山大的城市"，城里有"一排立柱"呈直线排列，还有另一排同样的立柱与其横向相交。城市的西北部坐落着体育场（3）、剧场、法院（Dikasterion）、议会厅（Bouleuterion）、广场等公共设施。艾普台斯塔维雍大突堤（4）从这里通向法罗斯岛（5），岛上有亚历山大灯塔。宗教中心围绕托勒密王朝的守护神塞拉比斯的神庙萨拉皮翁发展，此区域位于城墙的西南角，完全偏离市中心。在传统的希腊城市中，城内主要的圣所都在城市中心的附近，为什么萨拉皮翁却要建在如此偏僻的地方？有人发现它位于拉科提斯的中心区域，拉科提斯是修建亚历山大前就坐落于此的小镇，也许托勒密王朝的国王想通过这个具有象征意义的做法让自己融入最纯正的埃及传统。

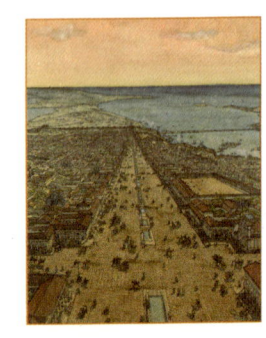

* 数字标号见 p.196 大图。

亚历山大大帝征服埃及后的希腊埃及

公元前351年，内克塔内布二世击退发起进攻的波斯军队。10年后，阿尔塔薛西斯三世奥库斯第二次征服埃及。亚历山大大帝率军攻打波斯帝国，征服安纳托利亚、叙利亚、腓尼基后，于公元前332年攻入埃及。出人意料的是，当地人将他迎入埃及，把他视为带领他们摆脱波斯王朝统治的救星。他远行至利比亚沙漠中的锡瓦绿洲，那里的阿蒙-宙斯神承认他是自己的儿子，并宣布他为"宇宙的主宰"，这让他在埃及更加受人爱戴。人们认为这次远行证明他尊重埃及神灵。次年，他正式在孟菲斯的普塔神庙登基，成为埃及的国王。

他将埃及疆域扩张至第一"瀑布"处并修建了港城亚历山大。几个月后，再次出征亚洲前，他委托自己在佩拉宫殿时的童年玩伴、拉古斯之子托勒密将军代他管理这片土地，并封其为埃及总督。亚历山大大帝于公元前323年辞世后，托勒密先后代表他的两位继任者——亚历山大的儿子或同父异母的兄弟菲利普·阿瑞戴伍斯（于公元前317年被谋杀）、亚历山大和其波斯妻子罗克珊娜所生之子亚历山大四世（于公元前311年被谋杀，直到公元前305年，他都被视作埃及国王）——行使总督职权。二者都有法老的头衔，但实际上是托勒密在管理这个国家。

缺乏合格继承人的残酷现实使亚历山大的帝国迅速开始分裂：从公元前321年起，马其顿落入卡山德（Cassandre）之手，色雷斯落入利西马科斯（Lysimaque）之手，小亚细亚落入安提戈诺斯（Antigonos）之手，巴比伦落入塞琉古（Séleucos）之手，而埃及则落入托勒密之手。公元前305年，这些争夺继承亚历山大帝位的统帅称王，拉古斯之子托勒密就这样成为"救主托勒密一世"。

因此，埃及时代有3个惯用名称：希腊王朝、托勒密王朝或拉吉德（源于托勒密之父拉古斯）王朝。罗马王朝攻占埃及前，托勒密国王们统治埃及达3个世纪之久。他们通常使用数字区分——从托勒密一世到十四世；文献一般使用他们的名、别名或姓氏来称呼他们——救主（Soter）、爱兄妹者（Philadelphe）、施惠者（Évergète）、爱父者（Philopator）、神显者（Épiphane）……

他们吸纳埃及传统，创立了与希腊不同的、拥有多种独特机构的王国。他们制作木乃伊，尼罗河河谷的神灵（索贝克、哈罗埃里斯、哈比、荷鲁斯、哈托尔和伊西斯等）也受到他们的祭祀。他们还按照最传统的法老时代风格为这些神灵在康翁波、埃德富、菲莱、丹达腊和埃斯纳等地修建圣所。这些圣所修筑在新王国时期（前1570—前1070年）的建筑上，因为修建时间短，普遍保存完好。

圣书体、世俗体或希腊文撰写的资料，1世纪旅行家们（如斯特拉波和西西里的狄奥多罗斯）所写的故事，莎草纸卷，神庙，雕像，赤土陶器及青铜制品展示了希腊王权体制的运行方式，详细而忠实地记述了拉吉德王朝的历史。这段历史充斥着暗杀、宫廷惨剧和近亲婚姻。拉吉德王朝遵循君主世袭制，但现实是，经常有人为继承王位、统治国家而违法犯罪。

例如，为了达到自己的目的，"爱父者"托勒密四世毫不犹豫地杀死了他的叔叔利西马科斯、母亲贝蕾尼西二世、弟弟马格斯以及姐姐兼配偶阿尔西诺伊三世。托勒密王国的本质特征是中央集权：一切源于国王，一切属于国王。所有法律、法令、法规的制定和争端的解决方式都由国王决定。中央和地方政府的高官会协助国王执政，还有显贵朝臣围绕在国王身边，他们的头衔体现出该政权的家长制特征：他们有的是"国王的亲戚"，有的是"国王的第一个朋友"……

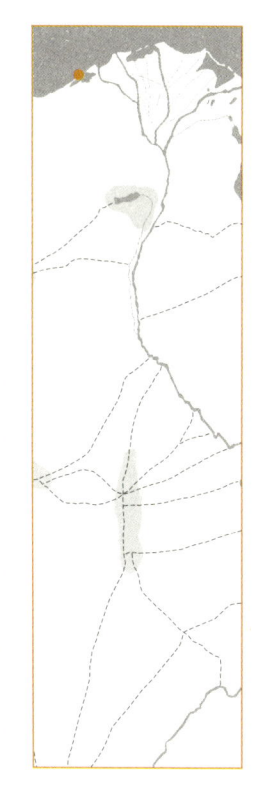

首都亚历山大是这个王国的中枢，城里住着高官，主要包括王室秘书处总管、关税总管、司法部部长和财政部部长等。其他地方进行了严格的行政划分：一共有郡、州、村3个等级，郡下面有多个州，州下面有多个村。这些地方行政区域由郡长、州长和村长3种不同的高级官员领导，还有郡长助理、州长助理和村长助理来协助他们开展工作。乍一看，这种过度等级化的管理制度似乎有些复杂，甚至压迫感十足。然而，这种制度非常有效。几个人同时有权处理同一件事，因此他们彼此监督，这是该制度的一大优越之处。另外，农田都属于国王，他可以自由支配。当时，沃土被冠以"王土"的名号并通过合约租赁给农民。农民受王权的直接保护，因为国王很清楚他的财富倚仗这些农民。不过，国王保留了将部分土地用于修建地方行政区域、圣所或授予有功者的权力。

游亚历山大灯塔（前25年）

海水从四面拍打着小岛，最前端是一座岩礁，岛上有一座用白色石头修建的灯塔，这座令人仰慕的建筑有若干层，且与此岛同名。灯塔的献词*显示，它由国王的朋友克尼多斯的索斯特拉托斯设计。地势低洼的海岸两旁都是暗礁和浅滩，所以在近海航行、准备靠岸的人需要从高处发出的明亮信号，以便在信号的指引下顺利入港。而亚历山大灯塔就是为让船员们安全靠岸而修建的。

斯特拉波（前1世纪—1世纪）

* 亚历山大灯塔的献词至今尚未发现，A. 贝尔南根据文献记载复原献词如下：

"献给国王托勒密及王后阿尔西诺伊、阿德尔斐的众神、迪西番之子——克尼多斯的索斯特拉托斯、守护乘船者的诸神。"

世界第七大奇迹

"啊，海神普罗透斯！为了希腊人的安全，迪西番之子——克尼多斯的索斯特拉托斯修筑了这座灯塔，它是法罗斯岛的守护者。在埃及，没有岛屿可以当作守望之地，船只停靠的海岸几乎与海浪齐平。因此，人们才在这难以停靠的岩礁上筑起这座灯塔。白天，高耸入云的灯塔与天空相映成趣。而在漫漫长夜里，乘海浪前行的水手会在塔尖看到一团熊熊燃烧的火焰。"

佩拉的波西狄波斯在"法罗斯岛上的灯塔"竣工不久后写下了这段文字，因为岸边没有协助船只入港的标识，所以修建灯塔是必要的。如今，灯塔已不复存在，对它的认识都从古代的资料（旅行家对灯塔的描述、所写的故事，或是镶嵌艺术作品、硬币和模型上的图像）中得来。

亚历山大灯塔约（托勒密二世统治时期）落成于公元前280年。恺撒说这是"一座高耸而令人惊叹的建筑"，斯特拉波说这是"一座由白色大理石建成的多层灯塔，美得不可思议"。

阿拉伯的作家们记下了相关数据，描述得更为精确。马苏迪（Masoudi，10世纪）解释说，这座灯塔是一座"高约230肘长（102米）"的建筑，有3层结构："110肘长（49米）"以下的部分为四边形，"随后它的形状变成八边形，最上面的部分是圆形的"。

伊本·萨一格（Ibn-Al-Sayig，12世纪）说这是一座高105米的3层灯塔：第一层呈四边形，高60米；第二层呈八边形，高26米；第三层形状不明，高19米。一位同时代的作家曾提到类似的建筑，3层层高分别为53.44米、36.14米和13.75米，灯塔总高度为103.33米。

1世纪和2世纪的罗马硬币上也有一座3层的灯塔，塔顶有一座雕塑。那么，点火设施在哪里呢？除几盏与灯塔外形相似的赤陶灯外，还有3件镶嵌艺术作品展示了它的外观。第一件在杰拉什的圣约翰教堂，但已严重损毁；第二件在威尼斯的圣马可广场，上面有一座2层灯塔，塔顶是一座圆顶清真寺，很可能是伊本·图伦在9世纪末增盖的建筑；第三件在"利比亚堡"，上面有一座灯塔及通向灯塔的坡道，灯塔顶部是一座头戴光芒夺目的王冠的赫利俄斯雕像。

可以肯定的是，这座灯塔共有3层结构，分别为四边形、八边形和圆形，且它的高度超过100米。点火设施的位置仍然存在争议，很难说清它到底是在雕像（宙斯雕像、波塞冬雕像、双子神狄俄斯库里雕像）下的镂空圆形建筑中，还是在外面。

从灯塔到要塞，跨越17个世纪

亚历山大灯塔运行了近1700年（前3世纪—14世纪）。在中世纪前以及阿拉伯时代的史料记述中，4世纪到14世纪，该地区发生了22次大地震，灯塔的各部分随着地震损毁。灯塔的第3层消失于796年。956年，灯塔又损毁了22米。最后一次地震不久后绘制的一份海图显示，这场严重的地震发生于1303年8月8日，它完全摧毁了灯塔。伊本·塔尼里比尔迪（Ibn Taghribardi）曾提出应尝试修复灯塔，但北非裔旅行家伊本·白图泰（Ibn Battuta）认为，1346年起，这座灯塔就不能再使用了。1477年，马穆鲁克王朝的盖特贝伊下令在法罗斯岛东北处修建要塞，灯塔就此彻底消失。这处建于世界第七大奇迹之上的要塞至今仍然可见。

200

附　录
遗址名录（该名录中的遗址介于仅仅知晓和保存完好之间）

阿布拉瓦须
距开罗 20 千米，地处下埃及。
雷吉德夫金字塔遗址。
第四王朝（古王国）时期的遗址。
进入遗址很困难，甚至很危险。现场仅剩 1 座完全变平的金字塔的残骸以及 1 个掘空的葬船坑。
此遗址适合专业人士。

阿布古罗布
距开罗 26 千米，地处下埃及。
乌瑟卡夫和纽塞拉的太阳神庙的遗址。
第五王朝（古王国）时期的遗址。
这两座建筑只有几个雪花石膏盆和一些建筑遗迹留存至今。
此遗址适合经验丰富的业余爱好者。

阿布辛拜勒
距阿斯旺 270 千米，地处努比亚。
拉美西斯二世和尼斐尔泰丽的 2 座岩窟神庙（已被联合国教科文组织迁至阿布辛拜勒新址）的遗址。
第十九王朝（新王国）时期的遗址。
该遗址的美会让人忘记到达此地的漫漫长路。这两座凿建于岩壁上的神庙坐落在埃及的最南端，位于古努比亚，它们大概是法老时代最美的建筑中的两座。人们可以乘坐飞机或游轮前往该遗址。第二种方式更贵，但有两个优势：在乘坐游轮的 4 天时间里，人们可以游览其他位于纳赛尔湖沿岸的被迁至高处的神庙（时至今日，乘船仍是去往这些神庙的唯一方式）；人们是面朝神庙从湖上一路抵达阿布辛拜勒的，所以在远处就能看到神庙雄伟的外观，神庙随着船的前进而在视线中逐渐变大，看上去壮丽非凡。
此遗址不容错过。

阿布西尔
距开罗 25 千米，地处下埃及。
萨胡拉、内弗尔卡拉、兰尼弗雷夫和纽塞拉金字塔的遗址。
第五王朝（古王国）时期的遗址。
不幸被游客忽略的遗址。实际上，此地值得顺便去看看，不是为了坐落在这里的金字塔（已普遍成为废墟），而是为了附属于王陵的建筑：陵庙。它们因建材的多样性和刻在石头上极其精美的浮雕而引人注目。萨胡拉的陵庙尤其值得游客们停留参观。
此遗址适合经验丰富的业余爱好者。

阿拜多斯
距卢克索 162 千米，地处上埃及。
1 座塞提一世的圣所、1 座拉美西斯二世神庙和奥西里昂（奥西里斯之墓）的遗址。
第十九王朝（新王国）时期的遗址。
没有什么比塞提一世的圣所的精美浮雕（有的还保留了绚丽的色彩）更能吸引眼球了，它代表了法老时代浮雕艺术的顶峰，每个国王面对神灵的浮雕场景都流露出优雅和敬重。拉美西斯二世神庙离得更远，游人也不多，但也值得一看。因为只有底座保存下来的拉美西斯二世神庙留有十分美丽的雕栏，雕栏上刻着代表尼罗河人形化身的精灵。
此遗址不容错过。

港城亚历山大
距开罗 223 千米，地处尼罗河三角洲。
托勒密王朝时期的首都，由亚历山大大帝下令修建。
希腊埃及、罗马埃及时期的遗址。
一些考古遗迹让人们能够大致了解这座古城的布局（明确了神庙萨拉皮翁所在地的庞培之柱、考姆舒加法地下陵墓、考姆迪克剧场以及希腊埃及、罗马埃及时期的研究学问的殿堂等）。简而言之，亚历山大不是古石爱好者可以大饱眼福的地方，但这座城市仍是全国最宜人的城市之一。这座海滨城市有多条宽阔的林荫大道，仍散发着 19 世纪被埃及总督以及国王统治时期的魅力。
此遗址适合业余爱好者。

哈科尔（提纳）
距开罗 220 千米，地处中埃及。
1 座尼禄神庙和一片大墓地的遗址。
第三中间期和罗马埃及时期的遗址。
只有耸于悬崖上的建筑得以保存，这些建筑的质量并不高。
此遗址适合专业人士。

阿马达
距阿斯旺 180 千米，地处努比亚。
1 座献给拉-哈拉胡提和阿蒙-拉的神庙（已被联合国教科文组织迁至阿马达新址）的遗址。
第十八和第十九王朝（新王国）时期的遗址。
这座小型建筑保存较好，展示了绘制精良的传统图像，一些图像上还留存着多种颜色的痕迹。此建筑可能会让人有些失望。
此遗址适合经验丰富的业余爱好者。

安提诺波利斯（谢赫伊巴达）
距开罗 275 千米，地处中埃及。
这是一座由皇帝哈德良下令修建的城市。

罗马埃及时期的遗址。
这里的宗教建筑、行政建筑、剧场、竞技场、居住区已被夷为平地。
此遗址适合专业人士。

阿尔曼特
距卢克索 17.5 千米。
1 座蒙图神庙的遗址。
第十二王朝（中王国）至希腊埃及、罗马埃及时期的遗址。
1860 年，当地为修建一座制糖厂而摧毁这座神庙。通过《埃及描述》、莱普修斯带领的普鲁士考察队的记录和照片，人们才得知它的存在。在不远处，可以看到布赫姆（阿尔曼特圣公牛的墓地）的遗迹。
此遗址适合专业人士。

阿萨西夫（西底比斯）
位于卢克索对着的尼罗河西岸，地处上埃及。
一片平民墓地遗址。
第十八和第十九王朝（新王国）时期的遗址，也是第二十五和第二十六王朝（第三中间）时期的遗址。
这不是底比斯最重要的墓地，但这里有 1 座因其制作工艺和肖像画主题而不容错过的坟墓，墓主叫克鲁伊夫，他是阿蒙霍特普三世的王后蒂伊的总管。
此遗址不容错过。

阿瓦里斯（达巴城堆）
距开罗 128 千米，地处尼罗河三角洲。
喜克索斯人定都此地。
第十五和第十六王朝（第二中间）时期的遗址。
此地看不到任何真正的遗迹。
此遗址适合专业人士。

拜赫贝特埃尔-哈格
距开罗 138 千米，地处尼罗河三角洲。
1 座伊西斯的神庙（伊西姆）的遗址。
第三十王朝（后埃及）和希腊埃及时期的遗址。
尽管遗址狼藉一片，但仍很迷人。不要尝试在脑海里复原这座神庙，而要去欣赏在参观过程中映入眼帘的绚丽浮雕。
此遗址适合经验丰富的业余爱好者。

贝特瓦利
距阿斯旺 1 千米，地处努比亚。
1 座由拉美西斯二世献给阿蒙-拉的岩窟神庙（已被联合国教科文组织迁至卡拉布沙新址）的遗址。
第十九王朝（新王国）时期的遗址。
这是一座赏心悦目的小型岩窟神庙……但很难找到。游客可以询问导游它藏在什么地方。

此遗址适合业余爱好者。

贝尼哈桑
距开罗 234.5 千米，地处中埃及。
"羚羊郡和莫纳特·胡夫的王侯"——克努姆霍特普墓的遗址。
第十一和第十二王朝（中王国）时期的遗址。
这些精巧的地下坟墓具有那个时期特有的魅力，展现了此地区高官的日常生活：田间劳作、管理农田、在沙漠中狩猎、在沼泽中捕鱼，以及五六排不可思议的描绘摔跤场景的装饰画，就像连环画一样。不幸的是，一些坟墓已严重损毁。
此遗址适合业余爱好者。

布巴斯提斯（巴斯塔城堆）
距开罗 87 千米，地处尼罗河三角洲。
1 座献给巴斯特的城市的遗址。
古王国至托勒密时期的遗址。
这座献给女神巴斯特的神庙现在只剩下一堆乱七八糟、难以辨认的石块。人们勉强能辨认出 1 座围有柱廊的庭院、1 座塞德节庭院、1 座多柱大厅和一片圣域。更远处，可以看到 1 座木乃伊猫墓地的地道。
此遗址适合专业人士。

阿布德·古尔纳教长陵园（西底比斯）
位于卢克索对着的尼罗河西岸，地处上埃及。
一片平民墓地的遗址。
第十八和第十九王朝（新王国）时期的遗址。
这片大墓地共有约 65 座坟墓。遗憾的是游客无法参观第 10 座坟墓。请参观墓地守卫推荐的所有坟墓，特别是拉莫斯和凯姆哈特的坟墓（毫无疑问是该墓地中最精美的两座坟墓）、门纳的坟墓和纳赫特的坟墓（以其鲜艳的色彩著称）、莱克米尔的坟墓（可细看墓中关于手工业和进贡的图像）以及塞内弗尔的坟墓（被称为"葡萄园之墓"）。
此遗址不容错过。

门农巨像（西底比斯）
位于卢克索对着的尼罗河西岸，地处上埃及。
阿蒙霍特普三世陵庙的遗址。
第十八王朝（新王国）时期的遗址。
阿蒙霍特普三世的陵庙——阿蒙诺菲乌姆留存至今的全部遗迹就是 2 座孤零零地矗立在田间的巨像，人们不可能错过它们，因为它们就坐落在通向西底比斯的道路的边缘。游客有必要在这里停下来近距离观赏。
此遗址不容错过。

达赫舒尔
距开罗 35 千米，地处下埃及。
2 座斯尼夫鲁的金字塔和阿蒙涅姆赫特二世、阿蒙涅姆赫特三世和塞索斯特里斯三世的金字塔的遗址。

第四王朝（古王国）和第十二王朝（中王国）时期的遗址。

如果达赫舒尔只有第十二王朝时期的古迹，那么恐怕没人会到这里来。显然，这片遗址最突出的古迹是斯尼夫鲁的2座金字塔："弯曲金字塔"和"红色金字塔"，两者都是埃及建筑中的杰作。游客可以进入"红色金字塔"的内部游览。从下方看可能会有些吓人，因为入口很高，需要攀爬，而且内部的通道很窄。但是，如果游客愿意花时间参观，就会在看到有叠涩拱屋顶的大厅时感觉自己的付出得到了回报。不建议有幽闭恐惧症的人参观此地。

此遗址不容错过。

达卡

距阿斯旺40千米，地处努比亚。

1座献给普努布斯之神托特的神庙（已被联合国教科文组织迁至瓦蒂塞布阿新址）的遗址。

希腊埃及、罗马埃及时期的遗址。

虽然它不具备尼罗河谷中托勒密时期的大型圣所的规模，但还是因其高质量的浮雕而魅力不减。

此遗址适合业余爱好者。

德尔巴哈里（西底比斯）

位于卢克索对着的尼罗河西岸，地处上埃及。

哈特谢普苏特陵庙的遗址。

第十八王朝（新王国）时期的遗址。

如果被修复得少一些，这座陵庙大概会是全埃及最美的建筑，因为它与周围的天然岩石环谷融为一体。人们可以驻足于柱廊，通过上面的浮雕画感受宴席的丰盛，也可借此出访庞特（观赏丰腴的庞特女王）。同时，浮雕画展现了女王神圣降生时的场景、受教和加冕时的场景，还有女王在塞德节时举办的卡纳克方尖碑修建仪式等。

此遗址不容错过。

戴尔麦地那（西底比斯）

位于卢克索对着的尼罗河西岸，地处上埃及。

国王谷劳工村的遗址。

第十八、第十九和第二十王朝（新王国）时期的遗址。

这是埃及保存最好的居住区之一。游客可在村里的路上散步，可以进入村中的房屋，同时还可以看记录在戴尔麦地那村中陶片上的文字资料，其中大部分内容都很有趣。墓地中的坟墓也不能错过，可以要求墓地守卫打开那些已正式关闭的坟墓，有时，这样做行得通。游客还可以去参观那座托勒密时期的小型哈托尔神庙，它经常被忽视。

此遗址不容错过。

丹达腊

距卢克索66.5千米，地处上埃及。

1座哈托尔神庙的遗址。

托勒密时期的遗址。

这座神庙完全按传统结构建造，因其独特的细节而吸引人。因此，人们不要错过它的魅力所在：神庙不同大厅顶部展示的天穹装饰画、地穴（一定要和守卫坚持要求参观）、位于天台的有纪念"与日盘融合"仪式的亭庙、丹达腊黄道带、圣湖（保存完好），还有玛米西。

此遗址不容错过。

德尔

距阿斯旺180千米，地处努比亚。

1座拉美西斯二世的岩窟神庙（已被联合国教科文组织迁至阿马达新址）的遗址。

第十九王朝（新王国）时期的遗址。

这座岩窟神庙的设计和阿布辛拜勒的岩窟神庙一样，只是更简朴。

此遗址适合经验丰富的业余爱好者。

德拉阿布纳加（西底比斯）

位于卢克索对着的尼罗河西岸，地处上埃及。

一片平民墓地的遗址。

第十八和第十九王朝（新王国）时期的遗址。

墓地的坟墓可能不开放，它也可能不是底比斯最美的墓地。但如果有机会的话，可以去参观阿蒙摩斯（拉美西斯一世和塞提一世的祭司）的坟墓，里面可看到稀有且精美的图像。

此遗址适合业余爱好者。

埃德富

距卢克索103.5千米，地处上埃及。

1座荷鲁斯神庙的遗址。

托勒密时期的遗址。

保存得十分完好，以至于给人刚刚建好的错觉。它是尼罗河谷中能让人真正了解埃及圣所构造的建筑之一。

此遗址不容错过。

象岛

在阿斯旺附近的岛屿，地处上埃及。

1座献给克努姆和萨提斯的神庙的遗址。

第三十王朝（后埃及）至希腊埃及、罗马埃及时期的遗址。

象岛留下的神庙遗迹不多，因此人们很难领略它的风采。不过一定要走到尼罗河水位仪的下方，此水位仪保存得很好，它能让人了解这类设施的用途。如果有胆量的话（因为需要爬很陡的坡），可以去参观象岛上贵族（古王国和中王国时期）的地下墓穴。虽然墓中的肖像画主题是传统的，但有些肖像画带有鲜艳的色彩。

此遗址适合业余爱好者。

埃尔卡布
距卢克索 85.5 千米，地处上埃及。
涅赫布古城及 1 座涅赫贝特神庙的遗址。
第十八王朝（新王国）至第三十王朝（后埃及）的遗址。
显然，古城的围墙很雄伟，人们爬城墙时会被它的庞大规模所震撼。但除此之外的遗迹很少。一定要绕路去参观一下凿建于阿拉伯沙漠悬崖中的涅赫布显贵们的坟墓。
此遗址适合业余爱好者。

埃尔霍哈（西底比斯）
位于卢克索对着的尼罗河西岸，地处上埃及。
一片平民墓地的遗址。
第十八和第十九王朝（新王国）时期的遗址。
如果可能，去参观尼斐尔佩特的坟墓（内有与手工业有关的美丽图像），尤其得去看看奈巴蒙和伊普基的坟墓（内有工匠、雕塑师、金匠、木匠等工作时的图像），他们是阿蒙霍特普三世和埃赫那都在位期间的"两地之主的雕塑师"。有可能参观不了，因为这些坟墓通常不开放。
此遗址适合业余爱好者。

埃斯纳
距卢克索 53.5 千米，地处上埃及。
1 座献给克努姆和奈特的神庙的遗址。
罗马埃及时期的遗址。
这座罗马埃及时期的建筑只剩下多柱大厅，基于其大小，可以想象法老时代这整座建筑的规模。诚然，游客会有些失望，因为这是希腊埃及、罗马埃及时期全国最重要的宗教中心。如有机会，可停下参观一番。
此遗址适合业余爱好者。

杰贝勒-西尔西拉（链山）
距阿斯旺 63 千米，地处上埃及。
砂岩采石场和霍伦海布岩窟神庙的遗址。
第十八王朝（新王国）时期的遗址。
到访此地很难，但这是个有趣的地方。如果决定到这里去，请选择位于尼罗河西岸的部分游览，因为那里可看到礼拜堂和纪念性石碑。
此遗址适合专业人士。

吉萨
距开罗 12.5 千米，地处下埃及。
胡夫金字塔、哈夫拉金字塔和孟考拉金字塔的遗址。
第四王朝（古王国）时期的遗址。
如果在埃及只能游览一处遗址，那一定要游览这个地方。3 座气势磅礴的金字塔和狮身人面像俯瞰着吉萨高地，构成人类所能见到的最震撼的景象之一。唯一美中不足的地方是人多。因此，最好在清晨或傍晚到这个地方来，特别不要周五去。参观时不能错过金字塔的内部，特别是胡夫金字塔和哈夫拉金字塔的内部，不建议有幽闭恐惧症的人参观。一定要看的还有胡夫的丧葬船（在专门为它设计的博物馆中展出），在埃及发现的这类古迹中，它是最美、最大的。
此遗址不容错过。

古尔纳（西底比斯）
位于卢克索对着的尼罗河西岸，地处上埃及。
塞提一世陵庙的遗址。
第十九王朝（新王国）时期的遗址。
和阿拜多斯圣所的浮雕一样，装饰这座陵庙的浮雕也美到让人惊喜不已。遗憾的是陵庙并不完整，但剩下的部分已足够大饱眼福。
此遗址适合业余爱好者。

古尔奈·穆拉伊（西底比斯）
位于卢克索对着的尼罗河西岸，地处上埃及。
一片平民墓地的遗址。
第十八和第十九王朝（新王国）时期的遗址。
坟墓毁坏较严重且通常不开放。如有机会，游客可以去参观胡伊的坟墓，他是图坦卡蒙在位时期库什的总督，其墓中有一些在国王面前进贡南方宝物的图像。
此遗址适合业余爱好者。

哈瓦拉
距开罗 115.5 千米，地处法尤姆。
阿蒙涅姆赫特三世金字塔的遗址。
第十二王朝（中王国）时期的遗址。
坟墓部分只剩一堆泥砖，而著名的"迷宫"陵庙则已消失。
此遗址适合经验丰富的业余爱好者。

赫尔摩坡里斯（阿什穆奈）
距开罗 278 千米，地处中埃及。
托特之城，且是郡的首府。
第十二王朝（中王国）至希腊埃及、罗马埃及时期的遗址。
此遗址非常令人失望，因为它已完全损毁。能看到的仅仅是几块掉在地上的石块、一段塔门的残块、一些破碎的雕塑碎片。大墓地更吸引人，那里有佩托西里斯的坟墓。人们可以快速参观图纳山（附近）的阿玛纳周界石碑。
此遗址适合业余爱好者。

拉宏
距开罗 110 千米，地处法尤姆。
塞索斯特里斯二世金字塔的遗址。
第十二王朝（中王国）时期的遗址。
能够见到的金字塔只剩一大堆泥砖，因为石质贴面如今已消失。
此遗址适合经验丰富的业余爱好者。

卡拉布沙

距阿斯旺 1000 米，地处努比亚。

1 座奥古斯都献给曼杜利斯的神庙（现已由联合国教科文组织迁至卡拉布沙新址）的遗址。

罗马埃及时期的遗址。

这是一座美丽的建筑，很大但很精巧，周围景色壮美。

此遗址适合业余爱好者。

哈尔加

距开罗 585 千米，利比亚沙漠中的绿洲。

希比斯（绿洲的首府）和杜什（罗马驻军基地）的遗址。

第二十六王朝（第三中间）至罗马埃及时期的遗址。

虽然通向西部沙漠的绿洲的路比较难走，但却很令人愉快，如果游客决定这么走，那一定要在希比斯神庙那里停下来。这是古城里唯一尚能看见且保存较好的遗迹，而杜什遗址上几乎看不到什么遗迹。

此遗址适合经验丰富的业余爱好者。

卡纳克（东底比斯）

距卢克索 3 千米，地处上埃及。

1 座阿蒙-拉的神庙的遗址。

第十二王朝（中王国）至罗马埃及时期的遗址。

这是一处因建筑密度高而很难看懂的遗址，因为多个时期的不同建筑都集中在此地，使其雄伟非凡。游客可以安排一个好日子到这里参观，如果可以，不要错过这里特别激动人心的声光表演。

此遗址不容错过。

克塔西

距阿斯旺 1 千米，地处努比亚。

1 座亭庙（已被联合国教科文组织迁至卡拉布沙新址）的遗址。

罗马埃及时期的遗址。

虽不完整，但非常美丽精致。尽管亭庙仅剩 2 座哈托尔石柱和 4 座柱头装点着植物图案的石柱，但若到了这片遗址，还是该去看看。

此遗址适合业余爱好者。

康翁波

距阿斯旺 43 千米，地处上埃及。

1 座献给索贝克和哈罗埃里斯的神庙的遗址。

希腊埃及、罗马埃及时期的遗址。

这是一座具有绝佳地理位置的神庙，因为它紧挨尼罗河畔修建，俯瞰着整片棕榈林。它的设计非常新颖，因为它是献给 2 组不同的三柱神的，因此建筑具有二分性。游客可以阅读斯特拉波和希罗多德的文字，想象文字描绘的景象，充分欣赏此地。

此遗址适合业余爱好者。

利希特

距开罗 60 千米，地处下埃及。

阿蒙涅姆赫特一世和塞索斯特里斯一世金字塔的遗址。

第十二王朝（中王国）时期的遗址。

2 座金字塔损毁严重，而且由于地下水渗入，游客已不能进入金字塔。

此遗址适合专业人士。

卢克索（东底比斯）

距阿斯旺 208.5 千米，距开罗 651.5 千米，位于上埃及。

与卡纳克神庙相连的奥佩特神庙的遗址，这座神庙是献给阿蒙-拉的。

第十八和第十九王朝（新王国）时期的遗址。

这是一座壮丽的建筑，特别是阿蒙霍特普三世在位时期修建的部分，它坐落于现今卢克索城的中心。

此遗址不容错过。

马哈拉卡

距阿斯旺 40 千米，地处努比亚。

1 座献给塞拉比斯和伊西斯的神庙（已被联合国教科文组织迁至埃塞布亚干谷新址）的遗址。

罗马埃及时期的遗址。

游客造访此地时，不妨顺便去看看这片遗址，因为它离瓦蒂塞布阿的神庙和达卡神庙仅一步之遥。不过遗址的吸引力有限，因其留存下来的只有多柱大厅，且多柱大厅内无题铭学文献。

此遗址适合业余爱好者。

马勒卡塔（西底比斯）

位于卢克索对着的尼罗河西岸，地处上埃及。

阿蒙霍特普三世宫殿的遗址。

第十八王朝（新王国）时期的遗址。

遗址上几乎看不到遗迹。

此遗址适合专业人士。

美达姆得

距卢克索 4.5 千米，地处上埃及。

1 座蒙图神庙的遗址。

第十二王朝（中王国）至希腊埃及、罗马埃及时期的遗址。

虽然此地非常破败，但却是从卢克索的喧嚣中抽身几小时的绝佳场所，游客可在此地漫步。这里不仅不乏趣味，且很安静。这是一个平静的避风港。不用犹豫，去参观吧。

此遗址适合经验丰富的业余爱好者。

美迪奈特哈布（西底比斯）

位于卢克索对着的尼罗河西岸，地处上埃及。

拉美西斯三世陵庙的遗址。
第二十王朝（新王国）时期的遗址。
非常美的建筑群，它是同类圣所中保存得最好的。游客可请求守卫让其上到"米格道尔"（王室守卫塔）中，那里展示着新颖、迷人的图像。
此遗址不容错过。

美迪奈特·马地

距开罗 133.5 千米，地处法尤姆。
1 座献给索贝克和列涅努式的神庙的遗址。
第十二王朝（中王国）至罗马埃及时期的遗址。
这里的废墟群很美，不幸的是没有得到良好的维护，它值得到访法尤姆的人们顺便去参观一番。
此遗址适合经验丰富的业余爱好者。

梅杜姆

距开罗 80 千米，地处下埃及。
斯尼夫鲁（或其父亲胡尼）的金字塔的遗址。
第四王朝（古王国）时期的遗址。
这座金字塔异常震撼人心，尽管已部分坍塌。如果想了解金字塔形坟墓的演变，这是一处必游之地。
此遗址适合业余爱好者。

孟菲斯

距开罗 24 千米，地处下埃及。
美尼斯所建首都的遗址。
这是一座整个法老时代都经常被造访的城市。
不幸的是，仅有极少的古孟菲斯遗迹留存至今：散落的石块、一些雕塑的部件（包括 1 座美丽的雪花石膏斯芬克斯像）、对尸体进行防腐处理的操作台……此地没有可让人产生幻想的事物。若已经前往，不妨去看看拉美西斯二世的巨像（保存在一座现代建筑中）。
此遗址适合经验丰富的业余爱好者。

克劳迪亚努斯山

在连接基纳（位于尼罗河谷）和阿布舍阿尔（位于红海沿岸）的道路上，地处阿拉伯沙漠。
花岗岩采石场和矿业小镇的遗址。
罗马埃及时期的遗址。
留有高约 1 米的小镇设施遗迹，此地有很多开采花岗岩的痕迹（采石面、石柱或被遗弃的建筑构件、坡道等）。
此遗址适合专业人士。

斑岩山

在连接基纳（位于尼罗河谷）和阿布舍阿尔（位于红海沿岸）的道路上，地处阿拉伯沙漠。
斑岩采石场和矿业小镇的遗址。
罗马埃及时期的遗址。
遗址如今只剩整平层。
此遗址适合专业人士。

瓦蒂塞布阿

距阿斯旺 40 千米，地处努比亚。
1 座拉美西斯二世献给拉-哈马克希斯和阿蒙-拉的岩窟神庙的遗址。
第十九王朝（新王国）时期的遗址。
前文已介绍了位于努比亚地区的阿布辛拜勒的 2 座岩窟神庙、德尔的岩窟神庙及贝特瓦利的岩窟神庙，它们都是拉美西斯二世时期修建的。因此，游客可能会对参观第 5 座拉美西斯二世下令修建的岩窟神庙感到有些犹豫，特别是在它们的数量具有压倒性时：在努比亚可见的 11 个古迹中，5 个是拉美西斯二世在位时修建的。数量虽多，但奇怪的是，它们各不相同且各具魅力。尽管瓦蒂塞布阿的半岩窟神庙并不出众，游客仍会被它吸引。迎接游客的是一条两侧卧着石狮（像是努比亚沙漠的守护者）的宽阔大道，以及像在欢迎来客的国王巨像。必须承认，周围环境为遗址增色不少。
此遗址适合业余爱好者。

哈马马特干谷

在连接库夫特（位于尼罗河谷）和库希尔（位于红海沿岸）的道路上，地处阿拉伯沙漠。
金矿和页岩采石场的遗址。
整个法老时代人们都在这里采矿。
曾经的设施已不复存在，但游客可以在整个干谷的岩石崖壁上看到很多涂鸦。
此遗址适合专业人士。

贝鲁西亚（法拉玛城堆）

距开罗 166 千米，地处西奈半岛西北。
设防港口的遗址。
希腊埃及、罗马埃及和伊斯兰时期的遗址。
此遗址可以作为在塞得港和伊斯梅利亚（坐落于苏伊士运河两端的城市）之间惬意漫步的目的地。遗址占地面积超过 8 公顷，包含各种城市设施。
此遗址适合专业人士。

菲莱

阿斯旺附近的岛屿，地处上埃及。
1 座伊西斯神庙（已被联合国教科文组织迁出）的遗址。
第二十五王朝（第三中间）至罗马埃及时期的遗址。
菲莱岛环境优美，坐落在整个岛上的建筑群也非常华美。游客不要仅参观伊西斯神庙，周围的建筑（图拉真时期修建的亭庙、哈托尔神庙、岛的一端的罗马时期建筑等）也值得一看。
如有机会，可以去观看声光表演，十分动人。

207

此遗址不容错过。

培-拉美西斯（康提尔）
距开罗 133 千米，地处尼罗河三角洲。
拉美西斯时代的首都的遗址。
第十九和第二十王朝（新王国）时期的遗址。
此地几乎看不到遗迹。
此遗址适合专业人士。

萨加堡
距开罗 140 千米，地处法尤姆。
第十二王朝国王们创建的城市。
第十二王朝（中王国）时期的遗址。
此地几乎看不到遗迹。
此遗址适合专业人士。

卡伦堡
距开罗 152.5 千米，地处法尤姆。
1 座索贝克神庙的遗址。
后埃及时期至罗马埃及时期的遗址。
虽然此地环境十分宜人，且位于莫里斯湖（卡伦湖）的岸边，但神庙留下的遗迹很少，例如狄奥尼西亚古城的不同设施。
此遗址适合专业人士。

拉美西姆（西底比斯）
位于卢克索对着的尼罗河西岸，地处上埃及。
拉美西姆是拉美西斯二世的陵庙。
第十九王朝（新王国）时期的遗址。
这应是一座华美的建筑，与下令修建它的人的地位吻合。但建筑已严重损毁。值得一看的部分有第一塔门内侧记录卡叠什之战的图像、倒在第一庭院的巨像"太阳王拉美西斯"、陵庙的附属建筑（大部分是用土坯筑起的拱顶货栈和仓库）。
此遗址不容错过。

舍易斯（萨·哈加尔）
距开罗 123 千米，地处尼罗河三角洲。
第二十六王朝的国王们定都于此，这是一座献给奈特的城市。
第二十六王朝（第三中间）至罗马埃及时期的遗址。
只有几个看不出原本模样的土堆表明古城曾经存在。
此遗址适合专业人士。

萨卡拉
距开罗 31 千米，地处下埃及。
一片大墓地的遗址，整个法老时代都在被使用。
不如吉萨壮观，但建筑类型丰富得多。在一片长 7000 米、宽 1500 米的区域内分布着古王国时期的多座金字塔（其中，左赛尔、乌纳斯、珀辟一世和珀辟二世的金字塔最有名）、多座马斯塔巴（其中，悌伊、普塔霍特普、美列卢卡和卡盖姆尼的巴斯塔巴最美）、新王国时期的平民坟墓（其中，霍伦海布和玛雅的最有名）以及后埃及时期和托勒密时期的圣兽墓地（其中，最震撼人心的是塞拉匹姆）等。
此遗址不容错过。

塞拉毕特·卡迪姆
距开罗 246 千米，地处西奈半岛西南。
绿松石矿场和 1 座哈托尔神庙的遗址。
第一王朝（早王朝）至第二十王朝（新王国）时期的遗址。
注意：在行驶完 246 千米（最后 46 千米路不好走）后，还需再步行约 1 小时！因此，游客需要为远途旅行做准备。此地环境极美，遗址很独特（因其设计与采矿活动有关），步行体验也是独一无二的。尽管神庙已经破败，很多地方仍可看到法老时代的活动留下的证据，尤其是那些在多处竖立着的石碑，它们是被派到这里在周围的矿山中开采铜或绿松石的勘探队留下的纪念物。
此遗址适合经验丰富的业余爱好者。

锡瓦
距开罗 816 千米，是利比亚沙漠中的绿洲。
"阿蒙人"之城。
第二十六王朝（第三中间）至罗马埃及时期的遗址。
这地方很棒，它位于利比亚沙漠的中心，真正远离一切。这里很神奇，让人感到放松，是个理想的休养地。在此地小憩的同时，游客可以追随亚历山大大帝的脚步，随时到著名的神谕神庙参观，也可以到"亡人山"穆塔去，这里有建在山坡上的大墓地，里面有几个非常美丽的坟墓（可以先去看尼佩尔帕史特的坟墓）。
此遗址适合经验丰富的业余爱好者。

塔尼斯（桑·哈加尔）
距开罗 167 千米，地处尼罗河三角洲。
第二十一和第二十二王朝法老以此地为首都。
第二十一王朝（第三中间）至罗马埃及时期的遗址。
尼罗河三角洲地区保存最好的法老遗址。在一个巨大的沙漠城堆的中心，坐落着几座神庙壮观的遗迹，其中最大的神庙是献给阿蒙的。不远处，坐落着一片王室墓地（游客可向守卫请求参观墓地）。为充分感受这处有些特别的遗址的氛围，游客不能着急，要去附近的小丘上走走，还要爬上格哈里布丘高 31 米的山顶，那里可俯瞰整个尼罗河三角洲。
此遗址适合业余爱好者。

阿玛纳城堆
距开罗 284 千米，地处中埃及。
阿蒙诺菲斯四世时期至埃赫那吞时期的首都的遗址。
第十八王朝（新王国）时期的遗址。

这是尼罗河谷中最奇特的遗址之一，造就了绵延25千米的巨大沙漠环谷。古阿玛纳城已变为平地，现在很难找到它的痕迹，这让人很失望。不过，集中在南、北2个大墓地的平民坟墓很有趣，它们能够让人更好地了解阿吞教派的某些方面。注意：不要独自去参观南区的地下坟墓（离北区仅有4000米），因为去的路是一条无标识的小道，游客可能会迷路，且寻求不到帮助。

此遗址适合业余爱好者。

扎尔卡城堆

在连接库夫特（位于尼罗河谷）和库希尔（位于红海沿岸）的道路上，地处阿拉伯沙漠。

1座小堡垒的遗址。

罗马埃及时期的遗址。

堡垒保留了一部分高约4米的城墙，该堡垒是这条沙漠商队通行道路上保存最完好的建筑。

此遗址适合专业人士。

陶德

距卢克索27千米。

1座蒙图神庙的遗址。

第二十一王朝（中王国）至希腊埃及、罗马埃及时期的遗址。

遗迹散落在如今的村庄中。这座遗址因藏在一个沙坑中的4只箱子中的宝物闻名，宝物上有阿蒙涅姆赫特二世的名字，其中包括天然的和切割过的青金石、银器和金器、含银的铅锭和金锭、护身符、印章、杯子、链条和圆筒状物品等。这些宝物现由开罗的埃及博物馆和卢浮宫博物馆共享。

此遗址适合专业人士。

王后谷（西底比斯）

位于卢克索对着的尼罗河西岸，地处上埃及。

埃及王后和王子的坟墓的遗址。

第十八、第十九、第二十王朝（新王国）时期的遗址。

尼斐尔泰丽之墓是王后谷璀璨的珍宝。它的门票昂贵，但这绝对是一座值得一看的、富丽堂皇的坟墓。对经济不太宽裕的游客来说，其他人的坟墓同样值得一游，例如拉美西斯三世早夭的儿子哈姆瓦塞特和阿蒙海尔考普合夫，他们的坟墓以墓中图像展现出的高度纯真感和鲜明的色彩著称。

此遗址不容错过。

帝王谷（西底比斯）

位于卢克索对着的尼罗河西岸，地处上埃及。

埃及国王坟墓的遗址。

第十八、第十九、第二十王朝（新王国）时期的遗址。

所有游客可进入的地下坟墓都值得停留仔细参观，无一例外。如果只能选部分坟墓参观，一定要去塞提一世、拉美西斯三世、霍伦海布、图特摩斯三世、阿蒙霍特普二世和拉美西斯六世的坟墓。不要觉得必须得去看看图坦卡蒙的坟墓，因为它是整个国王谷中最小、最不美的……但奇怪的是，它却是游客最多的。这里给骑自行车或自驾过来的人一个建议：不要忘了在靠近门农巨像的地方买门票，否则就得下去再上来（需走约5000米路且路很陡）才能参观坟墓。

此遗址不容错过。

专业词汇表

阿克：构成人的精神元素之一。阿克是一种不死的元素，它被视为一种可赋予人类不死效力的隐形力量。在一些情况下，阿克指有特权的亡人、鬼魂或"灵物"（一种介于神和人之间的精灵）。

阿赫特：埃及年中第一季的名称，指洪水季（6月至10月）。

阿蒙涅特："无法被看到者"或"隐匿者"。她和阿蒙是一对雌雄神，在赫尔摩坡里斯的创世神话中，他们是世界被创造前就已出现的4对雌雄神中的一对。在该传说中，阿蒙和阿蒙涅特并不是神灵，而是"空"或"空间的不确定性"的人形化身。

阿蒙："隐匿者"，来自底比斯，从中王国时期（前2040—前1780年）起成为帝国至高无上的神、民族和王朝之神。他的主要礼拜场所位于底比斯（卡纳克和卢克索），他在那里同女神穆特和他们的儿子孔苏一起受人敬拜。

护身符：守护活人和亡人的小雕像。活人的项链上戴着它，亡人的裹尸布里插着它。护身符的材质可以是陶、宝石、半宝石、铜、金、银……它们要么代表神灵，要么代表王室标志，要么代表具有效力的圣书体符号，包括吉德柱（代表持续和稳定）、乌加特之眼（代表完满）、"安卡"符（代表生命）、圣甲虫凯布利（代表杰出的存在）、伊西斯之结（代表随时随地的守护）、心（代表意识）、王名圈（代表名字）等。

无题铭的：指没有任何铭文的载体。

圣兽：在埃及，所有动物都被视为神力的容器，无论这种神力是好是坏。对圣兽的礼拜也因此发展壮大。它们包括狒狒或朱鹭（托特）、鳄鱼（索贝克）、母猫（巴斯特）、鹰隼（荷鲁斯）、公牛（阿派斯）、豺狼（阿努比斯）、蝎子（塞尔凯特）等。

"安卡"（符）：一个象征生命的带柄十字符。

阿努奇斯：象岛三柱神中克努姆和萨提斯的女儿。在父母的身边，她是尼罗河水源的守护女神、尼罗河"瀑布"的女主人。她的外形是一位戴着羽毛冠的女性，有时会有一只瞪羚（和尼罗河有关联的动物）陪伴着她。

阿努比斯：丧葬神，外形为豺或豺首人身。他被视为木乃伊制作方法的发明者，因此负责监督尸体防腐仪式，保证仪式顺利进行。阿努比斯还进一步成为墓地的守护者。

阿派斯：孟菲斯的圣公牛，它被视为普塔在地上世界的代表。有时，它会与奥西里斯和拉融合，在这种情况下，它会拥有丧葬神和太阳神的特性。圣公牛被埋葬在专属墓地塞拉匹姆中。

阿波菲斯：邪恶的巨蛇，它是一切破坏和混乱的力量的化身，同时也象征邪恶。

阿吞：卓越的日盘。它的名字从古王国时期（前2685—前2180年）起就出现在金字塔文中，国王阿蒙霍特普四世（埃赫那吞）在第十八王朝（前1570—前1293年）将它提升为王朝大神，但在此之前，它一直默默无闻。

阿图姆：他是赫里奥波里斯太阳神及造物神三面中的一面。阿图姆代表落日，而拉和凯布利则分别是正午的太阳和初升的太阳的化身。

"巴"：构成人的精神元素中的一种。"巴"长了人的头和鸟的身体，某种程度上可视为亡人的灵魂。它是这样一种实体：在人死时，它会离开人的肉体，然后重获自己的"个性"并开始随意游荡。"巴"可以待在墓室里的肉体旁，可以去丧葬礼拜堂享用献给它的祭品，也可以到外面去，重返亡人最喜欢的散步地点。

胡须：尽管所有受人尊重的埃及人都不能蓄须，但在图像中，神灵、法老和官员都会用假胡须装饰他们的下巴，为的是显示男子气概。神灵的胡须长而细，末端弯曲，且被精心编过；国王的胡须是带波浪的四边形；而贵族们仅有一小撮简单的胡须。

巴斯特：猫女神，在尼罗河三角洲的布巴斯提斯受人敬拜。它代表危险女神的温和面。它象征着喜悦、柔和善意，所以民众对它的礼拜很重要。

贝斯：形态丑陋的矮人，双腿畸形，看上去一副开心的样子。这种精灵特别受人类家庭的欢迎，他被视为女人和孩子的守护者。据说，他会用怪诞的舞蹈和可怕的鬼脸驱走出没于房里的恶灵和邪恶势力。

卡诺卜（坛）：死者被做成木乃伊的内脏会被放到4个（用黏土、雪花石膏或石灰石制作）卡诺卜坛里存放，这4个坛子分别受到4位男性神灵（荷鲁斯的4个儿子）和4位女神的保护：人首艾谢特、伊西斯守护着他的肝脏；狒狒头哈碧、奈芙蒂斯守护着他的肺；豺狼头杜米特夫、奈特守护着他的胃；鹰隼头奎本汉穆夫、塞尔凯特守护着他的肠子。

王名圈：拉长的环形圈，象征着国王对一切的统治，圈里有法老的第四和第五个王衔：上、下埃及之王衔和拉之子衔。

柱头：埃及开发出了各种不同的柱头，每一种都广泛应用于建筑：棕榈叶形柱头、盛开或闭合的莲形柱头、纸莎草伞形花状柱头、混合形（带有植物图案的纸莎草）柱头以及哈托尔（脸部装饰着牛耳）柱头。

施木：埃及年中第三季的名称，指丰收季（3月至6月）。

"辰"之环：将绳子打结后形成的环，象征着宇宙，即"太阳在运行中所环绕的事物"。

镂空壁：一种建筑方式，可以造出一种具有两层不同高度的屋顶，它们之间因高差形成的空隙用镂空壁填补，好让光线照进来。

王室头饰：法老最常佩戴的头饰包括由发带束起的简单假发和"内梅什"巾冠（一种盖住肩膀的条纹头巾）、上埃及的白冠和下埃及的红冠、红白双冠（前两者的组合）以及蓝冠（或称战争王冠，一种带圆圈的蓝色头盔）。

创世神话：描绘创世和建立宇宙中不同要素（大地、天空、星辰……）的神话故事。很多宗教中心都有自己的创世神话：赫里奥波里斯、孟菲斯、埃斯纳、底比斯、赫尔摩坡里斯……每个创世神话体系中都有造物神，即创世神，他用自己的方式造物：在孟菲斯，普塔用"思想和言语"造物；在埃斯纳，克努姆在他的陶轮上创造了众神、众生和万物。

神灵头冠：在大多数情况下，神灵所戴的头冠可以体现他们的身份。如果他们没有这些象征物作为装饰，有时很难区分他们。奥西里斯佩戴的是阿特夫头冠，这是一种两侧各有一根羽毛的高冠；荷鲁斯佩戴的是红白双冠，它是上、下埃及的王冠的组合；伊西斯戴王座形头冠，这是书写她名字的符号；玛特和舒的头上戴着鸵鸟毛；塞尔凯特头戴蝎子的外壳；等等。

创世神：指某一创世神话体系中的造物神，这位神灵在赫里奥波里斯叫拉，在孟菲斯叫普塔，在埃斯纳叫克努姆或奈特，在底比斯叫阿蒙。

世俗体：公元前7世纪末出现的草书体，是当时流行且通用的字体。它源自僧侣体，但更进一步。世俗体主要被公证人和官员用来编写行政文件、合同和法律文本。

在地基中放置物品：一种伴随修建宗教或丧葬建筑的特殊仪式，它包括通过天文观测确定精准的方向，将用来献祭的鹅放到地基的沟槽中，在建筑的各个角放置微型物体（小板子、工作用具、罐子等）。

吉德（柱）：除去枝叶的树或带割痕的桩，象征持久和稳定。

多洛摩斯：通常两侧有斯芬克斯雕像或卧狮雕像的道路，它是神庙中轴线向外延伸的部分，与另一个宗教建筑或尼罗河岸边的某个码头相连。

字体：埃及人使用的字体主要有3种。一种为宗教性字体，名为圣书体；另两种为民间字体——僧侣体以及公元前7世纪末取代它的世俗体。

防腐处理：木乃伊的发明反映了一种清晰的逻辑：在埃及，死亡并不代表终结，而是过渡到另一种存在的形式。然而，这种过渡十分危险。死亡来临时，人的不同组成部分（"卡"、"巴"、名字、肉体、心等）会分离开来，但是每一种元素都单独保留自己的完整性。如果能再次把这些元素凑齐，死者就可能获得第二次生命。因此，要想让死者复活，就得保存好其最脆弱的部分——肉体。一旦肉体腐坏，死者就失去了复活的可能。操作包括清空身体的内脏，然后把尸体放入泡碱中浸泡70天，使其脱水。接下来，需将其清洗，涂上香料，裹上布带，并在裹尸布中插入护身符。内脏需单独做成木乃伊，然后再放入4个由荷鲁斯的4个儿子守护的卡诺卜坛中。

九柱神：最初，九柱神指的是9位原始神，它们本身象征着宇宙中所有活跃的基本力量，在赫里奥波里斯的创世神话体系中就是这种情况。随着时间的推移，表达九柱神意思的词失去了其词源学的意义，转而用来指某种神学起源时就存在的神灵团体，且不限定团体中神灵的数量。因此，在阿拜多斯，本意为"九柱神"的词（Ennéade）只代指7位神灵，而在底比斯，它代指15位神灵。

盖布：大地和在土地中各种资源的人形化身。他和天空之神努特是赫里奥波里斯伟大的九柱神中的第二对夫妻神。

精灵：住在地下世界的生物，使进入地下世界变得危险。这是一些混乱势力、杂交动物、低等生物和邪恶势力。它们用长矛和刀子攻击死者，它们成百上千地挤在坟墓的墙上，但如果人们知道它们叫什么且知道在遇到它们时要念的咒语，就能让它们失去力量。这就是在精灵图像旁边都能看到详细的说明文字的原因，文字给死者提供了这些信息，让他们不会措手不及。

哈比：尼罗河洪水和潮水的人形化身，是耕地肥力的保证。作为富足的象征，哈比被表现为一位雌雄同体的神灵，时男时女。哈比有一对向下垂着的乳房，怀里抱着尼罗河的物产或者食物（鱼、花、面包等）。

哈马克希斯："地平线上的荷鲁斯"，化身为吉萨的狮身人面像的太阳神。

哈罗埃里斯："伟大的荷鲁斯"，康翁波的鹰隼神，在与太阳的敌人的交战中发挥了积极作用。一些传说将他与赫里奥波里斯的传说联系在一起，他在那里是"老荷鲁斯"，是盖布和努特的5个孩子之一。

哈波奎迪斯："幼年荷鲁斯"，是作为伊西斯和奥西里斯之子的荷鲁斯，和注定会长大的荷鲁斯不同，哈波奎迪斯注定要永远留在童年，甚至还成了这种状态的象征。

哈托尔：她的形象要么是一头母牛，要么是牛首人身的女性，要么是头上饰有双牛角（牛角上托着日盘）的女性。她是埃及万神殿中最受欢迎的女神之一。她有各种各样的身份：象征美、爱和欢乐的女神，底比斯大墓地的守护神，天界之神，异邦的女主人，王室子嗣的乳母……随着时间的推移，她因极受欢迎而融入了其他女神的个性，特别是伊西斯的个性。

海奎特：青蛙女神，她在安提诺波利斯与陶器之神、造物神克努姆联系在了一起。在人神结合的情况下，即通过一位神灵和王后的结合来孕育新君，她会帮助她的丈夫克努姆塑造孩子的身体。

僧侣体：一直使用到公元前7世纪末的草书字体，它是不适合快速记录的圣书体的简化形式，这种字体极好地满足了行政、司法和商业的需求。

圣书体：整个埃及历史中一直被使用的宗教性字体，通过象形符号（人、动物、物体等）来表达意义。它通常使用3种符号：表音符号（1个符号等同于1个、2个或3个辅音或半辅音）、表意符号（1个符号指代1个意义，且可以借助1个符号来记下1个词）、限定符号（1个不发音的符号，但可以用来修饰前一个词）。

哈拉胡提："双地平线上的荷鲁斯"，是太阳神的一种形态，也是赫里奥波里斯的造物神。

荷鲁斯：伊西斯和奥西里斯的儿子，从祖父盖布那里继承了地上世界的王权。因此，他是一位卓越的王朝大神，王权受他保护：法老被视为荷鲁斯在地上世界的代表。此外，他还是一位天界之神和太阳神，在此身份下，他和女神哈托尔联系到了一起。

胡伦：起源于迦南的神灵，作为太阳神，他与哈马克希斯融合在了一起，以吉萨的狮身人面像作为化身。

地下墓穴：凿建在悬崖山麓的王陵或平民坟墓。

多柱大厅：顶部由石柱支撑的大厅。

伊布：在圣书体象形文字中代指心的词，象征意识。

伊西斯：奥西里斯的姊妹和妻子，荷鲁斯的母亲。这位女神以强大的个性著称，此个性使她拥有多种身份：妇女和儿童的守护者、杰出的魔法师、亡人木乃伊的守护者、宇宙女神。

"卡"：构成人的精神元素之一。这种概念很难定义，因为在我们的观念和语言中，没有任何事物与埃及的"卡"对应。"卡"是一种生命能量的表现，这些能量兼具保守性和创造性，可以在人的肉体死亡后继续存活。祭品和祭文是献给"卡"的，"卡"被看作一种可让死者在冥间存活的元素。"卡"通常被翻译为"分身"。

亨悌曼提乌：拥有丧葬职权的豺狼神。最初，他既是亡人之神，又是阿拜多斯大墓地的守护者。古王国末期（约前2180年），奥西里斯融入了他的个性。自此，"亨悌曼提乌"仅被视为伟大死神的一个简单绰号。

凯布利：在赫里奥波里斯被敬拜的神灵，其外形是一只圣甲虫，象征着在每天早上重生的旭日。他同阿图姆（象征落日）及拉（象征正午的太阳）一起被视为造物神。

卡特：在圣书体象形文字中代指肉体的词。

克努姆：羊首神，拥有多个礼拜地。在象岛，他是尼罗河"瀑布"的主人，同时和萨提斯、阿努奇斯一起被视为尼罗河水源的守护者。在埃斯纳，他的身份是造物神，据说在此地他用陶轮塑造了众神、人类和万物。

孔苏：他被称为"漂泊者""旅行者"，是一位与月亮有直接联系的神灵。在第十八王朝（前1570—前1293年），他与阿蒙神和穆特女神联系在一起，成为底比斯三柱神中阿蒙与穆特的儿子。

库什（国）：最初，库什国指的是努比亚的一小块区域，位于第二"瀑布"以南。后来，这个称谓囊括了努比亚的全部领土。在新王国时期（前1570—前1070年），埃尔卡布和第四"瀑布"之间的区域交给一位总督（"库什国王子"）管理，且被一分为二：北边的叫瓦瓦特，南边的叫库什。

圣湖：修建在宗教区域内的长方形或形状奇特的水池。祭司可在湖中净化自己，圣船可在湖中航行。在湖边，人们会举行某些秘密祭礼。最重要的是，圣湖会让人想起努恩，即原始水，那里是所有生命出现的地方。

奥西里斯神话：埃及文学中最出名的神话。不幸的是，只有希腊作家普鲁塔克在其著作《伊西斯与奥西里斯》里记述了这个故事的完整版本。相关的埃及文字资料已支离破碎，有很多缺漏。此神话源于赫里奥波里斯的传说，它回溯了伟大的九柱神的生命的3个阶段：赛特谋杀奥西里斯、荷鲁斯出生并度过童年、荷鲁斯和赛特争夺地上世界的王权。

《亡灵书》：文集，更贴切的叫法是《为了白天可以外出的书》，它出现于新王国初期（约前1570年），汇集了各种咒语，它们可让亡人拥有绝对的行动自由并提供在地下世界的有用之物，从而确保亡人在冥界"复活"。书中的章节通常有说明性的装饰图案，这些章节被记录在莎草纸卷上，莎草纸卷存放于死者石棺中或被插在木乃伊的裹尸布里。很多这本书的副本都已被发现，却都不一致，一些副本中有另外一些副本中不存在的章节。迄今为止，已清点出约190个不同的章节，用罗马数字I（1）到CXC（190）对它们分别进行了编号。

玛特：象征真理和正义的女神。在地上世界，她保证宇宙的平衡和秩序；在冥间，她决定了灵魂称重时亡人的罪过的重量。因此，人和神都要遵从她的规则，遵守她象征的事物。

生命之屋：神庙运转时的附属建筑，其中有为祭司文化工作的各种职业的从业者：负责编写或抄写礼拜所需圣典的司书、医学研究人员、医生、高级教员、初级教员、主祭、祭司、艺人、装饰师。

宇宙之主：神话传说中的术语，指赫里奥波里斯神学中的创世神。其实，他指的是太阳这颗卓越的星体，可以用阿图姆、凯布利、拉、拉-阿图姆-凯布利、拉-阿图姆或阿图姆-凯布利来称呼他。

玛米西：这个词源于科普特语，可直译为"出生地"。它代指在后埃及时期（前525—前332年）附属神庙的建筑，埃及人每年都在里面举行夫妻神的孩子（涅斐尔图姆、孔苏、哈鲁索穆特斯等）的诞生庆典，进而也会在这里举行王室子嗣诞生的庆典。

马斯塔巴：这个词在阿拉伯语中是"长凳"的意思，指的是古王国时期（前2685—前2180年）的平民坟墓。马斯塔巴是给政府高官使用的，它们有规律地排列在王室金字塔周围。马斯塔巴有2个不同的部分：它的上部结构包括礼拜堂（供丧葬礼拜仪式使用）以及石龛（里面有亡人的"卡"的雕像）；它的下部结构包括在葬礼时填满了瓦砾的地道以及墓穴，墓穴里有亡人木乃伊的石棺及其陪葬的宝物（家私、小雕塑、饰品、船等）。

敏：生育之神，在此身份下，他与帝国之神阿蒙融合在了一起。在科普特斯和阿克米姆，他的身份是沙漠商队的守护者，还是分隔尼罗河谷和红海的东部沙漠中的道路的主人，他因此受到人们的敬拜。

姆尼维斯：赫里奥波里斯的圣公牛，在新王国初期（约前1570年）被视为太阳神的一个化身。

基督一性论：5世纪的宗教教义，因拒绝接受451年迦克墩公会议讨论的结果而产生。基督一性论只承认基督的一种性质，而迦克墩公会议则认为基督既是上帝也是人，即一人有两种性质。这种分歧导致了几个东正教教会的产生，特别是科普特教会、亚美尼亚教会和埃塞俄比亚教会。

蒙图：来自底比斯的鹰隼神，象征着不可抵抗的战斗力，他会协助国王征战。

穆特：秃鹫女神，她在底比斯的身份是阿蒙的妻子、孔苏的母亲。有时，她也会有如塞赫麦特这样的母狮女神和女战神的特点。

神室：用于指代2个不同事物的词，既指放置神灵雕像的石制神龛，也指放置神龛的屋子，也被称为"至圣所"。

涅斐尔图姆：象征着原始莲花，在时间的源头，太阳就是在原始莲花中出现的。很多不同神灵都和他有关联，在孟菲斯，他是普塔和塞赫麦特的儿子；在布巴斯提斯，他是母猫女神巴斯特的儿子；在布陀，他是眼镜蛇女神瓦吉特的儿子。

奈特：在尼罗河三角洲，她是舍易斯的女战神；在上埃及，她是埃斯纳的创世神。在地下世界，她与伊西斯、奈芙蒂斯和塞尔凯特一起守护着亡人的卡诺卜坛。

涅赫贝特：埃尔卡布（埃及南部）的秃鹫女神，其身份是上埃及的守护神。

奈芙蒂斯：她和奥西里斯、伊西斯、老荷鲁斯、赛特一起组成赫里奥波里斯九柱神中的最后一代神灵。她主要与丧葬有关，包括守护亡人的肉体和卡诺卜坛。

尼罗河水位仪：用统一修整过的石头有序搭建起来的装置，通常设置在神庙的围墙内或附近，用于监控尼罗河水的波动，特别是在涨潮的时候。尼罗河水位仪有一个长长的斜井，井里的楼梯通向河流。墙上的刻度可根据水量（特别是在象岛）来确定洪水的大小及洪水到达埃及的日期。

郡：希腊人给古埃及行政区所取的名字。在郡存在的3000年间，它们的数量、边界和名称都在跟随社会和政治的需求不断变化。然而，无论在哪个朝代，郡都是一个具有经济和财政属性的实体，它们拥有自己的神灵、庙宇和每个人都需要遵守的法律。

努恩：在各种创世神话中，努恩是在所有造物开始前的原始水，代表着虚无、不存在和混乱。据金字塔文记载，"在天空存在之前，在大地存在之前，在人类存在之前，在死亡存在之前"的世界就是努恩。

努特：天穹的人形化身。在赫里奥波里斯的创世神话中，她和大地之神盖布组成了第二对夫妻神。太阳的昼夜旅行就在她的身体上进行，它象征着太阳这颗恒星运行的领域。

努比亚：从如今的苏丹首都喀土穆开始延伸至阿斯旺的地理区域。在整个法老时代里，被埃及完全征服的努比亚仅仅是一个被埃及剥削的国家，因为它具有丰富的黄金、木材、石料、牲畜和人力资源，而且还是一个到非洲去获取象牙、稀有动物、乌木和珍贵香料的中转站。

奥佩特（节）：埃及新年来临之时庆祝的节日，在洪水季的第二个月举行。此节日在埃及全境举行，但是卡纳克神庙让人们了解了它的具体流程。为了这个盛大的节日，底比斯三柱神（阿蒙、穆特和孔苏）会往尼罗河上游的方向行至"南宫"卢克索神庙，欢腾的人群会在他们周围一边念咒，一边敬献祭品和食物。庆祝活动会持续10多天，在此期间，除了仪式性庆典外，阿蒙还会为那些看起来无法解决的问题和事情降下神谕。最后，神灵们会按来时的方式返回他们在卡纳克的主圣所。

奥西里斯：埃及万神殿中的伟大死神。他不仅与丧葬相关，作为一位复活的神灵，他还在每年植物复苏时扮演着至关重要的角色。在冥间，每个人都试图在身份上与他同化并融入他的王国，因为只有他能带来永恒生命的希望。

陶片文献：莎草纸因价格昂贵而专门用于官方和宗教事由。信件、私人文献、个人笔记、草稿、论文以及非官方的账都记录在不贵重的材料上，如陶器或石灰石的碎片。因此，陶片文献指的是所有在此介质上编写的文献。其中的一些内容非常丰富，提供了与古埃及人日常生活相关的比较详细的信息，特别是那些在戴尔麦地那村发现的陶片，这座小村庄里住着负责修建和装饰帝王谷中坟墓的劳工。

瓦吉特：布陀（埃及北部）的眼镜蛇女神，其身份是下埃及的守护神。

乌普阿乌特："开路者"，他是一位豺首神，在艾斯尤特作为丧葬神被崇拜，在阿拜多斯因其是一位与奥西里斯联系紧密的神灵而被崇拜。

巫沙布提俑（沙瓦布提俑）：放在墓地中的木乃伊形小雕像，需要在冥间替亡人执行日常工作、服苦役。它的身上可以看到这些铭文："哦，巫沙布提！如果某（死者）必须做一项在那里完成的苦役……我就在这里！请您随时吩咐！"巫沙布提俑出现于中王国时期（前2040—前1780年），它可根据死者的不同情况由石头、木头、彩陶、青铜或赤陶制成。在某些情况下，同一个坟墓中可能有几百个巫沙布提俑。

妻神：这个词用来指在任意一座圣所中扮演男性神灵配偶角色的女神。在底比斯三柱神中，穆特是阿蒙的妻神；在孟菲斯三柱神中，塞赫麦特是普塔的妻神；在象岛的三柱神中，萨提斯是克努姆的妻神；在埃德富的三柱神中，哈托尔是荷鲁斯的妻神。

灵魂称重（神对亡人的审判）：这个词参考了《亡灵书》第125章中的内容。当亡人被阿努比斯引入众神法庭中时，他的心被放到天平的一个秤盘上，而正义的化身玛特就在另一个秤盘上。这次称重由托特监督，它将决定亡人是否有资格进入奥西里斯的王国。在天平的脚下，站着"大吞噬者"，一旦出现对死者不利的审判，她就会跳向死者。

庞特（国）：确切位置不详的地理区域，它对应的有可能是索马里和也门。无论如何，这是一个埃及人去带回乳香树、黄金、珍贵香料和稀有动物等物品的地方。

普塔：孟菲斯的神灵，他的外形是一位被木乃伊鞘包裹并头戴蓝色无边圆帽的男人。一开始，他是金匠、雕塑家和工匠的守护神，并被认为是这些技术的发明者。后来，他成为孟菲斯的造物神且与女神塞赫麦特及他们的儿子涅斐尔图姆一起组成三柱神。很快，他在普塔-索卡-奥西里斯这个名字下融入了索卡里斯的个性，并在普塔-塔特嫩这个名字下融入了塔特嫩的个性。

塔门：此古迹让人联想起地平线上的两座山，山之间会有太阳升起，它是神庙标志性的宏伟入口。塔门由两个叫"塔"的大梯形砌体组成，人们可以从它们之间的开口进入礼拜区域。很多时候，塔门外墙会有法老的装饰画，他英勇地抓着几个敌人的头发，将他们献给神灵。

荷鲁斯的4个儿子：他们是"方位基点的主人"，也是死者的卡诺卜坛的守护者，坛里存放着死者的内脏。他们分别是南方的守护神艾谢特、北方的守护神哈碧、东方的守护神杜米特夫、西方的守护神奎本汉穆夫。

拉：万神殿中最重要的神灵，他代表太阳这颗卓越的天体。拉最主要的礼拜地点在赫里奥波里斯，他是那里的造物神。但他在整个埃及都受到敬仰，只是各地给了他不同的称谓（拉-哈拉胡提、阿蒙-拉、索贝克-拉、克努姆-拉等）。

任：一个埃及象形文字中的词，它指的是被二次创造的生命的名字。埃及深信名字的创造效力：给人起名字就等于让其在肉体消亡后可以继续存在。

列涅努忒：外形是蛇或蛇首人身的女神，她被视为谷物之神奈普里的母亲。她在法尤姆特别受敬仰，因为她在那里的身份是丰收女神。

萨赫：构成人的精神元素之一，它指的是精神的载体。

萨提斯：在克努姆和阿努奇斯身边，她是尼罗河水源的守护女神以及尼罗河"瀑布"的女主人。

权杖：神灵、法老和贵族手持的象征物，确定了持有者的身份和职权。奥西里斯和法老使用的是赫卡权杖（弯钩权杖）和鞭状物（连枷），男性神灵使用的是瓦斯权杖（顶端是犬头的手杖），女性神灵使用的是瓦吉权杖（纸莎草茎形状的手杖），贵族使用的是塞赫姆权杖（统帅之杖）。

塞巴褐：阿拉伯语词，指做肥料使用的泥土，由古遗址上的废弃物（生物残骸和矿物碎屑）形成。

塞德（节）：指王室统治周年庆典的词。在埃及，国王的根本使命是维护由神创造且人民所需的宇宙秩序。国王有责任确保世界平衡，确保维护生命的自然现象正常运行。国王只有一直拥有自己具有的能力，才能履行他的义务，而赫卜-塞德（塞德节）回应了这种需求。在此庆典过程中，国王会通过一系列的身体测试和宗教仪式来续足他的力量和生命力，确认其神性，确保造物的永恒性并保证土地的肥力。原则上，第一次塞德节会在国王即位30年后举行。在此之后，塞德节举行时间的间隔会变短且不固定。例如，阿蒙霍特普三世（前1386—前1349年在位）就举行了三次统治周年庆典，第一次于他在位的第三十年举行，第二次于他在位的第三十四年举行，第三次于他在位的第三十七或第三十八年举行。

塞克姆：构成人的精神元素之一，它指的是精神能量。

塞赫麦特：外形为母狮或母狮首人身的女神。她是太阳之眼的化身，因此具备破坏力，还代表着危险的力量。在孟菲斯，她与普塔和涅斐尔图姆有关；在底比斯，她作为治愈女神和穆特女神融合到了一起。

塞尔凯特：蝎子女神，是抵御各种叮咬的治愈女神。在地下世界，她和伊西斯、奈芙蒂斯和奈特一起守护着被存放在卡诺卜坛中的死者内脏。

塞拉比斯：托勒密时期（前305—前30年）的国王为新政权利益所需而在港城亚历山大创造的神灵。他是拉吉德王朝和港城亚历山大的守护神。同时，他是一位丧葬神，还与土地肥力相关，且具有医疗之神的身份。

石龛：凿建于马斯塔巴上部结构中的房间，里面放着死者的"卡"的雕像。它仅靠一条与雕像的视线高度齐平的缝隙与礼拜堂连通，死者可借此缝隙通过雕像"享用"亲属敬献在礼拜堂中的祭品。

赛雷克：它指的是形如宫殿正面的长方形框，框上面有一只鹰隼的图像，框里刻着法老的第一个王衔，即荷鲁斯衔。

塞玛-陶伊：埃及语词，可以译为"统一两地"。在图像中，它的象征是被2位神灵（荷鲁斯和赛特或2位尼罗河的人形化身）缠在标志着"统一"（sema）的2种标志性植物（上埃及的莲花和下埃及的纸莎草）。因此，塞玛-陶伊代表的是埃及的南部和北部统一在同一个王国之中。

塞莎特：这位女神的形象是一位头顶其象征物（2只倒牛角罩着的七角星）的女性。塞莎特被视为托特的伴侣，在他身旁的她是数学和科学的女神，还掌管着皇家档案。据说，她掌握着有序世界的编年史，里面记载了王室的伟业和重大事件。

赛特：这位神灵长着一种虚构动物的头部，他有很多不同面，有好有坏。他既是太阳船的守护者，又是杀死奥西里斯的凶手。后埃及时期（前525—前332年），他开始象征"入侵者"和"异族"，就此成为邪恶、混乱和动荡的化身。

舒：在赫里奥波里斯的创世神话中，他与泰芙努特组成了第一对夫妻神。他们都是太阳神所生，他们的职能是让太阳显现。舒是一位空间和空气之神，象征着生命的气息。

索贝克：拥有好几个礼拜地点的鳄鱼神，其中最有名的位于法尤姆地区和康翁波地区。有时他具有造物神的身份，但在大部分时间里他被视为守护神，可帮人类抵御那些掌管沼泽和尼罗河水域的野兽和敌对力量。

索卡里斯：最初，他和普塔都是工匠的守护神。更确切地说，他守护着冶金业和锻工。很快，他就被普塔同化，更名为普塔-索卡-奥西里斯，并成为孟菲斯大墓地的丧葬神。

索普杜：在尼罗河三角洲东部和西奈半岛备受尊崇的鹰隼神。他保护着埃及东边的国界以及通往西奈半岛的道路。

索希斯：象征天狼星的女神，与洪水、涨潮、孕育力和世界的起源有关。

岩窟神庙：凿建在峭壁里的神庙或圣所。

斯芬克斯：通常象征国王或某位太阳神的人首狮子。作为国王的象征，它肩负着与敌人交战和保护埃及人的职责。作为某位太阳神在地上世界的代表，他守护着亡人和太阳所经过的西部地区。吉萨的斯芬克斯属于第二种：他是哈马克希斯、"地平线上的荷鲁斯"以及从新王国时期（前1570—前1070年）起与哈马克希斯融为一体的迦南神胡伦的化身。

石碑：用单块石头制成的石板，材质通常为石灰石，碑面上可雕刻不同种类的碑文：法令、官方通告、祭文、供品清单等。有时，石碑具有纪念意义，是虔诚信徒到某个圣地朝圣后或为了感谢神灵应允其心愿而放在圣所中的还愿物。

塔特嫩：这位神灵可追溯至最古老的时代。最初，他是孟菲斯城的创世神，象征着在世界起源时从努恩中最先出现的那些土地。很快，他就被普塔同化，更名为普塔-塔特嫩。

泰芙努特：在赫里奥波里斯的创世神话中，这位女神和生命气息的化身舒组成了第一对夫妻神。她象征宇宙秩序和热量，少了这些，太阳这颗天体就无法显现。有时，她会变为"可怕的泰芙努特"，会吸收母狮女神和危险女神的个性。

金字塔文：这是一些刻在古王国末期的金字塔内墙壁上的丧葬文字。经证实，这些文字最早出现于第五王朝最后一位国王乌纳斯（前2375—前2345年在位）统治时期。第六王朝（前2345—前2180年）的所有国王都沿用了金字塔文，后来，它随第一中间期出现的混乱而消失。这些文字由魔咒、颂歌、宗教咒语组成，它们能确保国王永生，并让国王与太阳融合。

石棺文：献给平民的丧葬文字，与专属于王室成员的金字塔文相反，它们是中王国时期（前2040—前1780年）石棺上的装饰物。由于丧葬信仰的大众化，石棺文通过用来神化亡人的食谱和咒语让所有亡人都能在冥间与奥西里斯融为一体。

人神结合：神话中让王朝神和王后结合并让储君诞生的婚姻，在继承存在争议的情况下，人神结合的故事能让受争议的国王的登基合法化。

托特：外形是朱鹭或狒狒的神灵，他身兼数职，权力范围很广。托特是月神、书写和科学的发明者、司书的守护神、知识的掌管者、神界的信使和司书。他在冥界监督称重亡人灵魂的过程，并记录对亡人的裁决结果。

塔沃里特：埃及人家中供奉的河马女神，她也是孕妇和儿童的守护神。

王衔：由5个名字构成的命名礼法，法老在登基时会采用这种礼法，其中有荷鲁斯衔，两女神衔，金荷鲁斯衔，上、下埃及之王衔和拉之子衔。

三柱神：同一座城市中被组合在一起的3位神灵，他们的组合遵循传统家庭模式，即男性神灵、女性神灵及他们的儿子或女儿。

圣蛇（乌赖乌斯）：这个词指的是在王冠上竖起的眼镜蛇，是赫里奥波里斯神话中的拉之眼。据说，它在任何情况下都会保护法老，击退他的潜在敌人。

年表

早王朝时期
（前 3150—前 2685 年）

"第零王朝"
（前 3150—前 3050 年）
（上、下埃及统一）
"蝎王"
纳尔迈（可能是美尼斯的另一个名字）

第一王朝
（前 3050—前 2890 年）
荷尔-阿哈
哲尔
杰特
登
阿涅德吉布
塞麦尔凯特
卡阿

第二王朝
（前 2890—前 2685 年）
亥特普塞海姆威
内布拉
尼涅特捷尔
温尼格
塞涅德
塞克赫米布
赛特-帕里布森
哈塞海姆威

古王国时期
（前 2685—前 2180 年）

第三王朝
（前 2685—前 2613 年）
萨那克特
左赛尔
塞汉赫特
卡阿巴
胡尼

第四王朝
（前 2613—前 2498 年）
斯尼夫鲁

胡夫
雷吉德夫
哈夫拉
孟考拉
谢普塞斯卡弗

第五王朝
（前 2498—前 2345 年）
乌瑟卡夫
萨胡拉
内弗尔卡拉-卡凯
舍普塞斯卡拉
兰尼弗雷夫
纽塞拉
孟考霍尔
杰德卡拉-伊塞西
乌纳斯

第六王朝
（前 2345—前 2180 年）
特悌
珀辟一世
麦然拉
珀辟二世

第一中间期
（前 2180—前 2040 年）

第七和第八王朝
（前 2180—前 2160 年）
（2 个王权并未扩大到孟菲斯以外地区的王朝）
瓦吉卡雷
卡凯拉·伊比

第九和第十王朝
（前 2160—前 2040 年）
（2 个发源于赫拉克利奥坡里斯的王朝）
赫提一世 美利布拉
美里卡拉
尼斐尔卡拉（即卡尼弗拉王）
赫提二世 尼布卡拉

中王国时期
（前 2040—前 1780 年）

第十一王朝
（前 2135—前 1991 年）
（起源于底比斯的王朝；第十一王朝初期与第十王朝末期在时间上重叠）
孟图霍特普一世
安太夫一世
安太夫二世
安太夫三世
孟图霍特普二世
孟图霍特普三世
孟图霍特普四世

第十二王朝
（前 1991 年—前 1780 年）
阿蒙涅姆赫特一世
塞索斯特里斯一世
阿蒙涅姆赫特二世
塞索斯特里斯二世
塞索斯特里斯三世
阿蒙涅姆赫特三世
阿蒙涅姆赫特四世
索布克尼弗鲁

第二中间期
（前 1780—前 1570 年）

第十三王朝
（前 1780—前 1650 年）
（此王朝期间，埃及血统的国王仍统治着上、下埃及，其首都位于法尤姆的伊梯·托威）
威格夫
安太夫四世 阿美尼
荷尔
索贝克霍特普二世
汗杰
索贝克霍特普三世
内弗尔霍特普一世
索贝克霍特普四世
阿伊
内弗尔霍特普二世

217

第十四王朝

（它与第十三王朝末期在时间上重叠，其结束方式较为模糊，统治区域仅为尼罗河三角洲东部）

内赫西

第十五和第十六王朝

（前1663—前1555年）

（在这2个王朝时期，来自亚洲的喜克索斯人在埃及掌权并定都阿瓦里斯）

舍列克（萨里提斯）

雅库布-赫尔

希安

阿波菲斯一世

阿波菲斯二世

阿纳特赫尔

亚考班

第十七王朝

（前1663—前1570年）

（此王朝发源于底比斯，在此期间，埃及人试图赶走入侵者喜克索斯人，收复国土）

索布凯姆塞夫一世

索布凯姆塞夫二世

安太夫七世

泰奥一世

泰奥二世

卡莫斯

新王国时期

（前1570—前1070年）

第十八王朝

（前1570—前1293年）

阿赫摩斯

阿蒙霍特普一世

图特摩斯一世

图特摩斯二世

哈特谢普苏特

图特摩斯三世

阿蒙霍特普二世

图特摩斯四世

阿蒙霍特普三世

阿蒙霍特普四世-埃赫那吞

斯门卡拉

图坦卡蒙

阿伊

霍伦海布

第十九王朝

（前1293—前1185年）

拉美西斯一世

塞提一世

拉美西斯二世

美楞普塔

阿蒙尼美斯

塞提二世

西普塔

陶斯瑞特

第二十王朝

（前1185—前1070年）

塞特纳赫特

拉美西斯三世

拉美西斯四世 — 拉美西斯十一世

第三中间期

（前1070—前525年）

第二十一王朝

（前1070—前945年）

（此时期存在2个王室：祭司王在底比斯掌权并统治上埃及，而斯门代斯则在拉美西斯十一世驾崩后自封为王，他将塔尼斯定为首都并统治下埃及）

塔尼斯	底比斯
斯门代斯一世	赫里霍尔
阿蒙涅姆尼苏	皮安希
普撒塞尼斯一世	皮涅杰姆一世
阿蒙涅莫普	玛萨哈塔
老奥索尔孔	蒙凯帕拉
西阿蒙	斯门代斯二世
普撒塞尼斯二世	皮涅杰姆二世
	普撒塞尼斯三世

第二十二王朝

（前945年—前712年）

（称为利比亚王朝或布巴斯提斯王朝，以塔尼斯为统治权力中心）

舍顺克一世

奥索尔孔一世

舍顺克二世

塔克洛特一世

奥索尔孔二世

塔凯罗特二世

舍顺克三世

皮迈

舍顺克五世

奥索尔孔四世

哈尔西耶西斯（在底比斯）

第二十三王朝

（前818年—前715年）

（此王朝与第二十二王朝末期在时间上重叠，前者在尼罗河三角洲统治下埃及，后者在莱翁托波利斯统治中埃及）

帕杜巴斯特一世

舍顺克四世

奥索尔孔三世

塔凯罗特三世

鲁达蒙

伊乌普特

尼姆罗特

第二十四王朝

（前727—前715年）

（舍易斯第一王朝）

泰夫那克特

博克霍里斯

第二十五王朝

（前747—前656年）

（起源于努比亚的王朝：那帕达的国王在埃及掌权）

皮安希

沙巴卡

沙巴塔卡

塔哈尔卡

塔努塔蒙

第二十六王朝

（前664年—前525年）

（舍易斯第二王朝）

普萨美提克一世

尼科

普萨美提克二世

阿普里斯

阿玛西斯

普萨美提克三世

后埃及时期 （前 525—前 332 年）	**托勒密时期** （前 305—前 30 年）	图拉真·德西乌斯 奥勒良 戴克里先 君士坦丁大帝 君士坦丁二世 狄奥多西大帝

后埃及时期
（前 525—前 332 年）

第二十七王朝
（前 525—前 404 年）
（首次被波斯人统治）
冈比西斯
大流士一世
薛西斯
阿尔塔薛西斯一世
大流士二世
阿尔塔薛西斯二世

第二十八王朝
（前 404—前 399 年）
阿米尔泰

第二十九王朝
（前 399—前 380 年）
涅斐利提斯一世
阿考利斯（哈考尔）

第三十王朝
（前 380—前 343 年）
内克塔内布一世
泰奥斯
内克塔内布二世

第三十一王朝
（前 343—前 332 年）
（第二次被波斯人统治）
阿尔塔薛西斯三世
阿尔塞斯
大流士三世 科多曼

希腊埃及时期
（前 332—前 305 年）

（亚历山大大帝于公元前 332 年闯入埃及，他赶走了大流士三世，将埃及从波斯人手中解放了出来。在他于公元前 323 年驾崩后，埃及落入他的部下托勒密之手，托勒密于公元前 305 年获得法老王衔并建立托勒密王朝）
亚历山大大帝
菲利普·阿瑞戴伍斯
亚历山大四世

托勒密时期
（前 305—前 30 年）

"救主"托勒密一世
"爱兄妹者"托勒密二世
"施惠者一世"托勒密三世
"爱父者"托勒密四世
"神显者"托勒密五世
"爱母者"托勒密六世
"爱父者二世"托勒密七世
"施惠者二世"托勒密八世
"救主二世"托勒密九世
"亚历山大一世"托勒密十世
"亚历山大二世"托勒密十一世
"新酒神"托勒密十二世
托勒密十三世和克利奥帕特拉七世
托勒密十四世和克利奥帕特拉七世
克利奥帕特拉七世

罗马埃及时期
（前 30—395 年）

（在埃及留下痕迹的皇帝）
奥古斯都
提贝里
卡里古拉
克劳德一世
尼禄
加尔巴
奥托
维斯帕先
提图斯
图密善
涅尔瓦
图拉真
哈德良
安敦宁·毕尤
马可·奥勒留
卢修斯·维鲁斯
康茂德
塞普蒂米乌斯·塞维鲁
卡拉卡拉
盖塔
马克兰
亚历山大·塞维鲁
戈尔迪安三世
阿拉伯人菲利普

图拉真·德西乌斯
奥勒良
戴克里先
君士坦丁大帝
君士坦丁二世
狄奥多西大帝

参考文献

p. 18. Les temples d'Abou-Simbel vus par Jean-François Champollion (1820)
L'Égypte de Jean-François Champollion, lettres et journaux de voyage, Photographies de Hervé Champollion, Préface de Christiane Ziegler, Celiv, 1989 (p. 152 à 154)

p. 19. Une des plus célèbres batailles de l'histoire égyptienne : Qadesh
Kenneth A. Kitchen, *Ramesside Inscriptions, Historical and Biographical*, sept volumes, 1968-1988 (volume II, ref. 11 à 92)

p. 23. Mandoulis, une divinité solaire ?
Jean-François Champollion, *Panthéon égyptien, Collection des personnages mythologiques de l'Ancienne Égypte*, Perséa, 1986 (ref. 27)

p. 27. Le nom secret de Rê : une énigme que voudrait bien résoudre Isis
Textes sacrés et profanes de l'ancienne Égypte, Mythes, contes et poésie, traduction et commentaires par Claire Lalouette, Gallimard, 1987 (p. 70 à 73)

p. 30. La crue du Nil
Isabelle Franco, *Mythes et dieux, le souffle du soleil*, Pygmalion, 1996 (p. 81 à 84)

p. 31. Le temple de Kom-Ombo
L'Égypte de Jean-François Champollion, lettres et journaux de voyage, Photographies de Hervé Champollion, Préface de Christiane Ziegler, Celiv, 1989 (p. 220 à 221)

p. 31. Haroéris, *"un dieu plus grand que les autres dieux"*
Textes sacrés et profanes de l'ancienne Égypte, Mythes, contes et poésie, traduction et commentaires par Claire Lalouette, Gallimard, 1987 (p. 54)

p. 34. Le mammisi
L'Égypte de Jean-François Champollion, lettres et journaux de voyage, Photographies de Hervé Champollion, Préface de Christiane Ziegler, Celiv, 1989 (p. 236 à 237)

p. 35. La naissance et l'enfance d'Horus
Textes sacrés et profanes de l'ancienne Égypte, Mythes, contes et poésie, traduction et commentaires par Claire Lalouette, Gallimard, 1987 (p. 90 à 92)

p. 39. La *Description de l'Égypte*, vaste bilan de la campagne de Bonaparte
a - *Monuments de l'Égypte, l'Édition Impériale de 1809*, Textes de Charles Coulston Gillipsie et Michel Dewachter, Hazan, 1988 (p. 3)
b - Jean Vercoutter, *À la recherche de l'Égypte oubliée*, Découvertes Gallimard n° 1, 1986 (p. 133)

p. 39. Le temple d'Esna
Textes sacrés et profanes de l'ancienne Égypte, Mythes, contes et poésie, traduction et commentaires par Claire Lalouette, Gallimard, 1987 (p. 38 à 45)

p. 43. Voyageurs du XIXᵉ siècle : le mirage thébain
a - Giambattista Belzoni, *Voyages en Égypte et en Nubie*, d'après la traduction française de G.-B. Depping (1821), Pygmalion, 1990
b - Gustave Flaubert, *Voyages*, tome II, Les Belles Lettres, 1948
c - André Chevrillon, *Terres Mortes*, Hachette, 1897

p. 47. Amon, le grand dieu de l'Empire
Hérodote, *L'Enquête*, Livres I à IV, texte présenté, traduit et annoté par Andrée Barguet, Gallimard, 1964 (Livre II, 42)

p. 47. Émouvant pylône de Karnak
André Chevrillon, *Terres Mortes*, Hachette, 1897

p. 54. Les hommes sont-ils des bêtes ?
Hérodote, *L'Enquête*, Livres I à IV, texte présenté, traduit et annoté par Andrée Barguet, Gallimard, 1964 (Livre II, 64)

p. 55. Karnak, du voyageur du XIXᵉ siècle au visiteur moderne
Eugène Fromentin, *Voyage en Égypte*, journal publié par J.-M. Carré, Aubier-Montaigne, 1935

p. 59. Un obélisque place de la Concorde
Jacques-Joseph Champollion-Figeac, *L'obélisque de Louqsor transporté à Paris. Notice historique, descriptive et archéologique sur ce monument, avec la figure de l'Obélisque et l'interprétation de ses inscriptions hiéroglyphiques d'après les dessins et les notes manuscrites de Champollion le Jeune*, 1833 (p. 23 à 24 et p. 31 à 37)

p. 62. L'œuvre de Senenmout : le "Château des Millions d'Années" d'Hatchepsout
Extrait du curriculum vitae de Senenmout imaginé par H.-E. Winlok à partir de sources originales diverses, *Excavations at Deir el-Bahari, 1911-1934*, New York, 1942 (p. 16)

p. 62-63. Une expédition commerciale au Pays de Pount
Édouard Naville, *The Temple of Deir el-Bahari Part 3*, 16th Memoir of The Egypt Exploration Fund, Londres, 1898 (p. 28 à 29 et p. 16 à 17)

p. 67. La "Belle Fête de la Vallée du Désert"
Rainer Stadelman, "Les grandes fêtes de Thèbes", *in, Thèbes 1250 avant J.-C., Ramsès II et le rêve du pouvoir absolu,* Autrement, Col. Mémoires, n° 2, oct. 1992 (p. 140 à 153)

p. 67. La "conspiration du harem"
Pascal Vernus, *Affaires et scandales sous les Ramsès,* Pygmalion, 1993 (p. 144)

p. 70. Memnon, du héros de la Guerre de Troie à Amenophis
Amenophis III, le Pharaon Soleil, Réunion des Musées Nationaux (catalogue de l'exposition aux Galeries Nationales du Grand Palais), 1993 (p. 77)

p. 70. Le Birket Habou devant le palais d'Amenophis III à Malgatta
Élisabeth David, "Échos de la cour d'Amenophis III, les scarabées commémoratifs", *in, Égyptes, Histoires & Cultures*, n° 1, 1993 (p. 35 à 38)

p. 71. Le "jeune Memnon" part pour l'Angleterre
Giambattista Belzoni, *Voyages en Égypte et en Nubie*, d'après la traduction française de G.-B. Depping (1821), Pygmalion, 1990

p. 75. Ce qu'enseignent les archives de "l'Institution de la Tombe"…
Deir el-Medineh, Un village antique en Haute-Égypte, Préface Paule Posener-Kriéger, Édition réalisée par la Banque Nationale de Paris et M.-L. Bouquin, 1984 (p. 116, 136 et p. 120 à 121)

p. 78-79. Vie dans l'au-delà et culte funéraire
Georges Posener, Serge Sauneron et Jean Yoyotte, *Dictionnaire de la civilisation égyptienne*, Hazan, 1992 (p. 79)

p. 79. Croyances et rites funéraires
a - Georges Posener, Serge Sauneron et Jean Yoyotte, *Dictionnaire de la civilisation égyptienne*, Hazan, 1992 (p. 177)
b - Hérodote, *L'Enquête*, Livres I à IV, texte présenté, traduit et annoté par Andrée Barguet, Gallimard, 1964 (Livre II, 86)

p. 82. Creusement : Ramsès III (enterré en 1151 av. J.-C.)
Deir el-Medineh, Un village antique en Haute-Égypte, Préface Paule Posener-Kriéger, Édition réalisée par la Banque Nationale de Paris et M.-L. Bouquin, 1984 (p. 116, 136 et 120 à 127)

p. 83. Descente dans les abîmes…
Louis-Auguste, comte de Forbin, *Voyage dans le Levant en 1817 et 1818,* Challamel, 1819

p. 87. Payer comme il se doit
Stèle de Coptos (Musée d'Alexandrie), dans *Strabon. Le voyage en Égypte*, traduction Pascal Charvet, éditions Nil, 1997 (p. 255)

p. 90-91. L'exploitation de l'or : explication de Diodore de Sicile
Diodore de Sicile, *Bibliothèque Historique* (III, 12-14), cité par Michel Reddé, *Les Romains dans le désert oriental d'Égypte*, dans *l'Archéologue*, n° 18, février 1996 (p. 15)

p. 95. Lorsque l'Hathor de Denderah vient rejoindre l'Horus d'Edfou
Dimitri Meeks et Christine Favard-Meeks, *La vie quotidienne des dieux égyptiens*, Hachette, 1993 (p. 261 à 267)

p. 99. Les "Mystères d'Abydos", le dieu mort et ressuscité
a - Dimitri Meeks et Christine Favard-Meeks, *La vie quotidienne des dieux égyptiens*, Hachette, 1993 (p. 244 à 246)
b - *Textes sacrés et profanes de l'ancienne Égypte, Mythes, contes et poésie*, traduction et commentaires par Claire Lalouette, Gallimard, 1987 (p. 75 à 89)

p. 102. Aton, le disque solaire
Peter A. Clayton, *Chronique des Pharaons*, Casterman, 1994 (p. 123)

p. 103. "L'Horizon du Disque", la capitale d'Akhénaton
Georges Daressy, Tombeaux et stèles limites du Hagi Qandil, Recueil de travaux, XIVᵉ année, sous la direction de Gaston Maspero (p. 20 à 38, extrait du texte de la stèle frontière S d'El Amarna)

p. 107. Thot, un maître ès sciences
Dimitri Meeks et Christine Favard-Meeks, *La vie quotidienne des dieux égyptiens*, Hachette, 1993 (p. 174 à 176)

p. 107. **Hermopolis, de l'Ogdoade au culte de Thot**
Textes sacrés et profanes de l'ancienne Égypte, Mythes, contes et poésie, traduction et commentaires par Claire Lalouette, Gallimard, 1987 (p. 35 à 38)

p. 115. **Deux bonnes raisons de consulter l'oracle**
Hérodote, *L'Enquête,* Livres I à IV, texte présenté, traduit et annoté par Andrée Barguet, Gallimard, 1964 (Livre I, 46 et Livre II, 18)

p. 115. **Le temple de l'oracle**
Strabon, *Géographie* (XVII, 1, 43), traduction Pascal Charvet, éditions Nil, 1997 (p. 163)

p. 115. **L'origine des oracles de Dodone et de Siwa**
Hérodote, *L'Enquête,* Livres I à IV, texte présenté, traduit et annoté par Andrée Barguet, Gallimard, 1964 (Livre II, 54-55)

p. 119. **Sobek, le Crocodilopolite**
a - Georges Posener, Serge Sauneron et Jean Yoyotte, *Dictionnaire de la civilisation égyptienne,* Hazan, 1992 (p. 71)
b - Hérodote, *L'Enquête,* Livres I à IV, texte présenté, traduit et annoté par Andrée Barguet, Gallimard, 1964 (Livre II, 69)
c - Strabon, *Géographie* (XVII, 1, 38), traduction Pascal Charvet, éditions Nil, 1997 (p. 151)

p. 119. **Une "oasis" rattachée à la Vallée du Nil**
Hérodote, *L'Enquête,* Livres I à IV, texte présenté, traduit et annoté par Andrée Barguet, Gallimard, 1964 (Livre II, 149)

p. 123. **L'épopée de Sinouhé l'Égyptien, un roman encore très apprécié**
Textes sacrés et profanes de l'ancienne Égypte, Mythes, contes et poésie, traduction et commentaires par Claire Lalouette, Gallimard, 1987 (p. 226 à 240)

p. 127. **La construction des pyramides, une énigme non résolue**
Ahmed el-Maqrizi, *Description topographique et historique de l'Égypte,* traduction Bouriant et Casanova, Mémoires de la Mission archéologique française, Le Caire (p. 323)

p. 131. **Les "Textes des Pyramides"**
Naissance de l'écriture, cunéiformes et hiéroglyphes, Réunion des Musées Nationaux, 1982 (p. 318, traduction François Daumas)

p. 134. **Pépi II, un jeune homme au caractère affirmé**
Alessandro Roccati, *La littérature historique sous l'Ancien Empire égyptien,* LAPO, 1982 (p. 206 et 207)

p. 135. **Deux sépultures pour Horemheb : une à Saqqarah (civile) et une à Thèbes (royale)**
Claire Lalouette, *Thèbes ou la naissance d'un Empire,* Flammarion, 1995 (p. 574)

p. 138. **Le culte des animaux sacrés**
Hérodote, *L'Enquête,* Livres I à IV, texte présenté, traduit et annoté par Andrée Barguet, Gallimard, 1964 (Livre III, 28)

p. 138. **La conquête du désert égyptien par Auguste Mariette**
Eugène-Melchior de Vogüé, *Chez les pharaons, Boulacq et Saqqarah,* Plon, 1879

p. 139. **Le Sérapéum, nécropole des taureaux Apis**
Hérodote, *L'Enquête,* Livres I à IV, texte présenté, traduit et annoté par Andrée Barguet, Gallimard, 1964 (Livre III, 28)

p. 142. **Memphis, grande ville historique**
Hérodote, *L'Enquête,* Livres I à IV, texte présenté, traduit et annoté par Andrée Barguet, Gallimard, 1964 (Livre II, 99)

p. 143. **Une création idéale…**
Françoise Dunand et Christiane Zivie-Coche, *Dieux et hommes en Égypte,* Armand Colin, 1991 (p. 56, d'après le paragraphe 1466 des "Textes des Pyramides")

p. 143. **La tradition memphite**
Textes sacrés et profanes de l'ancienne Égypte, Mythes, contes et poésie, traduction et commentaires par Claire Lalouette, Gallimard, 1987 (p. 25 à 30)

p. 143. **La tradition héliopolitaine**
Serge Sauneron et Jean Yoyotte, *La naissance du Monde,* Sources Orientales 1, Paris, 1959 (p. 48 à 51, d'après le chapitre XVII du "Livre des Morts" et le Papyrus Bremner-Rhind)

p. 146-147. **La naissance divine des rois de la Ve dynastie**
Claire Lalouette, *Au royaume d'Égypte, le temps des rois dieux,* Flammarion, 1995 (p. 147 à 149)

p. 151. **Les pyramides de reines**
Hérodote, *L'Enquête,* Livres I à IV, texte présenté, traduit et annoté par Andrée Barguet, Gallimard, 1964 (Livre II, 126)

p. 151. **Les pharaons de Giza vus par un voyageur grec du Ve siècle av. J.-C.**
Hérodote, *L'Enquête,* Livres I à IV, texte présenté, traduit et annoté par Andrée Barguet, Gallimard, 1964 (Livre II, 124 à 129)

p. 154-155. **La construction des pyramides : qu'en disent les auteurs anciens ?**
a - Diodore de Sicile, *Bibliothèque Historique* (I, 63, 5-9), traduction Hoefer, cité par Georges Goyon, *Le secret des bâtisseurs des grandes pyramides, Khéops,* Pygmalion, 1990 (p. 229)
b - Hérodote, *L'Enquête,* Livres I à IV, texte présenté, traduit et annoté par Andrée Barguet, Gallimard, 1964 (Livre II, 125)
c - Pline, 36, 17 (12), traduction Littré, cité par Georges Goyon, *Le secret des bâtisseurs des grandes pyramides, Khéops,* Pygmalion, 1990 (p. 230)

p. 155. **Le sphinx de Giza à travers les âges**
Claire Lalouette, *Thèbes ou la naissance d'un Empire,* Flammarion, 1995 (p. 413 à 414)

p. 158. **Les "Terrasses-de-la-turquoise", domaine de la déesse Hathor**
Dominique Valbelle et Charles Bonnet, *Le sanctuaire d'Hathor maîtresse de la turquoise,* éditions Picard, 1996 (p. 60)

p. 158-159. **Organisation d'une expédition au Sinaï**
Dominique Valbelle et Charles Bonnet, *Le sanctuaire d'Hathor maîtresse de la turquoise,* éditions Picard, 1996 (p. 14 et p. 119 à 120)

p. 162. **Tell el-Farama, l'antique Péluse**
a - Louis-Auguste, comte de Forbin, *Voyage dans le Levant en 1817 et 1818,* Challamel, 1819
b - Strabon, *Géographie* (XVII, 1, 21), traduction Pascal Charvet, éditions Nil, 1997 (p. 117)

p. 162. **Pi-Ramsès, la "Maison de Ramsès Grand-de-victoire"**
Christiane Desroches Noblecourt, *Ramsès II, la véritable histoire,* Pygmalion, 1996 (p. 336)

p. 163. **À la recherche de Saïs**
Hérodote, *L'Enquête,* Livres I à IV, texte présenté, traduit et annoté par Andrée Barguet, Gallimard, 1964 (Livre II, 177, 169-170 et 175)

p. 170. **Visite d'Alexandrie en 59 av. J.-C.**
Diodore de Sicile, *Bibliothèque Historique* (XVII, 52), traduction Paul Goukowsky, cité par André Bernard, *Alexandrie la Grande,* Les Dossiers de l'Archéologie, n° 201, 1995 (p. 2 à 11)

p. 171. **À la recherche d'Alexandrie…**
Strabon, *Géographie* (XVII, 1, 8-10), traduction Pascal Charvet, éditions Nil, 1997 (p. 85 à 93)

p. 171. **Le mythe de la fondation d'Alexandrie**
a - Strabon, *Géographie* (XVII, 1, 6), traduction Pascal Charvet, éditions Nil, 1997 (p. 81)
b - Plutarque, *Vie d'Alexandre,* traduction R. Flacelière, CUF, Les Belles Lettres, 1975 (paragraphe 26)

p. 175. **Visite du phare en 25 avant J.-C.**
Strabon, *Géographie* (XVII, 1, 6), traduction Pascal Charvet, éditions Nil, 1997 (p. 79 et 239)

p. 175. **La Septième Merveille du monde**
F. Chamoux, *L'épigramme de Poseidippos sur le phare d'Alexandrie,* dans *Hommages à Claire Préaux,* Bruxelles, 1976 (p. 214 à 222, document P. Louvre E. 1712 venant de Memphis)

- 赫尔摩坡里斯：朱鹭托特之城，托特是司书的守护神、科学之神。

- 法尤姆：紧挨尼罗河谷的绿洲，盛产原材料和农产品。

- 阿玛纳城堆：古代的埃赫塔吞，曾被阿蒙霍特普四世定为首都。

- 安提诺波利斯：哈德良为纪念他猝亡的至爱安提诺乌斯而修建的城市。

- 哈科尔：坐落在名为"泰伊尔"的岩石山嘴下方，其中有尼禄神庙。

- 孟菲斯：古王国时期埃及的首都，是献给造物神普塔的城市。

- 塞拉毕特·卡迪姆：绿松石矿场，牛首女神哈托尔的领地。

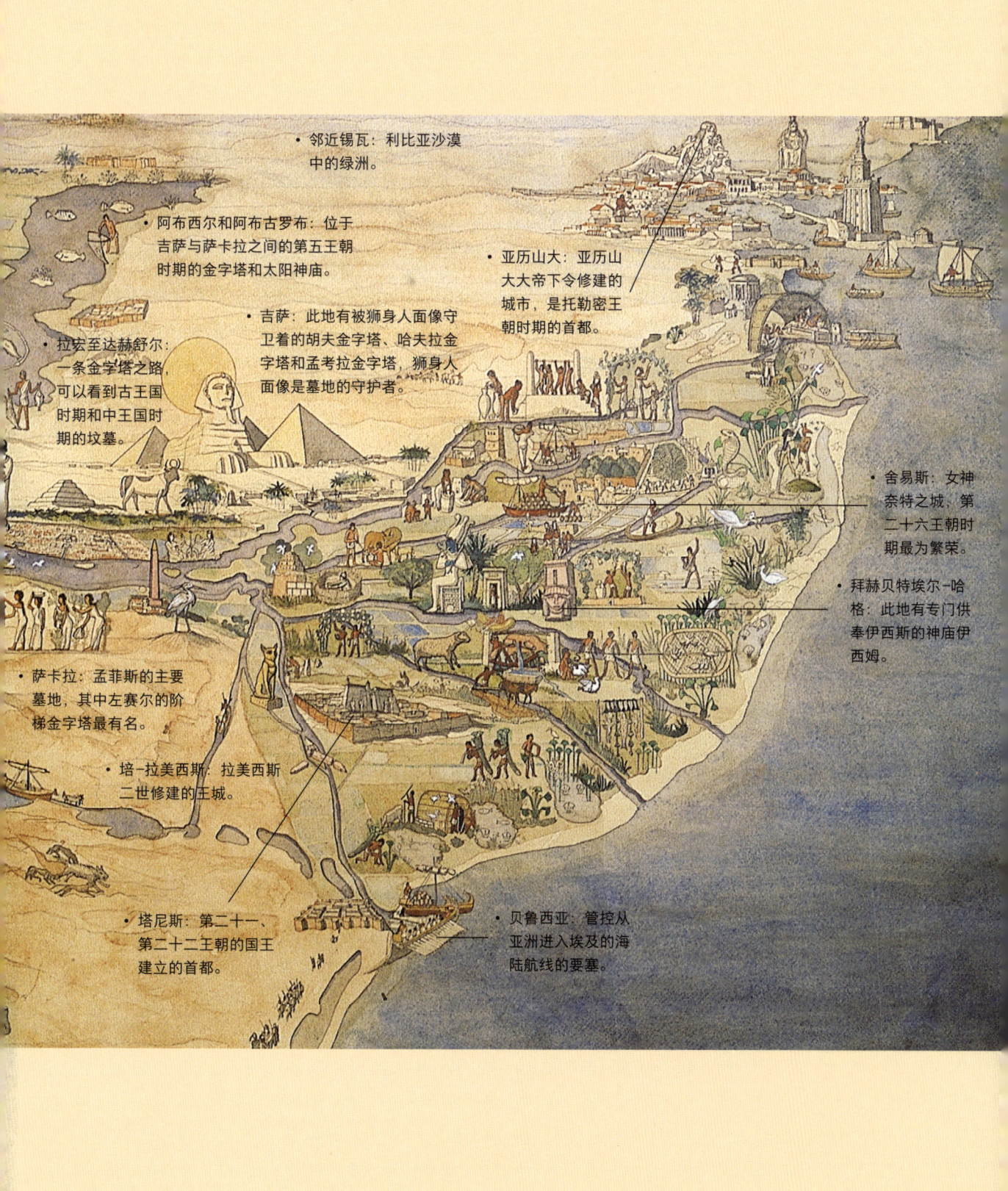

- 邻近锡瓦：利比亚沙漠中的绿洲。
- 阿布西尔和阿布古罗布：位于吉萨与萨卡拉之间的第五王朝时期的金字塔和太阳神庙。
- 亚历山大：亚历山大大帝下令修建的城市，是托勒密王朝时期的首都。
- 吉萨：此地有被狮身人面像守卫着的胡夫金字塔、哈夫拉金字塔和孟考拉金字塔，狮身人面像是墓地的守护者。
- 拉宏至达赫舒尔：一条金字塔之路，可以看到古王国时期和中王国时期的坟墓。
- 舍易斯：女神奈特之城，第二十六王朝时期最为繁荣。
- 拜赫贝特埃尔-哈格：此地有专门供奉伊西斯的神庙伊西姆。
- 萨卡拉：孟菲斯的主要墓地，其中左赛尔的阶梯金字塔最有名。
- 培-拉美西斯：拉美西斯二世修建的王城。
- 塔尼斯：第二十一、第二十二王朝的国王建立的首都。
- 贝鲁西亚：管控从亚洲进入埃及的海陆航线的要塞。

出版后记

《鸟瞰古文明：重游古埃及》是一本将读者带回古埃及辉煌时期的作品。奥德·格罗斯·德贝勒的研究和让-克劳德·戈尔万的插图，生动地重现了古埃及的建筑奇迹，不仅如此，还深入展示了建筑背后丰富的历史和文化。

本书的创作之旅始于对古埃及文明的无限好奇与敬畏，从阿布辛拜勒的岩窟神庙到港城亚历山大遗迹的每一粒沙土都蕴含着历史的深度，我们希望这本书能够让读者跨越时空的界限，亲历古埃及的繁华与神秘。

"纸上游览古埃及"的概念，增加了本书的可读性和趣味性，跨页图旁配备了说明性文字、相关神话、历史故事与考古发现，丰富的资料使之前未了解过古埃及历史的读者也能够轻松走入尼罗河谷中的世界，感受古埃及居民的文化与智慧。

本书涉及大量史料与专业性名词，审校过程中，我们着重处理了这部分内容，力求正确、易读；在译名处理上，参考了权威译本的译法，力争做到文辞优美流畅，内容简洁有趣。

这不仅是一本历史类图文科普书，亦是后人对繁华的古埃及文明的深刻致敬。阅读这本书，就像一次足不出户即可增长见识的心灵旅行。本书揭开了古埃及的神秘面纱，对文化、历史爱好者而言，是不可多得的视觉盛宴。

我们期待《鸟瞰古文明：重游古埃及》能够激发读者对古埃及文明与历史的兴趣，增进对人类历史和文化遗产的了解与尊重。愿这本书成为连接过去与未来的桥梁，让更多的人看到那些历经沧桑却依旧闪耀着人类智慧之光的历史宝藏。

后浪出版公司
2024 年 4 月